보육실습

Practicum in Childcare & Education

추 정 훈

청목출판사

머리말

인류가 생존하고 그 문화를 유지하는 것은 아이를 낳아서 보호·양육하고 교육함으로써 가능하다. 보호·양육 및 교육의 일차적인 책임은 물론 부모에게 있다. 그런데 국가·사회가 어떤 변란에 휘말리거나, 기근이 들어 부모가 아이를 보호하고 양육할 수 없다면 어떻게 될 것인가에 대하여 인류사회는 고심을 하였다. 여기서 보육이 시작된다. 어느 사회나 어떤 사유로든 부모가 아이를 돌보지 못하는 상황이 발생할 수 있다. 여기서 사회가 빈민구제의 차원에서 보육을 하게 되고 이때의 보육의 개념은 육아 내지 탁아의 개념이었다. 그러나 산업화와 도시화가 진전됨으로써 가족구조의 변화가 일어나고 여성의 사회 진출 및 취업이 급격히 증가하였다. 산업화는 여성 인력을 흡인하고 분야에 따라서는 여성의 능력이 우월하게 작용하는 경우도 발생시켰다. 핵가족이 늘어나는 상황에서 부모가 경제적·사회적 이유로 산업현장 내지 사회로 진출하게 되면 아이들은 방치되게 된다.

따라서 종래 빈민구제 사업의 일환으로서의 사회 보육은 일부 극빈 계층에만 필요한 것으로 인식되다가 중산층에까지 그 필요성이 인정됨으로써 수요가 급증하였던 것이다. 또한 보육의 개념도 단순히 영유아를 안전하게 보호하고 건강하게 양육하는 차원을 넘어 영유아의 발달단계에 맞게 교육경험을 제공함으로써 아이의 건전한 성장·발달을 의도하는 차원으로 발전함에 따라 보육이 전문성을 띠게 되었다. 그리고 급변하는 현대사회에서 보호와 교육에 관한 이론도 심화 개발되어 보육의 전문화는 가속화되었다.

산업화에 이은 전문화, 정보화 사회의 진전으로 수학기간이 길어지고 결혼연령이 높아짐으로써 여성들에게 일과 육아 병행의 부담을 느끼게 하였다. 또한 고령화 사회는 가속화되는데 출산율은 낮아지니, 보육의 문제는 단순히 영유아를 보호하고 교육하는 차원을 넘어 국가 위기를 해결하는 중요 열쇠가 되기에 이르렀다.

이에 최근 대선에서도 민심이 표출된 바와 같이 정부는 모든 영유아에 대하여 전면 무상보육을 선언하고 법제화하기에 이른 것이다. 이렇게 될 때 보육의 수요는 더욱 폭발적으로 증가할 것으로 보이며, 이에 보육기관을 증설해야 하고 실제로 보육을 담당해야 할 보육교사 부족 현상도 가속화될 것으로 보인다. 이러한 상황에서 보육교사의 질이 떨어진다면 그 또한 사회문제를 낳을 수 있을 것이다. 결국 보육의 질은 훌륭한 시설보다도 체계적인 교육을 받고 따뜻한 인성을 갖춘 보육교사에 좌우될 것이다.

따라서 보육교사의 질을 향상시키는 길은 보육교사 양성체제(대학)에서 체계적인 교육을 하고 현장에서 교사로서의 자질을 연마하게 하는 것이다. 대학에서 배운 내용이 현장에서 적용되지 않거나 적용하지 못한다면 그것은 무용한 것이다. 결국 보육교사는 보육실습을 통하여 그 빛을 발하기 시작하며, 체계적이고 열정적인 실습을 받은 사람이야말로 현장에서 보육을 보다 전문적이며 원활하게 할 수 있을 것이다.

이에 대학의 관련학과를 위시한 보육교사양성체제에서 보육실습의 지침으로 활용할 수 있도록 하기 위해 『보육실습』(Practicum in Childcare & Education)을 집필하게 되었다.

보육실습은 예비교사가 교사가 되기 전에 미리 보육 현장을 체험하고, 대학에서 배운 이론을 현장에 적용함으로써 실천적 지식을 얻으며, 또한 자신을 돌아보게 하는 효과가 있다. 그러므로 보육실습의 교재를 편찬할 때, 이러한 점에 유의하여 구성하였다. 제1장 보육 및 보육실습의 의의는 보육실습에 대한 개념을 간단히 정리하게 하고, 제2장 보육실습의 구성원과 제3장 보육실습생의 인간관계는 현장에서 부딪치는 가장 큰 문제가 인간관계에 있다는 것을 인식시키기 위함이다. 제4장 보육실습의 준비는 현장에 나가기 전 준비할 사항을 기술하였고, 제5장 보육실습의 내용과 제6장 보육계획안, 제7장 수업지도, 제8장 영유아생활지도는 현장에서 실제로 영유아와 만나면서 활용하게 될 전문적인 지식이다. 그리고 제9장 문서관리와 제11장 어린이집의 설치, 운영 및 교직원의 배치기준은 실무적으로 알아두면 업무를 보는데 도움이 되는 사항들이다. 그리고 제10장 보육실습 평가는 보육실습 후 현실적인 평가가 이루어지기도 하지만 자기반성을 하게 하는 것이다. 마지막으로 제12장은 보육실습일지 작성의 실제는 보육실습을 했을 때 어떻게 했는지의 기록이 보육실습일지이다. 역으로 말하면 보육실습의 대부분이 일지에 담겨 있으므로 일지를 제대로 쓰게 되면 보육실습도 제대로 접근할 수 있다고 본다. 그러므로 부분적 예시에 그치지 않고 실제 실습한 내용을 토대로 완전한 형태로 보육실습일지를 제시하였다.

본서 『보육실습』(Practicum in Childcare & Education)을 저술을 시작할 때는 의욕에 차 있었음에도 불구하고 막상 탈고를 하려니 두려움이 앞선다. 저술을 할 때마다 그 심중은 가중되는 듯하다. 본서 또한 선배 제현들의 연구와 저술에 힘입은 바 매우 크다. 이 자리를 빌어 감사드리며 아울러 미흡한 부분에 대해서는 질책과 조언을 기대한다.

본서를 출판하는 데 도움을 주신 청목출판사 유성열사장님과 최명성이사님, 관계자 여러분, 그리고 안원장님께 감사의 말씀을 전한다. 아울러 자료를 제공하거나, 정리를 도와준 학생들 유미, 혜림, 현규에게도 감사드린다. 그리고 바쁘게 생활하며 전문의 시험을 앞둔 진우와 순하의 성공을 기원하고, 올해 원하는 과에 들어가는 지윤에게 더욱 좋은 일이 있기를 바라며, 언제나 나의 힘의 원천이 되어주는 사랑하는 아내에게 깊은 감사를 전한다.

2013년 1월

청복리에서 추 정 훈 識

차 례

1
chapter

보육 및 보육실습의 의의

1. 보육의 의의

(1) 보육의 개념

보육(保育, childcare, nursery care)은 영유아를 건강하고 안전하게 보호·양육하고 영유아의 발달 특성에 맞는 교육을 제공하는 어린이집 및 가정양육 지원에 관한 사회복지 서비스를 말한다(영유아보육법 제2조 2호). 또한 영유아를 대상으로 양호(보호), 교육하는 것으로... 양육과 보호, 보건위생, 건강 증진 등 주로 생존을 유지하고 신체적 발달을 육성하는 움직임... 같은 양호기능과 함께 교육적 기능도 포함한 개념이다. 그러므로 영유아 교육 중 자발적 놀이 활동과 그 지도를 중심으로 기본적 생활습관의 자립을 기초로 하는 생활지도나 교과교육의 기초로서의 과업지도가 행해진다. 이러한 보육의제활동도 여러 형태로 행해지지만 보육시설에서는 동 연령의 아이들은 중심으로 한 집단보육의 형태를 취하는 것이 일반적이다(사회복지학사전).

따라서 보육은 아동을 건강하고 안전하게 보호하고 동시에 아동의 발달단계에 적합한 교육적 경험을 제공하는 복지서비스이다. 그러므로 보육은 1990년대 이후 보호와 교육을 통합하는 개념으로 사용하여 보호하고 돌본다는 개념의 Care와 교육한다는 Education의 개념을 통합하여 Edu-care로 사용하고 있다(Caldwell, 1990). 에듀케어(educare)는 아동의 경우 나이여하를 막론하고, 그리고 부모와 얼마나 떨어져 있는가에 관계없이 보호하고 양육하는 것과 동시에 교육이 제공되어야 한다는 개념이다.

보육을 한다는 것은 아동[1]의 심신을 보호하고 건전하게 교육한다는 것이며 이를 통해 아동을 건강한 사회구성원으로 육성하고 보호자의 경제적 · 사회적 활동이 원활하게 함으로써 영유아 및 가정의 복지증진에 이바지함을 목적으로 한다(영유아보육법 제1조).

그러므로 보육은 아동을 보호하고 교육하여 아동의 자아실현을 돕는 것이며, 이를 통해 보호자의 사회 · 경제적 활동을 보장하는 것이다.

(2) 보육의 역사

보육은 탁아의 개념에서 시작되었다. 국가 변란이나 흉년, 괴질 등의 문제로 부모가 없거나 부모가 육아를 하기 어려운 상황에서 그 사회나 어떤 기관이 아이를 맡아 보호하는 기능이 탁아라고 본다. 탁아는 위와 같은 사유로 자연발생적으로 생길 수도 있지만 국가의 법령의 정비와 더불어 국가 및 사회가 책임지고 아이를 일정기간 보호하고 양육하는 기능이 강화되었다. 따라서 우리나라 보육의 역사는 법령의 정비와 그 맥을 같이 한다고 본다.

가. 탁아 및 빈민아동 구제사업 시기

보육의 시작은 특수한 사정으로 부모에 의해 양육될 수 없는 처지에 놓인 아동들을 일정기간 동안 부모를 대신하여 보호 · 양육하는 사회복지시설에서 비롯된다고 할 수 있다. 그러므로 아동을 가정에서 정상적으로 양육할 수 없는 경우에 사회가 보호해 주는 보육원이 그 시초라 볼 수 있으며 그 후 산업화의 진전과 더불어 여성인력의 산업체 진출의 필요로 말미암아 탁아의 필요성이 증대되었다고 볼 수 있다.

우리나라에서는 1921년 태화기독교사회관에서 빈민아동 구제사업의 일환으로 탁아가 시작되었으며, 1926년 부산에 공생탁아소, 대구에 은총탁아소가 있었다. 1939년에는 전국에 11개소의 탁아소가 있었는데 그 중 관립이 1개, 공립이 2개,

1) 여기서 아동은 영유아의 개념으로 본다. 영유아는 영유아보육법(제2조 1호)상 6세 미만의 취학전 아동을 말한다.

재단 설립이 3개, 종교단체 설립이 1개, 사립이 1개 등 다양한 보육시설에서 보육서비스를 제공하였다.

그리고 변화가 별로 없다가 6·25사변으로 피난민과 전쟁 고아들이 발생 대량으로 발생하자 부산에서 범일탁아소를 비롯한 여러 탁아소가 설립되었다. 이어서 전국으로 확산되어 1960년에는 24개, 1966년에는 116개로 증가하였다(한국민족문화대백과사전). 이 시기의 탁아소는 전쟁 등으로 인한 기아 및 미아에 대한 보호를 위해 주로 외국의 원조에 의해 설립된 것으로 사후처리적, 구호적 활동을 하였으므로 보육의 기능을 다했다고 볼 수 없을 것이다.

나. 법정 아동 복지시설로서의 탁아소 시기

국가 차원에서 체계적으로 보육사업을 하게 된 것은 아동복리법(1961. 12. 30)이 제정·공포되면서이다. 이때부터 비로소 국가차원의 보육정책이 시작되었으며 보육은 위탁과 보호를 목적으로 하는 탁아의 성격이 강하였다. 이 법은 보육시설의 설치기준, 종사자 배치기준, 및 보육시간, 보호 내용 등을 규정하였다.

1960년대 이후 경제개발 5개년 계획의 추진과 경제발전과 산업화의 진전으로 근로여성이 증가하였다. 또한 기아·부랑아들도 증가하여 사회문제로 대두되자 당시 보건사회부는 아동복리법 시행령에 근거하여 "미인가 탁아시설 임시조치령"을 공포(1968. 3. 14)하여 민간 탁아시설의 증설을 용이하게 하였다. 이에 따라 종래 법인체만이 설치할 수 있었던 보육시설을 민간이 설치할 수 있도록 하였다. 그래서 1968년에는 전국 292개소가 설립되었으며 보육 아동의 수도 25,443명에 달하게 되었다. 그리고 탁아소란 명칭도 어린이집으로 고쳐 부르도록 하였다. 탁아소라는 명칭은 일제강점기 때 부르던 것으로 아이를 맡긴다는 의미가 강하였으며, 당시 보모들도 아이를 임시로 맡아서 보호만 하면 된다는 생각을 할 우려가 있었다. 그러므로 명칭을 어린이집으로 고쳐서 부르므로 인해 어린이들이 자기 집에서처럼 생활하고, 자라고, 사귀고, 놀고, 배우는 가운데 심신을 발달시키고자 하는 의도를 달성하고자 하였다. 이러한 시도는 때마침 일어난 조기교육의 영향과 더불어 성과를 거두기 시작하였다.

어린이집이 수적으로는 크게 늘어났으나 보육의 질적인 면에서 미흡한 점이 많아 이를 개선하기 위해 사회복지 사업법시행규칙을 개정(1977. 2. 24)하여 보육시설의 법인화를 추진하였다. 그러나 법인화 조치는 사유재산의 법인화를 초래하므로 법인전환 기피 등으로 인해 보육시설이 수적으로 위축되기도 하였다. 그렇지만 산업화로 인한 여성인력의 사회진출은 보육수요를 더욱 가중시켰다. 이러한 사회적 수요에 부응하여 정부는 "탁아시설 운영개선안"(1978. 4. 23)을 발표함으로써 보육시설을 일반 아동에게도 개방하여 그에 따라 수반되는 보육료를 받을 수 있도록 하였다. 이에 따라 저소득층의 아동 뿐만 아니라 중산층의 아동도 어린이집을 이용할 수 있게 되어 어린이집을 중산층 위주의 시설로 변화시키는 계기가 되었다. 아동복리법이 아동복지법으로 개정(1981. 4. 13)되어 아동복리법의 요보호아동에 대한 소극적인 대책을 보완하여 그들뿐만 아니라 일반 아동이 건강하게 출생하여 행복하고 안전하게 자라나도록 하기 위한 복지대책을 실시할 수 있는 법적 근거를 마련하였다. 이에 근거하여 모든 아동들과 그 가족을 대상으로 신체적·정신적으로 건전하게 성장·발달할 수 있도록 복지를 강화하였다.

다. 새마을 유아원 시기

1982년 정부의 유아교육진흥정책에 따라 유아교육진흥종합계획(1982. 3. 26)이 마련되고 이 계획에 따라 유아교육진흥법을 공포하였다. 이에 따라 내무부가 주관이 되어 보건사회부가 관리하는 어린이집 706개소 내무부가 1981년 이후 설립·운영하던 새마을협동유아원 263개소, 농촌진흥청이 1966년 이후 설치·운영하던 농번기 유아원 382개소가 모두 병합하여 "새마을유아원"으로 개명하여 운영하게 되었다. 이것은 유사한 시설들을 일원화하여 유아교육진흥을 가속할 수 있는 법적 근거를 마련하였다. 그 운영관리는 내무부가, 장학지도 및 교재개발은 문교부가, 보건위생 및 아동복지업무는 보건사회부가 각각 담당하게 되었다(한국민족문화백과사전).

새마을 유아원의 양적 확대에도 불구하고 늘어나는 보육수요를 충족시키기에 시설이 크게 부족하였고, 설치목적이 맞벌이 부부 자녀보호와 저소득층 자녀 교육을 병행하는 것이었으나 종일제가 아닌 반일제로 운영되는 등 저소득층 맞벌이 근로자의 보육부담을 덜어주는 데는 한계가 있었다(전남련, 2006 : 310). 또한 주관부서의 다원화로 예산상 중복투자, 시설과 종사자기준의 상이 등의 문제가 노정되어 보육사업을 효율적으로 추진하기 위해서는 보육관계법령을 정비하고 주관부서를 일원화할 필요가 있었다.

라. 영유아의 보호 · 교육으로서의 보육 시기

"영유아보육법"의 제정(1991)으로 보육정책의 기본 이념을 전통적인 가정양육 원칙과 보육정책대상을 보호자가 보호하기 어려운 영아 및 유아(보육위원회의 의결로 12세까지 가능)로 한정하고 유아교육제도와는 구분하였으며 보호와 교육을 통합한 보육의 개념으로 전환하였다. 그리고 주무부서를 보건복지부로 일원화하였다.

그러다가 2004년 영유아보육법이 전면 개정되고 그 후 부분 개정을 통해 오늘(2012)에 이르고 있다. 주관부서가 여성가족부이다가 정부조직개편에 따라 보건복지부 소관으로 변경되었다. 전면 개정된 영유아보육법은 보육을 영유아를 건강하고 안전하게 보호 · 양육하고 영유아의 발달 특성에 맞는 교육을 제공하는 어린이집 및 가정양육 지원에 관한 사회복지서비스로 규정(동법 제2조 1호)하고 있다. 이에 보육을 보호 · 양육 및 교육의 개념을 통합하여 사용하고 있다. 그리고 보육시설을 일괄 "어린이집"이라는 용어로 법률로 성문화(2011. 6. 7)하였다. 어린이집의 종류는 국공립어린이집, 사회복지법인어린이집, 법인 · 단체 등 어린이집, 직장어린이집, 가정어린이집, 부모협동어린이집, 민간어린이집으로 분류하고 있다(동법 제10조).

(3) 보육의 목적

앞서 살펴본 바와 같이 보육수요는 끊임없이 증가하고 있다. 산업화와 민주화가 현대사회의 특징이라면 이를 통해 도시화가 가속화되었다. 도시화는 가족구조의 변화를 가져왔고 핵가족화를 가속화시켰다. 또한 산업화는 핵가족화된 상태에서 여성의 사회진출을 심화시키니 영 · 유아 교육에 대하여 중대한 문제를 낳게 되었다. 과거에는 전쟁, 기아 등 국가 · 사회적 변란과 문제로 인해 극빈하거나 미아, 기아가 된 아동에 대한 보호가 중심이 되었지만, 산업화의 가속으로 부모가 모두 경제활동에 참여하게 됨으로써 영 · 유아는 부모가 일하는 동안 방치되는 현상을 가져왔다. 이러한 문제는 극빈자 뿐 아니라 중산층에까지 확대되었으며 그로 인해 영 · 유아에 대한 보육수요는 급격한 팽창을 보였다.

그리고 보육은 단순히 아동을 안전하게 보호하는 정도를 넘어 아동의 발달단계에 따른 적절한 교육경험을 요하게 되었다. 이에 두 가지의 개념을 포괄하는 보육의 개념이 형성되었다. 이러한 보육을 통해 아동의 건전한 발달과 자아형성을 도와주고 나아가서는 부모의 경제활동 및 사회활동을 뒷받침하는 역할을 하게 되었다. 그러므로 보육은 아동에 보호・양육과 적절한 교육을 하는 것이 일차 목적이고, 부모의 경제적・사회적 활동을 뒷받침하는 복지서비스를 제공하는 것이 이차 목적이다.

또한 복지사회를 지향하는 현정부와 미래정부의 경우에 보육에 대한 정책이 보다 실질적으로 영・유아를 둔 가정에 도움을 주는 방향으로 예산이 증액되고 있다. 또한 국가의 존망이 걸린 인구 정책과 맥을 같이 하여 보육서비스에 대한 수요는 더욱 증가하고 있다.

2. 보육실습의 의의

(1) 보육실습의 의미

보육실습은 보육교사가 되고자 하는 사람이 보육시설에서 보육교사의 지도를 받으며 일정기간 보육의 현장 경험을 하는 것을 말한다. 즉, 대학 등 보육교사 양성기관에서 보육교사가 되기 위한 과정을 이수중인 사람으로서 어린이집 등 보육기관에서 이미 배운 교육학 및 보육관련 이론을 현장에 적용하는 훈련을 하며 현장의 다양한 상황에 적응하는 교육・훈련이라 할 수 있다. 보육실습을 하는 사람은 예비교사로서 학생의 신분이므로 우선 교사 양성기관에서는 지도교수의 지도를 받으며, 현장에서는 지도교사의 현장지도를 받으며 보육교사의 역할을 일정기간 담당하게 된다.

한국의 보육교사 양성체제에서는 여타의 교육학 및 보육관련 전공과 더불어 보육실습을 필수과목(2학점, 2014년 이후 입학자부터는 3학점)으로 이수(영유아보육법 시행규칙 [별표4])하도록 하고 있다. 영유아보육법 시행규칙 [별표4]에 의하면, 법적으로 인가 받은 어린이집(2014년 이후 입학자부터는 15명이상의 어린이집) 및 종일제 유치원에서 보육교사 1급 또는 유치원정교사 1급 자격을 가진 사람이 실습을 지도하여야 하며, 실습기간은 4주, 160시간(연결하여)을 원칙으로 하되 야간대학 등의 경우에는 실습을 2회로 나누어 실시할 수 있도록 하고 있다.

법적 요건은 단순하고 2학점으로 편성되어 있지만 보육교사 양성체제에서 보육실습이 차지하는 비중은 매우 크다고 할 수 있다. 따라서 보육실습의 의미를 정리하면 먼저 보육현장에 대한 적응력 향상, 보육현장의 인간관계의 습득, 예비보육교사로서 자신에 대한 반성, 보육교사의 직업적 특성 이해를 들 수 있다.

가. 보육현장에 대한 적응력 향상

보육실습에서 현장 적응력은 실습의 본질적 목표 내지 의미를 나타낸다고 볼 수 있다. 보육실습생(이하 실습생)이 보육현장에 얼마나 잘 적응하는가 하는 것이 장차 보육교사로서의 성패를 좌우한다고 볼 수 있다.

현장 적응에는 크게 2가지가 있다. 먼저 대학 등 교사양성체제와는 환경과 분위기, 그리고 역할이 다른 환경에서 어떻게 적응할 것인가이고 그 다음으로 교원양성체제(이하 대학)에서 배운 교직 및 보육이론을 어떻게 현장에 적용하여 실천적 지식을 습득하는가에 있다. 보육현장은 대학과는 많이 다르며, 정해진 출퇴근 시간이 있고 실습생은 보육시설의 환경에 익숙해져야 하며, 지도교사의 지도 아래 일과운영을 하게 된다. 그리고 예기치 않은 돌발변수도 많이 작용한다. 예를 들어 교사의 의도대로 되지 않는 상황, 아이들 간의 다툼과 안전사고 등도 발생할 수 있으며, 실습생 개인의 입장에서는 대학처럼 자유롭지 못하다고 할 수 있을 것이다. 이러한 상황에 대한 적응과 이해가 중요하다.

그리고 '현장성'은 실습생이 대학에서 배운 교직이론과 보육관련 이론 등을 현장에 적용할 수 있는 기법이다. 이론을 잘 안다고 하더라도 막상 현장상황과는 매우 다른 양상을 보일 수 있다. 이론을 다시 보고 어떻게 현장에 맞게 해석할 것인지 연구하고 지도교수 또는 지도교사의 조언을 구해야 할 것이다. 이러한 과정을 통해 이론적 지식이 실천적 지식과 기술로 성장할 수 있는 것이다. 이것이 실습생이 장차 보육전문가로 갈 수 있는 1단계인 것이다.

나. 보육현장의 인간관계 습득

보육의 현장성과 관련되면서도 독특한 분야가 바로 보육현장에서의 인간관계이다. 보육현장에서 실제로 보육교사 및 예비보육교사를 당황하게 하고 어렵게 하는 요소가 대부분 인간관계에서 비롯되는 현실을 보면 얼마나 중요한가를 알 수 있다. 보육실습 현장에서 실습생은 맨 처음 어린이집 원장을 만나게 되고 그리고 지도교사를 소개받고, 지도교사의 지도를 받으며, 아동을 지도하게 된다. 실습생은 학생의 신분이면서 아동에게는 보육교사로서 자리매김을 해야 한다. 명료하지 않고 애매한 입장이 스스로 정체성을 혼미스럽게 하기도 한다. 그리고 보육시설에서는 학부모와의 관계도 대학에서 전혀 예상치 못한 인간관계로서 중요한 관계가 된다.

실습생은 실습기간 중 이러한 인간관계에 대하여 어떻게 행동하는 것이 좋을까에 대하여 고민하게 되고 짧은 기간이지만 어느 정도 인간관계를 인식하고 인간관계의 기술도 습득하게 된다. 인간관계는 별도의 장을 통해 논의하기로 한다.

다. 예비보육교사로서 자신에 대한 반성

실습생은 보육실습 현장에 서서 지도교사의 지도를 받는다 할지라도 막상 스스로 일과운영을 하거나, 보호, 교육지도, 생활지도, 학급운영 등을 해보면 본인의 어느 부분이 미흡한가를 스스로 깨닫게 된다. 그 것은 장차 대학에 돌아가거나 보육교사로서 현장에 나갔을 때 자신이 행동이 어떻게 되어야 하는가를 반성하게 하고 수정하게 한다. 물론 이 문제는 지도교사가 얼마나 사려 깊게 실습생을 지도하고 인간적으로 대하는가에 따라 달라지게 된다. 여기서 실습생의 입장에서는 보육교사로서의 가치관이 형성되기 시작한다.

라. 보육교사의 직업적 특성 이해

이상과 이론으로만 접하고 듣던 보육교사의 역할을 실습생이 실제 현장에서 담당해 봄으로써 직업으로서의 보육교사를 보다 실감나게 느낄 수 있다. 물론 이 부분은 실제 교사가 되었을 때 또 다른 모습으로 직업적 특성이 이해되겠지만, 보육실습을 하면서도 일부 인식하게 된다. 여기서 실습생을 자신의 진로를 심각하게 고민하게 되는 경우도 많다. 즉 실제로 보육교사의 역할을 해 봄으로써 자신이 그냥 추상적으로 생각하던 모습과 상이함을 깨닫게 되고, 이를 통해 진로에 대하여 생각하게 되는 것이다.

이외에도 보육실습의 의의는 많이 열거할 수 있겠지만 결국은 현장성이다. 현장에서의 적응과 문제해결력을 함양하는 것이 보육실습의 중요한 의미이며 의의라고 생각한다. 여기서 문제해결력은 지적이든 인간관계든 모든 것을 포괄한다.

(2) 보육실습의 형태

보육실습은 영유아보육법 시행규칙에 규정된 4주, 160시간의 실습을 의미하며 이를 정규실습이라고 규정한다면, 이는 보육실습의 중요성으로 볼 때 기간에 있어 미흡하다고 볼 수가 있다. 따라서 정규실습을 중심으로 하여 그 이전에 정규실습에 대한 사전 준비의 의미를 갖는 사전실습과 정규실습 이후에 미흡한 점을 보완하거나 재충전의 의미에서 사후실습을 생각할 수 있다.

가. 사전실습

사전 실습은 정규실습 이전에 정규실습의 효과를 높이고, 실습생의 현장적응을 쉽게 하기 위해서 구상되었다. 실제로 실습생이 현장에 나갔을 때 아동들의 보호, 교육이나 어린이집 구성원들과의 인간관계에 불편한 감정 내지 두려움을 느낄 수 있다. 어쩌면 당연한 일이지만 이것에 익숙해지지 않으면 정규실습도 그 만큼 어렵게 될 수 있다.

따라서 대학(보육교사 양성체제)에서는 현 교육과정하에서 볼 때 정규실습 1년 전이나 1개학기 전에 학생들로 하여금 현장에서 교육봉사활동을 보내거나 관찰실습을 하게 한다. 현장에서는 관찰실습이 주가 되지만 경우에 따라서 일정부분 참여실습을 하기도 한다.

사전실습은 의무사항은 아니므로 체계적인 개념이나 목적이 설립되지 않았다고 볼 수 있다. 그렇지만 사전실습의 목적을 예비교사의 입장에서 정리한다면 다음과 같다(서혜성 외, 2007).

(가) 어린이집의 하루일과를 이해할 수 있도록 도와준다.

어린이집의 하루일과는 12시간 운영되며 어린이집의 특성에 따라 야간보육, 24시간 보육을 운영하기도 한다. 실습생은 보육시설의 특성에 따라 일과운영이 다를 수 있음을 이해하고, 기관별 분위기에 잘 적응할 수 있도록 도와주어야 한다.

(나) 어린이집의 하루 일과는 보호와 교육이 모두 중요하게 이루어진다는 것을 이해할 수 있도록 도와준다.

어린이집은 보육시설로서 아동을 안전하게 보호하게 양육하며, 발달단계에 맞는 교육경험을 제공하게 된다. 그러므로 실습생이 어린이집의 하루 일과를 관찰하여 보호와 양육이 어떻게 이루어지며, 교육은 어떻게 이루어지는가를 이해하고 구분할 수 있게 함으로써 어린이집에서는 보호와 교육이 모두 중요시된다는 것을 이해할 수 있게 한다.

(다) 영유아 발달이론 및 발달특성에 대해 이해할 수 있도록 도와준다.

실습생은 대학(교사양성체제)에서 배운 영유아발달이론이 보육현장에서 어떻게 적용되는지를 관찰한다. 그리고 실습생이 아동의 단계별 발달 특성을 관찰하고 발달특성에 있어서 개인차가 존재함을 이해할 수 있게 한다.

(라) 보육방법 및 가르치는 기술에 대해 이해할 수 있도록 도와준다.

대학에서 보육방법을 배웠다고 하더라도 현장 적용에 있어서는 상당히 다름을 알 수 있다. 현장 교사가 어떻게 보육하는지를 관찰한다. 그리고 교수기법의 이론이 현장에서 교사가 어떻게 적용하는지를 관찰하고 이해할 수 있게 한다.

(마) 구체적인 보육교사의 역할에 대해 이해할 수 있도록 도와준다.

보육교사의 현장에서의 구체적 역할은 단순히 보호하고 교육한다는 차원을 넘어 매우 다양하게 나타날 수 있다. 보육교사는 교수자이면서 관찰자, 양육자, 환경제공자로서의 다양한 역할을 수행하게 된다. 특히 대소변 도와주기, 투약하기, 안아주기 등 양육자 역할과 때로 교실 청소하기 등 보육현장에 따라 교사의 역할의 차이가 날 수 있음을 이해할 수 있게 한다.

(바) 어린이집의 하루 일과에는 예측할 수 없는 많은 문제 상황이 일어날 수 있음을 이해하도록 도와준다.

어린이집은 다수의 영유아를 보육하고 있어 하루일과 중 예측할 수 없는 상황들이 많이 발생할 수 있다. 아동의 건강 상태, 아동간에 갈등, 놀이 등 교육활동 중 안전사고 발생, 화장실 사용의 문제, 학부모와 관계 등 수시로 당혹스런 상황이 발생할 수 있고 이에 대한 일차적인 책임은 교사에게 있다. 따라서 보육교사는 여러 상황에서 순간 순간 판단을 하고 문제를 해결해야 함을 이해할 수 있게 한다.

나. 정규실습

정규실습은 보육교사 자격을 획득하는데 필수적인 사항이다. 그러므로 영유아보육법 시행규칙에 규정되어 있고, 한국보육진흥원(chrd.childcare.go.kr)에서 발간한 "어린이집 원장 보육교사 자격검정 편람"에 자세한 설명이 나와 있다.

위의 자료에 의하면 "보육실습" 교과목은 성적증명서를 통해 확인 가능해야 하고 유사과목으로 "보육현장실습", "교육실습"을 인정하며 "사회복지현장실습" 교과목으로 보육실습 이수한 경우 불인정하고 있다. 보육실습은 2학점 이상의 학점에 평가점수는 80점(B학점) 이상인 경우에 실습이수를 인정하며 성적증명서를 통해 확인 가능해야 한다.

실습기간은 연속하여(월요일부터 금 또는 토요일까지) 4주, 160시간 이상을 이수해야 하며 1일 8시간 이상을 동시에 충족해야 한다. 야간대학, 한국방송통신대학, 원격대학의 경우 실습을 2회에 나누어 실시가능하고 보육실습 교과목이 개설된 학기(전후 방학포함)에 실시하여야 한다고 규정되어 있다. 그리고 공휴일이 2일 이상 포함된 경우 해당기간을 보완할 수 있도록 추가로 실습 이수를 해야 한다.

실습기관은 정원 15인 이상의 보육시설 또는 교육청에 종일제 유치원으로 등록된 종일제 유치원에서 실습을 하여야 한다. 국·공립외의 보육시설은 인가증상에 보육정원이 기재되어야 하고, 국·공립보육시설은 인가증 대신 위탁계약서로 대체가능하며, 병설유치원에서 실습한 경우 종일제 여부 및 보육정원을 확인할 수 있는 학교장 발행공문을 첨부하면 되며, 인가증은 실습당시의 인가증 사본을 제출해야 한다.

실습지도교사의 요건은 보육교사 1급 또는 유치원 정교사 1급 자격을 가진 자어야 되고 보육 실습확인서에 실습지도교사 국가자격증번호를 기재해야 한다. 실습지도교사가 2인 이상인 경우 지도교사 자격증 사본을 모두 제출하여야 한다.

보육실습확인서는 원본으로 제출해야 하며 2007년도 이후 보육실습 이수자는 '실습기관 시설인가증 사본' 및 실습 지도교사 자격증 사본 각 1부를 첨부하여야 한다.

(가) 정규실습과정

정규실습과정은 규정된 4주의 기간 동안 실습생이 보육실습을 이수할 수 있도록 사전 계획을 짜는 것이다. 실습기관마다 차이는 있을 수 있지만 관찰과 지도교사의 업무보조에서 시작하여 점차 부분수업, 연결수업 그리고 전일제 수업을 통한 하루일과 운영하는 과정으로 구성할 수 있다.

다음은 한 보육과정의 예시이다. 보육과정은 발달단계에 따라 당연히 차이가 있어야 하지만 실습생으로서 기본적으로 숙지해야 할 사항을 중심으로 기술하였다.

〈1-1〉 보육실습과정

내용 월일		실습형태	실 습 내 용	비 고
1주 (. - .)	월( )	참관 및 관찰	· 오리엔테이션, 실습계획협의, 일일 교육참관 · 실습일지 및 제반 서류 기재요령	
	화( )		· 보육시설 파악 · 보육 참관	
	수( )		· 기본생활 지도-일과지도 · 안전 지도	
	목( )		· 기본생활지도-일과지도 · 안전 지도	
	금( )		· 1주간 정리, 2주차 계획 · 계획 청소상태 귀가지도 관찰	실습일지제출
2주 (. - .)	월( )	수업관찰 및 부분수업	· 수업관찰 · 교육활동안 작성	
	화( )		· 소집단활동 · 쌓기, 역할 · 교육활동안 작성	
	수( )		· 대집단활동 · 게임 · 교육활동안 작성	
	목( )		· 대집단활동 · 교실 환경구성 · 소집단활동	
	금( )		· 대집단활동-요리, 게임 · 제 장부 작성 요령 · 공문서 작성	실습일지제출
3주 (. - .)	월( )	연계수업	· 이야기 나누기 · 학급 운영 관찰 · 조형 · 아동 관찰, 일화기록	
	화( )		· 수 · 조작 · 아동의 가정환경 파악 · 신체표현 · 아동 관찰, 일화기록	
	수( )		· 음률 · 자료의 제작과 활용 · 실외 활동 · 현장학습계획 요령	
	목( )		· 쌓기, 역할 · 일일계획안 협의 · 게임 · 행사 진행	
	금( )		· 요리 · 교구 및 비품관리 · 동시 · 교실환경 구성	실습일지제출
4주 (. - .)	월( )	종일수업 및 연구수업	· 일과운영 계획 및 연구	
	화( )		· 일일 교육활동 전개 · 교육계획안 작성 및 수업준비	
	수( )		· 연구수업 · 교육계획안 작성 및 수업준비	
	목( )		· 연구수업 · 일과운영(일일 보육활동 전개)	실습소감서, 결과물 제출
	금( )		· 학급인사	실습종료

(나) 정규실습의 내용

정규실습의 내용은 실습생이 보육활동의 제분야를 골고루 경험할 수 있도록 구성하여야 한다. 따라서 정규실습은 보육에 대한 전반적 관찰, 안전 및 양육지도, 교육활동, 생활지도, 사무관리 등의 내용을 담고 있어야 한다.

○ 보육활동에 관한 전반적 관찰

처음에 실습생은 보육활동에 관하여 전체적인 관찰을 한다. 즉, 보육시설 및 환경에 대한 관찰을 시작으로, 안전지도는 어떻게 하는지, 어떤 부분에 중점을 두는지, 그리고 기본생활습관 지도는 어떻게 하는지, 그리고 교육활동은 어떻게 하는지, 교육활동에 사용하는 기법은 어떤 것을 사용하는지, 생활에서 발생하는 문제는 무엇이며 어떻게 지도하는지, 학급관리는 어떻게 하며 문서 관리를 포함한 사무관리는 어떻게 하는지를 관찰하는 것이다. 관찰활동은 처음부터 끝까지 이어지는 실습생의 주된 활동이다.

○ 안전 및 양육지도

보육에서 가장 기본이 되는 것이 아동을 안전하게 보호하는 것이다. 그러므로 안전지도를 관찰하고 직접 해보아야 한다. 특히 차량을 운행하는 경우 차량안전관리 및 지도는 아무리 강조해도 지나치지 않다. 그리고 기본생활습관지도를 중심으로 한 양육 및 건강지도이다. 식사 습관 및 예절, 화장실가기를 비롯하여 낮잠, 간식 등의 활동과 손씻기 등의 위생관리를 철저히 해야 한다. 그리고 건강하고 쾌적한 환경을 조성하는 것도 실습의 한 분야이다.

○ 교육활동

영아에서부터 유아에 이르기까지 교육활동의 강도는 강해진다. 대소집단 활동과 각종 교육활동을 관찰하고 실제 지도경험을 쌓는다.

교육활동은 부분수업, 연결(연계)수업, 전일제(종일) 수업으로 연결된다.

부분수업은 지도교사가 계획한 하루 일과 중 한 가지 활동만 실습생이 계획하고 준비해서 수행하는 것이다.

연계수업은 지도교사가 계획한 하루 일과 중 두 가지의 활동을 이어서 수행하는 수업이다. 한 활동에서 다른 활동으로 연결하여 수업하는 것을 경험할 수 있다.

전일제(종일)수업은 실습생이 주도적으로 하루일과의 처음부터 끝까지 계획하여 수행하는 종합적 과정이다.

실습생의 수업의 진행은 대부분 부분수업에서 연계수업으로, 그 다음 종일수업으로 이어진다. 이 경우 지도교사와 협의하여 다양한 수업을 경험하고 수업후 장학협의를 거쳐 반성하고 수정해 나가는 것이 중요하다.

○ 생활지도

아동의 생활속의 행동과 지도교사의 아동에 대한 생활지도를 관찰하고 아동이 보다 친사회적인 행동을 할 수 있도록 지도한다. 그리고 아동의 독특한 행동에 대한 지도교사의 생활지도 방식을 탐구하고 자신의 방식을 생각해 보고 지도교사와 상의한다.

○ 사무관리

보육활동이 원활하게 이루어질 수 있도록 지원하는 분야로서 영유아에 대한 기록 및 보육시설 운영관련 문서의 작성 및 보관, 관리를 포함하며, 입학원서, 생활기록부, 건강기록부 등 운영문서들도 포함되지만 현실적으로 실습생들이 경험하기는 쉽지 않을 것으로 보인다. 실습생은 문서의 종류를 확인하고, 작성하는 요령 등을 익힐 수 있다고 본다.

다. 사후실습

정규실습을 마쳤다 하더라도 실습이 완결되었다고 보기는 어려울 것이다. 정규실습의 시간이 그 목적달성에는 매우 부실하다고 할 수 있을 것이다. 그리고 정규실습을 했을 때 실습중에 아쉬웠던 부분이나 미비했던 부분을 피드백할 수 있는 실습이 필요하다. 그러므로 정규실습의 보충 및 심화의 의미로 사후실습을 계획할 수 있다. 또한 정규실습을 통해 특정 실습기관에서 실습을 했을 경우 실습생은 자신이 경험했던 좁은 범위의 실습이 실습의 전부라 생각하기 쉽다. 따라서 사후실습은 다양한 실습의 경험을 제공하는 데도 긍정적인 기여를 한다고 본다.

그러나 사후(추후)실습은 의무사항이 아니어서 대학마다 자율적 선택에 의해 결정되므로 많은 장점에도 불구하고 실제로 잘 이루어지지 않고 있다. 그리고 평가도 제대로 이루어지기 어렵다고 본다.

다만 사후실습을 통해 얻을 수 있는 효과는 보육활동 계획 및 실행능력 함양, 문제해결능력 함양, 자기반성 및 평가를 통한 발전기회 제공, 전문가로서의 자질 함양 등을 들 수 있다.

○ 보육활동 계획 및 실행능력 함양

보육교사의 능력 중 가장 중요한 것이 스스로 보육활동을 계획하고 실행하는 능력이다. 아동들과의 상호작용을 예상하며 보육활동 계획서를 작성하고 계획에 의거 실행하는 능력을 말한다. 스스로 계획할 수 있음으로 인해 보다 창의적인 계획과 실행이 가능하게 된다.

○ 문제해결능력 함양

보육현장에서는 예측하지 못한 상황이 많이 발생한다. 이러한 경우 실습생은 처음에 매우 당황하게 된다. 그러나 그러한 경험을 자주 하게 되거나 발생할 수 있는 문제들에 대한 대응 방법을 생각하고 훈련한다면 문제에 대하여 당황하지 않고 자신감을 가지고 해결할 수 있을 것이다.

○ 자기반성 및 평가 기회제공

사후실습은 정규실습과 이어지는 실습으로 정규실습에서 잘 된 점과 미흡했던 점을 발견하게 한다. 스스로 반성하여 더 나은 결과를 산출할 수 있는 능력을 기른다. 자기 스스로 정규실습에 대한 평가를 하고 더불어 현재 실행하고 있는 활동에 대해서도 평가를 할 수 있게 한다.

○ 전문가로서의 자질 함양

사후실습을 통해서 스스로 반성하게 되고 그 결과 나은 방법을 모색하게 된다면 문제해결능력과, 보육의 계획 및 실행능력은 보다 치밀하고 정교해진다. 이를 통해 실습생은 장차 교사가 되고 교사는 전문적인 능력을 갖추게 된다. 이러한 능력을 바탕으로 자신에 대한 성찰을 하게 되고 성찰을 통해 보육교사로서의 가치관을 스스로 확립하게 된다.

(3) 보육실습의 효과

보육실습은 보육교사가 되기 위한 필수적 과정이다. 실습생은 보육실습을 통해 실제로 아동을 지도하고 일과를 운영하는 능력을 함양한다. 그러므로 대학과 실습기관이 보다 긴밀한 협조를 통해 실습생에게 실습의 효과를 극대화할 수 있다고 본다. 그러므로 보육실습의 효과를 높이기 위해서는 실습에 대한 체계적인 연구와 대학의 지도교수와 현장의 어린이집 원장과 지도교사, 그리고 실습생에 이르는 공동체의 인간관계가 매우 중요하다고 생각된다.

보육실습의 효과는 긍정적인 면과 부정적인 면이 있다.

먼저 긍정적 효과는 영유아기에 대한 이해, 수용적이고 비편견적 태도, 개인차 인정, 교수에 대한 준비와 신중함, 영유아를 바르게 파악하고 이해하는 능력, 교수의 목적과 목표를 이해하는 능력과 교수방법의 정교화, 학습동기의 유발능력, 문제를 가진 영유아를 수용하고 문제를 해결해 주려는 태도, 아동중심의 교수방법을 선호하는 태도, 민주적으로 학급을 운영하려는 태도의 증가 등을(윤희경 외, 2012 : 33에서 재인용) 들 수 있다. 이처럼 보육실습은 예비교사에게 교수행동과 아동관, 역할수행, 전문적 지도 능력, 프로그램 목표 인식 능력 등에서 긍정적 효과를 나타냈다.

그리고 부정적 효과는 보육교사직에 대한 갈등과 영유아에 대한 관점의 변화, 부적절한 교수방법의 습득 등(윤희경 외, 2012 : 34)을 들 수 있다. 이러한 효과는 실습자체의 효과라기보다 실습생이 경험한 실습기관의 특성과 실습생이 경험한 영유아의 특성 그리고 지도교사의 교수방법과 지도방법에 대한 불만 등에서 기인했다고 볼 수 있다. 그리고 간과할 수 없는 것은 당해 실습기관을 운영하는 원장의 마인드가 매우 중요함을 알 수 있다. 원장이 어떤 사고를 갖고 있는가에 따라 실습기관의 분위기도 달라지고 교사들의 생각도 달라지게 되는 것이다. 그러므로 실습생과 지도교사, 그리고 지도교수와 원장의 긴밀한 협조체계를 이루어 보육실습이 보다 체계적으로 이루어지도록 해야 한다.

사실상 실습생이 경험하는 보육실습이 전체를 대표한다고 볼 수 없을 것이다. 좁은 범위의 실습을 통해 실습생은 보육실습에 대한 판단을 하게 되고 나아가서는 보육교사 내지 보육시설에 대한 자신의 견해를 형성하게 된다. 그러므로 다양한 경험을 제공하는 체계를 구성할 필요가 있고 협의체를 통해 의견을 자유롭게 제시하고 스스로 선택할 수 있게 하는 방법을 제안한다.

2
chapter

보육실습 구성원의 역할

보육실습에 있어서 구성원은 보육실습생, 현장의 지도교사, 대학의 지도교수, 실습기관(어린이집)의 원장, 보육교사 등이다. 이 중에서 특히 보육실습생과 지도교사, 지도교수의 역할이 가장 중요하다. 따라서 보육실습생의 역할과 자세, 지도교사의 역할과 자질 및 지도교수의 역할에 대하여 고찰하고자 한다.[1)]

1. 보육실습생의 역할과 자세

보육실습생은 학생이면서 예비교사로서 교사가 되어가는 과정에 있는 사람이다. 즉 지도교사와의 관계에서는 학생이지만 영유아들과의 관계에서는 교사의 입장을 가진다. 그러므로 보육실습생은 학생의 입장에서 지도교사의 보육철학과 보호·양육의 방법, 교수방법, 영유아지도 방법, 학급경영 방법 등을 관찰하고 배워서 영유아들에게 직접적 적용을 해보는 입장에 있는 것이다. 따라서 보육실습생은 지도교사의 교육활동의 장·단점을 파악하여 교육자로서의 자기발전에 도움이 되도록 한다. 다음은 보육실습생의 역할과 책임, 태도 및 자세, 용모에 대하여 기술한다(박은혜·조운주, 2006 : 72-78).

1) 본 장은 추정훈, 2012, 제 3장의 내용을 참고로 하여 보육관련 내용을 첨가하였다.

(1) 보육실습생의 일반적인 역할

가. 관찰자의 역할

· 보육실습기관의 실내 · 외 환경 및 시설 · 설비를 관찰한다.
· 영유아들의 흥미, 특성, 발달 등을 관찰한다.
· 지도교사의 교수행동 및 영유아와의 상호작용 등을 관찰한다.
· 교육프로그램 전반에 대해서 관찰한다.

나. 보조교사의 역할

· 교수자료 및 교구 등 자료 제작을 돕는다.
· 실내 · 외 환경의 정리, 청결, 구성을 돕는다.
· 교육활동의 진행을 돕는다.
· 영유아지도 및 상호작용을 돕는다.
· 영유아들의 건강, 안전, 영양지도를 돕는다.
· 기타 교사의 행정업무를 돕는다.

다. 보육교사의 역할

보육교사의 역할은 매우 다양하지만, 양육자로서의 역할, 교수자로서의 역할, 상호작용자로서의 역할, 의사결정자 내지 문제해결자로서의 역할 그리고 지역사회 연계 및 부모교육담당자로서의 역할(서영숙 외, 2007 : 20-24), 평가자 및 지원자로서의 역할 등을 들 수 있다.

(가) 양육자로서의 역할

보육교사는 보육시설에서 영유아의 가정에서 생활처럼 편안하고 따뜻하게 느끼게 하면서 영유아의 기본적인 생리적 욕구에서 정서적 안정에 이르기까지 다양한 양육적 역할을 한다. 영유아의 건강을 돌보고, 안전을 지켜주며, 영유아가 배고파하거나 아프거나 불편함을 느낄 때에는 교사가 이를 빨리 감지하여 해결해 주어야 한다. 그러므로 영유아에게 식사와 간식을 제공하고, 영아의 경우 기저귀를 갈아주고, 수유 및 이유하는 일, 낮잠이나 배변 훈련 등 생리적 욕구를 충족시키는 일에서 영유아와 장시간 생활하면서 애착을 형성하여 정서적 안정을 느끼게 해주는 일까지 포함한다.

(나) 교수자로서의 역할

보육교사는 영유아의 발달단계와 흥미를 고려하여 신체적, 정서적, 인지적, 사회적으로 적절한 보육계획을 수립하고, 적합한 프로그램을 구상하여 교수자료를 준비하여 교수활동을 함으로써 영유아의 성장·발달을 지원한다. 영유아와 적극적인 상호작용을 통해 영유아의 잠재능력을 발견하고 발달 가능성을 극대화한다. 이를 위해 영유아의 지적 호기심을 유발할 수 있는 다양한 환경과 개방적인 질문으로 창의적 활동이 이루어지도록 한다.

(다) 상호작용자로서의 역할

보육교사는 영유아의 생각이나 느낌을 언어나 행동으로 표현할 수 있도록 적절히 반응해 주어야 한다. 보육교사는 영유아와 상호작용을 통해 영유아의 잠재능력을 발견하고 성장할 수 있게 한다. 또한 영유아는 또래의 다른 영유아와 상호작용을 하고 교구 및 환경과도 상호작용을 함으로써 자신의 정체성을 발견하고 문제해결능력을 기른다. 보육교사는 영유아의 이러한 상호작용을 관찰하고 안내하고 도와주어야 한다.

(라) 의사결정자 내지 문제해결자로서의 교사

보육교사는 영유아와의 상호작용을 하는 과정에서 여러 상황이 발생할 수 있다는 것을 이해하고 그때마다 어떤 의사결정을 내려야 한다. 그러므로 풍부한 현장경험을 그러한 결정능력이나 문제해결능력을 증대시킨다. 유아의 요구와 상황에 맞는 의사결정을 내리는 훈련을 통해 교사의 전문성이 제고된다.

(마) 지역사회 연계 및 부모교육 담당자로서의 역할

보육은 지역사회의 여건과 주민의 복지와 관련하여 설치, 운영되는 것이 바람직하다. 그리고 보육활동은 지역사회의 시설과 자원인사를 활용해야 하는 경우가 많이 발생한다. 지역사회 및 지역사회의 인사와의 밀접한 유대와 관계를 통해 보육은 보다 폭넓게 발전할 수 있다. 또한 보육교사가 부모에게 영유아의 발달에 관한 정보, 영유아와 상호교류하는 방법 등에 대하여 정보를 제공해 주고 보모의 보육에 관한 인식을 높이는 것이 가정과 연계되어 보육의 효과를 높일 수 있다고 본다.

(바) 평가자 및 지원자로서의 역할

보육교사는 자신이 제공한 보육서비스에 대하여 객관적으로 평가하고, 영유아의 발달상태 및 욕구를 주기적으로 관찰한다. 그리고 학급운영 평가, 영유아 행동발달 관찰평가, 건강진단 평가 등을 한다.

또한 보육교사는 시설이나 교재, 교구를 청결하게 유지·관리하고 영유아건강기록부, 가정환경조사서 등 서류 정리를 하고, 부모님에게 육아정보와 건강정보를 수집하고 가정통신문을 만드는 일, 행사를 준비하고 실행하는 일, 각종 기록을 보관하고, 공문서를 작성하는 일 등 보육활동을 지원하는 업무를 담당하기도 한다.

보육실습생은 보육교사의 이러한 종합적인 업무를 약간씩 경험하게 된다.

(2) 보육실습생의 하루일과 중의 역할

가. 영유아 등원 전

- 교실의 정리와 자료들의 위치를 확인한다.
- 그 날의 보육과정을 확인하고, 필요한 자료를 파악한다.

나. 영유아등원 시

- 영유아들과 부모를 따뜻하게 맞이한다.
- 영유아들이 옷을 벗고 정리하는 것을 돕는다.
- 영유아들이 출석 표시하는 것을 돕는다.
- 영유아들이 활동을 시작하도록 돕는다.

다. 자유선택활동

- 맡은 흥미영역을 지도한다.
- 영유아들과 상호작용하려고 노력하되, 놀이에 방해되지 않도록 주의한다.
- 놀이가 끝난 후에 영유아들이 자료를 정리하도록 격려한다.
- 영유아들과 눈높이를 맞추기 위해서 의자 또는 바닥에 앉는다.
- 정리 시간을 알려준다.

라. 전이 활동

- 영유아들이 정리하고, 손을 씻고, 화장실 가는 것을 지도한다.
- 영유아들이 할 수 있는 일은 스스로 하게 격려한다.

마. 소집단 활동

- 영유아들이 정해진 집단으로 가게 한다.
- 모든 영유아들이 적극 참여하게 한다.

바. 대집단 활동

- 지도교사가 수업을 진행할 때는 수업 및 영유아들의 반응을 관찰한다.
- 도움이 필요한 경우 도움을 제공한다.

사. 간식

- 만약 보육실습생이 책임이라면 간식준비를 한다.
- 지도교사와 다른 테이블에서 영유아들을 보살핀다.
- 영유아들의 대화에 참여한다.
- 영유아들 스스로 하게 격려하고, 꼭 필요한 경우에 도와준다.
- 영유아들이 음식을 골고루 다 먹을 수 있도록 격려한다.
- 식사 및 간식시간에 좋은 모델을 보여준다.
- 엎지르면 닦을 것을 주고 필요하면 도와준다.

아. 실외놀이

- 날씨가 추울 때는 유아들에게 외투를 입게 한다.
- 모든 실외영역을 감독한다.
- 영유아들이 놀잇감을 공유하게 한다.
- 영유아들의 안전을 항상 살핀다.
- 실습생들과 대화하지 말고 영유아에게 관심을 갖는다.
- 필요한 경우, 휴지나 수건을 가지고 나간다.
- 영유아들에게 스스로 놀잇감을 정리하게 하고, 도움이 필요한 경우 돕는다.

자. 귀가지도

- 영유아들이 옷을 입고, 물건이나 유인물을 챙기는 것을 돕는다.
- 영유아들의 안전한 귀가를 확인한다.
- 영유아와 부모에게 인사를 한다.

(3) 보육실습생의 책임

- 지도교수와 지도교사를 전문가로 인식하고 지도를 받는다.
- 보육실습기관의 규칙, 정책, 교육과정, 시설 등을 인식하고 준수한다.
- 보육실습생에게 예상되는 책임을 계획하고 실행한다.
- 현장의 모든 사람들에게 윤리적이어야 한다.
- 보육교사로서의 태도를 유지하여 보육교사로서 일하고 보육교사로 성장한다.
- 영유아들과 긍정적인 관계를 형성하고, 영유아들의 특성을 고려하여 지도한다.
- 보육계획, 환경구성, 교재 및 자료 준비, 수업 진행 등을 관찰하고 적극 참여한다.
- 보육실습일지를 정리 · 기록하고 지도교사의 지도 · 조언을 받는다.

(4) 보육실습생의 태도 및 자세

가. 보육실습생 기본 태도 및 자세

- 보육실습기관의 규정 및 규칙에 기초하여 행동한다.
- 원장, 원감, 지도교사에 대한 긍정적인 견해를 갖는다.
- 원장, 원감, 지도교사의 지도 및 평가를 수용한다.
- 원장, 원감, 지도교사, 동료 보육실습생, 원아, 부모 등과 원만한 인간관계를 형성한다.
- 보육실습기관, 원장, 지도교사, 부모, 영유아 등의 문제 및 단점에 대해서 비밀을 지킨다.
- 교사로서의 언어, 복장, 태도를 유지한다.
- 밝고 친절한 태도와 자세를 갖는다.
- 자신의 활동에 대해서 스스로 평가한다.
- 협의회에 긍정적이고 적극적인 태도로 참여한다.
- 임무를 정확하고 완벽하게 한다.
- 제출 서류는 가능한 빨리 제출한다.
- 이름표를 항상 단다.
- 만약 보육실습기관에서 원하는 경우, 출근부에 서명한다.
- 만약 몸이 아프거나 결근을 해야 한다면, 지도교사와 교수에게 출근 전에 전

화를 한다. 특별한 사유로 결근을 할 경우에는 사전에 허락을 받는다.
- 동료실습생들 간에는 선생님이라는 호칭을 사용하고 존댓말을 쓴다.
- 휴대폰은 유치원 내에서는 꺼두고 휴대하지 않는다.
- 유행어나 은어를 사용하지 않도록 주의한다.

나. 수업 · 영유아지도 태도 및 자세

- 가르치고 양육하는 일에 열성을 갖는다.
- 보육계획 및 준비를 철저히 한다.
- 보육계획안을 미리 작성한다.
- 보육계획에 대해서 지도교사와 의논한다.
- 영유아들과의 관계형성을 위해 이름을 빨리 외운다.
- 영유아들에게 모델이 되기 때문에 모든 행동에 조심하고 좋은 태도를 보인다.
- 하루 일과를 철저히 파악한다.
- 적절한 채광, 실내 온도 등을 유지시킨다.
- 영유아들의 건강을 파악한다.
- 영유아들을 가르칠 때 적절한 크기의 목소리로 한다.
- 모든 활동에서 영유아들의 흥미를 유발하고 유지시킨다.

다. 대인관계 태도 및 자세

- 지도교사나 다른 교사를 절대로 비판하지 않는다.
- 보육실습기관의 정책을 지도교사와 함께 파악한다.
- 지도교사가 사용하는 규율만을 사용한다.
- 학급에 대한 질문이나 문제에 대해서 지도교사와 논의한다.
- 만나는 모든 사람(지도교사, 영유아, 부모 등)에게 밝고 공손하게 대한다.

(5) 보육실습생의 용모

가. 머리

- 머리를 자주 빗어 단정하게 한다.
- 너무 요란한 파마를 하지 않는다.
- 원색적인 염색이나 여러 가지 색의 염색은 피한다.

· 앞머리를 길게 하여 눈을 가리지 않도록 한다.

나. 얼굴

· 입 냄새가 나지 않게 주의한다.
· 가능한 자연색을 선택하여 엷은 화장을 한다.
· 진한 향이 나는 화장품이나 향수는 사용하지 않는다.

다. 손, 발

· 손톱을 짧고 깨끗하게 관리한다.
· 원색의 매니큐어를 바르지 않는다.
· 손이나 팔에 너무 많은 장신구를 부착하지 않는다.

라. 몸

· 몸에서 나쁜 냄새가 나지 않도록 한다.
· 사치스러운 장신구를 부착하지 않는다.
· 가슴이 많이 파인 옷은 피한다.
· 무릎 위로 올라가는 짧은 치마는 피한다.
· 단정하고 깨끗한 옷을 입는다.
· 속이 훤히 비치는 옷은 피한다.
· 속옷을 잘 갖추어 입는다.
· 계절, 목적, 장소에 적절한 옷을 입는다.

마. 발, 다리

· 발톱을 짧고 깨끗하게 관리한다.
· 맨발로 다니지 않도록 한다.
· 스타킹은 커피색과 살색을 기본으로 한다.
· 반 스타킹을 신었을 때 맨살이 보이지 않도록 주의한다.
· 굽이 너무 높고 뾰족한 신발을 신지 않는다.
· 구두는 자주 닦아 청결을 유지한다.

이상에서 제시한 보육실습생의 역할과 책임, 자세, 용모 등은 매우 사소한 일상의 당연한 일이지만 그것을 소홀히 했을 경우 다른 부분도 불성실하거나 불결한 것으로 보여지기 쉽다. 어쩌면 언급할 필요 없는 당연한 일이지만 보육실습에 임하기 전에 보육실습생이 마음을 가다듬고, 실습 중에는 자신을 돌아보는 단초가 되리라 본다.

2. 지도교사의 역할과 자질

실습지도교사는 보육실습의 성패를 결정짓는 가장 중요한 역할을 하는 구성원이다. 실습지도교사의 역할수행과 그 수행을 위한 자질은 보육실습에 있어서 가장 중요한 요소이다. 지도교사는 보육실습생을 격려하여 보육실습을 원만히 이끌어 가며, 보육실습생에게 시범을 보이고, 보육실습 전반에 걸쳐서 지도·조언하며 평가한다.

(1) 지도교사의 역할

지도교사(실습지도교사)의 역할은 실습생들이 실습기간동안 어떤 경험을 할 것이며, 이들 경험을 통해 무엇을 지도할 것인지에 대한 계획을 세우고 실습 중에는 실습생들의 행동이나 태도 등을 관찰하여 평가하며, 실습생들이 작성한 보육계획안 및 학습지도안을 사전에 검토·수정하여 필요한 제언을 해주며, 실습생들의 일과 속에서 부딪히는 문제들에 대해 조언을 해주는 것이다(Emans, 1983).

지도교사의 역할을 좀 더 구체적으로 열거한다면 ① 배정된 실습생의 인적 배경을 파악하고, ② 실습생에게 필요한 학급실태, 교육과정 등에 대한 정보를 제공하며, ③ 실습과 관계된 지도교수, 실습유치원, 실습생들과 협의하여 실습 과정에 대한 구체적 지침 및 계획을 세우고, ④ 실습생의 제반 활동을 지도·감독하며, ⑤ 실습생의 상담자가 되며, ⑥ 실습생과 아동과의 상호작용적 관계를 격려하고 도와주며, ⑦ 실습에 관한 협의회에 참석하여 실습 문제 전반에 걸쳐 논의하며, ⑧ 실습생 활동을 기록, 정리, 평가하며 그 결과를 대학에 통보하고, ⑨ 서신 연락 및 실습생의 어린이집 방문 등에 따른 추후지도를 한다(윤기영 외, 2006).

이상에서 볼 때 지도교사의 역할은 첫째, 실습생에게 실습에 관한 전반적인 오리엔테이션을 한다.

둘째, 실습생 지도 계획을 세우고 실습생에게 어떤 경험을 제공하고 그 경험을 통해 어떤 지도를 할 것인지 결정한다.

셋째, 보호·양육의 방법이나, 교수의 기술, 학급운영, 영유아지도, 실무에 대하여 시범을 보이고 일정한 범위 내에서 실습생이 실제 수행하도록 지도하고 격려한다. 그리고 피드백을 하여 실습생이 스스로 생각하게 한다.

넷째, 실습생이 일과를 진행할 때 필요시 적절한 도움을 준다.

다섯째, 실습의 전반적인 과정을 통해 실습생의 행동이나 태도를 관찰하고, 평가한다.

여섯째, 실습생의 스트레스에 대하여 진정한 대화를 하고 여러 가지 방법을 활용해 실습생을 따뜻하게 격려한다. 그리고 인간관계의 기법을 지도한다.

그런데 여기서 유의할 점은 지도교사가 이러한 실습지도를 하면서 본인이 시범보인 내용을 실습생들이 반드시 그대로 따라 해야 한다고 강요하지 말아야 한다는 것이다. 업무의 성격에 따라서 그리고 초기단계에 있어서 그대로 모방하는 것이 필요한 것도 있지만 다양한 교수계획이나 지도방법에 있어서 실습생이 보다 창의적 사고를 하고 스스로 기법을 구안할 수 있도록 도와주어야 한다.

(2) 지도교사의 자질

실습지도교사의 역할이 실습의 질을 결정한다면 지도교사의 자질은 그 역할 수행을 가능하게 하는 기초가 될 것이다. 지도교사의 자격요건은 전공분야에 대한 자격증, 보육실습 과목에 있어서의 지도경력, 경력, 학위 등(Zerr, 1988)을 들 수 있다. 우리나라의 경우 지도교사에 대한 규정은 없으나, 보육교사 1급(유치원의 경우는 유아 1급 정교사)의 자격을 기본적으로 요구하는 것이 타당하다고 본다. 그리고 보육교사 1급(유아 1급 정교사)연수에는 반드시 실습생지도에 관한 과목을 부과하도록 하는 것이 좋을 것 같다. 이러한 외형적 자격요건 외에 지도교사의 자질은 인성적 자질과 전문적 자질로 나누어 볼 수 있다(박은혜·조운주, 2006).

인성적 자질은 보육에 대한 열의와 다른 사람을 도와주려는 의지, 실습생의 요청에 민감하게 반응하고 격려해야 하며, 격려나 도움을 줄 때는 권위적이지 않고 실습생의 의견을 수용한다. 융통성이 있어야 하며, 모든 경우 실습생을 보호해주는 입장을 취하고, 실습생의 비밀도 지켜주어야 한다.

전문적 자질은 자기 지도적이고 적응력이 있어야 하며, 보호·양육의 기술과 영유아에 대한 애정 그리고 교수 전략과 이론, 전문적 연구에서 발견되는 교수학습에 관한 지식을 알고 있어야 한다. 지도 및 평가 기술과 문제해결력이 있고 다양한 발전적 교수방법을 수용하며, 계속적인 전문성 발달을 위해 끊임없이 노력하며, 실습생에게 항상 좋은 모델을 제공하려고 노력하고, 자신의 활동에 대해서 반성한다. 그리고 의사소통기술이 능숙하여 실습생과 의사소통에 문제가 없어야 한다.

지도교사는 기본적인 자격과 경력 외에 실습생을 포용하며, 자신의 교육철학을 가지고 교육에 임하며 교수계획과 수행, 영유아지도, 실무 등 교사의 업무 수행에 있어서 끊임없이 연구하고 개방적인 자세를 가져야 한다.

3. 지도교수의 역할

교사양성대학에서의 실습생의 지도교수는 보육실습의 시기, 기간, 방법 등을 실습기관과 협의하고, 실습지도교사와 협력하여 예비교사를 지도한다. 그러므로 지도교수는 대학의 보육실습의 목표가 달성될 수 있도록 현장의 실습지도교사와 실습생을 지원하는 역할을 한다. 실습지도교수는 대학의 교사양성프로그램에서 기대하는 보육실습의 목표가 현장에서 제대로 달성될 수 있도록 지도교사를 도와 예비교사가 현장에 잘 적응할 수 있게 지원하며 예비교사의 변화와 발전을 평가하며 예비교사의 의견을 수렴하여 대학과 현장 간 갈등을 조정해 주는 역할을 한다. 또한 실습기간 동안 세미나 과목을 가르치거나 정기적으로 협의회를 주도하여 예비교사들의 경험을 지도하고 갈등을 해결해 주기도 한다(Taylor, 1983, 윤기영, 2006에서 재인용). 그러므로 지도교수의 역할은 보육실습생 지원역할과 지도교사 지원역할로 나누어 설명할 수 있다(박은혜 · 조운주, 2006 : 84[2]).

(1) 보육실습생 지원

- 보육실습생의 역할 및 자세, 보육실습 일정, 협의회, 평가방법 등에 대해서 보육실습생을 안내 한다.
- 보육실습생의 업무와 책임을 계획하고, 보육실습이 시작될 때 보육실습생과

2) 일부의 논의는 필자가 현실적 입장에서 수정함

지도교사를 연결시킨다.

- 보육실습 중에는 보육실습생을 관찰하여 장점과 단점을 파악하고, 피드백과 모델을 제공하는 등 발전을 위한 지원을 제공한다.
- 보육실습이 끝날 때 보육실습생의 점수, 통과여부를 결정하는 등 평가활동을 한다.

(2) 지도교사 지원

- 대학과 현장의 협력적인 보육실습을 위해 지도교사와 밀접한 관계를 형성한다.
- 보육실습 중에도 지도교사를 지속적으로 지원하고 협의한다.
- 보육실습 후에는 보육실습 지도과정 중의 문제점을 파악하고 지도교사와 향후 실습생 지도 방안에 대하여 협의한다.

이상 살펴본 바와 같이 지도교수는 보육실습의 전체 과정을 계획, 운영하고 보육실습구성원 모두를 관리하는 전반적인 책임을 수행한다(박은혜 · 조운주, 2006). 지도교수는 대학의 교사양성프로그램의 보육실습목표를 달성하기 위해 현장의 지도교사와 협의하고 지원하여 보육실습생이 현장에 잘 적응할 수 있도록 하며, 실습생의 의견을 수렴하여 대학과 현장 간 갈등을 조정하는 역할을 한다.

3
chapter

보육실습생의 인간관계

보육실습에 있어서 보육실습생의 인간관계는 실습의 성패를 결정하는 가장 중요한 요소라고 할 수 있다. 인간관계가 긍정적이고 원활하면 그만큼 성공확률이 높으면 의외의 성과를 얻고 교직에 대한 자부심과 만족감이 높아져서 긍정적인 교직관을 형성할 수 있는 반면, 인간관계가 부정적이고 갈등적이라면 실습생은 교직에 대하여 두려움을 느끼고 인간관계를 회피하게 되고 교직에 대하여 부정적인 가치관을 형성하게 될 것이다.[1)]

인간관계의 핵심은 호감과 신뢰이다. 간혹 인간관계에서 감정적 문제를 경시하는 경우가 있는데 사실상 인간관계 전부를 좌우할 만큼 중요하다. 호감은 첫 만남에서 좋은 인상을 주는 데서부터 시작한다. 좋은 인상을 주는 데는 먼저 외모가 중요하다. 호감을 주는 외모와 옷차림은 인간관계의 시작에서 긍정적인 역할을 한다. 그리고 호감을 주는 것은 좋은 태도이다. 좋은 태도는 사람의 관점에 따라 다르지만 수용적인 태도와 긍정적인 태도 그리고 상대를 존중하는 태도를 선호한다. 그리고 명랑하고 밝은 태도를 선호한다. 비판적인 태도나 부정적인 태도를 대부분 좋아하지 않는다.

호감과 더불어 인간관계의 핵심은 신뢰이다. 신뢰의 문제는 호감과 상호작용한다. 즉 호감이 있으면 신뢰하기 쉽고, 신뢰하면 호감의 정도가 깊어진다. 그러나 호감과 신뢰는 엄연히 다르다. 호감이 그 사람에 귀속되는 점이 많다면 신뢰는 그 사람의 행위에 대한 믿음이다. 그러므로 호감이 감성적인데 비하여 신뢰가 더

1) 본 장은 추정훈, 2012, 제 4장의 내용을 참고로 하여 보육관련 내용을 첨가하였다.

이성적이라고 볼 수 있다. 신뢰는 약속의 수행에서 비롯된다. 약속을 지키고 안 지키고는 신뢰의 가장 기초가 된다. 그리고 또 다른 신뢰의 기초는 책임감이다. 자신의 위치에서 맡은 바 일을 끝까지 완수하는 자세이다. 책임감은 교육현장에서 매우 중요한 덕목이다. 책임감이 결여된 사람과 어떤 일도 같이 할 수가 없다. 책임감이 없는 사람은 동료교사나 교육기관을 위기에 처하게 할 수도 있다. 그리고 이러한 책임감과 약속을 담보할 수 있는 힘은 자신의 갈고 닦은 능력에서 나온다. 즉 능력이 신뢰의 바탕이다. 따라서 능력 있는 사람을 신뢰한다. 그러나 능력이 있다고 해서 약속을 반드시 지키고 책임감이 투철하다고 단정할 수는 없다. 그러므로 능력은 그 기초가 될 뿐이다.

이상과 같이 인간관계의 핵심을 고찰하였다. 이러한 틀을 기초로 하여 보육실습생의 인간관계를 본다면 먼저 지도교사와의 관계가 가장 중요하다. 지도교사와의 관계는 실습전체의 분위기를 좌우한다. 그리고 원장과 관계, 영유아와의 관계, 학부모와의 관계, 동료 실습생과의 관계, 마지막으로 지도교수와의 관계가 있다. 이러한 인간관계는 상호작용을 통해 보육실습에 발전적으로 작용하기도 하고 갈등을 빚기도 한다.

1. 지도교사와의 관계

지도교사와의 인간관계는 교육실습에 있어서 가장 중요한 관계라고 할 수 있다. 가장 많은 시간을 지도교사와 보내게 되고 지도교사와의 상호작용을 통해 실습생은 그 목적을 달성한다. 그러므로 어떤 지도교사를 만나 어떤 상호작용을 하느냐가 실습의 가장 중요한 관건이 된다.

(1) 보육실습생의 지도교사에 대한 태도

가. 보육실습생은 지도교사를 만나기 전 자신의 외모와 옷차림, 태도를 돌아보아야 한다. 호감을 줄 수 있는 헤어스타일과 메이크업 등을 연구하고 실습에 적합한 단정한 옷차림을 갖춘다. 그리고 실습기관인 당해 어린이집에 대하여 사전에 인터넷 등을 통해 기본적인 정보를 숙지한다.

나. 지도교사를 만났을 때 공손하면서도 밝은 태도를 잃지 아니한다. 호감을

줄 수 있는 태도는 수용적인 것이다. 지도교사의 관점이나 입장에서 지도교사를 생각하고 이해하려는 태도를 가져야 한다. 실제로 지도교사는 자신의 학급운영과 수업, 유아지도, 실무에 관하여 법적·도의적 책임을 져야 하는 위치에 있으므로 지도교사의 지도를 수용하려는 태도를 가져야 한다. 지도교사의 지적이나 비판을 수용하고 존중해야 한다. 실습생의 생각에 지도교사의 지도가 불만일 수 있지만 그 이유는 다른 기회에 질문할 수 있도록 한다.

다. 개방적 태도를 가져야 한다. 지도교사의 수업기법이나 지도방식이 대학에서 배운 것과 다르다고 할지라도 비판보다는 개방적인 태도로 다양성이 있을 수 있음을 인식하고 그렇게 할 수 밖에 없는 이유는 차후 협의회나 다른 기회에 질문하는 것이 좋다. 그리고 이유가 이해가 안 된다고 할지라도 실습생이 그것을 바꾸려고 해서는 지도교사와 갈등을 빚게 될 것이다.

라. 지도교사의 입장과 한계를 이해하여야 한다. 지도교사가 학급운영에 책임을 진다고 하더라고 최종적인 책임은 역시 원장에게 있고, 원장은 학부모의 입장을 수용할 수밖에 없는 입장이므로 원장의 지시를 받는 지도교사의 입장을 이해하여야 한다. 그리고 지도교사가 모든 것을 다 잘할 수는 없을 것이다. 그러므로 인간적인 한계를 이해하여야 한다.

마. 일과지도 중 영유아와 관련된 문제와 수업활동에 관련된 문제는 반드시 지도교사와 상의하여야 한다. 지도교사의 지침을 따르며 수정에 응하여야 한다. 창의적인 방법을 모색할 경우에는 지도교사에게 상황을 잘 설명하여야 한다. 이 경우 지도교사는 실습생의 창의성을 격려해 주어야 한다.

바. 지도교사가 부과하는 과제나 업무에 있어서 책임감을 가지고 끝까지 기일내 완수하여야 한다. 만약 그러하지 못할 경우 정당한 이유를 들어 지도교사와 상담하여야 한다. 지도교사와 약속을 지키게 않게 되면 신뢰관계가 무너져서 더 이상 제대로 된 실습지도를 받기가 어렵게 된다.

사. 지도교사와의 인간관계에서 있었던 사적인 문제는 반드시 비밀을 지켜야 한다. 인간관계의 진전으로 사적인 문제와 공적인 문제라도 다른 사람과 관계가 있는 사항들은 비밀을 유지하는 것이 중요하다. 이것은 인간관계의 기초를 형성하는 중대한 사항이다.

(2) 보육실습생과 지도교사의 상호작용

교육실습생과 지도교사의 긍정적 상호작용은 보육실습을 역동적으로 발전시킨다. 보육실습생은 지도교사의 수업지도와 영유아지도, 학급운영 등을 관찰하여 중요한 부분을 기록하고 충분히 생각하고 연구하여야 한다. 그리고 의문사항을 질문할 때는 조심스럽게 접근하여야 한다. 지도교사 또한 보육실습생이 수용적이지 않고 비판적으로 나오거나 불평이나 불만을 주로 말한다면 상당히 방어적이 되고 실습생지도에 있어서 스트레스를 받게 될 것이다. 그러므로 기본적으로 수용적인 태도가 중요하다. 학급에서 일과 중 일어나는 사항에 대하여 진지한 자세로 지도교사에게 질문하고 배우고자 노력하는 자세를 보이면 지도교사는 한층 더 노력하게 될 것이다.

보육실습생이 매사에 소극적이고 부정적이라면 지도교사는 지도에 의욕을 잃고 자포자기하게 될 것이다. 그것이 갈등으로 연결되어 지도는 더 이상 진전하지 못하고 포기하고 마는 상황이 발생할 수가 있다.

반면에 지도교사가 보육실습지도에 의욕이 없거나, 매사에 부정적인 가치관을 갖고 있다면 실습생에게 부정적인 영향을 미칠 수가 있다. 그리고 보육실습생을 업무보조자 정도로 취급하여 실습지도를 제대로 하지 않는다면 보육실습은 무의미하게 될 수도 있다. 그러므로 지도교수는 실습기관을 선정할 때 원장이나 지도교사와의 면담을 통해 그들의 교직에 대한 가치관을 확인하고 당해 실습기관의 풍토를 알아보는 것이 중요하다. 그리고 보육실습생은 지도교수와 면담을 통해 중재를 요청할 수도 있다.

2. 원장과의 관계

보육실습생의 경우 실습을 시작하고 나면 지도교사와의 관계가 주를 이루지만 현실적으로 어린이집의 최고 관리자인 원장(시설장)과의 관계가 매우 중요하다. 어린이집의 원장은 법인 및 민간 어린이집 등의 경우 교사 임용, 담임 배정 등의 인사권을 가지고 있으며, 교사를 행정적으로 관리한다. 어린이집의 보육철학을 주도하며, 보육의 방침을 결정한다. 그리고 보육과정을 구성하는데 주도적인 입장을 취하는 경우가 많다. 그리고 학부모, 영유아와의 관계에서 최종적으로 법적 책임을 진다.

그러므로 어린이집의 원장과 교육실습생의 관계는 간접적이 될 수도 있지만 원장은 임용에 관심을 두고 평시에 실습생의 활동과 태도를 눈여겨 보거나 지도교사로부터 수시 보고를 받는다.

원장과의 관계는 경우에 따라서는 지도교사 이상으로 중요하다. 원장과 보육실습생의 인간관계에서 호감과 신뢰의 법칙은 지도교사의 경우와 동일하지마는 보육실습생은 지도교사 지도를 받으며 최선을 다해 배우고자하며, 헌신적으로 노력하고 책임을 다하는 태도를 보여야 한다.

3. 영유아와의 관계

보육실습생에게 있어서 영유아는 교육의 대상이면서 상당히 조심스럽게 접근해야 할 대상이다. 섣부른 판단은 문제를 낳게 된다. 그러므로 영유아와 관련된 모든 행동은 지도교사와 협의하는 것이 필요하다.

영유아는 보육실습생에게는 힘의 근원이기도 하다. 보조교사로서 보육실습교사로서 영유아와 접할 때 영유아의 우호적인 반응은 보육실습생의 갈등과 고통을 일시에 잊게 해준다. 영유아의 여러 반응은 보육실습생에게 기쁨을 주고, 때로 고민하게 한다. 이러한 과정을 통해 실습생은 영유아 보육에 대하여 눈을 뜨게 된다. 이러한 점은 대학에서는 배우거나 느낄 수 없으며 오로지 현장에서만 접할 수 있는 기쁨이며 보람이다.

(1) 영유아와의 관계에서의 기본원칙

이러한 영유아와의 관계에서 몇 가지 기본 원칙을 지켜야 한다. 인간관계의 기본원칙인 호감과 신뢰의 원칙은 영유아에게도 여전히 적용된다.

가. 영유아에게 정직해야 한다.

인성교육의 기초가 정직에서 비롯되는 것인 만큼 보육교사나 실습생부터 유아에게 정직해야 한다. 정직성이 모든 보육의 기초가 된다. 영유아에게 솔직하고 자신에게 솔직해야 한다. 그러면서 문제를 찾아 해결하도록 노력해야 한다.

나. 영유아에게 편견을 갖지 말고 모든 영유아를 동등하게 대하여야 한다.

부모의 사회적 지위나 영유아의 특성에 따라 영유아를 차별 대우 한다면 영유아의 성격발달에 치명적인 문제를 줄 수 있고 부정적인 영향을 심어줄 수가 있다. 영유아를 지도할 때도 그 행위에 대하여 지적해야 하며 인격적인 모욕을 해서는 아니된다. 전두엽이 발전하는 시기의 영유아는 도덕적 판단을 하기 시작하고 인성이 발달한다.

다. 영유아를 존중하는 태도를 가져야 한다.

영유아는 아직 어려서 판단이 미숙할 수 있지만 한 인간으로서 존중받아야 할 가치가 있다. 존중받는 영유아야말로 자존감을 느끼며 건전한 자아를 형성할 수 있다. 이것은 어쩌면 보육기관의 의무로 생각된다.

라. 영유아의 발달단계와 영유아집단을 이해해야 한다.

영유아의 발달단계를 이해하고 영유아의 정신세계를 탐구하여야 한다. 그리고 영유아집단내의 규율을 존중해 주어야 한다. 극히 문제가 되지 않으면 영유아집단의 질서를 존중해 주어야 하며 간섭해서는 아니 된다. 따라서 영유아 간에 문제가 발생하면 영유아가 자율적으로 해결하도록 하되, 필요한 순간에만 개입하여 도움을 준다.

마. 칭찬은 적절해야 한다.

칭찬은 비난보다 효과적이지만, 칭찬의 남발은 칭찬의 효과를 오히려 감소시킨다. 칭찬의 이유를 들어 효과적으로 하는 것이 중요하다.

바. 영유아와의 관계는 친구가 아니다.

영유아와 친구처럼 되는 것이 좋을 것이라고 생각할 수 있지만 보육교사나 실습생은 영유아를 지도하는 사람이다. 그러므로 친절해야 하지만 보육에 대한 권위를 가지고 존경받아야 한다. 영유아에게 단순히 인기가 있는 것보다 존경받는 것을 연구하여야 한다(Hopkin & Moore, 1993).

(2) 보육실습생이 영유아를 대하는 구체적인 방법(Roe & Ross, 1998 ; 박은혜 · 조운주, 2006)

가. 일반적 상황

- 모든 영유아에게 관심을 갖는다.
- 영유아들의 이름을 빨리 외운다.
- 전날 결석한 영유아를 기억하고 확인한다.
- 영유아의 건강을 파악한다.
- 영유아가 잊은 것을 알려 준다.
- 영유아들이 잘 수행할 때 칭찬한다.
- 영유아와 상호작용할 때 적절한 비언어적 행동(눈맞춤, 미소, 끄덕임 등)을 사용한다.
- 영유아들의 의견과 감정표현을 듣고 조심스럽게 반응한다.
- 모든 영유아들에게 관심을 갖고 장점을 찾는다.
- 하나의 규칙을 정했다면 모든 영유아에게 동등하게 적용한다.
- 영유아들에 대한 고정관념을 갖지 않는다.
- 영유아들을 항상 정직하게 대한다.
- 영유아들이 문제를 말할 때 듣고 도우려고 노력한다.
- 영유아들 편이라는 것을 알게 한다.
- 영유아의 개인차를 존중한다.
- 영유아들이 스스로 책임질 수 있는 일을 제공하고 유아들을 믿는다.

나. 문제 상황

- 영유아들과 약속을 할 때는 신중하게 하기
- 영유아들이 따르지 않을 때는 먼저 관심 갖기
  - 관심을 갖고 격려하면 영유아들과 쉽게 관계를 형성할 수 있다. 그러나 영유아들과 친해지기 위해 지나치게 모든 요구를 들어주는 것은 부적절함
- 엉뚱한 영유아들의 질문에 당황하지 말기
  - 모르는 것은 솔직히 모른다고 인정하고 알아보자고 한다. 정확한 답이 없는 질문의 경우 영유아에게 "너는 어떻게 생각하니?"라고 역으로 질문을

하여 그 영유아의 수준을 파악해서 반응한다.

· 영유아와는 어느 정도 거리 유지하기

- 보육실습생에게 관심이 없는 영유아도 실습생의 마음을 아프게 하지만, 지나치게 집착하는 경우도 다른 영유아와의 놀이나 활동에 지장을 주므로 문제가 있다. 따라서 처음에 영유아와의 관계를 형성할 때 영유아의 요구를 모두 들어주기보다는 어느 정도의 거리를 유지하는 것이 좋다.

4. 학부모와의 관계

학부모와의 관계는 보육실습생의 입장에서는 매우 생소하며 지도교사가 없는 상황에서 부모들이 질문을 하거나 하면 매우 당황하게 된다. 부모들은 유아들의 일상과 문제에 매우 관심이 많다. 영유아들을 등원시키고, 귀가하면 영유아들과 의사소통을 하는데 주로 어린이집에서 있었던 이야기, 교사와의 관계, 실습생과의 관계 등에서 있었던 이야기들을 부모와 이야기 한다. 부모는 영유아의 이야기를 듣고 영유아의 입장에서 생각을 한다. 부모는 어린이집을 방문하여 원장이나 지도교사와 상담을 하거나 전화를 통해 불편한 점을 이야기 한다. 그리고 어린이집에서는 정기적으로 부모와 협의회를 가지거나 행사를 통해 부모를 접하게 된다.

보육실습생은 부모와 어린이집의 이러한 관계 속에서 지도교사와 부모가 상호작용하는 것을 관찰하게 된다. 그리고 지도교사가 없는 상황에서는 실습생이 부모를 만나게 되는 경우 영유아의 교육활동이나 어린이집 생활에 대하여 실습생이 직접 대답하지 말고 지도교사에게 알려서 지도교사가 하게 하는 것이 좋다. 그 외 실습생의 입장에서 부모를 친절하고 대하고 인사를 잘하며, 어느 영유아의 부모인지 기억하는 것이 중요하다(조운주, 2003).

보육실습생의 경우 영유아의 이름을 알고 그 부모를 친절히 대하는 것은 부모와의 관계형성에서 그 출발점이라 할 수 있다. 그러나 어린이집에서의 영유아의 활동이나 사고에 관한 일차적인 책임이 담당교사에 있으므로 실습이 섣불리 부모에게 대답하려 해서는 아니 되고, 미처 지도교사와 상의 없이 한 영유아에 대한 조치사항은 반드시 먼저 지도교사에게 보고하여야 한다. 실습생은 지도교사의 부모를 대하는 행동들을 관찰하여 자신의 행동 모델로 삼되, 의문이 나는 점은 메모해 두었다가 조용한 시간에 지도교사에게 질문을 하여 해결하도록 한다.

5. 동료실습생과의 관계

동료실습생과 같은 보육기관에서 교육실습을 받게 될 수도 있다. 동료 실습생은 같은 대학 출신일 수도 있고 대학이 서로 다를 수도 있다.

동료는 같은 실습생의 입장에서 서로 의지가 될 수 있으며, 어려움을 함께 하므로 매우 가까워질 수 있다. 그리고 상호 정보를 교환함으로써 실습을 보다 효과적으로 할 수도 있다.

그런 반면에 동료는 하나의 경쟁 관계에 있을 수 있다. 보육실습에 있어서 지도교사나 원장의 평가를 받기 때문에 경쟁관계에 놓이며, 이것이 심화되면 동료 간에 갈등이 유발될 수가 있다.

그러므로 동료는 각자 맡은 바에 충실하며 상호 존중하여 비판하지 않도록 한다. 동료 간의 관계에 중요한 덕목은 정직과 신뢰이다. 동료 간에 솔직하게 임하고 성실하게 과제를 수행하면 갈등은 거의 발생하지 않을 것이다. 누군가의 욕구가 지나치면 문제가 발생한다. 문제발생의 시작은 보통 말이나 태도에서 비롯된다. 동료 간에도 가급적 비판하지 않는다. 진정한 비판은 요청이 있을 때만 한다. 요청이 있더라도 상대방의 자존심이 상하지 않도록 하는 것이 중요하다.

동료는 협력관계에 있으면서도 경쟁관계에 있는 이중적인 관계이다. 그러나 노력하기 따라서는 협력하며 상호 발전하는 관계로 발전시킬 수가 있다. 친절하고 성실한 자세로 임하는 것이 중요하다.

6. 지도교수와의 관계

지도교수는 보육실습생의 실습에 관하여 운영 전반에 책임을 지고 관리를 한다. 실습생이 보육실습을 나가기 전 대학에서 보육실습에 관하여 사전교육을 시키고, 실습생들에게 현장 적응을 위한 여러 가지 방법과 기법들을 교육·훈련시킨다. 실습기관을 선정하거나 실습기관 선정에 조언을 하며, 실습을 원활히 진행하기 위해 실습기관의 원장과 지도교사와 밀접한 관련을 갖는다. 실습에 대하여 실습생에게 조언을 하고 실습에서 생길 수 있는 문제에 대하여 지도교사와 협의하고 지원한다. 그리고 최종적으로 보육실습에 대하여 평가를 한다.

그러므로 지도교수의 역할은 매우 중요하다. 다만 현실적으로 보육실습이 지도교수의 통제를 벗어나 실습기관에 일임되는 경우가 많아 체계적인 실습이 이루어지지 못할 가능성이 있다. 그러나 지도교수가 현장과 어떻게 긴밀하게 연계하느냐에 따라 그 효과는 상당히 달라질 수 있다고 본다.

슈베벨은 지도교수와 보육실습생의 관계에 대하여 지도교수를 학급관찰자, 구성적 비판자로서, 문제해결자로서, 비상시 도움을 얻는 조력자로서, 세미나의 리더로서, 지지자로서 구체적으로 제시한다(Schwebel, 2002).

4
chapter

보육실습의 준비

보육실습을 실시함에 있어서 사전에 준비하고 계획을 하여야 하는 부분에 대하여 고찰한다. 대학과 지도교수의 준비, 보육실습생의 준비, 보육실습기관의 원장 및 지도교사의 준비를 중심으로 논의한다.

1. 대학과 지도교수의 준비

대학과 지도교수는 보육실습생이 보육실습을 원활하게 진행할 수 있도록 사전 준비 및 교육을 실시하여야 한다.

(1) 실습생에 대한 사전 교육

대학은 현장실습을 하기 전에 관찰실습을 통한 사전실습과 실습이론에 대하여 사전교육을 하여야 한다. 실습에 관한 이론으로서 실습의 의의, 목적, 실습의 효과, 실습의 구성원 특징, 실습시의 인간관계 등에 대한 기초지식과 실습, 그리고 현장에서 접하게 될 보육의 내용, 수업지도, 생활지도, 학급운영, 실무실습, 실습의 평가 등에 대하여 전반적으로 교육하여야 한다.

(2) 보육실습의 시기 결정

보육실습의 시기는 대학의 교육과정 운영, 실습기관의 사정, 실습생의 요구 등을 고려하여 결정하며, 보통 학기 중에 하거나, 보육실습이 교과에 편성된 학기의 전후 방학 중에 실시할 수 있다. 4주, 160시간 이상, 1일 8시간 이상을 연속하여 하여야 하나, 야간 대학, 한국방송통신대학, 원격대학의 경우 2회 나누어 실시할 수 있다.

(3) 실습기관 선정 및 실습생 배정

보육실습에 있어서 실습기관의 선정은 실습의 성패를 결정할 만큼 매우 중요하다. 우수한 보육프로그램을 시행하며, 물리적, 인적으로 바람직한 환경을 갖춘 보육기관을 실습기관을 선정하는 것이 중요하다. 실습기관은 대학에서 배정할 수도 있지만 실습생의 거주지와 가까운 곳이거나 실습생의 요구사항을 반영하여 배정할 수도 있다. 어느 경우든 실습기관에 대한 정보를 사전에 많이 확보할수록 좋은 실습기관을 선정할 수가 있다.

실습기관은 규정에 따라 인가 받은 국공립, 사회복지법인, 법인・단체 등 어린이집, 직장어린이집 등 어린이집 중 정원 15명 이상의 어린이집을 실습기관으로 선정한다. 실습기관의 운영방침이나 원장이나 지도교사의 교육관을 고려하되, 학생의 희망을 고려하여 실습기관을 선정하고 실습생을 배정한다. 여기서 중요한 것은 실습 지도교사의 자격(보육교사 1급 또는 유아1급 정교사)을 반드시 확인하여야 한다. 그리고 공문을 보육실습기관에 보내 협력학교 승인을 받고 대학의 장의 결재를 받아 보육실습기관을 확정한다.

(4) 지도교수의 실습기관 방문

보육실습기관이 선정되면 지도교수가 실습기관을 방문하여 실습기관과 협의하고 지도교사를 선정하여 실습계획을 작성한다. 그리고 원장 및 지도교사와 실습의 목적이나 기간, 진행방법, 평가방법 등에 대하여 협의한다. 지도교사의 선정은 원장과 협의하되, 보육실습생을 지도할 의사가 있으며, 그 능력을 인정받은 경력교사로 한다. 필요하면 지도교사 사전교육을 실시한다. 지도교사 사전교육은 지도교사가 보육실습생을 지도하는데 있어서 필요한 실습생의 인성적 특징, 실습생 지도방법, 상담법 등과 실습생이 현장에서 경험하게 될 요소와 경험의 제시 등에 대한 전문적인 방법에 대한 내용이 포함된다.

2. 보육실습생의 준비

(1) 실습기관의 선정

보육실습생은 실습기관을 선정할 때 본인이 희망할 수 있다. 주로 본인 실습을 원활히 할 수 있도록 지역적으로 가까운 곳을 선정하되, 사전에 홈페이지 방문, 인근 지역사회의 평을 종합하여 교육실습기관의 정보를 최대한 많이 확보하여 판단한다.

(2) 실습에 대비한 준비물 점검

실습기관이 선정되면 실습 시에 입을 옷, 이력서(〈표 4-1〉), 실습일지, 명찰, 에이프런, 덧신(실내화) 등 실습에 필요한 것들을 사전에 준비한다. 옷은 실습에 적합하며 단정한 옷을 선택하며 옷과 더불어 외모를 관리하는 것은 인간관계의 기본이 되므로 사전에 준비한다. 그리고 실습에 필요한 준비물들을 사전에 준비한다.

(3) 자신의 실습계획 수립

실습에 들어가기 전에 실습계획을 수립해본다. 그리고 본인이 역점을 두고 실습에서 배우고 싶은 사항을 정리한다. 보육실습기관의 교육철학이나 특성, 방침, 교육프로그램 등을 참고하여 특히 익히고 싶은 사항을 중점 정리한다. 그리고 실습에 필요한 자료, 참고도서 등을 준비한다.

(4) 본인의 교사상 그리기

그간의 배운 모든 지식을 동원하여 본인이 어떤 교사가 되기를 원하는지에 대한 이미지를 그린다. 보육실습에 들어갔을 때 원장과 지도교사, 영유아에게 어떤 모습으로 다가갈지 상상하며 이미지-메이킹(image-making)한다.

(5) 오리엔테이션 참가

실습 오리엔테이션에 성실히 참가하여 준비 상황을 점검한다.

(6) 실습기관 사전 방문

보육실습기관을 사전에 방문하여 원장과 지도교사로부터 실습기관의 방침이나 실습과정, 유의사항 등에 대한 안내를 받는다. 실습기관을 방문하여 다음의 사항을 미리 파악해 두는 것이 좋다(서영숙 외, 2007 : 62).

· 실습기관의 위치와 교통편
· 원장, 지도교사, 시설종사자의 이름과 역할, 각 개인의 대략적인 성격(인상)
· 학급별, 연령별, 성별 영유아의 수
· 실습하게 될 학급의 이름과 원아명단
· 어린이집 주변의 주요시설 및 환경
· 연간, 월간, 주간, 일일 보육계획안, 특별활동
· 실습기관의 연혁, 설립목적, 교육철학, 이념이 담긴 내용
· 실습기관 건물배치도 및 교실(보육실) 평면도
· 영유아 평가지 양식 등

3. 보육실습기관의 준비

보육실습기관인 어린이집에서 대학 또는 학생으로부터 학생의 실습의뢰를 받으면 실습기관의 사정을 고려하여 승인을 한다. 대부분의 보육시설은 실습생을 받는 부분에서 장단점을 느끼고 있는 것 같다. 장점으로는 부족한 인력을 확보하여 업무보조 인력으로 활용한다는 점에서 환영하는 것 같으며, 또 한 가지는 결원된 교사를 충원하기 위해 사전에 탐색할 수 있고 이에 따라 검증된 우수 인재를 교사로 확보할 수 있다는 점에서 장점을 갖는 것으로 보인다. 부수적인 이유로 새로운 보육이론이나 참신한 아이디어를 실습생을 통해 얻을 수도 있다는 것이고 영유아들에게도 신선한 느낌을 줄 수 있다. 그렇지만 준비가 부족한 실습생에 의한 보육활동이 정상적인 보육활동에 지장을 초래하고 보육과정 운영을 어렵게 할 수도 있다는 점은 단점(서영숙 외, p. 69)으로 인식되고 있다. 그렇지만 현장실습으로서의 보육실습은 지속되어야만 한다. 실습을 통해 교사로서 양성되며, 현장에 부단히 인력을 충원할 수 있기 때문이다.

보육실습기관은 실습생을 맞을 준비를 하게 되고 실습기관의 운영방침을 실습생에게 숙지시키며, 실습계획을 한다.

(1) 지도교사의 선정

원장은 교육실습생을 받아 교육실습을 시키기 위해, 지도교사를 먼저 선정한다. 지도교사는 현장 경험이 풍부하며, 실습생을 지도할 만한 자질과 능력을 갖춘 교사를 선정한다. 보육교사 1급 자격이 있으며 보육교사로서의 자부심과 신념을 갖추고 실습생을 지도할 열정을 갖춘 사람을 선정하여야 하며, 실습생을 잘 이끌어 보호와 양육, 그리고 교수자로서의 역할을 잘 수행할 수 있도록 훈련시킬 계획을 수립하게 한다.

(2) 실습지도 계획

지도교사는 실습지도 계획을 세우고 중점을 두고 가르쳐야 할 부분에 대하여 정리한다. 유치원의 환경과 유아들의 특성, 실습지도 일정, 평가계획, 실습생이 유의할 사항 등도 포함해야 한다. 그리고 대학 측의 지도교수와 실습계획을 협의하여 실습이 충실히 수행될 수 있도록 준비하는 것이 바람직하다.

실습생이 실습을 하게 되면 실습기관의 활동에 약간의 변화를 줄 수도 있으므로 영유아와 학부모, 보육시설 종사자 등의 이해와 협조를 구하는 것도 중요하다. 그리고 사전에 실습생이 실습기관을 방문하여 어린이집의 보육철학과 근무 지침을 안내받을 수 있도록 사전에 준비한다. 실습생이 4주간의 실습과정 중 실습을 하여야 할 내용들을 비교적 구체적으로 계획하여 실행할 수 있도록 준비한다(〈표 4-2〉).

(3) 기타 실습생의 편의 관계

보육실습생의 출근 교통편이나 거리 등을 감안하여, 숙식 등 생활 문제나 편의를 도모할 수 있는 부분을 사전에 고려하여야 한다.

〈표 4-1〉 이력서 양식

<table>
<tr><td rowspan="4">사진
(3cm×
4cm)</td><td colspan="8">이 력 서</td></tr>
<tr><td colspan="2">성명</td><td colspan="3">인
(한자:)</td><td colspan="3">주민등록번호
</td></tr>
<tr><td colspan="2">생년월일</td><td colspan="3">. . .</td><td>나이</td><td colspan="2">만 세</td></tr>
<tr><td colspan="2">주 소</td><td colspan="6"></td></tr>
<tr><td>연락처</td><td colspan="4">집전화 :</td><td colspan="4">핸드폰 :</td></tr>
<tr><td>이메일</td><td colspan="8"></td></tr>
<tr><td rowspan="3">가족사항</td><td>관계</td><td>성 명</td><td>나이</td><td>직업</td><td>관계</td><td>성 명</td><td>나이</td><td>직업</td></tr>
<tr><td></td><td></td><td></td><td></td><td></td><td></td><td></td><td></td></tr>
<tr><td></td><td></td><td></td><td></td><td></td><td></td><td></td><td></td></tr>
<tr><td>년 월 일</td><td colspan="8">학 력 사 항</td></tr>
<tr><td></td><td colspan="8"></td></tr>
<tr><td></td><td colspan="8"></td></tr>
<tr><td></td><td colspan="8"></td></tr>
<tr><td>년 월 일</td><td colspan="8">경 력 사 항</td></tr>
<tr><td></td><td colspan="8"></td></tr>
<tr><td></td><td colspan="8"></td></tr>
<tr><td></td><td colspan="8"></td></tr>
<tr><td>년 월 일</td><td colspan="8">자격·면허 및 교육·연수</td></tr>
<tr><td></td><td colspan="8"></td></tr>
<tr><td></td><td colspan="8"></td></tr>
<tr><td></td><td colspan="8"></td></tr>
</table>

〈표 4-2〉 20**년 실습 일정(예시)[1]

날짜	요일	내 용	날짜	요일	내 용
11/ 5	월	· 수업참관	11/19	월	· 수업참관 · 연구 수업 가계획안 및 연계수업 계획안 제출
11/ 6	화	· 수업참관	11/20	화	· 수업참관 · 연계수업(이야기 나누기, 게임) · 연계 수업 계획안 제출
11/ 7	수	· 수업참관	11/21	수	· 수업참관 · 우체국 다녀오기(도우미)
11/ 8	목	· 수업참관 ·인형극 관람(도우미) · 부분 수업 계획안 제출	11/22	목	· 수업참관 · 연계 수업(이야기 나누기, 새노래)
11/ 9	금	· 수업참관 ·일지정리	11/23	금	· 수업참관 · 한복 입는 날(도우미)
11/10	토	· 수업참관	11/24	토	· 정기 휴원
11/12	월	· 수업참관	11/26	월	· 수업참관 · 연구 수업 준비 완료 · 연계 수업 계획안 제출
11/13	화	· 수업참관 · 부분수업(동화) · 부분 수업 계획안 제출	11/27	화	· 수업참관 · 연계 수업(이야기 나주기, 교구소개)
11/14	수	· 수업참관 · 부분수업(이야기 나누기)	11/28	수	· 오전수업 진행
11/15	목	· 수업참관 · 김장 담그기 행사(도우미) · 부분 수업 계획안 제출	11/29	목	· 연구 수업(하루일과 운영) - 이야기 나누기, 새노래, 게임...
11/16	금	· 수업참관 · 부분 수업(동시)	11/30	금	· 실습 마무리 및 일지 정리
11/17	토	· 일지 정리 · 부모 참여 수업 참관 및 도우미	12/ 1	토	· 일지 정리
비고	1. 근무시간 : 오전 8시 30분 - 오후 6시 30분(필요에 의해 조정 가능) 2. 복장 : 단정하고 깨끗한 복장 3. 개인 준비물 : 칫솔, 앞치마, 덧신, 명찰, 기록장, 필기도구(색깔 다양하게) 4. 주의사항 : - 교사의 역할을 배우는 시기이므로 적극적으로 행동하기 - 작은 부분도 지도교사와 상의하기 - 어린이들과 지나친 친분관계 자제하기(전화번호, 이메일 알려주지 않기, 사진촬영 금지) - 어린이집에서의 생활을 외부에 이야기하지 않기 - 핸드폰 사용 자제하기				

1) 충주 ○○어린이집의 실습일정을 참고함

5
chapter

보육실습의 내용

보육실습의 내용은 보육시설에서 시행하는 보육의 내용과 일과운영을 통해서 알 수 있으며, 또한 표준 보육과정을 통해서 내용을 알 수 있다.

1. 보육의 내용

보육은 영유아가 안전하고 쾌적한 환경에서 건강하게 성장할 수 있도록 하기 위해, 영유아의 신체 · 정서 · 언어 · 사회성 및 인지적 발달을 도모할 수 있는 내용을 포함하여야 한다. 그러므로 기본적으로 보호 · 양육의 개념으로 영양, 건강, 안전, 교육의 개념이 보육의 주된 내용이 된다.

(1) 영양

영유아에게 규칙적인 식사와 간식을 제공함으로써 영양을 균형 있게 공급하고, 올바른 식습관을 길러주어야 한다. 정상적인 발달을 할 수 있도록 영양사가 작성한 식단에 의해 공급하여야 하며, 영유아 100인 미만을 보육하는 시설의 경우는 인근 보육정보센터, 보건소 및 영양관련 전문단체 영양사의 지도를 받아 식단을 작성하여야 한다. 동일한 시, 군, 구 간 보육시설의 경우에는 공동을 영양사를 둘 수 있으며, 보육센터에 근무하는 영양사 등의 서비스를 받을 때까지는 시설장이 작성한 식단을 이용할 수도 있다.

그리고 특별한 음식을 필요로 하는 1세 미만의 영아에게는 보호자의 의사를 반영하여 음식을 제공하여야 한다.

(2) 건강

건강관리는 영·유아의 신체적·정서적 건강을 위하여 예방적 서비스를 제공하고, 현재의 상태에서 건강문제를 발견해 치료를 하게 해 줌으로써 건강을 증진시킨다.

어린이집 원장은 영유아의 건강진단 결과, 건강문제가 있는 영유아에 대해서는 보호자와 협의하여 치료를 하도록 조치한다. 그리고 종사자에 대해서도 신규채용 시와 매년 1회 이상의 건강진단을 실시하여야 한다. 전염성 질환이거나 의심되는 영유아는 격리시켜야 하며, 보육시설 내 비상약품과 간이 의료기구를 비치하여야 한다. 음식물 관리를 철저히 하고, 조리실, 화장실, 침구 등은 정기적으로 소독하여야 한다.

(3) 안전

영유아가 집단으로 모여 있는 보육시설의 경우, 안전관리는 무엇보다도 중요하다. 그러므로 평소에 사고에 대한 대비를 철저히 하고 예방조치를 하여야 한다. 이를 위해 정기점검을 하고 대피 훈련을 정기적으로 하여야 한다. 시설의 안전은 물론, 사고가 발생했을 때 대피하기 위한 시설이나 장비도 철저히 관리하고 검사하여야 한다. 그리고 수시로 사용해 보아야 한다.

그리고 어린이집 원장은 영유아 전원에 대해 상해보험에 가입하고 시설에 대해서는 화재보험에 가입하여야 한다.

(4) 교육

위의 보호와 양육이 이루어지면 보육의 또 한 축으로서 교육이 이루어져야 한다. 교육은 영유아의 신체적·사회적·정서적·지적 및 언어적 발달에 맞게 교육적 환경을 조성하여 활동을 통해 경험을 시키는 것이다. 체계적인 교육적 경험의 제공을 통해 아동의 원만한 발달과 자아형성에 기여한다. 이와 더불어 개인별 활동, 단체활동, 동적 놀이와 정적 놀이 그리고 수유, 배변 등의 생리적 욕구에 대한 고려와 적절한 휴식시간을 제공하여야 한다. 어린이집 원장은 보육계획을 수립할 때 이와 같은 내용들이 적절하게 포함될 수 있도록 하여야 한다.

2. 일과 운영 속에서의 보육의 내용

(1) 일과 운영의 내용

보육시설의 하루일과는 10시간 이상이며 일과활동은 영유아의 신체적 · 심리적 상태 고려하여 구성하여야 한다. 일과 운영의 원리는 다음과 같다(전남련, 2006 : 105-106 ; 이소희 외, 2006 : 91).

가. 영유아를 위한 활동은 전반적인 발달에 초점을 둔 보호와 교육이 통합된 양질의 활동들로 구성되어야 한다. 예를 들어 영아의 경우는 수면, 수유, 대 · 소변가리기 등 신체적 욕구를 충족하기 위한 활동 시간이 대부분이므로 이러한 활동들을 교육적으로 접근시켜 나가야 한다. 반면 유아는 일과 구성에 있어 신체적 욕구충족을 위한 시간이 감소되고 교육을 위한 활동의 시간을 늘려야 한다.

나. 영유아의 발달 정도를 고려한 발달에 적합한 활동들로 구성하여야 한다.
   보육교사는 각 연령 단계별 인지적, 사회적, 신체적, 언어적, 정서적 영역의 발달을 예측하고 도와주며 촉진할 수 있도록 활동들을 구성하여야 한다.

다. 영유아의 개인적 발달차를 고려한 개별적 접근이 이루어지도록 일과를 구성해야 한다. 특정 연령의 영유아에게는 공통적 특성도 있지만 다른 가정환경, 유전적 요인으로 개인차가 발생할 수 있으므로 이러한 개인차를 고려하여 활동은 개인적 흥미, 발달속도, 경험, 능력을 반영하여야 한다.

(2) 일과 활동

위의 요소 들을 고려하여 매일 반복되는 일과 활동을 구성하여야 한다. 여기서 공통적으로 고려되어야 할 사항은 보육교사는 보육환경을 항상 가정과 같이 안전하며 영유아에게 심리적 안정감을 줄 수 있도록 구성하여야 한다는 것이다(전남련, 2006 : 17-109 ; 문혁준 외, 2012 : 88-92).

가. 등원

교사는 보육계획에 따라 환경을 준비하고 영유아가 등원하기 전에 환경 및 보육계획을 점검한다. 등원은 하루 생활의 시작이다. 등원시간에 교사는 영유아의 수면 상태를 알아보고 부모와의 대화를 통해 필요한 정보 공유한다.

어린이집과 가정 간에는 연락장을 통해 건강, 수면, 식사, 배설, 준비물, 언어전달에 대한 정보교환을 하고 이를 토대로 수면시간, 간식 등을 제공하기도 한다.

나. 간식과 식사(수유와 이유)

간식과 식사 그리고 수유와 이유는 영양 면에서 균형 있게 섭취하게 하고 심리적인 면에서 즐거운 시간이 되도록 배려한다. 식사 예절 지도가 아울러 이루어지도록 한다.

수유나 이유의 양과 횟수는 영아의 연령과 보육시간을 고려하여 조정하여야 하며 영아의 수유시 개별적이고 즐거운 분위기를 조성하고 수유는 영아 한 명, 한 명씩 가슴에 안고 먹이며, 먹인 후에는 트림을 시켜서 자리에 눕힌다.

유아는 오전과 오후 1일 2회 간식과 점심식사가 제공된다. 이 시간은 친구와 경험을 나누고 언어적 상호작용이 이루어지도록 하여 식사에 대한 긍정적이고 바른 태도를 가질 수 있게 한다. 식사 후에는 양치질을 하게 한다.

다. 낮잠시간 및 휴식시간

영아는 하루 생활의 많은 부분이 수면시간이다. 수면의 분위기는 아늑하고 조용해야 하며 편안함과 안정감을 느낄 수 있도록 해야 한다. 낮잠 시간은 개인차가 있으나 만 2세는 2시간, 3세는 1시간 반 정도의 계획하게 되며, 2세 미만의 영아의 경우 오전과 오후에 1회 이상의 낮잠을 계획하게 된다. 그러나 2세미만의 영아는 낮잠 습관과 시간에도 개인차를 보이기 때문에 개인적으로 낮잠을 잘 수 있는 분리된 개별적 공간을 마련하는 것이 좋다. 영아는 자기 전 수유와 이유, 식사를 하고 기저귀를 점검하고 숙면을 취하도록 한다.

유아의 경우에는 스스로 낮잠을 준비할 수 있도록 하며 필요시 교사가 도와준다. 침구는 가벼운 것으로 준비해 주고 낮잠 전 화장실에 다녀오게 한다. 낮잠 잘 준비가 완료되면 조용한 음악을 낮게 틀어 편안한 분위기에서 잠들 수 있게 해준다. 먼저 잠에서 깬 유아는 화장실을 다녀오게 한 뒤 다른 유아들의 방해가 되지 않게 조용한 활동(책보기, 조작활동, 미술활동 등)을 하게 한다.

라. 배변(기저귀 갈기, 화장실 다녀오기)과 씻기

영아의 배변은 훈련이 되기 전까지 개인의 습관에 따라 이루어진다. 교사는 수시로 확인하여 기저귀를 갈아준다. 수유와 이유 직후, 수면 전 갈아주고 기저귀를 갈 때는 영아와 눈을 맞추고 말을 하거나 노래를 들려주면서 즐거운 분위기를 유지하도록 한다. 배변 훈련은 영아가 발달 단계상 충분히 준비되었을 때 시작하고, 부모와 보조를 맞추도록 한다.

유아의 경우, 3세아는 대소변을 거의 가릴 수 있지만 훈련 중에 있는 유아에게는 보육교사의 특별한 주의가 필요하다(서혜성 외, 2007 : 109). 4-5세 유아는 스스로 조절할 수 있다. 유아는 활동이 끝나거나 시작 전(예를 들어 이야기 나누기 시간 후, 자유선택활동 시간 후, 간식 식사시간 전, 미술활동, 요리활동 전 등) 규칙적으로 화장실을 다녀오는 시간을 주도록 한다. 그리고 간식, 점심식사 전후, 정리정돈후, 대소변 후, 모래 흙놀이 후에는 반드시 손을 씻도록 지도하고 기저귀 갈기 후에는 손을 씻도록 한다.

마. 자유선택활동(개별활동)

교실(보육실)을 여러 가지 흥미영역으로 구성하고 활동 영역별로 주제와 연결하여 개별활동을 할 수 있도록 도와준다. 그러므로 다양한 놀잇감과 자료를 준비하여 다양한 경험을 할 수 있도록 해야 한다. 개별활동은 영유아가 흥미영역에서 자유롭게 활동을 선택하여 독립적으로 행하는 것으로써 새로운 개념이나 자료를 탐색하거나 습득한 개념을 반복 또는 연습할 때 특히 유용하다. 실제로는 3-4명의 소집단 또는 개별적 활동으로 진행되며, 유아가 활동을 선택하고 주도하는 주체가 되도록 한다. 교사는 영유아의 활동을 관찰하고 도와주는 촉진자의 역할을 한다. 즉, 자유선택활동 시간에 영유아가 몰입해 있을 경우 교사는 성급히 개입하기보다 충분한 시간과 자유를 주면서 영유아의 활동을 지켜보는 역할을 하는 것이 바람직하다. 그러나 영유아가 반복적인 활동만을 하고 더 이상 활동을 확장하지 못하거나 흥미를 잃고 활동을 중단하려고 하는 경우 교사는 활동을 심화시키고 촉진시킬 수 있는 역할을 해야 한다.

영아의 흥미영역에는 대근육 활동영역, 기저귀 가는 영역, 수유영역, 낮잠영역, 감각놀이 영역, 딸랑이 영역, 거울영역 등을 구성할 수 있다.

3세 유아의 흥미영역에는 감각영역, 조작놀이영역, 낮잠영역, 소꿉놀이영역, 음악영역, 도서영역, 미술영역 등을 구성할 수 있다.

4·5세 유아의 흥미영역에는 보육프로그램의 주제와 연결하여 도서영역, 과학영역, 블록영역, 목공영역, 역할놀이영역, 조작영역, 요리영역, 컴퓨터영역, 물놀이영역, 모래놀이영역, 미술영역, 음악영역, 감각영역 등을 구성할 수 있다.

흥미영역에는 하루 단위 또는 주단위로 자료와 활동을 변화시켜 주어야 하는데 3세 유아는 새로운 것을 한꺼번에 제공하면 잘 적응하지 못하므로 1-2일에 1가지 정도씩 새로운 자료나 활동을 제시하는 것이 좋으며, 4-5세 유아들에게는 1일에 1-2가지 정도씩 새로운 활동을 내어 주어 유아의 호기심을 유지하도록 한다(서혜성 외, 2007 : 109).

바. 집단활동

집단활동에는 대집단 활동과 소집단 활동이 있다. 대집단활동이란 학급 전체 유아들이 동일한 활동을 동일한 속도로 동시에 진행하는 활동시간을 의미한다. 대집단 활동에서는 영유아가 능동적 역할을 하기 힘들고 교사중심의 주입식 수업이 되기 쉽다. 특히 영유아의 수가 너무 많거나 이들의 관심이나 능력에 개인차가 큰 경우에는 대집단 활동의 효과는 크게 감소할 수 있다. 그러나 대집단 활동은 교사가 학습 과제를 잘 조직하여 제시하게 되면 단시간 내에 많은 지식과 기능을 습득하게 할 수 있는 장점도 있다. 대집단 활동이 특히 유용한 경우는 새로운 활동이나 자료를 소개할 때 그리고 활동 결과를 보고하거나 토의할 때 등이다. 대집단 활동을 진행할 때는 영유아를 지명해서 질문하지 않으며, 질문 후 영유아에게 답을 생각할 시간을 충분히 제공하고 정답이 나온 후에도 다른 영유아들에게 어떻게 생각하는지 이야기할 기회를 주는 것이 좋다. 따라서 대집단 활동에서 부족하기 쉬운 영유아 개개인에 대한 배려를 소집단이나 개별 활동으로 보완하면서 대집단 활동에서만 나타날 수 있는 학습 기회를 충분히 이용하도록 해야 한다(보건복지부 고시 제2012-28호).

따라서 대집단 활동은 각 유아의 개별적인 요구나 개인차를 충분히 반영할 수 없는 단점이 있으므로 대상 집단의 특성이나 활동의 성격을 충분히 검토한 후 필요한 경우 지속시간이나 활동방법을 변화시켜 진행할 수 있다(서혜성 외, 2007 : 110).

소집단 활동은 공통적인 관심을 가진 영유아 4~5명이 자발적으로 소집단을 구성하거나 혹은 교사 자신이 계획한 활동을 실시하기 위해 의도적으로 소집단을 구성해 주기도 한다. 교사가 소집단의 크기와 구성원을 임의로 선정하는 경우에는 영유아의 성별이나 능력, 특성 등을 고려해서 신중히 집단을 구성해야 한다. 예를 들어, 동질적인 영유아들로 집단을 구성하기보다는 이질적인 집단 구성을 하는 것이 집단에 활력을 주고 학습 효과를 높일 수 있어서 좋다. 또한 소집단 활동은 교사가 2인 이상 있을 경우 효과적으로 실시할 수 있으며, 성인과의 안정적인 관계가 필요한 영아에게 더욱 효과적이다. 한편 영유아는 교사와의 상호작용 시 서로 의견이 다르면 자신의 의견을 포기하고 교사의 의견을 그대로 수용하기 쉽지만 대등한 관계인 또래와의 상호작용에서는 인지적 갈등을 충분히 경험할 수 있다. 따라서 교사의 직접적인 지시가 감소하고 또래간의 상호작용이 활발히 일어날 수 있는 소집단 활동을 충분히 제공해야 한다.

영아기에는 집단활동이 거의 이루어지지 않으므로 별도의 집단활동을 계획하지 않는다. 그러나 유아기에는 집단 프로그램을 반드시 구성하여야 한다.

3세 유아는 학기 초에는 집단활동에 쉽게 적응하지 못하고 집중 시간이 짧으므로 집단 활동 시간을 짧게 구성하도록 한다. 집단활동으로는 이야기 나누기, 동화 들려주기. 미술활동, 음률활동, 신체표현, 게임활동, 실외(바깥)놀이, VTR시청, 슬라이드보기, 견학, 야외학습 등을 구성할 수 있다.

사. 하원(귀가)

귀가시간이 다가오면 교사는 어린이가 갖고 가야 할 물건이나 전달사항을 점검한다. 등원 시간과 비교하여 특별한 변화가 없는지 살펴야 하며, 개별연락사항이 있으면 준비하고, 연락장을 이용하여 하루의 생활을 간단히 기록해서 부모님께 전해 준다. 특히 영유아의 건강이 좋지 않거나, 친구와 놀다 다친 곳이 있으면 어린이집에서 있었던 일을 자세히 적어서 전달하는 것이 좋다.

귀가시간에는 부모님이 오실 때까지 당번교사가 전달사항을 전하고, 어린이집 차량으로 귀가하지 않는 영유아는 부모님이 오실 때까지 교사와 함께 유아용 VTR, TV를 시청하거나 자유놀이 활동을 하다 귀가한다.

(3) 연령별 일과 운영의 실제(전남련, 2006 : 109-111)

가. 영아(2세 미만) 일과표의 예[2]

<등원>

- 등원 - 교사와 Rapport 형성, 시진, 문진을 통해 영아 건강상태 체크
- 자유놀이 - 영아반에 구성된 흥미영역에 따라 활동
- 수유와 이유 - 개별적인 욕구에 따라 제공한다.
- 기저귀 갈기

<오전>

- 수면 - 오전낮잠
- 기저귀 갈기
- 수유이유 또는 점심
- 자유놀이 - 교사가 계획한 놀이활동을 줄 수 있다.

<점심>

- 목욕 - 낮잠 자기 전에 목욕하여 충분한 수면을 취할 수 있도록 돕는다.
- 기저귀 갈기
- 수면 - 오후 낮잠
- 수유와 이유
- 자유놀이 - 교사는 영아들의 놀이를 관찰 평가할 수 있다.

<오후>

- 기저귀 갈기
- 귀가준비 - 등원 시 영아의 소지품 점검
- 귀가

나. 3세 유아 일과표의 예

<오전>

- 등원 - 교사와 Rapport 형성, 시진, 문진을 통한 유아 건강상태 체크
- 자유놀이 - 자유선택활동(보육실에 구성된 흥미영역에 따라 활동)

---

2) 영아의 일과 운영은 보육교사의 계획된 프로그램, 보육시설의 상황과 영아 개인적 발달 상태에 따라 융통성 있게 변화시킬 수 있다.

- 정리정돈 및 화장실 다녀오기 - (갖고 놀던 장난감 스스로 정리정돈한 후 화장실 다녀오기)
- 간식 - 오전간식
- 소집단활동 - 언어활동, 조작활동, 미술활동 등 소그룹으로 할 수 있는 활동
- 대집단활동 - 이야기 나누기, 동화듣기, 신체표현활동, 게임, 음률활동 등

<점심>

- 손씻기, 화장실 다녀오기
- 점심식사 - 점심식사 흘리지 않고 먹기, 제자리에서 먹기, 감사한 마음 갖기
- 이닦기, 화장실 다녀오기 - 식사 후 이닦기, 기본생활습관 기르기
- 낮잠 - 조용하고 아득한 분위기제공, 조용한 음악 틀어주기
- 자유놀이 - 먼저 일어난 유아는 조용한 놀이(책보기, 그림 그리기, 조직 활동 등)
- 소집단활동 - 감각활동, 조작활동 등
- 손씻기 화장실 다녀오기
- 간식 - 오후간식

<오후>

- 바깥놀이 - 신체게임활동, 물놀이, 모래놀이, 대근육활동 포함
- 자유놀이 - 실내자유놀이
- 손씻기 화장실 다녀오기
- 귀가준비 - 등원시 유아가 갖고 온 소지품 점검
- 귀가

다. 4~5세 유아 일과표의 예

• 주제: • 목표:

시간	활동	활동내용	준비물
8:00~9:30	등원 및 자유선택활동	•유아의 건강, 기분상태 파악, 출석체크 •흥미영역별로 유아가 원하는 활동은 스스로 선택하게 한다. -언어영역:그림책, 언어카드, 동시활동, 동화듣기, 수수께끼 등 -과학영역:측정기, 계량기, 저울, 확대경 등을 이용한 탐구활동 -미술영역:그리기도구, 본뜨기, 모자이크, 꼴라쥬, 색칠하기 등 -블록영역:여러 가지 블록, 액세서리, 보조물 -조작영역:퍼즐, 감각교구, 맞추기, 끼우기, 조직활동 등 -음률영역:음악듣기, 새노래 배우기, 여러 가지 악기 소리 듣기 -수학영역:분류하기, 서열화, 수세기, 수카드, 1:1대응 등 -역활놀이영역:소꿉놀이, 가게놀이, 병원놀이, 선생님놀이 등 -컴퓨터영역:다양한 유아용 컴퓨터 프로그램	영역별로 준비된 교재, 교구
9:30~9:45	정리정돈 및 화장실다녀오기	영역별로 놀던 장난감 정리, 손 씻고 화장실 다녀오기	비누, 타올, 휴지
9:45~10:00	손유회, 간식준비	배운 손유회 1~2가지 해 보기, 간식 먹을 준비	
10:00~10:20	오전간식	어린이집에서 짜여진 간식 메뉴	간식그릇, 컵, 휴지
10:20~10:30	정리, 화장실가기		
10:30~10:50	이야기나누기 (대집단)	그 주의 주제와 연결된 이야기 나누기 활동	이야기나누기자료
10:50~11:00	동화듣기	그 주에 계획된 동화 들려주기	동화자료
11:00~11:30	창의적 신체표현 (대집단)	음악소리에 따라, 교사의 지시에 따라 창의적으로 신체표현해 보기	음악테이프 피아노
11:30~11:40	정리정돈		
11:40~12:10	미술활동 (소집단)	그 주의 주제와 연결된 미술활동	미술도구 그리기 색칠하기 재료
12:10~12:20	손씻기 화장실가기		비누 타올 휴지
12:20~1:00	점심식사	어린이집에서 짜여진 점심식사 메뉴	식판 수저 물컵 휴지
1:00~1:30	바깥놀이 (대집단)	대근육활동, 게임활동	
1:30~1:40	낮잠준비	조용한 음악 틀어 주고 아늑한 분위기 구성	개인 이부자리 베게, 음악테이프
1:40~3:30	낮잠	침구정리하기, 화장실 다녀오기	
3:30~3:50	낮잠 깨기		

3:50~4:10	감각활동 (소그룹)	조작활동 - 오전활동의 연속	조작 감각교구
4:10~4:30	오후간식	어린이집에서 짜여진 메뉴	간식그릇 컵. 휴지
4:30~4:40	정리, 화장실가기 등		그릇, 컵, 휴지
4:40~5:20	귀가 준비	그 주의 주제와 관련된 역할극 해 보기 개인소지품 챙기기, 옷 입기, 머리빗기	각 역할별 의상, 준비물
5:20~5:30	VTR 시청 및 TV어린이 프로그램 시청	차량탑승원아는 차량탑승하원, 그 외 원아는 부모님이 오실 때까지	별 의상, 준비물
5:30~귀가		당번 교사와 함께 VTR시청하다 부모님 오시면 하원한다.	

3. 표준보육과정에서의 보육내용[3)]

표준보육과정에서는 보육과정의 목적, 목표, 내용, 운영 등에 대하여 기술하고 있다. 표준보육과정이란 영유아가 어린이집에서 경험하게 될 질적으로 우수한 양육과 의미 있는 학습에 대한 국가 수준의 보육목표와 포괄적 보육내용을 제시한 것이다. 영유아라 함은 출생에서부터 초등학교 입학 전까지의 어린이를 말한다. 표준보육과정의 내용은 어린이집에서 영유아가 심신이 건강하고 행복하게 생활하며, 전인적 발달을 도모하고, 미래 민주시민으로 성장하기 위해 필요한 구체적인 지식, 기술, 태도 및 가치로 구성한다.

(1) 표준 보육과정에서의 목적과 목표 및 내용

가. 보육 과정의 목적

보육 과정의 목적은 영유아의 전인적인 성장과 발달을 돕고 민주시민으로서 자질을 길러 영유아가 심신이 건강하며 조화로운 사회구성원으로 자랄 수 있도록 하는 데 있다. 어린이집의 보육 과정을 통해 추구하는 인간상은 다음과 같다.

(가) 자율적인 사람

3) 이하 내용은 보건복지부 고시 제2012-28호『제2차 표준보육과정의 구체적 보육내용 및 교사지침』에 근거한 것이다.

(나) 창의적인 사람
(다) 다양성을 인정하는 사람
(라) 민주적인 사람
(마) 자연과 우리문화를 사랑하는 사람

나. 보육 과정의 목표

보육 과정의 목표는 다음과 같다.

(가) 건강하고 안전하며 바르게 생활하는 지식 · 기술 · 태도와 습관을 가진다.
(나) 자신의 신체를 긍정적으로 인식하고 기본 운동능력을 기른다.
(다) 자신을 존중하고 가족, 또래, 공동체내 다른 사람들과 더불어 생활하는 태도를 가지며 필요한 사회적 지식과 태도를 습득한다.
(라) 기초적인 언어능력 및 일상생활에 필요한 의사소통능력과 기초적인 문해 능력을 기른다.
(마) 탐구 능력을 토대로 수학적, 과학적 탐구에 필요한 지식과 이해를 기른다.
(바) 주변의 친근한 환경과 일상생활의 아름다움에 관심을 가지고 예술적 요소를 즐김으로써 감성과 창의성을 기른다.

다. 보육 과정의 내용

보육 과정은 기본생활, 신체운동, 사회관계, 의사소통, 자연탐구, 예술경험의 6개 영역으로 구성한다. 각 영역은 영유아가 건강하고 안전하며 바르게 생활하는데 필요한 내용과 신체, 사회, 언어, 인지, 정서 등의 전인 발달을 위해서 영유아가 갖춰야 할 지식, 기술, 태도와 가치를 포함한다.

(가) 기본생활

기본생활 영역은 일생의 기초이며 사회생활의 기본이 되는 건강, 영양, 안전에 관한 지식과 기술을 습득하고 바르게 생활하는 태도를 기르는 내용으로 구성한다.

(나) 신체운동

신체운동 영역은 다양한 신체 활동을 통하여 자신의 신체에 대해 긍정적으로 인식하고, 일상생활에 필요한 기본 운동 능력을 기르며, 신체 활동에 즐겁게 참여하는 내용으로 구성한다.

(다) 사회관계

사회관계 영역은 자신을 존중하고, 가족과 또래 및 공동체와 긍정적인 사회관계를 형성하며, 유능한 사회 구성원이 되기 위해 필요한 사회적 지식과 태도를 기르는 내용으로 구성한다.

(라) 의사소통

의사소통 영역은 듣고 말하는 것을 즐기고, 상황에 맞는 의사소통 능력과 기초적인 읽고 쓰는 능력을 익히는 데 필요한 올바른 언어생활 태도와 능력을 기르는 내용으로 구성한다.

(마) 자연탐구

자연탐구 영역은 다양한 감각을 이용하여 주변 사물과 환경을 지각하고 탐색하며, 이러한 과정에서 발생하는 의문점을 해결하는 데 필요한 수학적·과학적 기초 능력을 기르는 내용으로 구성한다.

(바) 예술경험

예술경험 영역은 사물이나 소리·자연·예술 작품의 아름다움에 관심을 가지고 탐색하며, 생각이나 느낌을 음악·동작·극·미술로 표현하고, 표현된 것들을 보고 즐김으로써 풍부한 감성 및 창의성을 기르는 내용으로 구성한다.

(2) 표준 보육과정에서의 영역별, 연령별 목표와 내용

가. 기본생활 영역

(가) 목표

건강, 안전, 바른 생활에 관한 지식·기술·태도를 배우고 익혀서, 건강하고 안전한 행동을 알고 실천하며 바른 습관을 갖는다.

① 몸을 청결하게 하고 바른 식생활과 건강한 일상생활을 실천하며 질병을 예방한다.

② 안전하게 놀이하고 위험을 알고 비상시 적절히 대처하는 능력을 기른다.

③ 일상생활에서 바른 예절과 기본 질서 및 사회적 가치를 알고 지킨다.

(나) 내용

영유아가 기본생활 영역에서 습득해야 할 내용으로 '건강한 생활', '안전한 생활', '바른 생활'이라는 세 가지 내용범주를 정했다. 이들은 영유아의 기본생활습관 형성과 관련된 중요한 구인이다. 각각의 내용범주는 상호 독립적이며, 이들 요인이 모이면 영유아기에 반드시 습득해야 하는 기본생활습관의 전체 내용이 된다. 세 가지 내용범주는 연령이 증가함에 따라 하위 내용의 수가 많아지고, 내용의 난이도 또한 높아진다. 그리고 각 연령별 수준은 발달수준에 따른 적절한 보육이 이루어질 수 있도록 내용을 세분화하여 동일 연령대에서도 수준 차에 따른 차별화된 내용을 제시하도록 하였다.

〈표 5-1〉 기본생활 영역 내용 범주

내용 범주	만 2세 미만	만 2세	만 3~4세
건강한 생활	· 몸을 깨끗이 하기 · 즐겁게 먹기 · 건강한 일상생활하기	· 몸을 깨끗이 하기 · 바른 태도로 먹기 · 건강한 일상생활 하기 · 건강에 관심 갖기	· 몸과 주변을 깨끗이 하기 · 바른 식생활 하기 · 건강한 일상생활하기 · 질병 예방하기
안전한 생활	· 놀잇감을 안전하게 사용하기 · 위험한 상황을 알기	· 안전하게 놀이하기 · 교통수단의 위험을 알고 조심하기 · 위험한 상황을 알고 조심하기	· 안전하게 놀이하기 · 교통안전 규칙 지키기 · 비상시 적절히 대처하기
바른 생활	· 바른 예절에 관심 갖기 · 기본 질서에 관심 갖기	· 바른 예절에 관심 갖기 · 기본 질서에 관심 갖기	· 바른 예절을 알고 지키기 · 사회적 가치를 알고 지키기

나. 신체운동 영역

(가) 목표

자신의 신체를 긍정적으로 인식하고 즐겁게 신체활동에 참여함으로써 영유아기에 필요한 기본 운동 능력을 기른다.

① 기본적 감각 능력을 기르고, 자신의 신체를 긍정적으로 인식한다.

② 신체를 조절하고, 기본 운동 능력을 기른다.

③ 신체활동에 즐겁게 참여한다.

(나) 내용

신체운동 영역은 '감각과 신체 인식', '신체조절과 기본 운동', '신체활동 참여'의 세 가지 내용범주로 구성된다. '감각과 신체 인식'에서는 영유아가 감각능력을 기르고 감각기관을 활용하며, 자신의 신체를 긍정적으로 인식하도록 한다. '신체조절과 기본 운동'에서는 영유아가 협응력과 신체조절 능력을 기르고 신체균형감을 익히면서 이동운동, 제자리운동, 조작운동 등의 기본 운동능력을 습득한다.

'신체활동 참여'에서는 영유아가 신체활동을 할 때 자발적으로 참여하고, 다양한 기구를 활용하여 안전한 신체활동을 즐기면서, 이를 통해 기초 체력을 형성하고 일상생활 속에서 규칙적으로 운동할 수 있도록 한다.

세 가지 내용범주는 연령에 따라 상호 연계성과 계열성을 갖도록 구성했다. 상호 연계성은 신체운동 내용 범주들 사이에 나타나고, 점진적인 계열성은 신체운동의 수준별 내용에서 나타난다.

〈표 5-2〉 신체운동 영역 내용범주

내 용	만 2세미만	만 2세	만 3~4세
감각과 신체인식	·감각적 자극에 반응하기 ·감각기관으로 탐색하기 ·신체 탐색하기	·감각능력 기르기 ·감각기관 활용하기 ·신체를 인식하고 움직이기	·감각능력 기르기 ·감각기관 활용하기 ·신체를 인식하고 움직이기
신체조절 및 과 기본운동	·대근육조절하기 ·균형감 기르기 ·소근육 조절하기 ·협응력 기르기 ·이동 운동 시도하기 ·제자리운동 시도하기	·신체조절력 기르기 ·신체균형감 기르기 ·조작운동하기 ·이동하며 운동하기 ·제자리에서 운동하기	·신체 조절하기 ·이동하며 운동하기 ·제자리에서 운동하기
신체활동 참여	·몸 움직임 즐기기 ·기구를 이용하여 신체활동 시도하기	·신체활동에 참여하기 ·안전하게 바깥에서 신체활동하기 ·기구를 이용하여 신체활동 하기	·자발적으로 신체활동에 참여하기 ·바깥에서 신체활동하기 ·기구를 이용하여 신체활동하기

다. 사회관계 영역

(가) 목표

자신에 대한 긍정적인 존중감을 형성하고, 자신과 타인의 다양한 정서를 인식하여 이를 다양한 사회적 관계에서 적절히 조절하여 활용할 수 있도록 한다. 또한 가족, 또래, 공동체에서의 긍정적인 관계를 형성하고, 유능한 사회 구성원으로서 능동적인 역할을 수행하기 위해 필요한 사회적 지식을 습득하도록 한다.

① 긍정적인 자아개념을 바탕으로 자기존중감 및 자조성을 형성한다.

② 자신과 타인에게 다양한 정서가 있음을 이해하고, 적절히 표현하며, 이를 통해 자신의 정서를 조절한다.

③ 양육자와의 안정적인 애착관계를 바탕으로, 가족과의 긍정적인 상호관계를 발전시켜 나감으로써 공동체에서 필요한 태도와 기술을 습득한다.

④ 자신을 둘러싼 사회 환경과의 지속적인 상호작용을 통해 사회적 지식을 습득한다.

(나) 내용

사회관계 영역에서 다루는 내용범주는 '자기존중', '정서인식과 조절', '사회적 관계'와 '사회적 지식'으로, 이들 내용범주는 위계적으로 구성된다. 자신을 인식하고 소중하게 여기는 '자기존중'에서 시작하여, 자신과 타인의 정서를 알고 조절하는 '정서인식과 조절'을 거쳐서, 영유아는 가족, 또래, 공동체와의 '사회적 관계'를 형성한다. 그리고 지역사회, 우리나라, 세계에 관심을 갖고 사회적 가치를 실현하는 '사회적 지식'을 습득한다. 이러한 네 가지 내용범주는 주로 영아인 경우에는 일과 내에서 성인(보육교사)과의 다양한 상호작용을 통한 놀이활동에 참여함으로써, 유아인 경우에는 또래와의 다양한 놀이상황에서 형성되어 발전될 수 있다. 네 번째 내용범주인 '사회적 지식'은 내용 수준 상 만2세 이하의 영유아에게는 적합하지 않아 만 3~4세 유아에게만 해당된다.

사회관계 영역은 영유아가 성장함에 따라 새로이 경험하고 습득해야 할 내용이 많아지므로 내용과 수준별 내용이 보다 다양하게 구성된다. 즉 내용범주는 연령이 증가함에 따라 내용의 수가 많아지며 수준별 내용의 수도 많아진다.

〈표 5-3〉 사회관계 내용 범주

내용 범주	만 2세 미만	만 2세	만 3~4세
자기존중	· 나를 다른 사람과 구별된 존재로 인식하기	· 나와 다른 사람을 구별하기 · 나에 대해 긍정적으로 생각하기	· 나를 알고 소중히 여기기 · 나의 일 스스로 하기
정서인식과 조절	· 나의 감정을 느끼고 표현하기	· 나의 감정을 적절히 표현하기 · 다른 사람의 감정에 관심 갖기	· 나와 다른 사람의 감정 알고 표현하기 · 나의 감정 조절하기
사회적 관계	· 다른 사람에게 관심 갖기 · 양육자와 애착 형성하기	· 가족관계 이해하기 · 또래관계 경험하기 · 자신이 속한 집단 알기	· 가족과 화목하게 지내기 · 가족과 협력하기 · 또래와 사이좋게 지내기 · 공동체에서 화목하게 지내기
사회적 지식			· 지역사회에 관심 갖고 이해하기 · 우리나라에 관심 갖고 이해하기 · 세계와 여러 문화에 관심 갖기

라. 의사소통 영역

(가) 목표

듣고 말하는 것을 즐기며 상황에 맞는 언어를 익혀 바른 언어생활을 하도록 하고 일상생활에 필요한 의사소통능력과 기초적인 문해능력을 기른다.

① 다른 사람의 이야기와 다양한 동요, 동시, 동화를 듣는 경험을 통해 주의 깊게 듣는 태도와 이해력을 기른다.

② 정확한 발음으로 바르게 말하는 태도를 기르고 다른 사람들과 대화하며 서로의 의견을 나누는 능력을 기른다.

③ 글과 글자에 친숙해지는 경험을 통해 글자모양을 인식하고 글의 의미를 이해하며 읽기에 흥미를 가진다.

④ 여러 가지 쓰기 도구에 관심을 갖고 자신의 느낌, 생각, 경험을 글로 표현하는데 흥미를 가진다.

(나) 내용

〈표 5-4〉 의사소통영역 내용범주

내용 범주	만 2세 미만	만 2세	만 3~4세
듣기	· 주변의 소리와 말소리 구분하여 듣기 · 경험과 관련된 말의 의미 알기 · 운율이 있는 말 듣기	· 말소리 구분하여 듣고 의미 알기 · 운율이 있는 말과 짧은 이야기를 듣고 즐기기	· 낱말과 문장을 듣고 이해하기 · 이야기 듣고 이해하기 · 동요, 동시, 동화 듣고 이해하기 · 바른 태도로 듣기
말하기	· 발성과 발음으로 소리내기 · 표정, 몸짓, 말소리로 의사 표현하기 · 친숙한 사람과 사물의 이름 말하기	· 바른 발음 시도하기 · 새로운 단어 말하기 · 자신의 느낌과 생각 말하기 · 행동에 맞는 말하기	· 낱말과 문장으로 바르게 발음하여 말하기 · 자신의 느낌, 생각, 경험 말하기 · 상황에 맞게 바른 태도로 말하기
읽기	· 그림책과 환경 인쇄물에 관심 갖기	· 글자 모양에 흥미 갖기 · 읽어주는 글 즐기기 · 그림책과 환경 인쇄물에 흥미 갖기	· 읽기에 흥미 갖기 · 책읽기에 관심 갖기
쓰기	· 끼적이기를 시도하기 · 쓰기 도구에 관심 갖기	· 끼적이기 · 쓰기 도구에 흥미 갖기	· 말과 글의 관계 알기 · 쓰기에 흥미 갖기 · 쓰기 도구 사용하기

마. 자연탐구 영역

(가) 목표

일상생활에서 탐구 능력을 기르고 수학적·과학적 탐구를 위해 필요한 지식과 이해를 스스로 구성한다.

① 주변 사물과 자연환경에 대해 지각하고 호기심을 가지며, 수학적·과학적 문제 해결을 위해 기초 기술을 사용하여 탐구 능력을 기른다.

② 일상생활의 여러 상황과 문제를 수학적으로 이해하고 해결하는 기초 지식을 구성한다.

③ 자연세계에 대한 기초 지식을 구성한다.

(나) 내용

영아는 주변 사물과 자연환경을 지각하고 인식하는 수준에서 점차적으로 감각 경험을 통해 개인적 의미를 구성해가는 탐색 수준으로 이동한다. 유아는 탐구를 통해 자신의 이해를 정교화하고, 새로운 환경과 상황에 이를 적용할 수 있다. 자연탐구의 내용은 탐구하기, 수학적 탐구, 과학적 탐구로 구분된다. '탐구하기'는 태도와 기술에 관련되며, '수학적 탐구'와 '과학적 탐구'는 지식 구성에 관련된다.

〈표 5-5〉 자연탐구 영역 내용 범주

내용범주	만 2세 미만	만 2세	만 3~4세
탐구하기	· 주변 세계 지각하기 · 반복하여 탐색하기	· 주변의 사물과 자연세계에 호기심 갖기 · 반복적인 탐색 즐기기 · 문제 해결을 시도하기	· 주변의 사물과 자연세계에 호기심을 유지하고 확장하기 · 탐구과정 즐기기 · 탐구기술 활용하기
수학적 탐구	· 수량 지각하기 · 주변 공간 탐색하기 · 지각적으로 비교하기 · 간단한 규칙성 지각하기	· 수량 인식하기 · 공간과 도형 인식하기 · 비교하기와 순서 인식하기 · 간단한 규칙성 인식하기 · 구분하기	· 수와 연산의 기초 개념 형성하기 · 공간과 도형의 기초 개념 형성하기 · 기초적인 측정하기 · 규칙성 이해하기 · 기초적인 자료 수집과 결과 나타내기
과학적 탐구	· 주변의 사물 지각하기 · 주변 생명체 지각하기 · 자연현상 지각하기	· 물체와 물질의 특성 탐색하기 · 주변 생명체의 외적 특성 알기 · 자연현상 인식하기 · 생활도구 사용하기	· 물체와 물질 알아보기 · 생명체와 자연환경 알아보기 · 자연현상 알아보기 · 간단한 도구와 기계 활용하기

바. 예술경험 영역

(가) 목표

주변의 친근한 환경과 일상생활에 관심을 보이고 예술적 요소를 직접 경험하고 즐김으로써 창의성과 감성을 기른다.

① 주변 생활에서 발견한 예술적 요소와 아름다움에 관심을 보이고 탐색한다.

② 자신의 생각과 느낌을 다양한 방법으로 표현하는 것을 즐기며 창의적으로 표현한다.

③ 자연물과 사물, 자신 및 또래의 작품, 예술 작품을 보고 느끼고 감상한다.

(나) 내용

예술경험 영역은 '심미적 탐색', '예술적 표현', '예술감상'의 세 가지 내용범주로 구성된다. '심미적 탐색'에서는 영유아가 주변의 친근한 자연이나 생활환경에서 음악, 움직임과 춤, 미술, 상상 및 가작화 요소에 관련된 현상이나 사물을 흥미롭게 살펴보며 집중하여 탐색하도록 한다. '예술적 표현'에서는 영유아가 음악, 움직임과 춤, 미술, 모방 경험을 마음껏 시도하고 표현하며 자유롭게 즐기도록 한다. '예술감상'에서는 친근한 소리나 노래, 아름다운 사물이나 환경, 자신이나 또래의 표현물을 포함한 다양한 예술과 전통예술에 대해 지속적으로 흥미를 가지도록 한다. 예술경험의 세 가지 내용 범주들 간에는 상호관련성이 있고, 수준별 내용들 간에는 계열성을 가지고 있다.

〈표 5-6〉 예술경험영역 내용 범주

내용 범주	만 2세 미만	만 2세	만 3~4세
심미적 탐색	· 소리, 움직임, 시각적 자료에 호기심 갖기	· 주변 환경의 예술적 요소 탐색하기	· 음악적 요소 탐색하기 · 움직임과 춤 탐색하기 · 미술적 요소 탐색하기 · 가작화 요소 탐색하기
예술적 표현	· 리듬 있는 소리로 반응하기 · 몸 움직임으로 표현하기 · 단순한 미술 경험 시도하기 · 모방행동 즐기기	· 리듬 있는 소리, 노래, 움직임과 춤으로 표현하기 · 단순한 미술활동 즐기기 · 모방과 단순한 상상놀이하기	· 음악으로 표현하기 · 움직임과 춤으로 표현하기 · 미술활동으로 표현하기 · 극놀이로 표현하기 · 통합적으로 표현하기
예술 감상	· 소리나 노래 즐겨듣기 · 주변의 아름다움 경험하기	· 주변 환경의 예술적 요소에 관심 갖고 즐기기	· 다양한 예술 감상하기 · 전통예술 감상하기

6
chapter

보육계획안

보육실습생의 경우 보육계획안을 작성하여 보육에 임하는 것은 매우 중요하다. 아직 숙달된 교사가 아니므로 사전 계획을 치밀하게 하고 다양한 준비를 할 필요가 있다. 보육계획안을 잘 작성하였다고 하더라도 막상 현장에서 실행을 하려고 하면 뜻대로 되는 경우가 많지 않으며 돌발 상황에 오히려 당황하게 된다. 그러므로 보육실습생이나 초임교사의 경우 반드시 보육계획안 작성하여 수업을 진행하는 것이 좋다. 보육계획안은 기간별로 구분하면 먼저 연간, 월간, 주간, 일일 계획안이 있다.

따라서 보육과정의 편성은 보육실별 보육계획의 수립으로 구체화된다. 구체적으로 어떤 수준의 보육계획까지 작성할 것인지는 어린이집의 실정에 맞추어 정하도록 한다. 가령 일일보육계획의 경우 보육교사의 역량에 따라 주간보육계획 내에서 상세히 풀어 서술한 형태로 생략할 수 있다(보건복지부 고시 제2012-28호).

1. 연간 보육계획안

연간보육계획은 일 년 동안 어린이집에서 실행해야 할 보육목표와 보육내용을 한 눈에 파악할 수 있도록 제시한 것으로 어린이집 보육과정 운영의 근간이 된다. 연간보육계획은 일반적으로 계절, 행사 등을 고려하여 주제를 중심으로 구성하지만, 연령이 어린 영아의 경우 반드시 주제에 얽매이지 않아도 무방하다. 보육주제는 연초에는 영유아의 주변 환경과 밀접한 관계가 있는 친숙하고 익숙한 내용에서 시작하여 점차 새로운 내용, 교사의 도움이 필요한 내용, 멀어진 환경을 다루는 내용으로 확장시켜 간다. 연간보육계획은 연령별 연계성과 계열성을 고려하여 내용을 선정하여야 하는데, 이때 무엇보다 어린이집의 전체 영유아가 경험해야 할 보육내용의 수준이 다양한 영역의 보육내용을 균형 있게 연계시키고 있는지에 유의하여 수립하도록 한다(보건복지부 고시 제2012-28호).

연간 교육계획안에는 월별 생활주제와 주별 소주제, 그리고 행사계획이 포함된다. 연간 계획은 계절의 변화와 어린이집의 지역적 특성 등을 고려하여 작성한다. 월별 생활주제는 그 달의 대표적인 주제로 다양한 소주제를 유도할 수 있어야 한다. 그러므로 생활주제와 주간 소주제는 반드시 연계성을 가져야 한다.

연계성의 면에서 본다면 연간 계획안에서 월간, 주간 계획안을 거쳐 일일 계획안에 이르기까지 연계가 뚜렷해야 한다.

그리고 고려해야 할 원칙으로는 주제가 영유아의 발달단계에 맞아야 한다. 그러므로 발달단계와 밀접한 연관을 갖는 나이를 기재해야 한다. 특히 영유아 보육에 있어서 발달 단계의 고려는 교육의 가능성과 더불어 매우 중요한 사항이다.

가능성은 실제 그 주제로 수업을 구상할 때 영유아의 입장에서 목표가 달성 가능해야 한다는 것이다. 너무 복잡하거나 어려운 주제여서 달성가능하지 않다면 과감히 포기하거나 아니면 같은 주제라도 단계를 낮추어야 한다. 즉 같은 주제라도 보는 관점에 따라서 상당히 달라지게 되는 것이다.

발달단계가 감각운동기 내지 전조작기인 영유아에게 친근감 있는 주제를 선정하고 발달단계에 맞는 표현을 하는 것이 좋다. 친근하면 접근하기가 그만큼 쉬울 것이다. 그리므로 일상에서 접할 수 있는 생활 속에서 주제를 가져와야 한다.

취급이 용이해야 한다. 다루기가 너무 까다롭거나 복잡하면 교사와 영유아가 함께 지루해질 것이다. 비교적 단순하면서 변화 가능한 것이 좋다.

그리고 주제가 참신한 것이 좋다. 실습생은 참신한 주제를 생각해 보는 것도 좋다. 같은 대상이나 사실도 다른 관점에서 접근해 보는 것이다.

마지막으로 표준보육과정의 6개 영역(기본생활, 신체운동, 사회관계, 의사소통, 자연탐구, 예술경험)을 균형적으로 포함하고 있어야 한다.

2. 월간 보육계획안

보육실 별로 연간보육계획을 수립하고 나면, 소주제를 중심으로 월간보육계획을 수립할 수 있다. 월간보육계획을 수립할 때에는 활동의 형태를 고려하여 구성하는 것이 바람직하다. 영아의 경우 활동은 일상생활과 놀이 활동을 중심으로 구분할 수 있으며, 유아의 경우 실내외 자유선택활동과 대·소집단 활동, 기본생활습관 관련 활동 등으로 구분할 수 있다. 월간보육계획은 주제별로 3-5개의 소주제로 구성하되, 표준보육과정의 수준별 내용과 연관되도록 강조되는 지식, 기술, 태도 및 가치를 제시한다(보건복지부 고시 제2012-28호).

월간 계획안은 연간 계획안의 바탕위에서 구체적으로 나와야 하며 주간계획안과 연계되어야 한다. 월간 계획안에는 목표가 관찰가능하고 실현가능하게 제시되어야 한다. 그리고 6개 영역이 고루 포함되도록 하고 자유선택활동과 대·소집단 활동, 흥미영역별 활동 등을 균형 있게 계획하여야 한다. 또한 월간 계획안에는 주별 계획이 비교적 구체적으로 나와야 연계가 명료해진다.

3. 주간 보육계획안

주간보육계획은 월간 보육계획을 기초로 작성한다. 주간보육계획은 선정된 활동을 요일별로 어떻게 배분할지를 결정하는 것으로 다양한 측면에서의 균형을 고려하여 수립한다. 가령, 영유아가 가정에서 주말을 보내고 오는 월요일에는 지난 금요일에 했던 친숙한 활동을 배치하는 것이 바람직하며 새롭게 집중을 해야 하는 활동은 화요일 정도에 배치한다. 주간보육계획을 구성할 때에는 연령별, 수준별 보육목표에 맞는 활동을 고르게 선정하고 이를 단계적, 연속적으로 배치한 후 표준보육과정의 각 영역별 활동이 골고루 경험될 수 있도록 한다. 활동은 필요시 연속성을 가지고 며칠에 걸쳐 진행될 수 있고, 통합 활동으로 확장될 수 있어야 하며 오전과 오후도 서로 연계되는 활동을 계획한다. 주간 보육계획을 통해 보육실의 운영을 한 눈에 볼 수 있고 일주일 동안의 준비사항이나 활동계획의 윤곽이 제시된다(보건복지부 고시 제2012-28호).

주간계획안은 월간 계획안과 연계되어 수립된다. 어린이집에 따라서는 월간 계획안에 주간계획이 포함도어 있다고 주간 계획을 생략하는 경우도 있다. 하지만 주간 계획안은 요일별 구체계획이 비교적 세밀히 제시되어야 하므로 반드시 계획을 수립해야 한다. 주간의 주된 목표와 요일별 6개 보육영역, 자유선택활동, 대·소집단 활동, 흥미영역이 일주간에 걸쳐서 고루 제시되어야 한다. 균형과 관계성이 중요하다.

4. 일일 보육계획안

일일보육계획은 주간 보육계획에 기초하여 하루 일과의 시간대 별로 진행될 개별 활동의 순서를 정하여 활동의 목표와 내용, 활동에 필요한 준비물 등을 기록하는 것이다. 따라서 주간보육계획안에 이러한 구체적인 내용을 추가하거나, 개별활동서가 따로 있다면(예: 연령별 프로그램) 일일보육계획안을 사용하지 않고 주간보육계획안으로 대치할 수 있다.

보육교사는 일과를 계획할 때 급·간식, 배변, 낮잠, 휴식 등 영유아의 신체적 요구를 고려하여야 한다. 하루 일과를 계획할 때는 주요 활동 내용별로 표준보육과정의 어떤 내용이 전개되는 것인지 살펴보고 영유아가 경험할 하루 일과가 지나치게 어느 한 쪽으로 편중되지 않도록 하는 것이 바람직하다. 또한 매일 반복되는 일상 활동이라도 그날 강조할 부분을 미리 생각해 보고 이것이 표준보육과정의 내용과 어떻게 연계되는지 생각해 볼 필요가 있다(보건복지부 고시 제2012-28호).

일일계획안은 실제로 일과운영을 하고 수업을 진행해야 할 부분이 구체적으로 기술된다. 주간계획안의 요일과 연계되고 보다 구체적으로 분단위로 교육활동 지도 영역이 제시되어야 한다. 그날의 목표를 보다 구체적으로 정하고 목표를 유추해서 확장할 수 있게 해주고, 시간대별 활동상황을 기술하고 활동내용을 구체적으로 기술한다.

일일 교육계획안을 수립함에 있어 고려할 점은 하루일과의 연속성이 있어야 하며, 하루 중에도 활동이 고루 반영될 수 있도록 균형성을 갖추어야 한다. 그러므로 동적 활동과 정적활동, 실내활동과 실외활동, 개별활동과 소집단활동과 대집단 활동, 그리고 교사주도 활동과 아동주도 활동 등 이 고루 반영되어야 한다.

교사와 영유아 간 상호작용에 초점을 두고 계획안을 구상해야 한다. 즉, 교사와 영유아 개인, 교사와 소집단 영유아, 교사와 대집단 영유아 간에는 행동양상과 상호작용이 달라질 것이다. 그리고 영유아간의 상호작용과 영유아와 교구 간 상호작용도 고려해야 한다.

그리고 영유아의 요구와 흥미를 계획에 반영해야 하며, 그리고 계획을 수행 중일 때라도 수시로 전체 주제를 혼란시키지 않는다면 영유아의 요구와 흥미를 반영하여 활동계획을 신축적으로 운영하는 것이 좋다.

영유아는 생리적 욕구를 잘 참지 못하므로 중간 중간 배변시간, 간식시간, 식사시간, 기본생활지도, 안전지도 등을 병행하여야 한다. 그리고 단계별로 마디를 두어 반드시 정리 및 평가시간을 가져야 한다.

일일 보육계획안은 다양하면서도 일관성을 지녀야 하며, 하루 중 생활영역, 흥미영역, 대・소집단 활동 등이 고루 반영되도록 하여 융통성 있게 신축적으로 운영하여야 한다.

5. 활동계획안

실제 보육활동을 진행할 때에는 활동계획안을 준비함으로써 보다 효율적인 운영이 되도록 할 수 있다. 활동계획안은 활동의 목표, 활동 자료, 활동 방법 등을 기록하는 것이다. 보육교사는 활동계획안을 작성할 때 활동 목표가 표준보육과정의 어떤 영역, 어떤 내용과 수준을 고려하고 있는 것인지 분석해 본 후 영유아의 발달 특성에 적합하도록 활동 방법을 구성하여 운영하도록 한다(보건복지부 고시 제2012-28호).

그러나 통상의 경우 일일보육계획안에 활동계획안을 포함하여 작성할 수도 있으며, 특별히 수업연구를 위한 계획안의 경우 일일보육 계획안과 별도로 활동계획안을 보다 세밀하게 작성할 수 있다. 활동계획안은 수업지도의 장에서 다시 논의한다.

6. 보육계획안의 실제

다음에 제시되는 보육계획안은 실제 보육실습 수업 중에 학생들이 작성한 것이다. 모든 요소를 고려했다고 보기 어렵지만 하나의 사례로서 제시한다. 제시 순서는 발달단계와 연계성을 보여주기 위해 만 1세에서 만 5세까지 각 연령별로 연계성을 보여주기 위해 연간, 월간, 주간, 일일 보육계획안을 수록하였다.

2012년도 만 1세 연간 보육계획안

월	주 제	소 주 제	기본생활습관
3월	우리 반이 좋아요	• 우리 반에 왔어요 • 엄마와 웃으며 안녕해요 • 선생님! 안녕하세요? • 친구야! 안녕!	• [자조] 교실에서 내 얼굴을 찾아보아요 • [질서] 조심조심 걸어요 • [예절] 다른 반 선생님과 반갑게 인사해요 • [예절] 친구들에게 인사해요
4월	놀잇감/ 싱그러운 봄	• 놀잇감아 놀~자! • 아프게 해서 미안 사랑해줄게! • 어떻게 가지고 놀까요? • 봄을 만나요	• [인성] 친구와 사이좋게 놀아요 • [안전] 놀잇감을 조심히 다뤄요 • [질서] 정리할 수 있어요 • [절제] 바르게 가지고 놀아요
5월	활발하게 움직여요	• 씩씩하게 걸어요 • 오르락내리락 • 나처럼 해봐요 • 신나게 춤을 춰요 • 배변의사를 표현해요	• [안전] 산책갈 때 편안한 옷을 입어요 • [예절] 인사를 잘해요 • [건강] 예방주사를 맞아요 • [안전] 더울 때는 그늘에서 놀아요 • [자조]변기에 앉아보아요
6월	여기 있어요!	• 내 이름을 불러 주세요 • 눈, 코, 입을 찾아요 • 내 몸은 움직여요 • 내 물건을 알아요	• [청결] 바깥놀이 후 손을 깨끗이 씻어요 • [절제] 소리를 지르지 않아요 • [건강] 날씨에 맞는 옷을 입어요 • [청결] 치카치카를 해요
7월	시원한 물놀이	• 아이, 더워! • 물이 궁금해요 • 첨벙첨벙 물놀이 • 깨끗하게 씻어요	• [건강] 여름 날씨에 맞는 옷을 입어요 • [안전] 물놀이 시 준비운동을 해요 • [안전] 안전하게 물놀이를 해요 • [청결] 휴지로 닦을 수 있어요
8월	동물 친구들	• 넌 이름이 뭐니? • 누구의 소리일까? • 동물 흉내를 내요 • 좋아하는 동물이 있어요 • 동물을 사랑해요	• [건강] 음식을 골고루 먹어요 • [질서] 휴지는 휴지통에 버려요 • [절제] 찬 음식을 조절해서 먹어요 • [자조] 내 물건은 내가 정리해요 • [인성] 동물을 사랑해요
9월	인형놀이/ 동화나라	• 여러 가지 인형이 있어요 • 인형과 함께 놀이해요 • 그림책을 보아요 • 내가 좋아하는 책이 있어요	• [예절] 대답할 수 있어요 • [자조] 거울보고 로션을 발라요 • [예절] 고마워, 미안해라고 말해요 • [자조] 옷이 젖지 않게 손을 씻어요
10월	신나는 바깥세상 / 가을과 놀아요	• 신나는 놀이터! • 소풍을 가요 • 세상이 알록달록 변해요(가을) • 바스락바스락 나뭇잎 • 풍성한 가을 열매	• [안전] 실외놀이 시 멀리 가지 않아요 • [자조] 양말을 혼자 벗어보아요 • [질서] 배변 후에 물을 내려요 • [건강] 가을 날씨에 알맞은 옷차림을 해요 • [청결] 예쁘게 머리를 빗어요
11월	색깔 나라	• 색깔 친구들	• [절제] 공공장소에서 조용히 해요

	모양 나라	• 재미난 모양 • 네모, 세모, 동그라미 • 내 몸의 모양	• [자조] 도움받아 가방, 수첩, 옷을 정리해요 • [자조] 일찍 자고 일찍 일어나요 • [안전] 위험한 물건이 있어요
12월	눈꽃 핀 겨울	• 겨울바람이 추워요 • 따뜻하게 입어요 • 설레는 크리스마스 • 눈이 와요	• [건강] 예방주사를 맞아요 • [건강] 따뜻한 옷차림을 해요 • [인성] 어려운 이웃을 도와요 • [청결] 콧물이 나올 때 휴지로 닦아요
2013 1월	부릉부릉 움직여요/ 궁금해요	• 자동차를 타요 • 타고 싶은 것이 많아요 • 열어 보아요 • 짝을 찾아보아요 • 누구세요?	• [청결] 비누를 사용해 손을 씻어요 • [인성] 동생과 사이좋게 놀아요 • [예절] 입 속의 음식을 다 먹은 후 얘기해요 • [절제] 제자리에 앉아서 식사를 해요 • [절약] 책을 조심해서 봐요
2월	설날/ 쑥쑥~ 쑥 자랐어요	• 까치까치 설날 • 혼자 할 수 있어요 • 형님 반이 되어요 • 선생님 고마워요! 선생님 사랑해요!	• [예절] 어른께 세배를 드려요 • [자조] 내 물건은 내가 정리해요 • [인성] 친구에게 양보할 수 있어요 • [예절] 만나고 헤어질 때 친구에게 인사해요

만 1세 연간 행사 계획안

월	행 사	월	행 사
3월	• 입학식 • 신체 발달 검사 - 1차 • 감자심기 • 요리활동 - 카나페 만들기	9월	• 2학기 학부모 면담 • 현장학습 - 교통랜드 • 민속놀이 • 신체 발달 검사 - 3차 • 요리활동 - 송편빚기
4월	• 봄소풍 • 1학기 학부모 면담 • 요리활동 - 부활절 계란 삶기	10월	• 체육대회 • 가을소풍 • 단풍축제 - 가을의 변화 관찰 • 요리활동 - 모닝빵 샌드위치
5월	• 어린이날 기념행사 • 어버이날 꽃 달아드리기 • 토마토, 상추 모종 심기 • 현장학습 - 디보의 선물나라 체험관 • 요리활동 - 뻥튀기 얼굴 만들기	11월	• 꿈나무 정보도서관 • 무 수확하기 • 요리활동 - 김장 담그기
6월	• 현장학습 - 테마파크 주주동물원 • 지역사회활동 - 롯데마트 견학 • 신체 발달 검사 - 2차 • 요리활동 - 도너츠 만들기	12월	• 원내 산타행사 • 재롱잔치 • 신체 발달 검사 - 4차 • 요리활동 - 미니 핫도그 만들기
7월	• 시원한 물총놀이 • 감자캐기 • 신나는 캠프 - 7월초에 부모님과 함께 합니다. • 요리활동 - 과일빙수 만들기	1월	• 눈썰매장 • 현장학습 - 63빌딩 • 요리활동 - 강정 만들기
8월	• 시원한 물총놀이 • 요리활동 - 파르페 만들기 • 무 심기 • 시민안전체험관 • 여름 가정학습 기간	2월	• 예절교육 • 수료식 • 2013학년도 학부모 오리엔테이션

2012년 12월 만 1세반 월간 보육계획안

주 제		눈꽃 핀 겨울 (2012년 12월 3일 ~ 2012년 12월 28일)			
주		1주	2주	3주	4주
		12/3 ~ 12/7	12/10 ~ 12/14	12/17 ~ 12/21	12/24 ~ 12/28
소주제		겨울바람이 추워요	따뜻하게 입어요	설레는 크리스마스	눈이 와요
목 표		겨울철 날씨의 변화를 느껴보고 따뜻하게 지내는 방법을 안다. 크리스마스를 즐길 수 있는 여러 가지 활동·놀이를 경험한다.			
등원 및 맞이하기		-추워진 날씨에 대해 이야기해요	-옷차림에 대해 이야기해요	-차가워진 볼 만져주며 인사해요	-겉옷을 벗어 장에 넣어보아요
일상생활	식사 및 간식	-뜨거운 음식은 호호 불어서 먹어요	-식사 후 거울을 보아요	-숟가락, 포크를 번갈아 사용해요	-'더 주세요' 이야기해요
	낮잠 및 휴식	-겨울 동요를 들으며 잠 들어요	-겨울 동시를 들으며 잠 들어요	-캐럴 들으며 잠 들어요	-친구이불을 밟지 않아요
	대·소변 가리기	-옷이 젖지 않게 손을 씻어요	-화장실에서 배변해요	-손을 씻은 후 로션을 발라요	-내 차례를 기다려요
자유놀이활동	신체·움직임	-양말 스케이트 타기	-사진 속 겨울용품 찾아오기	-이불 썰매를 타요	-눈 뿌려보기
	감각·탐색	-얼음 만져보기 -코코아 우유 만들기	-여러 가지 장갑 겨울 용품 퍼즐 맞추기	-크리스마스 장식 탐색하며 꾸미기 -크리스마스 선물 풀어보기	-눈 녹여보기 -녹말가루 탐색하기
	창의적 표현	-색 스카프로 겨울바람 표현하기 -겨울나무 꾸미기	-방울 장갑 연주하기 -장갑 꾸미기	-캐럴 들으며 몸 움직이기 -반짝이 풀 그림	-검은 도화지에 하얀 눈 표현하기 -[새 노래] 멋진 눈사람
	역할·쌓기	-벽돌블록으로 따뜻한 집 만들기 -감기에 걸린 아기 인형 돌봐주기	-겨울 옷차림 해보기 -블록으로 난로 만들기	-선물을 높이 쌓아요 -꼬마산타가 되어보아요	-얼음집 만들기 -벽돌블록 썰매타기
	언 어	-[듣기/말하기] 아침바람 찬바람에 -[읽기] '겨울나무' 동시듣기 -[쓰기] 선 따라 끼적거리기	-[듣기/말하기] 우리 몸을 따뜻하게 해주는 것 -[읽기] OHP필름책 '따뜻하게 **어요'** -[쓰기] 입김그림	-[듣기/말하기] 산타할아버지께 받고 싶은 선물을 말해요 -[읽기] '호호 기쁜 선물' 그림동화 보기 -[쓰기] 크리스마스 트리 위에 끼적거리기	-[듣기/말하기] 눈이 오는 모양·소리 표현하기 -[읽기] '첫 눈' 동시듣기 -[쓰기] 흰 쌀 위에 마음대로 끼적거리기

주 제	눈꽃 핀 겨울 (2012년 12월 3일 ~ 2012년 12월 28일)			
주	1주	2주	3주	4주
	12/3 ~ 12/7	12/10 ~ 12/14	12/17 ~ 12/21	12/24 ~ 12/28
소주제	겨울바람이 추워요	따뜻하게 입어요	설레는 크리스마스	눈이 와요
목 표	1. 겨울철 날씨의 변화를 느껴보고 따뜻하게 지내는 방법을 알아본다. 2. 크리스마스를 즐길 수 있는 여러 가지 활동·놀이를 하고 경험한다.			
실외활동 및 산책	-겨울바람 느껴보기 -[대체활동] 창문 열어 겨울바람 느껴보기	-부츠신고 산책하기 -[대체활동] 터널 통과하기	-얼음 언 곳 관찰하기 -[대체활동] 파우더 쿠션에 찍기 -[지역사회연계] 구세군 냄비에 모금해 보기	-눈 위에 발자국 만들기 -[대체활동] 발자국을 따라가요 -[일상생활] 눈사람 만들기
안전교육	-[건강과 영양] 독감 예방 주사를 맞아요	-[생활안전] 빙판길에서 조심하기	-[신변안전] 집에 아무도 없어요	-[소방안전] 불장난은 안돼요 -[소방대피훈련] 주방에서 정수기 과부하에 의한 화재
기본생활	-[건강] 예방 주사를 맞아요	-[건강] 따뜻한 옷차림을 해요	-[인성] 어려운 이웃을 도와요	-[청결] 콧물이 나올 때 휴지로 닦아요
귀가 및 가정과의 연계	-같은 쓰임 알기	-우리 몸을 따뜻하게 해주는 물건	-행복한 크리스마스를 기념하며 찰칵!	-아빠랑 눈사람 만들기

만 1세반 2012년 12월 4주 주간 보육계획안

주 제 : 눈꽃 핀 겨울 소 주 제 : 눈이 와요
실시 기간 : 2012년 12월 4주(12월 24일 ~ 12월 28일)
목 표 : 눈의 차가움을 느껴보고, 눈을 이용해 할 수 있는 놀이를 통해 즐거움을 느낀다.

활동 \ 요일		12월 24일 월요일	12월 25일 화요일	12월 26일 수요일	12월 27일 목요일	12월 28일 금요일
등원 및 맞이하기		겉옷을 벗어 장에 넣어보아요				
대 · 소변가리기		내 차례를 기다려요				
자유놀이활동	신체 · 움직임	눈 뿌려보기				
	감각 · 탐색	눈 녹여보기 / 녹말가루 탐색하기				
	창의적 표현	검은 도화지에 하얀 눈 표현하기 / [새 노래] 멋진 눈사람				
	역할 · 쌓기	[역할] 벽돌블록 썰매타기 / [쌓기] 얼음집 만들기				
	언 어	[듣기/말하기] 눈이 오는 모양 · 소리 표현하기 / [읽기] '첫 눈' 동시듣기 / [쓰기] 흰쌀 위에 마음대로 끼적거리기				
실외활동 및 산책		눈 위에 발자국 만들기 / [대체활동] 발자국을 따라가요 / [일상생활] 눈사람 만들기				
식사 및 간식		'더 주세요' 이야기해요				
낮잠 및 휴식		친구이불을 밟지 않아요				
기본생활		[청결] 콧물이 나올 때 휴지로 닦아요				
귀가 및 가정과의 연계		아빠랑 눈사람 만들기				
안전교육		[소방안전] 불장난은 안돼요 / [소방대피훈련] 주방에서 정수기 과부하에 의한 화재				

만 1세 일 일 보 육 계 획 안

담임		원장	

주 제	눈꽃 핀 겨울 〈눈이 와요〉	일자	12월 24일 월요일 날씨
목 표	눈의 차가움을 느껴보고, 눈을 이용해 할 수 있는 놀이를 통해 즐거움을 느낀다.		
활동시간	활 동 내 용	평 가 및 준 비 물	
~9:00 등원 및 통합보육	[등원 및 맞이하기] - 〈겉옷을 벗어 장에 넣어보아요〉 • 교사의 도움을 받아 겉옷을 벗어 사물함에 넣어본다.	일일 보고서, 영아수첩, 투약의뢰서(해당유아)	
9:00 ~9:40 대소변 관리 및 오전 간식	[대소변관리 및 오전 간식] - 〈내 차례를 기다려요/'더 주세요' 이야기해요〉 • 다른 친구가 배변 중이면 기다렸다가 배변한다. • 음식이 부족하면 '더 주세요'하고 이야기한다.	수건, 로션, 비누, 간식, 간식 접시, 컵, 포크	
9:40 ~11:00 오전자유 놀이활동	[인사 및 일과소개] • 오늘 일과를 소개한다.		
	[신체] - 〈눈 뿌려보기〉 ◆내용범주◆ ① 신체운동 〉 신체활동 참여 〉 신체활동에 참여하기 ② 자연탐구 〉 탐구적 태도 〉 주변사물과 자연현상에 호기심 가지기 ◆활동목표◆ 몸을 다양하게 움직여 눈을 뿌려 본다. ◆활동방법◆ ① 눈이 내리는 모습에 대해 이야기 나눈다. - 00이는 눈이 오는 것을 본 적이 있나요? ② 흰 종이를 영아의 머리 위에서 뿌려주며 이야기 나눈다. - 00이 머리 위로 하얀 눈이 내리네요. - 바닥에 하얀 눈이 쌓였어요. 00이도 눈을 뿌려볼까요? ③ 영아와 함께 흰 종이가루를 뿌리며 놀이한다. - 00이가 뿌린 눈을 빠르게 내리는 것 같아요. - 하나, 둘, 셋 하면 높이 던져 볼까요?	CD, CD플레이어, 하얀색 종이가루	

활동시간	활 동 내 용	평 가 및 준 비 물
9:40 ~11:00 오전자유 놀이활동	[탐색] - 〈눈 녹여보기〉 ◆내용범주◆ ① 자연탐구 〉 탐구적 태도 〉 탐색 반복하기 ② 자연탐구 〉 과학적 탐구 〉 자연 현상 지각하기 ◆활동목표◆ ① 여러 가지 방법으로 눈을 탐색해 본다. ② 물질이 변하는 모습을 관찰한다. ◆활동방법◆ ① 눈을 그릇에 담아 영아에게 제시한다. (눈이 내리지 않으면 팥빙수 기계로 얼음을 잘게 갈아 눈을 만든다.) ② 영아와 함께 눈을 탐색한다. - 00아, 여기에 하얀 눈이 있네요. 눈이 어떻게 생겼는지 볼까요? - 00이가 만져볼까요? 어떤 느낌인가요? ③ 눈이 녹는 모양을 영아와 함께 관찰한다. - 눈을 바닥에 놓으면 어떻게 될까요? 차가운 눈을 따뜻한 바닥에 놓아볼까요? - 눈이 녹아서 물이 되었어요.	눈, 그릇
	[표현] - 〈검은 도화지에 하얀 눈 표현하기〉 ◆내용범주◆ 예술경험 〉 예술적 표현 〉 단순한 미술 경험 시도하기 ◆활동목표◆ 눈이 오는 것을 다양한 재료(물감)를 이용해 미술활동을 해본다. ◆활동방법◆ ① 영아와 함께 미술재료를 탐색한다. - 여기에 있는 이것을 무엇일까요? 00이가 한번 만져볼까요? 어떤 느낌인가요? ② 눈이 오는 모습에 대해 이야기 나눈다. - 눈이 내리는 것을 본 적이 있나요? ③ 솜 공(폰폰이)에 하얀색 물감을 묻혀서 검은색 도화지에 찍어본다. - 솜 공(폰폰이)에 하얀색 물감을 묻혀서 검은색 도화지에 톡톡 찍어주세요. - 00이 도화지 속에는 눈이 많이 내리네요.	검은색 도화지, 솜공, 흰색 물감

활동시간	활 동 내 용	평 가 및 준 비 물
9:40 ~11:00 오전자유 놀이활동	[기본생활습관] - 〈(청결)콧물이 나올 때 휴지로 닦아요〉 ◆내용범주◆ 기본생활〉건강한 생활〉몸을 깨끗이 하기 ◆활동목표◆ 콧물이 나올 때 휴지를 뽑아 콧물을 닦아보는 경험을 해보도록 한다. ◆활동방법◆ ① 콧물이 나와 있는 영아에게 다가간다. - 00의 코에서 콧물이 나왔네요. ② 휴지를 가지고 와서 거울을 보며 휴지로 닦아보게 한다. - 00가 콧물을 닦을 수 있을까요? - 콧물을 닦으려면 휴지가 필요하지요. - (영아가 가지고 온 휴지로) 거울을 보며 콧물을 닦아 볼까요? - 흥~! 풀고 휴지로 닦아주는 거예요. 다 닦았나요? 콧물이 있는지 거울 속의 내 모습을 보세요.	휴지
11:00 ~ 11:20 정리정돈 및 대소변관리	[정리정돈 및 대소변관리] - 〈내 차례를 기다려요〉 • 다른 친구가 배변 중이면 기다렸다가 배변한다.	수건, 로션, 비누
11:20 ~12:20 실외활동	[실외활동] - 〈눈 위에 발자국 만들기〉 ◆내용범주◆ ① 예술경험 〉 심미적 탐색 〉 소리, 움직임, 시각적 자료에 호기심 가지기 ② 자연탐구 〉 수학적 탐구 〉 간단한 규칙성 지각하기 ◆활동목표◆ ① 눈 위를 걸으며 나는 소리를 들어본다. ② 눈 위에 생기는 자신의 발자국에 관심을 둔다. ◆활동방법◆ ① 눈이 내리면 창밖을 보며 이야기 나눈다. - 눈이 내려서 온 세상이 하얗게 변했네요. - 선생님과 밖으로 나가볼까요? ② 따뜻하게 옷을 입고 바깥으로 나간다.	

활동시간	활 동 내 용	평 가 및 준 비 물
11:20 ~12:20 실외활동	③ 눈 위를 걸으며 눈에서 나는 소리를 탐색한다. - 눈 위를 걸으니깐 뽀드득뽀드득 소리가 나네요. ④ 걸음을 멈추어 눈 위에 생긴 발자국을 살펴본다. - 00이의 발자국이 어린이집까지 있네요.	
	[대체활동] - 〈발자국을 따라가요〉 ◆내용범주◆ ① 신체운동〉신체조절과 기본운동〉이동 운동 시도하기 ② 신체운동〉감각과 신체 인식〉신체 탐색하기 ◆활동목표◆ 발자국 모양을 따라 걸을 수 있다. ◆활동방법◆ ① 바닥에 하얀색 시트지로 발자국 모양을 만들어서 붙인다. ② 영아들이 발자국 모양에 관심을 가질 수 있도록 유도한다. - 여기에 하얀색 발자국 모양이 있네요. - 눈밭 위에 발자국 같아요. ③ 발자국을 따라 걸어본다.	하얀색 시트리, 발자국 그림자료
12:20 ~ 13:30 점심 및 이 닦기	[점심 및 이 닦기] - 〈'더 주세요' 이야기해요〉 • 음식이 부족하면 '더 주세요'하고 이야기 할 수 있도록 안내한다. • 식사 후에는 교사의 도움을 받아 이를 깨끗이 닦는다.	점심, 수저, 개별양치도구
13:30 ~ 15:30 낮잠 및 휴식	[낮잠 및 휴식] - 〈친구이불을 밟지 않아요.〉 • 친구의 이불을 피해 다닐 수 있도록 한다.	
15:30 ~ 16:20 대소변관리 및 오후 간식	[대소변관리 및 오후 간식] - 〈내 차례를 기다려요/'더 주세요' 이야기해요〉 • 다른 친구가 배변 중이면 기다렸다가 배변한다. • 음식이 부족하면 '더 주세요'하고 이야기할 수 있도록 안내한다.	수건, 로션, 비누, 간식, 간식접시, 컵, 포크
16:20 ~ 18:00 오후 실내외 자유놀이	[오후실내외자유놀이] • 오늘 놀이에 대해 생각해보며 재미있었던 놀이를 한다.	

<table>
<tr><th>활동시간</th><th>활 동 내 용</th><th colspan="4">평 가 및 준 비 물</th></tr>
<tr><td>18:00~
귀가지도</td><td>[야간통합보육 및 귀가지도]
• 영아의 발달상황 및 요구를 고려하여 통합 놀이한다.
• 영아의 용모를 단정히 하여 귀가준비를 하고 보호자가 오면 귀가한다.
• 오늘 활동한 내용에 대하여 보호자에게 이야기한다.</td><td colspan="4"></td></tr>
<tr><td rowspan="3">투약아동</td><td rowspan="3"></td><td>놀잇감 세척</td><td></td><td rowspan="3">비고</td><td rowspan="3"></td></tr>
<tr><td>침구 세탁</td><td></td></tr>
<tr><td></td><td></td></tr>
</table>

2012학년도 만 2세 연간 보육계획안

월	주 제	소 주 제	기본생활습관
3월	즐거운 어린이집	• 콩닥콩닥! 처음이예요 • 재미있는 우리반 • 엄마와 즐겁게 안녕! • 즐거운 어린이집	• [예절]선생님과 인사해요 • [자조]신발을 정리해요 • [청결]식사 전에 손을 씻어요 • [인성]엄마와 즐겁게 헤어져요
4월	나무를 심어요/ 재미있는 놀잇감	• 나무를 심어요 • 어린이집에 놀잇감이 많아요 • 놀이할 때는 약속을 지켜요 • 신나는 바깥놀이	• [인성]우리에게 소중한 나무 • [자조]놀잇감을 정리해요 • [청결]바깥놀이 후에 손을 씻어요 • [절약]물을 아껴써요
5월	가족의 날/ 봄나들이	• 어린이날, 어버이날 • 꽃이 피어요 • 나비가 날아다녀요 • 살랑살랑 봄바람 • 봄나들이 가요	• [인성] 엄마 · 아빠 고맙습니다 • [건강]나물도 먹을 수 있어요 • [질서]선생님을 보고 따라가요 • [자조]혼자 옷을 벗을 수 있어요 • [질서]화장실에서 줄을 서요
6월	자랑스러운 나/ 사랑하는 가족	• 나의 얼굴, 나의 몸 • 나의 몸이 하는 일 • 내 몸을 움직여 봐요 • 나는 가족이 있어요	• [자조] 스스로 옷과 가방을 정리할 수 있어요 • [인성]나는 소중해요 • [절제]작은 목소리로 말해요 • [인성]친구와 사이좋게 지내요
7월	더워요/ 물놀이 가요	• 땀이 나요 • 초록빛 여름이예요 • 여름을 시원하게	• [건강]차가운 음식을 조절해서 먹어요 • [질서]쓰레기를 주워서

		• 물놀이 가요	쓰레기통에 넣어요 • [청결]물놀이 후 깨끗이 씻어요 • [자조] 옷을 스스로 벗어요
8월	신기한 동물과 식물들	• 산과 바다로 가요 • 서로 다른 동물들 • 여러 가지 식물이 자라요 • 동물과 식물 친구들과 놀아요 • 소중한 동물과 식물 친구들	• [건강]에어컨 온도를 낮춰요 • [절약]양치할 때 컵을 사용해요 • [절제]식물을 사랑해요 • [인성]동물을 사랑해요 • [질서]사람들이 많은 곳에서는 약속을 지켜요
9월	추석/ 하는 일이 달라요	• 송편을 먹어요 • 우리 동네 가게들 • 하는 일이 달라요 • 고마운 사람들	• [절약]음식을 남기지 않고 먹어요 • [예절]이웃 사람들과 인사를 나누어요 • [자조]식사 준비를 스스로 할 수 있어요 • [인성]고마운 마음을 가져요
10월	알록달록 가을	• 빨갛게, 노랗게 • 열매가 달렸어요 • 여러가지 모양과 색깔 • 모양과 색깔이 변해요 • 단풍구경을 가요	• [인성]다른 사람의 마음을 이해해요 • [자조]식사 정리를 스스로 할 수 있어요 • [절제]신호등을 기다릴 수 있어요 • [질서]정해진 곳에 그림을 그려요 • [인성]친구와 사이좋게 지내요
11월	여러 가지 탈 것	• 땅에서 탈 것 • 물에서 탈 것 • 하늘에서 탈 것 • 안전하게 타요	• [질서]지하철 탈 때 기다리는 선을 지켜요 • [절제]버스나 지하철을 줄을 서서 타요 • [자조]흘리지 않고 먹을 수 있어요

			• [자조]낮잠 자기 전에 스스로 화장실에 가요
12월	눈이 와요	• 오들오들! 추워요 • 겨울을 따뜻하게 보내요 • 겨울잠을 자요 • 펑펑펑 눈이 와요	• [자조]겉옷을 스스로 벗어요 • [건강]따뜻하게 입어요 • [절약]너무 뜨거운건 싫어요 • [청결]콧물이 나면 휴지로 닦아요
1월	친구야 놀자	• 새해가 왔어요 • 나의 것과 친구 것 • 친구와 사이좋게 지내요 • 여러 가지 놀이가 있어요 • 재미있는 전통놀이	• [절약]쓰지 않는 전등은 꺼요 • [자조]겉옷을 스스로 입어요 • [절제]친구에게 허락을 받아요 • [인성]어려운 친구를 도와줘요 • [인성]친구에게 '미안해' 할 수 있어요
2월	씩씩한 형, 언니가 될 수 있어요	• 몸과 마음이 자랐어요 • 설날이 왔어요 • 혼자서도 잘해요 • 형·언니 반에 가면	• [자조]나는 스스로 할 수 있어요 • [예절]할아버지, 할머니 고맙습니다 • [인성]나는 도와줄 수 있어요 • [예절]기다릴 수 있어요

2012학년도 만 2세 연간 행사계획안

월	교육내용	월	교육내용
3	• 입학식 • 신체 발달 검사 • 소방안전 훈련 • 3월생 생일잔치	9	• 소방안전 훈련 • 경찰서 견학 • 교통안전 교육 • 2학기 학부모 면담 • 추석 • 9월생 생일잔치
4	• 소방안전 훈련 • 봄 소풍 • 1학기 학부모 면담 • 가족과 함께 나무 심기 • 4월생 생일잔치	10	• 소방안전 교육 • 재난대피훈련 - 지진 • 가을 소풍 • 약물 오남용 교육 • 10월생 생일잔치
5	• 소방안전 훈련 • 어린이 날 행사 • 부모 참여 수업 • 5월생 생일잔치	11	• 소방안전 훈련 • 엄마와 함께 김장하기 • 부모교육 - 소중한 우리 아이 • 11월생 생일잔치
6	• 소방안전 훈련 • 성교육 - 소중한 나의 몸 • 6월생 생일잔치	12	• 소방안전 훈련 • 재롱잔치 • 신체 발달 검사 • 실종, 유괴 방지- 따라가면 안되요 • 겨울방학 • 12월생 생일잔치
7	• 소방안전 훈련 • 물놀이 안전 교육 • 여름 캠프 - 1박2일 에버랜드/수영장 • 7월생 생일잔치	1	• 소방안전 훈련 • 박물관 견학 • 1월생 생일잔치
8	• 소방안전 훈련 • 건강과 영양- 유통기한을 확인해요 • 여름방학 • 8월생 생일잔치	2	• 소방안전 훈련 • 예절교육 • 2013 학부모 오리엔테이션 • 2월생 생일잔치 • 수료식

2012학년도 만 2세 월간 보육계획안

실시기간 : 2월

<table>
<tr><td colspan="2">주 제</td><td colspan="4">씩씩한 형, 언니가 될 수 있어요</td></tr>
<tr><td colspan="2" rowspan="2">주</td><td>1주</td><td>2주</td><td>3주</td><td>4주</td></tr>
<tr><td>2/4 ~ 2/8</td><td>2/11 ~ 2/15</td><td>2/18 ~ 2/22</td><td>2/25 ~ 3/1</td></tr>
<tr><td colspan="2">소주제</td><td>몸과 마음이 자랐어요</td><td>설날이 왔어요</td><td>혼자서도 잘해요</td><td>형, 언니반에 가면</td></tr>
<tr><td colspan="2">목 표</td><td>자신의 신체 변화와 감정의 다양함을 안다.</td><td>설날의 의미와 하는 것들을 안다.</td><td>혼자서 할 수 있는 일들을 경험해 보고, 혼자 할 수 있다는 자신감을 가진다.</td><td>형님 반이 되는 것에 대한 설렘을 갖는다.</td></tr>
<tr><td colspan="2">등원 및 맞이하기</td><td>-선생님께 두 손 모아 큰 소리로 "안녕하세요"하고 인사하기</td><td>-"새해 복 많이 받으세요" 하고 인사하며 등원하기</td><td>-스스로 외투를 벗어 옷걸이에 걸어 보기</td><td>-친구의 변화 이야기 해 보기</td></tr>
<tr><td rowspan="3">일상생활</td><td>식사 및 간식</td><td>-[식사]뜨거운 것은 식혀서 먹어요
-[간식]꼭꼭 씹어 먹어요</td><td>-[식사]반찬의 이름을 말해봐요
-[간식]흘리지 않고 간식 먹기</td><td>-[식사]급식판에 스스로 반찬을 담아요
-[간식]간식의 이름 말해보기</td><td>-[식사]젓가락 교정기 사용해 보기
-[간식]바닥에 흘린 음식 휴지로 닦기</td></tr>
<tr><td>낮잠 및 휴식</td><td>-조용한 음악 듣고 잠들기</td><td>잠자고 난 후 이불 개어보기</td><td>낮잠 준비를 도와요</td><td>잠에서 먼저 깨면 조용히 옷 입기</td></tr>
<tr><td>대・소변 가리기</td><td colspan="2">화장실에서 내 차례를 기다려요</td><td colspan="2">낮잠 자기전 스스로 화장실을 다녀와요</td></tr>
<tr><td rowspan="3">자유놀이활동</td><td>신체・움직임</td><td>-다양한 길 따라 방향 바꾸어 걷기
-수수깡으로 과자 전달하기</td><td>-새배를 해봐요
-몸을 뒹굴뒹굴</td><td>-발과 다리를 움직여요</td><td>-방울 모빌 치며 두발 모아 뛰기</td></tr>
<tr><td>감각・탐색</td><td>-친구에게 놀잇감 나눠주기
-이만큼 자랐어요</td><td>-설날 때 하는 놀잇감을 관찰해요</td><td>-내 키만 한 물건
-곰돌이 옷 갈아입히기</td><td>-수 그림 분류하기
-뚜껑 맞추기</td></tr>
<tr><td>창의적 표현</td><td>-색 접시 액자 꾸</td><td>-신문지로 제기 만</td><td>-나의 방 콜라주</td><td>-선생님, 친구 얼굴</td></tr>
</table>

		미기 -내 마음 그리기	들기 -방패연을 꾸며요	-내가 할 수 있는 일 그리기	비닐 끈 끼우기 -모양 골판지 꾸미기
	역할 · 쌓기	-나의 키, 친구의 키 만큼 높이 쌓아요 -휴대폰을 만들어 전화하는 흉내내기	-할아버지, 할머니가 되어 봐요	-형님 반의 모습 블록으로 만들기 -형님처럼 놀이해요	-와플 블록으로 길 구성하기 -선생님 흉내 내어 보기
	언 어	-[말하기]형님이 되어요 -[듣기/읽기/쓰기] 동시 '자람'	-[말하기/듣기] 설날의 경험에 대해 말해보기 -[말하기/듣기] 존댓말을 사용해요	-[말하기/읽기/듣기] '아침에 일어나서' 병풍 그림 보기 -[말하기]'내가 혼자 할 수 있는 일' 말해보기	-[말하기/듣기] 형님반에 가면 하고 싶은 놀이 말해보기 -[읽기/쓰기] 글자를 따라 써 보세요
실외활동 및 산책		-다양한 방법으로 걸어봐요 -[대체활동] 술래잡기 놀이를 해요	-팽이가 되어 봐요 -[대체활동] 바람에 흔들리는 나무가 되어 보기	-고리던지기 -손인형이 말하는 대로 행동하기 -[대체활동] 거미줄 통과하기	-신발 멀리 던지기 -[대체활동] 매트 위에서 앞구르기 하기
안전교육		-[재난대피] 지진에 의한 대피	-[예절교육] 어른들께는 존댓말을 사용해요	-[약물 오남용] 배가 아파요	-[소방안전] 불이 났을 때는 비상구로 피해요
기본생활		-[자조]나는 스스로 할 수 있어요	-[예절]할아버지, 할머니 고맙습니다	-[인성]나는 도와줄 수 있어요	-[예절]기다릴 수 있어요
귀가 및 가정과의 연계		-이렇게 많이 컸어요	-'동생을 도와줄래요' 쿠폰	-혼자서 할 수 있어요!	-영아가 진급하는 반, 선생님 이름 알려 드리기

2012학년도 만 2세 주간 보육계획안

주 제 : 씩씩한 형, 언니가 될 수 있어요 소 주 제 : 몸과 마음이 자랐어요
목 표 : 자신의 신체 변화와 감정의 다양함을 안다.
실시 기간 : 2월 1주 (2/4 ~ 2/8)

활동 \ 요일		2월 4일 월요일	2월 5일 화요일	2월 6일 수요일	2월 7일 목요일	2월 8일 금요일
등원 및 맞이하기		선생님께 두 손 모아 큰 소리로 "안녕하세요"하고 인사하기				
대 · 소변가리기		화장실에서 내 차례를 기다려요				
자유놀이활동	신체 · 움직임	다양한 길 따라 방향 바꾸어 걷기 / 수수깡으로 과자 전달하기				
	감각 · 탐색	친구에게 놀잇감 나눠주기 / 이만큼 자랐어요				
	창의적 표현	색 접시 액자 꾸미기 / 내 마음 그리기				
	역할 · 쌓기	나의 키, 친구의 키 만큼 높이 쌓아요 / 휴대폰을 만들어 전화하는 흉내내기				
	언 어	[말하기]형님이 되어요 / [듣기/읽기/쓰기] 동시 '자람'				
실외활동 및 산책		다양한 방법으로 걸어봐요 / [대체활동] 술래잡기 놀이를 해요				
식사 및 간식		[식사]뜨거운 것은 식혀서 먹어요 / [간식]꼭꼭 씹어 먹어요				
낮잠 및 휴식		조용한 음악 듣고 잠들기				
기본생활		[자조] 나는 스스로 할 수 있어요				
귀가 및 가정과의 연계		이렇게 많이 컸어요				

일 일 보 육 계 획 안 (만 2세)

담임		원장	

<table>
<tr><td>주 제</td><td>씩씩한 형, 언니가 될 수 있어요
〈몸과 마음이 자랐어요〉</td><td>일자</td><td>2월 4일 월요일</td></tr>
<tr><td>목 표</td><td colspan="3">자신의 신체 변화를 느끼고, 스스로 많이 자랐음을 안다.</td></tr>
<tr><td>활동시간</td><td colspan="2">활 동 내 용</td><td>평가 및 준 비 물</td></tr>
<tr><td>~ 9:00
등원 및
통합보육</td><td colspan="2">[등원 및 맞이하기]-〈선생님께 두 손 모아 큰 소리로 “안녕하세요”하고 인사하기〉
• 등원 시 선생님께 두 손을 모으고 큰 소리로 씩씩하게 인사한다.</td><td></td></tr>
<tr><td rowspan="2">9:00
~ 9:40
배변 활동
및
오전 간식</td><td colspan="2">[배변활동 및 손 씻기]
• 오전 간식을 먹기 전 화장실에 다녀오고, 스스로 손을 씻는다.</td><td></td></tr>
<tr><td colspan="2">[오전 간식]
• 간식을 꼭꼭 씹어 먹는다</td><td>우유</td></tr>
<tr><td rowspan="2">9:40
~ 11:00
오전 자유
놀이 활동</td><td colspan="2">[신체] - 〈다양한 길 따라 방향 바꾸어 걸어보기〉
◆내용범주◆
① 신체운동〉감각과 신체 인식〉감각능력 기르기
② 신체운동〉신체조절과 기본운동〉이동 운동하기
◆활동목표◆
① 여러 가지 감각 길을 밟아 보며 다양한 감각적 차이에 반응한다.
② 여러 가지 감각 길을 따라 이동 운동을 한다.
◆활동방법◆
① 신체활동실의 바닥에 다양한 재료들을 이용한 길을 만든다.
② 영아들이 여러 가지 감각 길을 탐색하여 보도록 한다.
③ 탐색이 마무리 되면 다양한 길을 따라 걸어보게 한다.
④ 방향을 바꾸어서 걸어보도록 제안한다.</td><td>골판지, 공기비닐, 색지, 코팅지, 스펀지, 사포, 비닐 등</td></tr>
<tr><td colspan="2">[언어] - 〈사회관계증진활동 - 형님이 되어요〉
◆내용범주◆
① 의사소통〉말하기〉자신의 느낌과 생각 말하기
② 사회관계〉자기존중〉자신에 대해 긍정적으로 생각하기
◆활동목표◆
① 사진을 보며 자신이 변화된 모습을 느껴 본다.
② 형님이 되어 할 수 있는 일에 대해 긍지를 가진다.
◆활동방법◆</td><td>영아의 사진
(생후 12개월 이전의 사진, 최근에 찍은 사진)</td></tr>
</table>

	① 영아의 어렸을 적 사진과 최근에 찍은 사진을 벽면에 게시한다. ② 사진을 보고 어떤점이 바뀌었는지 이야기 나눈다. ③ 사진을 보고 자신이 할 수 있는 일에 대해 이야기 나눈다. -이제 형님이 되어서 스스로 밥을 먹을 수 있지요?	
	[기본생활] - 〈(자조)나는 스스로 할 수 있어요〉 ◆내용범주◆ ① 기본생활〉건강한 생활〉몸을 깨끗이 하기 ② 사회관계〉자기존중〉독립적으로 행동하기 ◆활동목표◆ ① 몸과 마음이 자라 스스로 할 수 있는 것이 많아졌음을 안다. ② 혼자서 할 수 있는 일을 스스로 해본다. ◆활동방법◆ ① 영아들과 4살이 되면서 스스로 할 수 있게 된 것들에는 무엇이 있는지 이야기 나눈다. ② 혼자 할 수 있게 된 것들에 대해 격려한다.	
	[쌓기 · 역할] - 〈나의 키, 친구의 키만큼 높이 쌓아보아요〉 ◆내용범주◆ ① 자연탐구〉수학적 탐구〉공간과 도형 인식하기 ② 자연탐구〉수학적 탐구〉비교하기와 순서 인식하기 ◆활동목표◆ ① 블록을 이용하여 높이 쌓아보기 활동을 한다. ② 길이에 대한 인식을 한다. ◆활동방법◆ ① 영아와 함께 쌓기 영역에서 우레탄 블록을 높이 쌓아보는 놀이를 한다. ② 우레탄 블록을 이용하여 영아가 자신의 키만큼 쌓아보도록 한다. -00이의 키만큼 쌓아 보세요. **이도 키만큼 쌓아봐요. -누구 키가 더 큰가 볼까요? 블록을 몇 개 쌓았나요? ③ 영아가 쌓여진 블록 앞에서 키를 재어 보도록 한다.	우레탄 블록
	[탐색] - 〈사회관계증진활동 : 친구에게 놀잇감 나눠주기〉 ◆내용범주◆ ① 사회관계〉사회적 관계〉또래에게 관심가지기 ② 기본생활〉건강한 생활〉즐겁게 활동하기 ◆활동목표◆ ① 좋아하는 친구와 놀잇감을 주고받아 본다. ② 몸과 마음이 자라 좋아하는 놀잇감을 나눠 줄 수 있다. ◆활동방법◆	상자, 친구의 얼굴 사진, 여러 가지 놀잇감 사진, 풀, 가위, 테이프, 시트지

	① 영아와 함께 바구니 안에 들어있는 카드를 본다. ② 상자에 붙은 그림 카드를 보고 나누어 주고 싶은 친구를 선택하게 한다. ③ 장난감 카드를 나누어 주면서 놀잇감의 이름을 말한다.	
	[탐색] - 〈이만큼 자랐어요!〉 ◆내용범주◆ ① 자연탐구〉수학적 탐구〉비교하기와 순서 인식하기 ② 사회관계〉자기존중〉자신에 대해 긍정적으로 생각하기 ◆활동목표◆ ① 길이에 대해 인식한다. ② 자기 자신의 키가 자랐음을 안다. ◆활동방법◆ ① 키 재기 판을 보여 주며 활동을 소개한다. -3월달에 친구들이 얼마나 자랐는지 재어 보았던 것 기억나나요? -친구들이 3월달보다 얼마나 많이 자랐는지 다시 재어볼 거예요. ② 키 재는 방법에 대해 알려준 후 키를 재어 보게 한다. ③ 키 재기 판에 영아의 키를 표시하여 영아의 사진을 붙여준다. -내 사진은 어디에 붙어 있는지 찾아보세요. -누가 제일 많이 자랐을까요?	키 재기 판, 영아의 사진(이름표)
	[창의적 표현] - 〈색 접시 액자 꾸미기〉 ◆내용범주◆ ① 예술경험〉예술적 표현〉단순한 미술활동 즐기기 ◆활동목표◆ ① 새로운 재료를 이용하여 창의적으로 액자를 만들 수 있다. ② 액자의 사진과 자신의 모습을 비교하며 자랐음을 안다. ◆활동방법◆ ① 준비한 재료를 탐색한다. ② 액자를 만드는 방법을 알려 준다. ③ 자유롭게 색 접시를 꾸미고 액자를 만든다. ④ 완성된 색 접시를 친구들 앞에서 자랑하고 게시한다.	일회용 색 접시, 영아의 어릴 적 사진, 다양한 모양 스티커, 리본, 양면테이프, 가위
11:00 ~ 11:20 정리정돈 및 대소변 관리	[정리 정돈 및 대소변 관리] • 놀이 후 놀잇감을 제자리에 정리한다. • 오전실내자유놀이 후 교사의 도움을 받아 배변 활동을 한 후 손을 씻는다.	
11:20	[대체활동] - 〈술래잡기 놀이를 해요〉	

	◆내용범주◆ ① 신체운동〉신체조절과 기본운동〉이동 운동하기 ② 신체운동〉신체활동 참여〉신체활동에 참여하기 ◆활동목표◆ ① 다양한 자세로 달려 본다. ② 달리는 속도를 조절해 본다. ◆활동방법 ① 강당으로 이동하여 활동 한다. ② 영아가 교사를 잡아볼 수 있도록 한다. ③ 술래를 바꾸어 활동을 한다.	
~ 12:20 실외활동	[실외활동] - 〈다양한 방법으로 걸어보세요〉 ◆내용범주◆ ① 신체운동〉신체조절과 기본운동〉이동 운동하기 ② 의사소통〉듣기〉말소리 듣고 의미 알기 ◆활동목표◆ - 교사의 지시에 따라 몸을 움직이며 다양한 방법으로 걸어본다. ◆활동방법 ① 교사는 영아들에게 놀이 방법을 설명한다. ② 교사는 다양한 지시를 통해 영아들이 걷게 한다. T: 무거운 상자를 들고 있는 것처럼 걸어보세요. T: 잠자고 있는 동생을 깨우지 않으려는 것처럼 걸어 보세요.	
12:20 ~ 13:30 점심 및 이 닦기	[점심 및 이 닦기] - 〈뜨거운 것은 식혀서 먹어요〉 • 뜨거운 국물은 후후~ 불어 식혀 먹는다. • 점심을 다 먹은 유아는 이를 닦는다.	급식판, 칫솔, 치약
13:30 ~ 15:30 낮잠 및 휴식	[낮잠 및 휴식] - 〈조용한 음악 듣고 잠들기〉 • 조용한 경음악을 들으며 낮잠이 든다. • 먼저 일어난 영아는 조용한 놀이를 한다.	
15:30 ~ 16:20 배변활동 및 오후간식	[배변활동 및 오후간식] • 낮잠 후 선생님의 도움을 받아 배변활동을 한 후 손을 씻는다. • 스스로 간식 준비와 정리를 할 수 있다.	호박죽
16:20 ~ 18:00 오후자유	[오후자유놀이활동] • 오전에 계획된 활동을 반복하거나 연계활동으로 자유놀이를 진행한다.	

<table>
<tr><td>놀이활동</td><td colspan="5"></td></tr>
<tr><td>18:00 ~
귀가지도</td><td>[통합보육 및 귀가지도]
• 귀가 준비를 하고 일일보고서를 작성한 후 영아와 개별적으로 놀이한다.
• 부모와 영아의 상태에 대해 이야기하고 귀가 인사를 나누며 순차적으로 귀가한다.</td><td colspan="4"></td></tr>
<tr><td rowspan="2">투약아동</td><td rowspan="2"></td><td>놀잇감세척</td><td></td><td rowspan="2">비고</td><td rowspan="2"></td></tr>
<tr><td>침구세탁</td><td></td></tr>
</table>

2012학년도 만 3세 연간 보육계획안

월	주 제	소 주 제	기본생활습관
3월	즐거운 어린이집	• 나는 00반이에요.	[예절] 바르게 인사할 수 있어요.
		• 우리들의 하루	[자조] 신발을 바르게 벗고 정리할 수 있어요.
		• 약속을 지켜 안전하게 놀아요.	[규칙] 차를 타고 내릴 때 바르게 타고 내릴 수 있어요.
		• 사이좋게 지내요.	[청결] 손을 깨끗이 씻어요.
4월	따뜻한 봄	• 따뜻해졌어요.	[건강] 계절에 맞는 옷을 입어요.
		• 봄에 볼 수 있어요.	[예절] 도움을 받았을 때 "고맙습니다." 실수했을 때 "미안합니다." 라고 말해요
		• 곤충들이 나왔어요.	[자조] 옷, 모자, 신발 등을 제자리에 놓을 수 있어요.
		• 꽃들이 아름다워요.	[규칙] 실내에서 예쁘게 걸어요.
5월	나와 우리가족	• 어린이날, 어버이날	[자조] 식사 후에는 그릇을 치워요.
		• 나의 몸이 궁금해요.	[청결] 식사 후에는 양치질을 해요.
		• 내가 좋아하는 것이 많아요.	[건강] 우리 몸을 소중히 여겨요.
		• 나는 소중해요.	[절제] 때와 장소에 따라 목소리를 조절할 수 있어요.
		• 사랑하는 우리가족	[예절] 감사하는 마음을 전해요.
6월	여러 가지 동물	• 내가 좋아하는 동물	[청결] 동물을 만진 후에는 손을 씻어요.
		• 소리와 움직임이 달라요.	[예절] 정직하게 말해요.
		• 사는 곳과 먹는 것이 달라요.	[절약] 잃어버린 물건을 찾으려고 노력해요.
		• 동물들을 사랑해요.	[인성] 동물과 식물을 아끼고 보호해요.

7월	건강한 여름	• 더워졌어요.	[건강] 계절에 맞는 옷을 입어요.
		• 물놀이가 시원해요.	[청결] 용변 후에는 물을 내리고 손을 깨끗이 씻어요.
		• 깨끗이 씻어요.	[건강] 찬 음식을 조절해서 먹어요.
		• 음식과 건강	[건강] 음식을 골고루 먹어요.
8월	여름 방학 / 교통기관	• 여름 방학	
		• 여행을 다녀왔어요.	[인성] 더 놀고 싶어도 놀이를 정리해야 할 때가 있어요.
		• 여러 가지 탈것	[절약] 가까운 곳은 걸어 다녀요.
		• 지켜야 할 약속이 있어요.	[규칙] 차가 완전히 선 후 타고 내려요.
		• 차조심 길조심	[규칙] 교통신호를 잘 지켜요.
9월	우리나라	• 12가지 동물 이야기	[청결] 쓰레기는 정해진 곳에 버려요.
		• 아름다운 우리 옷	[자조] 우리집 전화번호를 외울 수 있어요.
		• 재미있는 전통놀이	[규칙] 게임규칙을 잘 지켜요.
		• 맛있는 우리음식 / 추석	[건강] 적당한 양의 음식을 먹어요.
10월	울긋불긋 가을	• 바람이 시원해요.	[건강] 계절에 맞게 옷을 입을 수 있어요.
		• 산과 들이 변했어요.	[자조] 자기 물건을 자기가 챙겨요.
		• 알록달록 가을놀이	[절약] 휴지를 적당량 사용해요.
		• 과일과 채소들이 많아요.	[예절] 어른이 먼저 드시면 먹어요.
		• 자연을 체험해요.	[규칙] 정해진 시간에만 TV를 봐요.
11월	글과 그림의 만남	• 내가 좋아하는 동화책	[자조] 스스로 책을 볼 수 있어요.
		• 도서관에 가요.	[규칙] 공공장소에서 조용히 해요.
		• 그림 속 이야기	[절약] 가지고 있는 물건을 또 사지 않아요.
		• 신문 속으로	[인성] 함께 사용하는 물건을 소중

			히 여겨요.
12월	신나는 겨울	• 추워졌어요.	[건강] 계절에 맞게 옷을 입을 수 있어요.
		• 추워도 신나요.	[규칙] 안전하게 놀이해요.
		• 사랑의 크리스마스	[자조] 내 주변을 항상 깨끗이 해요.
	겨울방학	• 겨울방학을 준비해요.	[예절] 내 물건과 다른 사람의 물건을 구분할 수 있어요.
2013년 1월		• 겨울방학	
		• 나의 겨울 방학 이야기	[예절] 어른들게 새해 인사드려요.
	새해와 희망 / 재미있는 놀이	• 2013년 꿈과 희망	[인성] 다른 사람의 생각을 존중해요.
		• 색과 모양 놀이	[절약] 사용하지 않는 전등을 꺼요.
		• 다양한 소리 놀이	[절제] 먹을 때는 소리내지 않아요.
1213년 2월	많이 자랐어요.	• 설날이에요.	[건강] 활동적인 놀이 후에는 휴식을 취해요.
		• 혼자서도 잘해요	[자조] 스스로 잠자리를 정리 할 수 있어요.
		• 동생들을 도와줄래요.	[인성] 친구의 좋은 점을 찾아서 칭찬해 보아요.
		• 친구들과 헤어져요	[절약] 작아진 옷을 물려주고 물려받아요.

2012학년도 만 3세 연간 행사계획안

월	행사	월	행사
3월	16(금) - 집단면담 20(화)~22(목) - 유아성향검사 26(월)~29(목) - 부모·교사 개인면담 28(수) - 유아반 합동상견례	9월	7(금) - 동창회 14(금) - 숲체험 21(금) - 민속박물관 견학 28(금) - 소방훈련 29(토)~1(월) - 추석
4월	5(목) - 식목일행사 (꽃씨심기) 11(수) - 19대 국회의원 선거 12(목) - 부모회 총회 및 강연 20(금) - 숲체험 27(금) - 소방훈련	10월	3(수) - 개천절 11(목) - 어린이 벼룩시장 19(금) - 가을 운동회 24(수) - 부모회 25(목) - 숲체험 26(금) - 소방훈련 31(수) - 할로윈 행사
5월	4(금) - 어린이날 체육대회 8(화) - 어버이날 행사 11(금) - 체격검사 15(화) - 스승의 날 18(금) - 숲체험 23(수) - 개원기념일 25(금) - 소방훈련 / 체격검사 28(월) - 석가탄신일	11월	12(월) - 도서관 견학 23(금) - 숲체험 30(금) - 소방훈련
6월	6(수) - 현충일 8(금) - 구강검진 15(금) - 동물원 견학 20(수) - 엄마참여수업 22(금) - 시력검사 26(화) - 소방훈련 29(금) - 숲체험	12월	24(월) - 성탄절 행사 21(일) - 동짓날 25(화) - 성탄절 24(월) - 소방훈련 28(금)~6(일) - 겨울방학
7월	2(월)~5(목) - 부모 ·교사 개인면담 11(수) - 부모회 20(금) - 아빠와 함께하는 물놀이 23(수) - 소방훈련	2013년 1월	1(화) - 신정 25(금) - 소방훈련 30(수) - 부모회
8월	27(금)~7(일) - 여름방학 15(수) - 광복절 24(금) - 소방훈련 31(금) - 교통박물관 견학	1213년 2월	9(토)~11(월) - 설날 12(화) 유아반 합동송별회 22(금) - 소방훈련

만3세 월간 보육계획안

실시기간 : 12월

주 제		신나는 겨울			
소주제		추워졌어요.	추워도 신나요	사랑의 크리스마스	겨울방학을 준비해요
목 표		변화된 날씨를 탐색하고 그에 따른 자연의 변화에 관심을 갖는다.	겨울철 놀이에 관심을 가지고 여러 가지 형태로 경험해 본다.	크리스마스에 대해 관심을 갖고 주위에 불우한 이웃을 생각하는 따뜻한 마음을 갖는다.	겨울방학 때 하고 싶은 일과 건강하게 겨울 보내는 방법을 말할 수 있다.
자유선택활동	쌓기	- 겨울 동산 꾸미기 - 스펀지 블록으로 아늑한 방 구성하기	- 눈썰매장 만들기 - 벽돌블록으로 얼음집 짓기	- 산타 마을 꾸미기 - 사랑의 밥차	- 겨울 여행
	역할	- 장갑, 목도리, 외투 정리하기 - 인형에게 옷 입히기	- 눈썰매는 내가 1등 - 군고구마 사세요.	- 크리스마스 파티 음식 만들기 - 사랑의 밥차로 오세요.	- 겨울 여행 떠나기 - 병원에 가서 감기를 치료해요
	미술	- 면봉으로 눈을 만들어요. (면봉찍기)	- 눈 뿌리기 (물감뿌리기) - 눈사람 (데칼코마니)	- 산타할아버지에게 받고 싶은 선물 (스크래치) - 양말공 만들기	- 점토로 겨울에 할 일 만들기
	언어	- [말하기] 겨울 날씨 말하기 - [듣기-동시] 눈 위를 가면	- [읽기/듣기] 만약 눈이 온다면 - [말하기] 겨울놀이	- [읽기/듣기] 메리크리스마스 - [쓰기] 글자 놓아보기 (겨울연상카드)	- [말하기-수수께끼] 겨울에 할 수 있는 일 - [읽기/듣기] 겨울과 관련된 낱말 찾기
	수·조작	- 겨울 음식 퍼즐 - 겨울 풍경 꾸미기	- 눈사람 단추 - 춤추는 피겨 선수	- 루돌프 코 찾기 - 선물 크기 분류하기	- 겨울에 조심해야 할 것들
	과학	- 얼음이 어는 것, 녹는 것 관찰하기	- 코코아 양 조절하여 맛보기	- 자석으로 산타할아버지 얼굴	- 감기에 걸리지 않으려면

		- 온도계가 움직여요	- 겨울 놀이 사진보기	꾸미기	
	음률	- '겨울바람' 노래 감상하기 - 스카프로 겨울바람 표현하기	- 하얀 꽃송이 - 돌아라 팽이야 - 겨울이 좋아요	- 캐롤듣기 - 캐롤에 맞춰 악기 연주하기(핸드벨)	- 눈 소리 내보기 (실로폰)
대·소집단활동	이야기 나누기	- 주말 지낸 이야기 - 겨울이 되었어요. - 겨울을 따뜻하게 보내요 - 내가 좋아하는 겨울음식	- 주말 지낸 이야기 - 내가 좋아하는 겨울철 놀이 - 겨울철 놀이의 종류 - 신나는 겨울 놀이 - 겨울철 놀이 시 안전	- 주말 지낸 이야기 - 크리스마스는 무슨 날일까? - 크리스마스에는 무엇을 할 수 있을까? - 사랑의 마음을 나누어요.	- 주말 지낸 이야기 - 내가 겨울여행 가고 싶은 곳 - 겨울방학에 할 수 있는 일 - 겨울방학을 안전하게 보내요.
	문학	- [그림책] 눈 오는 날	- [동시] 겨울이 오면	- [그림책] 산타클로스의 비밀 편지	- [동극] 나는 겨울 방학에 무엇을 할까?
	음악	- [새노래] 겨울바람 - 슈베르트의 '겨울여행' 감상하기	- [새노래] 괜찮아요 - 모차르트의 '썰매타기' 감상하기	- [새노래] 징글벨 - 캐럴 듣기	- 비발디 사계 中 '겨울'
	조형	- 겨울나무 만들기	- 나만의 팽이 만들기	- 크리스마스 트리 꾸미기 - 크리스마스 카드 만들기(어려운 이웃)	- 겨울방학 약속 그리기
	신체	- 장갑 끼고 돌아오기	- 눈이 점점 녹아요 (신문지 위에 친구와 올라가기)	- 자선 냄비를 향해	- 겨울방학에 할 일을 찾아서
실외활동		- 얼음 언 곳 찾아보기 - 겨울나무에게 옷을 입혀 줘요.	- 눈 위에 물감 놀이 - 얼음 땡, 술래잡기	- 양말 공 던져 넣기 - 눈과 놀아요. (대체:종이 눈싸	- 눈 위에서 조심조심 걸어요.

	- 겨울바람 인사하기 (대체:신체를 이용해 겨울바람 표현하기)	- 입김불어보기 (대체:유리 창문에 입김 불어 그림 그리기)	움)	
기본생활	[건강] 계절에 맞게 옷을 입을 수 있어요.	[규칙] 안전하게 놀이해요.	[자조] 내 주변을 항상 깨끗이 해요.	[예절] 내 물건과 다른 사람의 물건을 구분할 수 있어요.

2012학년도 만 3세 12월 2주차 주간 보육계획안

주　제 : 신나는 겨울　　　　　　　　　　　　　　소 주 제 : 추워도 신나요

목　표 : ① 겨울철 놀이에 관심을 가지고 여러 가지 형태로 경험해 본다.

실시 기간 : 12월 2주(12/10 ~ 12/14)

활동 \ 요일		월(10)	화(11)	수(12)	목(13)	금(14)
일 주제		겨울이 되었어요.	겨울에 생각나는 것이 있어요.	여러 종류의 겨울철 놀이가 있어요.	실외에서 겨울철 놀이를 해요.	겨울을 안전하게 보내요.
등원 및 맞이하기		오늘의 날씨를 이야기 하며 등원하기				
오전실내자유선택활동	쌓기	얼음집 만들기				눈썰매장 만들기
	역할		군고구마 사세요			눈썰매는 내가 1등
	미술	눈사람(데칼코마니)			눈뿌리기(물감뿌리기)	
	언어		[읽기/듣기] 만약 눈이 온다면		[말하기] 겨울 놀이	
	수·조작	눈사람 단추			춤추는 피겨 선수	
	과학			코코아양 조절하여 맛보기	겨울 놀이 사진보기	
	음률		하얀 꽃송이		돌아라 팽이야	겨울이 좋아요
정리정돈 및 전이활동		[사회관계증진] 겨울에 볼 수 있는 것 말하기				
대·소집단활동		[이야기 나누기] 주말 지낸 이야기	[이야기나누기] 내가 좋아하는 겨울철 놀이 [신체활동] 눈이 점점 녹아요	[이야기 나누기] 겨울철 놀이의 종류 [조형] 나만의 팽이 만들기	[이야기나누기] 신나는 겨울 놀이 [새노래] 괜찮아요	[이야기 나누기] 겨울철 놀이 시 안전 [동시] 겨울이 오면
실외활동		[실외활동] 얼음 땡, 술래잡기		[실외활동] 눈 위에 물감 놀이		[실외놀이] 입김불어보기
점심 및 낮잠		음식 골고루 먹기 모차르트 '썰매타기' 감상				
오후 자유선택활동		노래하며 악기 치기　　블록으로 블록 쌓기				
기본생활		[규칙] 안전하게 놀이해요				
귀가 및 가정과의 연계		- 유아가 감기에 걸리지 않도록 내복을 입혀주세요. - 감기에 걸린 유아는 처방받은 약을 함께 보내주세요.				

2012학년도 만 3세 12월 11일 일일 보육계획안

<table>
<tr><td>학 급 명</td><td>새싹반</td><td rowspan="2">원아수
(연령)</td><td rowspan="2">22명 (만 3세)</td><td rowspan="2">일 시</td><td rowspan="2">2012년 12월 11일 화요일</td></tr>
<tr><td>교 사 명</td><td>장민정 선생님</td></tr>
<tr><td>생활주제</td><td colspan="2">겨울철 놀이</td><td colspan="2">활동주제</td><td>겨울에 생각나는 것이 있어요.</td></tr>
<tr><td>목 표</td><td colspan="5">- 겨울이 되면 생각나는 것들을 떠올리고, 자신의 경험을 말로 표현한다.</td></tr>
<tr><td>일일
시간표</td><td colspan="5">· 07:40 - 08:30 등원 및 인사 나누기 가방 정리, 출석 확인
· 08:30 - 09:50 일과소개, 실내자유선택활동 및 평가
· 09:50 - 10:00 화장실 다녀오기
· 10:00 - 10:30 대.소집단활동 - 이야기 나누기 〈 내가 좋아하는 겨울철 놀이 〉
· 10:30 - 10:40 화장실 다녀오기 및 간식준비
· 10:40 - 11:00 간식 및 화장실 다녀오기 〈 간식 : 고구마 〉
· 11:00 - 11:50 대.소집단활동 - 신체활동 〈 눈이 점점 녹아요 〉
· 11:50 - 12:20 화장실 다녀오기 및 점심식사 준비
· 12:20 - 13:20 점심 식사 및 이 닦기, 조용한 놀이
· 13:20 - 14:20 실내자유선택활동 및 평가
· 14:20 - 14:30 화장실 다녀오기 및 휴식 준비
· 14:30 - 15:30 낮잠 및 휴식
· 15:30 - 15:50 화장실 다녀오기 및 휴식 정리
· 15:50 - 16:50 대·소집단활동 - 실외활동 〈눈 위의 물감 그림〉
· 16:50 - 17:00 화장실 다녀오기 및 간식준비
· 17:00 - 17:20 간식 〈 간식 : 호박죽 〉
· 17:20 - 17:30 화장실 다녀오기 및 간식정리
· 17:30 - 18:00 하루 일과 평가 및 귀가 지도</td></tr>
</table>

<table>
<tr><td>활동명
(활동시간)</td><td>활동목표</td><td>활 동 내 용</td><td>교육과정
관련요소</td><td>준비물
지도상
유의점</td></tr>
<tr><td>등원
(07:40~08:30)</td><td></td><td>· 등원하는 유아와 교사, 유아와 유아는 모두 반갑게 인사를 나눈다.
· 유아의 건강과 기분을 교사는 파악한다.
· 자신의 사물함에 가방을 정리한다.</td><td>● 사회관계 : 기본 생활 습관 - 예절 바르게 생활하기</td><td></td></tr>
<tr><td rowspan="2">실내
자유선택
활동
(08:30~09:50)</td><td>·일과 소개</td><td>· 유아들의 등원여부를 확인한다.
· 날짜와 날씨에 대해 알아본다.
· 하루 일과를 알아본다.</td><td></td><td>출석카드, 일과표</td></tr>
<tr><td>· 함께 협동하여 극놀이를</td><td>〈실내자유선택활동〉
【역할 영역】 군고구마 사세요</td><td>· 표현생활 〉 예술적 표현 즐기기 〉</td><td>옷, 생활도구,</td></tr>
</table>

	한다.	① 겨울철 생각나는 먹거리에 대해 이야기 나눈다. - 겨울철에 따뜻한 먹거리가 생각나나요? 차가운 먹거리가 생각나나요? - 따뜻한 먹거리에는 어떤 것들이 있나요? ② 군고구나 사진을 보여주고 먹어본 경험에 대해 이야기 나눈다. - 군고구마를 먹어본 기억이 있나요? - 군고구마는 어떻게 만드나요? - 군고구마의 맛은 어떤가요? ③ 군고구마 역할 놀이에 필요한 역할을 정한다. - 군고구마를 판매하는 사람은 어떤 친구가 해볼까요? - 군고구마는 어떤 것으로 해 볼까요? ④ 역할을 바꾸어 활동해 본다. ⑤ 활동 후 느낌에 대해 이야기 해본다.	극 놀이로 표현하기 · 탐구생활 〉 탐구하는 태도 기르기 〉 사물과 현상에 지속적인 관심가지기	고구마 사진
	· 눈이 오는 날에 할 수 있는 놀이를 정확히 읽을 수 있다.	【언어 영역】 읽기 : 만약 눈이 온다면 ① 눈이 오는 모습을 사진 자료를 보며 이야기 나눈다. - 어떤 사진일까요? ② 눈이 내리면 하고 싶은 일을 이야기 나눈다. - 만약 눈이 온다면 무엇을 할 것인가요? ③ 눈이 내리면 할 수 있는 놀이에 대해 이야기 나눈다. - 눈을 이용하여 할 수 있는 놀이에는 어떤 것이 있을까요? ④ 친구들에게 자신이 생각하는 겨울에 대한 느낌을 말해 본다.	· 탐구생활 〉 과학적 기초 능력 기르기 〉 자연현상에 대해 알아보기 · 언어영역 〉 읽기 〉 바르게 읽기	 눈이 오는 사진
	· 자유선택활동을 평가 할 수 있다.	【자유선택활동 평가】 - 유아들에게 오늘 어떠한 활동을 하였는지 물어본다. - 유아들에게 놀이규칙을 잘 지켰는지, 교구는 잘 정리했는지 물어본다. - 자유선택활동시 재미있었던 활동과 힘들었던 활동이 무엇이었는지 물어본다.		
정리정돈 및 화장실 다녀오기 (09:50~10:00)	· 스스로 정리정돈을 할 수 있다. · 스스로 화장실에 다녀 올 수 있다.	[정리정돈 및 화장실 다녀오기] - 정리정돈 전에 미리 정리 음악을 틀어 유아가 정리정돈할 수 있도록 돕는다. - 놀잇감 정리 후 화장실에 다녀오고 싶은 유아는 화장실을 다녀온다.	● 신체운동 건강생활: 주변 깨끗이 하기	정리 정돈 노래
대.소집단 활동- 이야기 나누기 〈내가	· 겨울에 대해 떠오르는 생각을 이야기	[이야기 나누기] 〈내가 좋아하는 겨울철 놀이〉 ▶도입 ① 겨울에 볼 수 있는 것, 변화된 것에 대해 이야기를 나눈다.	· 탐구생활 〉 탐구하는 태도 기르기 〉 사물과 현상에 지속적	칠판 스티커

좋아하는 겨울철 놀이 〉 (10:00~10:30)	한다. · 자신의 생각과 느낌을 바른 태도로 말한다.	② 겨울 하면 생각나는 것을 언어로 표현 한다. - '겨울'하면 생각나는 것에는 어떤 것이 있나요? (교사는 유아가 말한 언어를 크게 칠판에 적는다.) ▶전개 ① 칠판에 적은 것들을 묶어 본다. - '겨울의 놀이'를 표현한 것에는 어떤 것들이 있나요? - 교실 안에서 할 수 있는 놀이에는 어떤 것이 있나요? ② 자신이 좋아하는 놀이에 스티커를 붙여본다. - 남자 친구들은 파란색 스티커, 여자 친구들은 빨간색 스티커를 붙여 보도록 해요. ▶마무리 ① 어떤 겨울철 놀이가 가장 많은 스티커가 붙어 있는지 이야기 나눈다. - 어떤 놀이에 가장 많은 스티커가 붙어 있나요? ② 성별에 따라 좋아하는 놀이에 대해 이야기 나눈다. - 여자 친구들은 어떤 놀이를 가장 좋아하나요? - 남자 친구들은 어떤 놀이를 가장 좋아하나요? ③ 활동 후 느낀 점을 이야기 한다.	인 관심 가지기 · 언어생활 〉 말하기 〉 생각과 느낌 말하기	
화장실 다녀오기 및 간식준비 (10:30~10:40)	· 스스로 화장실에 다녀 올 수 있다.	- 질서 있게 화장실에 가서 손을 씻는다. - 스스로 화장실에 다녀온다. - 스스로 간식준비를 한다.	• 신체운동 건강생활: 주변 깨끗이 하기	
간식 및 화장실 다녀오기 (10:40~11:00)	·손을 깨끗이 씻고 감사한 마음으로 간식을 먹는다.	- 질서 있게 화장실에 가서 손을 씻는다. - 자신의 자리에 바르게 앉는다. - 감사한 마음을 가지고 간식을 먹는다.	• 신체 운동건강: 몸과 주변을 깨끗이 하기	고구마
대소집단 활동- 게임 〈눈이 점점 녹아요〉 (11:00~11:50)	· 겨울에 눈 내리는 모습을 관심을 갖고 관찰한다. · 눈의 움직임을 창의적으로 신체 표현한다.	[신체 활동] 〈눈이 점점 녹아요〉 ▶도입 ① '눈은 어디로 사라질까요' 동화를 함께 본다. - 눈은 어디에서 내리고 있나요? - 내린 눈이 어디로 갔나요? ▶전개 ① 눈이 내리는 모습을 손으로 표현해 본다. - 하늘에서 눈이 내리는 모습을 손으로 어떻게 표현 할 수 있을까요? - 바람이 많이 불 때 눈은 어떻게 내릴까요? - 나무에 쌓인 눈에 모습은 어떤가요? ② 눈이 녹는 모습을 몸으로 표현해 본다. ② 유아를 두 팀으로 나누어 한 팀은 신체표현, 한 팀은 감상한다. ③ 눈의 모습을 신체 표현하기 위해 지켜야할 약속을 정한다.	· 탐구생활 〉 과학적 기초 능력 기르기 〉 자연 현상 이해하기 · 표현생활 〉 예술적 표현 즐기기 〉 움직임과 춤으로 표현하기	'눈은 어디로 사라질까요' 동화 눈내리는 영상 배경음악

		- 눈이 되어보는 친구는 어떤 약속을 지켜야 할까요? - 친구들의 신체 표현을 감상할 때는 어떤 자세로 있어야 할까요? ④ 신문지를 눈이라 생각해고 점점 작게 접어보면서 신문지에 올라 가본다. (하늘의 구름 속에서 많은 눈송이들이 함께 있어요. 가벼운 바람과 함께 눈이 내려와요. 햇님이 쨍쨍~천천히 눈이 녹고 있어요) - 눈이 점점 녹아 작은 신문지가 되었어요. 작은 눈 위에 올라가 볼까요? ⑤ 감상하는 팀과 신체 표현하는 침의 역할을 바꾸어 한다. ▶ 마무리 ① 친구들의 신체표현을 감상한 느낌을 이야기 나눈다. ② 자신이 눈송이가 되어본 느낌을 이야기 한다.		
정리정돈 및 점심식사 준비 (11:50~12:20)	· 스스로 정리정돈을 할 수 있다. · 스스로 점심식사 준비를 한다.	- 유아들이 하고 있는 놀이를 끝내기, 10분전에 정리정돈 노래를 어주어 정리정돈 시간이 되었음을 알린다. - 자기 스스로 자기가 놀이한 것은 정리정돈을 한다. - 질서 있게 화장실에 가서 손을 씻거나 .화장실을 다녀온다. - 손을 깨끗이 씻는다. - 자신의 식판을 스스로 가방에서 꺼내 준비하도록 한다. - 유아 중에 배식을 도울 오늘의 꼬마 선생님이 앞으로 나와 배식을 준비하도록 지도한다.	• 신체운동 건강생활: 주변 깨끗이 하기	정리 정돈 노래 개인 식판
점심식사 및 이 닦기, 조용한 놀이 (12:20~13:20)	· 음식을 골고루 먹는다. · 깨끗이 이를 닦는다.	- 음식을 적당히 골고루 먹게 한다. - 점심식사를 다 하고 난 뒤 식판정리와 책상정리를 한다. - 질서 있게 이를 닦으러 간다. - 질서 있게 화장실에 가서 손을 씻거나 .화장실을 다녀온다. - 깨끗이 이를 닦는다. - 밥을 다 먹은 유아는 자유선택활동에서 쌓기 놀이와 역할놀이를 제외한 조용한 놀이를 한다.	• 신체 운동건강: 바른 식생활하기	· 준비물 : 칫솔, 치약, 양치컵

2012학년도 만 4세 연간 보육계획안

월	주 제	소 주 제	기본생활
3월	새롭게 시작해요	• 새로운 선생님과 친구들 • 인사를 바르게 해요 • 유치원의 약속 • 친구가 필요해요	• [질서]나의 물건을 정리해요 • [예절]인사를 바르게 • [인성]친구와 사이좋게 지내요
4월	이렇게 변했어요	• 봄 날씨가 달라졌어요 • 꽃과 나무--봄의 변화 • 나는 자라요-신체변화 • 나는 이렇게 느껴요(감정)	• [자조]스스로 할 수 있어요 • [인성]나무와 꽃을 사랑해요 • [건강]손을 깨끗이 씻어요
5월	사랑하는 사람들	• 함께 살아요 • 다양한 가족이 있어요 • 가족의 소중함을 알아요 • 내가 사는 곳? • 우리 동네의 여러 기관	• [예절]어른을 공경하는 마음을 가져요 • [절제]상황에 맞게 적절한 옷을 입어요 • [청결]공공장소를 깨끗이 사용해요
6월	색과모양 / 환경과 생활	• 알록달록 색깔 놀이 • 다양한 모양나라 • 내가 좋아하는 색과 모양 • 흙, 물 우리 생활	• [질서]쓰레기를 정한 장소에 버려요 • [건강]골고루 먹어요 • [예절]바른 자세와 바르지 못한 자세가 있어요
7월	건강해져요	• 더워졌어요(여름 날씨) • 건강한 생활 • 운동과 건강 • 우리 몸에 필요한 음식	• [건강] 땀을 닦아요 • [청결]땀에 젖은 옷은 갈아입어요 • [건강]몸에 이로운 음식과 해로운 음식을 구별해요
8월	여름이 좋아 / 교통수단	• 휴식과 여행 • 산과 바다 • 여러 가지 탈것 • 교통기관의 생김새 • 교통신호와 표지판	• [건강]물놀이 전 준비운동을 해요 • [인성]친척 집에 놀러 갔을 때 바르게 인사해요 • [청결]목욕을 깨끗이 해요
9월	우리나라와 다른 나라	• 우리나라의 자랑거리 • 세계 여러 나라의 생활 • 세계 여러 나라의 문화	• [예절] 바르게 인사해요 • [질서]공공장소에서는 조용히 이야기해요 • [예절]세계의 인사법을 알아

		• 추석이 왔어요	봐요
10월	변신하는 가을	• 가을의 변화 • 가을의 날씨와 생활 • 단풍과 낙엽 • 가을의 열매(추수) • 책	•[인성]자연에 고마워하는 마음을 가져요 •[건강]계절에 알맞은 옷차림을 해요 •[예절]바른 자세로 책을 읽어요
11월	편리한 기계와 도구 / 지구와 우주	• 편리함을 주는 생활도구 •미래의 도구와 기계 • 태양계와 별자리 • 우주여행	•[청결]깨끗이 씻어요 •[질서]도구를 안전하게 사용해요 •[절제]수돗물을 사용한 뒤 꼭 잠가요
12월	겨울이 좋아요	• 겨울의 날씨와 생활 • 신나는 겨울철 놀이 • 함께 나누는 세상 • 한 해를 보내며	•[질서] 차례를 알고 자기 순서를 기다려요 •[예절]바른 자세로 걸어요 •[인성]어려운 이웃을 도와줘요 •[예절]전화예절을 지켜요
2013 1월	새해	• 한 살 더 자랐어요 • 새해를 맞이하며 • 새해의 소망과 덕담 • 설날 • 띠와 나이	•[인성]약속을 지켜요 •[예절]고마움을 표시해요 •[인성]잘못을 인정하고 사과할 수 있어요
2013 2월	소리 / 형님반에 가요	• 다양한 소리 • 작은 음악회 • 동생들에게 하고 싶은 말 • 형님반에 가요	•[인성]어려운 친구와 동생을 도와줄 수 있어요 •[질서]줄을 잘 서요 •[청결]동생들에게 깨끗한 교실을 물려줘요

2012학년도 만 4세 연간 행사계획안

월	행사	월	행사
3	• 입학식 및 초기적응 프로그램 • 질서교육 • 야외 나들이 • 소방대피훈련 • 안전교육(교통)	9	• 추석 송편빚기 및 민속놀이 • 가을소풍 • 야외나들이 • 소방대피훈련 • 안전교육(교통안전)
4	• 봄꽃길 걷기 • 생일잔치 • 야외 나들이 • 소방대피훈련 • 안전교육(재난)	10	• 가을길 걷기 • 고구마 캐기 체험학습 • 생일잔치 • 야외 나들이 • 소방대피훈련 • 안전교육(재난)
5	• 어린이날 행사 • 방역 및 대청소 • 봄소풍 - 대구 두류공원 • 인형극 관람 • 소방대피훈련 • 안전교육(교통)	11	• 재원신청 및 신입원아모집 • 낙엽밟기 • 방역 및 대청소 • 소방대피훈련 • 안전교육(교통)
6	• 부모상담 및 교육 • 수목원(동물원) 체험학습 • 생일잔치 • 야외 나들이 • 소방대피훈련 • 안전교육(신변안전)	12	• 재롱잔치 및 산타잔치 (작품전시회 및 발표회) • 겨울 가정 학습 기간 1주일 • 소방대피훈련 • 김장체험 • 노인정 방문 견학
7	• 여름 물놀이 - 88올림픽 수영장 • 야외 나들이 • 인형극 관람 및 마술쇼 • 소방대피훈련 • 안전교육(교통 및 물놀이)	1	• 눈썰매타기 • 연극 관람 • 원아 체크리스트 작성 • 소방대피훈련 • 안전교육(재난안전 및 교통안전)
8	• 어린이집 바비큐 행사 • 방역 및 대청소 • 여름 가정 학습 기간(1주일) • 생일잔치 • 야외나들이 • 소방대피훈련 • 안전교육(신변안전)	2	• 설날-절하기 및 민속놀이 • 방역 및 대청소, 반배정, 환경구성 • 수료식 • 소방대피훈련 • 오리엔테이션 및 어린이집 생활 안내

2012학년도 만 4세 월간 보육계획안

실시기간 : 12 월

주 제		겨울이 좋아요			
소주제		겨울의 날씨와 생활	신나는 겨울철 놀이	함께 나누는 세상	한 해를 보내며
목 표		겨울철 날씨 변화에 따라 달라지는 자연과 생활 모습을 안다.	다양한 겨울철 놀이를 할 수 있다.	도움이 필요한 이웃이 있음을 알고 사랑나누기를 실천 한다.	고마운 사람에게 마음을 전할 수 있다.
자유선택활동	쌓기	- 얼음집 만들기 - 소방서 만들기	- 스케이트장 만들기 - 눈썰매장 만들기	- 산타클로스 집 만들기 - 블록으로 썰매 만들기	- 숫자만큼 블록으로 쌓아요 - 블록으로 키만큼 쌓기
	역할	- 얼음집에서 생활하기 - 남극 탐험대 놀이	- 스케이트 선수 놀이 - 눈썰매장에서 놀아요	- 산타 되어 선물 나눠주기 - 구세군 놀이	- 고마운 사람에게 편지 배달하기 - 추억 사진관
	미술	- 눈 과자 놀이 - 쿠션 만들기 - 색깔 얼음으로 그림그리기 -불조심 포스터	- 겨울철 놀이 백업 모빌 - 종이죽 장식품 - 눈이 온 세상(모노타이프)	- 성탄목 만들기 - 사랑의 쿠폰 만들기	- 종이컵 친구 모빌 - 선생님 얼굴 그리기 - 2012년의 띠 '흑룡' 만들기
	언어	-[읽기] 동시 글자책 '겨울' -[쓰기] 겨울단어 끝말잇기 -[말하기] 하얀 눈 위에 누구 발자국	-[말하기] 만약 눈이 온다면 -[듣기] 동시 '겨울이 좋아요' -[NIE] 크리스마스가 되면	-[듣기] 동화 '산타할아버지는 무얼 타고 가실까' -[쓰기] 크리스마스 카드 만들기	-[쓰기] 소방관 아저씨들에게 편지 쓰기 -[동시] 겨울동화
	수 · 조작	- 얼음 손가락 - 불끄기 게임 -겨울풍경 퍼즐	- 눈사람 단추 - 빠진 부분 완성하기	- 겨울풍경 도형 맞추기 - 루돌프의 여행	- 지그재그 직조 짜기 - 얼마나 자랐나
	과학	- 얼음과 소금실험 - 온도계 측정 (실내외 온도변화) -겨울나무 잎 길러보기	- 얼면 더 커져요 -얼음 위에서 더 빨라요	- 건조식품 만들기 -호박고지 나물 만들기	- 공기의 무게 - 얼음 동굴 만들기
	음률	-[새노래] 하얀 꽃송이 - 겨울날씨를 표현해요	-[새노래] 얼음 지치기 - 귀로 연주	-[음악감상] 차이코프스키의 호두까기 인형 중 '눈송이 왈츠'	- 드러들라의 '추억' -[새노래] 파란 마음 하얀 마음
대 · 소	문학	[동시] 눈사람	[동극]산타할아버지	[동화]눈오는 날	[동화]빨간머리 앤의 크리스마스 선물

집단활동	이야기 나누기	겨울의 날씨 변화와 옷차림	눈이 오면 할 수 있어요	성탄절의 유래	고마웠던 친구들
	신체활동	겨울잠 자는 동물	겨울철 놀이 스케이팅	산타 되어 상자터널 건너기	훌랄라 체조
	요리활동	따뜻한 유자차 만들기	눈사람 강정	카나페 만들기	군밤 만들기
실외활동		나무에 옷입히기	눈 위의 물감 그림	크리스마스 트리 꾸미기	눈 위에 나를 남기기
기본생활		[질서] 차례를 알고 자기 순서를 기다려요	[예절] 바른 자세로 걸어요	[인성] 어려운 이웃을 도와요	[예절] 전화예절을 지켜요

2012학년도 만 4세 12월 3주차 주간 보육계획안

주 제 : 겨울이 좋아요 소 주 제 : 겨울철 놀이와 안전
목 표 : ① 겨울철 할 수 있는 다양한 놀이를 안전하게 할 수 있다..
실시 기간 : 12월 3주(12/17 ~ 12/21)

활동 \ 요일		월(17)	화(18)	수(19)	목(20)	금(21)
일 주제		성탄절은 어떤 날일까요?	성탄절의 유래	즐거운 성탄절	내가 꼬마 산타가 되어요	따뜻한 사랑의 성탄절
등원 및 맞이하기		"메리 크리스마스!"라고 인사하며 등원하기				
오전 실내 자유 선택 활동	쌓기	산타클로스 집 만들기 블록으로 썰매 만들기				
	역할	산타 되어 선물 나누어 주기 구세군 놀이				
	미술	성탄목 만들기 사랑의 쿠폰 만들기				
	언어	[읽기] 크리스마스 단어 사전 만들기 [듣기] '산타할아버지는 무얼 타고 가실까 [쓰기] 크리스마스 카드 만들기 [말하기] 동극 꼬마산타				
	수·조작	겨울풍경 도형 맞추기 루돌프의 여행 크리스마스트리 장식				
	과학	건조식품 만들기 호박고지 나물만들기				
	음률	호두까기인형 중 '눈송이 왈츠' 새노래 성탄목				
정리정돈 및 전이활동		[사회관계증진] 눈송이 왈츠				
대·소집단활동		[사회관계증진] 주말 지낸 이야기 [이야기 나누기] '성탄절' 생각 모으기	[이야기나누기] 성탄절 유래 [게임] 산타가 되어 상자 터널 건너기	[이야기 나누기] 즐거운 성탄절 [새노래] 산타할아버지 오시는 날 [신체활동] 사랑의 호짱	[이야기나누기] 나는야 꼬마 산타 [조형] 크리스마스트리 만들기	[이야기 나누기] 따뜻한 사랑을 주고받아요 [게임] 산타 선물 전달하기
실외활동		[실외활동] 겨울 나무 관찰하기 [실외활동] 크리스마스 트리 꾸미기 [지역사회 연계] 재활용센터 견학				
점심 및 낮잠		감사한 마음으로 점심식사하기 호두까기 인형 중 '눈송이 왈츠' 감상하며 휴식하기				
오후 자유선택활동		눈 오는 모습 그리기 신변안전 훈련 선물꾸러미 꾸미기[NIE]				
기본생활		[인성]어려운 이웃을 도와줘요				
귀가 및 가정과의 연계		- 눈길에 미끄러지지 않도록 주의해 주세요. - 감기에 걸린 유아는 처방받은 약을 함께 보내주세요. - 크리스마스 행사에 사용할 유아선물을 원으로 보내주세요.				

2012학년도 만 4세 12월 11일 일일 보육계획안

<table>
<tr><td>학 급 명</td><td>새싹반</td><td rowspan="2">원아수
(연령)</td><td rowspan="2">22명 (만 4세)</td><td rowspan="2">일 시</td><td rowspan="2">2012년 12월 19일 수요일</td></tr>
<tr><td>교 사 명</td><td>장민정 선생님</td></tr>
<tr><td>생활주제</td><td colspan="2">함께 나누는 세상</td><td>활동주제</td><td colspan="2">즐거운 성탄절이에요</td></tr>
<tr><td>목 표</td><td colspan="5">- 성탄절을 즐겁게 보내기 위한 준비를 한다.</td></tr>
<tr><td>일일 시간표</td><td colspan="5">· 07:40 - 08:30 등원 및 인사 나누기 가방 정리, 출석 확인
· 08:30 - 09:20 일과소개, 실내자유선택활동 및 평가
· 09:20 - 09:30 화장실 다녀오기
· 09:30 - 09:50 대.소집단활동 - 이야기 나누기 〈 즐거운 성탄절 〉
· 09:50 - 10:00 화장실 다녀오기 및 간식준비
· 10:00 - 10:30 간식 및 화장실 다녀오기 〈 간식 : 밤 스프〉
· 10:30 - 11:00 대.소집단활동 - 새노래 〈 산타할아버지 오시는 날 〉
· 11:00 - 11:10 화장실 다녀오기
· 11:10 - 12:00 실내자유선택활동 및 평가
· 12:00 - 12:10 화장실 다녀오기 및 점심식사 준비
· 12:10 - 13:10 점심 식사 및 이 닦기, 조용한 놀이
· 13:10 - 14:00 실내자유선택활동 및 평가 〈 신변 안전 교육 〉
· 14:00 - 14:10 화장실 다녀오기 및 휴식 준비
· 14:10 - 15:00 낮잠 및 휴식
· 15:00 - 15:10 화장실 다녀오기 및 휴식 정리
· 15:10 - 15:40 대 · 소집단활동 - 신체활동 〈 사랑의 호빵 〉
· 15:40 - 15:50 화장실 다녀오기 및 간식준비
· 15:50 - 16:20 간식 〈 간식 : 호빵 〉
· 16:20 - 16:30 화장실 다녀오기 및 간식정리
· 16:30 - 17:20 실외자유선택활동 및 평가
· 17:20 - 17:30 화장실 다녀오기
· 17:30 - 17:50 대 · 소집단활동 - 실외활동〈 크리스마스트리 꾸미기 〉
· 17:50 - 18:00 하루 일과 평가 및 귀가 지도</td></tr>
</table>

<table>
<tr><td>활동명
(활동시간)</td><td>활동목표</td><td>활 동 내 용</td><td>교육과정
관련요소</td><td>준비물
지도상
유의점</td></tr>
<tr><td>등원
(07:40~
08:30)</td><td></td><td>· "메리 크리스마스"라고 인사하며 등원한다.
· 자신의 사물함에 가방을 정리한다.
· 유아의 건강과 기분을 교사는 파악한다.</td><td>• 사회관계 : 나의 일 스스로 하기</td><td></td></tr>
<tr><td rowspan="2">실내
자유선택
활동
(08:30~
09:20)</td><td>·일과
소개</td><td>· 유아들의 등원여부를 확인한다.
· 날짜와 날씨에 대해 알아본다.
· 하루 일과를 알아본다.</td><td></td><td>출석카드, 일과표</td></tr>
<tr><td>· 썰매를 다양한 방법으로 구성하며 만든다.</td><td>〈실내자유선택활동〉

【쌓기 영역】 블록으로 썰매 만들기
① 썰매를 타 본 경험에 대해 이야기 나눈다.
- 썰매를 타본 적이 있나요?
- 썰매는 어떻게 생겼나요?
② 빈 박스와 블록을 이용하여 썰매를 만들 수 있는 방법을 이야기 나눈다.
- 내가 탄 썰매와 어떤 것이 다른가요?
- 이 썰매는 어떻게 가는 것인가요?
③ 빈 박스와 블록으로 썰매를 만든다.
- 썰매가 잘 가려면 어떻게 만들어야 할까요?
- 몇 명이 탈 수 있는 썰매인가요?
④ 썰매를 타고 놀이한다.
⑤ 썰매를 만ㄷ늘어본 느낌을 이야기 나눈다.
- 썰매를 만들어 보니 어떠했나요?</td><td>• 탐구생활 〉 수학적 기초 능력 기르기 〉 공간 및 도형에 대해 알아보기</td><td>빈 박스
여러 가지 블록
썰매를 끌 수 있는 끈</td></tr>
</table>

<table>
<tr><th>활동명
(활동시간)</th><th>활동목표</th><th>활 동 내 용</th><th>교육과정
관련요소</th><th>준비물
지도상
유의점</th></tr>
<tr><td></td><td>· 산타가 되어 선물을 나누어 주는 극놀이를 한다.</td><td>【역할 영역】 산타가 되어 선물 나누어 주기

① 성탄절 놀이를 하기 위해 필요한 역할과 소품으로 무엇이 있는지 이야기 나눈다.
- 어떤 역할이 필요한가요? (산타, 루돌프, 선물 받는사람)
- 어떤 소품이 필요한가요? (썰매, 뿔머리, 선물 주머니..)
② 쌓기 영역에서 만든 썰매를 산타의 썰매로 이용하고 이외에 우리가 의논한 소품을 준비한다.
- 선물은 무엇으로 하면 좋을까요?
- 산타에게 필요한 의상은 무엇인가요?
③ 역할을 정하여 성탄절 놀이를 한다.
- 역할은 어떻게 정할까요?
④ 놀이를 해본 느낌을 이야기 나누고 더 필요한 소품을 준비하여 다음 놀이시간에 반영한다.
- 무엇이 재미있었나요?
- 우리가 만든 썰매를 이용하여 산타가 되어 보니 어떠했나요?</td><td>· 표현생활 > 예술적 표현 즐기기 > 극놀이로 표현하기</td><td></td></tr>
<tr><td></td><td>· 간단한 쓰기와 긁적거리기로 카드를 쓴다.
· 다양한 재료를 이용하여 카드를 꾸민다.</td><td>【언어 영역】 쓰기 : 크리스마스 카드 만들기

① 카드의 앞면을 어떻게 꾸밀지 이야기 나눈다.
- 내가 그리고 싶은 그림을 그려 볼까요?
- 장식을 붙여 꾸며 볼까요?
② 각자 결정한 방법에 따라 카드의 앞면을 꾸민다.
③ 앞면이 완성되면 다른 색의 색지를 잘라 속지로 붙인다.
④ 속지에 자신이 주고 싶은 친구의 친구에게 카드를 쓴다.
- 누구에게 카드를 주고 싶나요?
- 카드에 어떤 말을 적고 싶나요?
⑤ 봉투에 박는 사람과 보내는 사람의 이름을 쓴다.
- 누가 누구에게 쓴 편지인지 어떻게 알 수 있나요?
- 받는 사람 이름은 어디에 적어야 할까요?
⑥ 완성된 카드는 봉투에 넣어 친구에게 전달한다.</td><td>· 언어생활 > 쓰기 > 쓰기에 관심을 가지기

· 표현생활 > 예술적 표현즐기기 > 조형활동으로 표현하기</td><td>카드만들 색지, 장식품
풀, 싸인펜
색종이, 가위
카드봉투</td></tr>
<tr><td></td><td>· 글자를 읽고 지시에 따를 수 있다.

· 규칙을 지켜 게임을 할 수 있다.</td><td>【수 • 조작영역】 루돌프의 여행
① 활동자료를 보며 게임방법을 예측해 본다.
- 어떻게 하는 게임일까요?
- 눈사람 카드에 어떤 말이 적혀 있나요?
② 게임 방법을 알아본다.
(게임방법)
1 눈사람 지시카드를 그림이 보이도록 포개어 놓는다.
2 게임판의 얼음 그림에 도착했을 때 규칙을 정한다.
3 두 명의 유아가 말을 나누어 가진 후 게임 순서를 정한다.
4 주사위를 던져 나온 수만큼 말을 옮긴다. 이때 도착하는 곳에 얼음이 있으면 미리 정한 규칙을 따르고 눈사람이 있으면 눈사람 지시카드를 한 장 가져와 지시에 따른다.
③ 게임을 한다.
④ 게임을 하고 난 느낌을 이야기한다.
- 어떤 점이 재미있었나요?
- 어려운 점이 있었나요?.</td><td>· 언어생활 > 읽기 > 읽기에 관심가지기

· 사회생활 > 이웃과 더불어 생활하가 > 잘서와 규칙지키기</td><td></td></tr>
</table>

활동명 (활동시간)	활동목표	활 동 내 용	교육과정 관련요소	준비물 지도상 유의점
	·자유선택활동을 평가 할 수 있다.	【자유선택활동 평가】 - 유아들에게 오늘 어떠한 활동을 하였는지 물어본다. - 유아들에게 놀이규칙을 잘 지켰는지, 교구는 잘 정리했는지 물어본다. - 자유선택활동시 제일 재미있었던 활동과 힘들었던 활동이 무엇이었는지 물어본다.	● 의사소통 : 느낌, 생각, 경험말하기	
정리정돈 및 화장실 다녀오기 (09:20~09:30)	· 스스로 정리정돈을 할 수 있다. · 스스로 화장실에 다녀올 수 있다.	- 유아들이 하고 있는 놀이를 끝내기, 10분전에 정리정돈 노래를 틀어주어 정리정돈 시간이 되었음을 알린다. - 자기 스스로 자기가 놀이한 것은 정리정돈을 한다. - 질서 있게 화장실에 가서 손을 씻거나 .화장실을 다녀온다.	● 신체운동건강생활: 주변 깨끗이 하기	정리 정돈 노래
대.소집단 활동- 이야기 나누기 〈즐거운 성탄절〉 (09:30~09:50)	· 성탄절의 의미를 생각해 본다. · 성탄절을 모두 함께 즐겁게 보내는 방법을 알아본다.	【이야기 나누기】 〈즐거운 성탄절〉 ▶도입 ① 작년에 성탄절을 어떻게 지냈는지 경험을 이야기 나눈다. - 지난 성탄절에 어떤 일을 했었나요? - 가장 즐거웠던 일은 무엇이었나요? ② 선물을 받아본 경험이 있는 경우 누구로부터 , 왜 받았는지 이야기 나눈다. - 누구한테 선물을 받았나요? - 왜 성탄절에 선물을 주었을까요? ▶전개 ① 선물 상자를 보면 성탄절에 선물을 주는 의미에 대해 이야기 나눈다. - 성탄절에는 사랑하는 마음으로 서로에게 선물을 주고받기 시작하였대요. 그래서 성탄절에는 특별한 선물과 카드를 준비하여 마음을 전하는 사람이 많아요. ② 성탄절을 맞이하여 다른 사람에게 선물하는 방법을 생각해 본다. - 이번 성탄절에는 특별히 사랑하는 사람들에게 마음을 담아 선물을 하고 싶은 사람이 있나요? - 선물을 어떻게 준비하면 좋을까요? ③ 내가 받고 싶은 선물을 생각한다. - 성탄절 선물을 받는다면 어떤 것을 받고 싶나요? ④ 어려운 친구들을 위한 선물도 생각해 본다. - 우리가 무엇으로 어떻게 도울 수 있을까요? (안 쓰는 장난감 모으기, 춤이나 노래 같은 공연하기 ▶마무리 ① 내가 사랑하는 마음을 전할 선물과 받고 싶은 선물을 나누어 종이에 적어본다. ② 나의 선물 목록을 친구들에게 소개한다.	· 언어생활 〉 말하기 〉 자신의 생각, 느낌, 경험 말하기	종이, 연필, 선물 포장지로 싼 상자들
화장실 다녀오기 및 간식준비 (09:50~10:00)	· 스스로 화장실에 다녀올 수 있다.	- 질서 있게 화장실에 가서 손을 씻는다. - 스스로 화장실에 다녀온다. - 스스로 간식준비를 한다.	● 신체운동건강생활: 주변 깨끗이 하기	
간식 및 화장실 다녀오기 (10:00~10:30)	· 손을 깨끗이 씻고 감사한 마음으로 간식을 먹는다.	- 질서 있게 화장실에 가서 손을 씻는다. - 자신의 자리에 바르게 앉는다. - 감사한 마음을 가지고 간식을 먹는다.	● 신체 운동건강: 몸과 주변을 깨끗이 하기	밤 스프

활동명 (활동시간)	활동목표	활 동 내 용	교육과정 관련요소	준비물 지도상 유의점
실외 자유선택 활동 〈크리스마스 트리 꾸미기〉 (10:30~ 11:00)	·나무와 장식품을 이용하여 실외,내의 크리스 마스 트리를 꾸민다 ·다른 사람의 의견을 존중하며 협동 활동을 한다	【실외활동】〈크리스마스트리 꾸미기〉 ① 크리스마스에 볼 수 있는 것에 대해 이야기 나눈다. - 크리스마스에 주변에서 볼 수 있는 것에는 무엇이 있나요? ② 크리스마스트리를 직접 꾸미기로 하고 나무와 장식품을 준비하여 실외로 나간다. ③ 화단에 모종삽으로 흙을 파고 크리스마스트리를 꾸밀 나무를 심는다. ④ 함께 협동하여 나무에 장식품을 매달아 꾸민다. ⑤ 꾸민 나무에 전구를 돌려준 후 전기를 연결한다. ⑥ 전구를 켜보고 우리가 꾸밈 트리를 감상한다. ⑦ 트리와 함께 사진을 찍는다. ⑧ 교실로 들어와 사진을 보며 트리를 꾸며본 느낌을 이야기 한다.	·표현생활 〉 예술적 표현 즐기기 〉 조형활동으로 표현가기 ·사회생활 〉 이웃과 더불어 생활하기 〉 두레의 소중함을 알고 협력하기	트리 나무 장식품 전구 모종삽 사진기
정리정돈 및 점심식사준비 (12:00~ 12:10)	· 스스로 정리 정돈을 할 수 있다. · 스스로 점심 식사 준비를 한다.	- 유아들이 하고 있는 놀이를 끝내기, 10분전에 정리정돈 노래를 틀어주어 정리정돈 시간이 되었음을 알린다. - 자기 스스로 자기가 놀이한 것은 정리정돈을 한다. - 질서 있게 화장실에 가서 손을 씻거나 .화장실을 다녀온다. - 손을 깨끗이 씻는다. - 자신의 식판을 스스로 가방에서 꺼내 준비하도록 한다. - 유아 중에 배식을 도울 오늘의 꼬마 선생님이 앞으로 나와 배식을 준비하도록 지도한다.	• 신체운동 건강생활: 주변 깨끗이 하기	정리 정돈 노래 개인 식판
점심식사 및 이 닦기, 조용한 놀이 (12:10~ 13:10)	·음식을 골고루 먹는다. ·깨끗이 이를 닦는다.	- 음식을 적당히 골고루 먹게 한다. - 점심식사를 다 하고 난 뒤 식판정리와 책상정리를 한다. - 질서 있게 이를 닦으러 간다. - 질서 있게 화장실에 가서 손을 씻거나 .화장실을 다녀온다. - 깨끗이 이를 닦는다. - 밥을 다 먹은 유아는 자유선택활동에서 쌓기놀이와 역할놀이를 제외한 조용한 놀이를 한다.	• 신체 운동건강: 바른 식생활하기	· 준비물 : 칫솔, 치약, 양치컵
실내 자유선택 활동 (13:10~ 14:00)	·집에 혼자 있을 때 초인종이 울리거나 낯선 사람이 들어오려고 할 때 안전한 대처방법을 알고 실천한다.	[신변 안전 교육] 집에 아무도 없어요 ▶도입 ① 집에 혼자 있었던 경험에 대해 이야기 나눈다. ▶전개 ① '집에 혼자 있어요'라는 동화를 본다. - 어떤 내용이었나요? - 어떤 일이 일어났나요? ② 그림 자료를 보며 집에 혼자 있을 때 초인종이 울리면 어떻게 해야 하는지 이야기 나눈다. - 집에 혼자 있을 때 누군가 오면 어떻게 해야 할까요? [1]문과 창문을 꼭 잠그고 있어요. [2]인터폰과 문틈으로 누군지 확인해요 [3]아는 사람이라고 해도 문을 열어주지 않고 부모님이 바쁘시므로 다음에 오도록 이야기해요. ④ 낯선 사람이 집안으로 들어오려고 할 때 대처 방법을 이야기 나눈다. - 낯선 사람이 집안으로 들어오려고 할 때 어떻게 해야 할까요? (인터폰으로 비상버튼을 누르거나 112로 신고해요) ▶마무리 ① 집에 혼자 있을 때 초인종이 울리거나 낯선 사암이 들어오려고 할 때 안전한 대처 방법을 기억하고 실천할 수 있도록 이야기 한다.	·건강생활 〉 안전하게 생활하기 〉 위험한 상황을 알고 대처하기	'집에 혼자 있어요'동화 대처방법 그림 자료

활동명 (활동시간)	활동목표	활동 내용	교육과정 관련요소	준비물 지도상 유의점
화장실 다녀오기 및 간식정리 (16:20~16:30)	- 스스로 간식정리를 하고 화장실에 다녀온다..	- 질서 있게 화장실에 가서 손을 씻는다. - 자신의 자리에 바르게 앉는다. - 스스로 간식정리를 한다.	●신체운동건강: 몸과 주변을 깨끗이 하기	
대소집단 활동- 새노래 〈산타할아버지 오시는 날〉 (16:20~17:50)	· 크리스마스의 풍경을 상상하며 노래를 부른다.	【새노래】 〈산타할아버지 오시는 날〉 ▶도입 ① 산타할아버지에 대해 이야기 나눈다. - 산타할아버지는 어떤 분이실까요? - 산타할아버지는 어떤 모습을 하고 계실까요? - 선물을 주러 무엇을 타고 오실까요? ▶전개 ① 동요반주에 맞춰 교사가 들려주는 노래를 듣는다. ② 한 음으로 노해 부른다. ③ 가사판을 보며 가사를 함께 읽어 본다. (가사) 펑펑 하얀 눈이 내릴 때 산타할아버지 오신대요 우리 선물 가득 실고서 썰매타고 오신대요 딸랑 딸랑 빨리 오세요 딸랑 딸랑 나는 기뻐요 딸랑 딸랑 어서 오세요 딸랑 딸랑 기다릴게요 ④ 다양한 방법으로 노래를 불러 본다. (가사 나누어 부르기, 전체 부르기, 가사바꾸어 부르기) ▶마무리 ① 노래를 부르고 난 느낌을 이야기 나눈다. - 노래를 부르니 어떤 느낌이 드나요? - 가장 기억에 남는 노랫말은 무엇인가요? - 어떤 부분이 가장 재미있었나요?	· 표현생활 〉 예술적 표현 즐기기 〉 음악으로 표현하기	가사 동요반주
평가 및 귀가지도 (17:50~18:00)	- 하루 일과를 평가한다. - 귀가를 지도한다.	- 하루 일과를 평가한다. (대·소집단활동 중에 어떤 게 제일 재밌었나요? 가장 기억에 남는 활동은 무엇인가요? 등) - 화장실에 다녀올 수 있도록 지도한다. - 유아들에게 가방을 챙기도록 지도한다. (가정통신문, 출석부) - 유아들과 인사를 나눈다. - 유아들이 질서 있게 차량에 타도록 지도한다.	● 신체운동 건강: 몸과 주변을 깨끗이 하기 ●신체운동 건강: 교통안전 규칙 지키기	가정통신문 유아 외투
교사 평가				

2012학년도 만 5세 연간 보육계획안

월	주 제	소 주 제	기 본 생 활
3월	새롭게 만나요	• 신나는 어린이집 생활 • 우리반이 좋아요 • 친구들과 사이좋게 • 즐겁게 놀이하려면 (약속)	• 일찍 자고 일찍 일어나요. (질서) • 선생님과 인사할 때 하는 말 (예절) • 가지고 싶어도 참을 수 있어요. (절제) • 즐겁게 놀이하려면 지켜야할 약속이 있어요. (질서)
4월	따스한 봄이 왔어요	• 따뜻해졌어요 (계절변화) • 봄의 꽃과 나무 • 봄의 곤충 • 봄에 깨어나는 동물	• 선생님과 인사할 때 하는 말 (예절) • 신발정리를 잘해요. (질서) • 버스에 탈 때 차례로 줄을 서서 타요.(질서) • 자리에 바르게 앉아서 먹어요. (예절)
5월	소중한 나와 우리가족	• 소중한 나의 탄생 • 아기는 어떻게 태어날까?(성교육) • 나의 꿈 • 소중한 우리가족 • 다양한 가족이 있어요	• 친구와 다투지 않고 이야기해요. (예절) • 놀이기구 바르게 이용하기 (질서) • 바깥놀이 후에는 꼭 손을 씻어요. (청결) • 어른들에게 존대말을 써요. (예절) • 즐겁게 놀이하려면 지켜야 할 약속이 있어요. (질서)
6월	소중한 동식물	• 소중한 동물 친구들 • 공룡 대 탐험 • 소중한 식물 친구들 • 식물의 일생	• 혼자서 양치할 수 있어요. (청결) • 동물을 함부로 만지지 않아요. (예절) • 친구들과 미안해, 괜찮아, 고마워 인사할 수 있어요. (예절) • 음식을 남기지 않고 골고루 먹어요. (절제)
7월	건강한 여름 나기	• 더워졌어요 (계절변화) • 여름철 건강지키기 (영양) • 여름철 물놀이 안전 • 여행을 떠나요	• 음식을 흘리지 않고 먹어요. (청결) • 몸을 깨끗이 씻어요. (청결) • 물놀이 할 때 지켜야 할 약속 (질서) • 물을 아껴 써요. (절제)
8월	교통기관	• 땅으로 다니는 교통기관 • 하늘을 나는 교통기관 • 물위를 다니는 교통기관 • 교통 안전 • 미래의 교통수단	• 버스나 지하철에서 지킬 약속이 있어요. (질서) • 횡단보도를 건널 때 뛰지 않아요. (질서 • 신호등을 볼 수 있어요. (질서) • 찻길에서 놀이하지 않아요. (질서)
9월	우리나라 대한민국	• 자랑스러운 대한민국(역사와 발전) • 우리나라 전통 유희 • 우리나라의 의식주 • 우리나라의 문화재/ 추석	• 휴지를 아무 곳에나 버리지 않아요. (청결) • 큰소리로 말하거나 뛰어다니지 않아요. (절제) • 차를 타고 내릴 때 조심해요. (질서) • 친구를 도와줘요. (질서)
10월	세계 여러 나라	• 다양한 나라와 다양한 사람들 • 다양한 세계의 문화	• 외출 후에는 꼭 손을 씻어요. (청결) • 가지고 싶어도 참을 수 있어요. (절제) •

	/ 시원한 가을	• 우리나라 속의 다문화 • 바람이 시원해졌어요 (계절변화) • 건강한 가을 보내기	위험한 놀이를 하지 않아요. (질서) • 다른 친구를 방해하지 않아요. (질서) • 함께 쓰는 물건이에요. (절제)
11월	소중한 우리의 이웃	• 함께 돌아요, 동네한바퀴 (이웃과 동네 모습 살펴보기) • 함께하는 이웃 • 우리에게 도움을 주시는 분들 • 어려운 이웃을 도와요	• 주변을 깨끗이 하기 (청결) • 휴지를 아무 곳에나 버리지 않아요. (청결) • 실내에서 뛰거나 소리지르지 않아요. (질서) • 친구와 함께 나눌 수 있어요. (예절)
12월	겨울	• 추워졌어요 (계절변화) • 겨울철 놀이와 안전한 생활 • 즐거운 크리스마스 • 눈과 얼음에 대해 알아보아요	• 계절에 맞는 옷을 입어요. (청결) • 옷걸이에 옷을 걸어 정리해요. (질서) • 친구의 이야기를 들어주세요. (예절) • 사람들이 많은 곳에서 시끄럽게 떠들지 않아요. (질서)
1월	새해가 밝았어요 /예절	• 새해가 되었어요. • 나의 꿈 • 어른들에게 지켜야하는 예절 • 공공장소에서 지켜야 하는 예절 • 바른 말 고운 말	• 일찍 자고 일찍 일어나요. (질서) • 스스로 옷을 벗어 바르게 정리해요.(질서) • 엄마를 도울 수 있어요. (예절) • 솔직하게 이야기 해요. (예절) • 바른말, 고운말을 써요. (예절)
2월	아쉬움과 설레임	• 재미난 설날 보내기 • 형, 언니가 된다면 • 즐거웠던 우리반 • 초등학교에 가요/ 졸업	• 어른을 보면 먼저 인사해요. (예절) • 입에 음식을 넣고 이야기 하지 않아요. (청결) • 떼쓰지 않고 기다릴 수 있어요. (절제) • 선생님께 감사함과 친구들에게 고마운 것을 표현해요. (예절)

2012학년도 만 5세 행사 계획안

월	행 사	월	행 사
3월	입학식 부모교육 신체검사 소방안전교육	9월	학부모 1일교사 체험 김치박물관 견학 민속촌 견학 추석행사
4월	교사연수 삼월삼짇날 수목원 견학 부모상담	10월	세계민속박물관 견학 인형극 및 동극 관람 등산체험 부모상담
5월	어린이날 행사 어버이날 행사 봄소풍 소방안전교육	11월	우체국, 경찰서 견학 생태 공원 견학 동네 한바퀴 돌아보기 소방안전교육
6월	단오행사 동물원 견학 신체검사 시장놀이	12월	동지행사 현대미술관 견학 크리스마스 행사 눈썰매장 견학
7월	부모님 참여 수업 병원놀이 여름 캠프 여름방학	1월	예절교육 뮤지컬 관람 신체검사 부모교육
8월	자동차 박물관 견학 자전거 면허 따기 소방서 견학 소방안전교육	2월	설날 행사 작품전시회 졸업식 신입생 오리엔테이션

2012학년도 만 5세 9월 월간 보육계획안

실시기간 : 9 월

주 제		우리나라 대한민국			
소주제		1주 (9/3~9/8) 자랑스러운 대한민국	2주 (9/10~9/15) 우리나라 전통 유희	3주 (9/17~9/22) 우리나라의 의식주	4주 (9/24~9/29) 우리나라 문화재 / 추석
목 표		우리나라를 대표하는 것과 옛날과 오늘날의 모습 변화에 대해 이야기할 수 있다.	조상들이 즐겼던 놀이, 그림, 악기에는 어떤 것들이 있는지 말할 수 있다.	우리나라 의식주의 특징에 대하여 말할 수 있다.	우리나라의 문화재 중 경복궁, 종묘, 첨성대, 고인돌과 명절 추석에 대하여 이야기할 수 있다.
자유선택활동	쌓기	-우리나라 옛날 모습 -우리나라의 발전 모습	-놋다리 밟기 길 만들기 -차전놀이 차전 만들기	-우물 만들기 -옛날 마을 꾸미기	-우리 마을을 지키는 성을 쌓아라! -할머니댁 가는 길
	역할	-내가 단군이라면 -왕실놀이	-고싸움 놀이의 왕이 된다면? -뱃놀이	-전통혼례복 입고 결혼식 하기 -족두리 쓰고 놀이해요 -옛날 집의 방을 꾸며요(쌓기역할 연계)	-경복궁에 사는 사람들 -추석 장보기
	미술	-우리나라 지도 꾸미기 -태극기 꾸미기	-고싸움 놀이 '고' 만들기 -놋다리 꾸미기 -붓펜으로 '난' 그리기	-복주머니 꾸미기 -점토로 떡살 찍기 -기와문양 본뜨기	-5층석탑 쌓고 꾸미기 -우리동네 문화재 그리기
	언어	-'우리나라' 글자 찾기 -우리나라 안내책 만들기	-놀이 사전 만들기 -우리나라 악기책 만들기	-한복 명칭 사전 만들기 -한복과 소품 도미노 -집 이름 짝짓기	-문화재 명칭 사전 만들기 -우리집 추석 신문 -'추석' 동시 감상
	수 · 조작	-태극기 완성하기 -변화된 우리나라 모습 순서 맞추기	-전통놀이 퍼즐 -놀이 알아맞히기 기억력 게임	-한복 입히기 -옛날 물건 그림자 찾기	-같은 문화재를 찾아주세요 -추석놀이 그림 기억력 게임

	과학	-장영실 따라잡기(해시계만들기) -북만들기	-신사임당 초충도 따라하기 -두꺼비집 짓기	-풀먹이기 -옛 물건 관찰하기	-나만의 첨성대 만들어 밤하늘 별자리 찾아보기 -추석에 뜨는 달
	음률	-한국을 빛낸 100명의 위인들 -독도는 우리땅	-자장가 -국악기 놀이하기	-전통 조리기구 연주회 -밥상	-종묘 재래악 감상하기 -'추석날'
대·소집단활동	이야기 나누기	-우리나라의 옛모습 -우리나라의 발전 -세계속의 대한민국 -소중한 태극기 -우리땅 독도	-우리나라 전통 실내놀이 -우리나라 전통 실외놀이 -김홍도 그림 감상하기 -각 지방의 다양한 소리 이야기	-한복을 입어요 -맛있는 떡이 있어요 -옛날 집의 다양한 모습 -옛날 물건과 오늘날의 물건 비교하기	-우리나라의 다양한 문화재 -사람도 문화재가 될 수 있어요 -추석에 먹는 음식 -추석에는 무엇을 할까?
	동화 동시 동극	-단군신화 -옛날 옛적 돌실이네 이야기 -용기와 지혜의 나라 고구려	-서동요 동시 감상	-옷장수와 호랑이 -아름다운 한복 -숨쉬는 항아리	-탑돌이 -망부석 -솔이의 추석이야기
	게임·신체표현	-엽전 모으기 -춤추는 고구려인 -우리나라를 빛낸 운동선수 되어보기	-동대문 놀이 -비석치기 -우유팩딱지 -투호놀이 -해야 해야 체조 -탈춤놀이	-옛날 물건을 찾아라! -한복 패션쇼 -보리밥 쌀밥 -기둥자리 다지기	-첨성대에서 별자리 알아 맞추기 -탈춤 따라잡기 -강강술래 -윷놀이
	조형	-통일포스터 만들기 -색모래 이용하여 우리나라 지도 꾸미기 -찰흙으로 고인돌 만들기	-전통문양 장신구 만들기 -옛날 화가 되어보기	-옛날 물건 종이판화 -내가 살고 싶은 옛날 집 그리기 -한복 입은 예쁜 내모습	-고인돌 꾸미기
	음률·새노래	-독도는 우리땅 -아리랑 -우리나라를 빛낸 음악가	-신기한 국악기 소리 -강강술래	-가마솥에 누룽지 -한복접기 노래를 불러요	-'추석'
	요리	-산적 만들기 -우메기 만들기	-송편 만들기	-식혜만들기 -누룽지 만들기	-타래과 만들기
실외활동		-우리나라 모양 그리기	-땅따먹기 -상모돌리기	-자연재료로 우리나라 집 만들기	-물모래로 자신이 좋아하는 문화재

	-물, 모래로 독도 만들기	-사방치기	-두꺼비집 짓기	만들어보기 -자연물로 음식 짓기
기본생활	-휴지를 아무 곳에나 버리지 않아요. (청결)	-큰소리로 말하거나 뛰어다니지 않아요. (절제)	-차를 타고 내릴 때 조심해요. (질서)	-어른들에게 인사를 잘해요. (예절)

2012학년도 만 5세 9월 4주차 주간 보육계획안

주 제 : 우리나라 대한민국 소 주 제 : 우리나라 문화재/ 추석
목 표 : 우리나라 문화재와 추석에 대하여 이야기 할 수 있다. 실시 기간 : 9월 4주(9/24 ~ 9/29)

활동 \ 요일		월 (24일) 우리나라의 다양한 문화재	화 (25일) 사람도 문화재가 될 수 있어요	수 (26일) 문화재 이야기	목 (27일) 추석 이야기	금 (28일) 추석에는 무엇을 할까?	토 (29일) 추석연휴
등원 및 맞이하기		1. 유치원 오늘 길에 대해 이야기 나누며 등원하기 2. 등원하면서 보았던 우리 동네 문화재에 대해 이야기 하며 등원하기 3. 엄마 아빠와 함께 갔던 문화재에 대하여 이야기하며 등원하기 4. 추석을 맞아 할머니댁 가는 길에 대하여 이야기하며 등원하기 5. 즐겁게 웃으며 어린이집 등원하기 6. 친구들과 인사하며 등원하기 7. 유아 반갑게 맞이하기 8. 유아의 건강상태를 확인하며 인사 나누기.					
오전실내자유선택활동	쌓기	- 우리 마을을 지키는 성을 쌓아라!			- 할머니댁 가는 길		
	역할	- 경복궁에 사는 사람들			- 추석 장보기		
	미술	- 고인돌 꾸미기					
	언어	- 문화재 명칭 사전 만들기					
	수·조작	- 같은 문화재를 찾아주세요			- 추석놀이 그림 기억력 게임		
	과학	- 추석에 뜨는 달					
	음률				- '추석날'		
정리정돈 및 전이활동		- 유아들이 하고 있는 놀이를 끝내기, 10분전에 정리정돈 노래를 틀어주어 정리정돈 시간이 되었음을 알린다. - 자기 스스로 자기가 놀이한 것은 정리정돈을 한다. - 질서 있게 화장실에 가서 손을 씻거나 .화장실을 다녀온다. - 유아들이 모일 동안 손유희를 한다.					
대·소집단 활동		〈이야기나누기〉 - 우리나라의 다양한 문화재 〈동화,동시,동극〉 - 탑돌이 〈게임,신체표현〉 - 첨성대에서 별자리 알아맞추기	〈이야기나누기〉 - 사람도 문화재가 될 수 있어요 〈게임, 신체표현〉 - 탈춤 따라잡기	〈동화, 동시, 동극〉 - 망부석 〈게임, 신체표현〉 - 첨성대에서 별자리 알아맞추기	〈이야기나누기〉 - 추석에 먹는 음식 〈동화,동시,동극〉 - 솔이의 추석 이야기	〈이야기나누기〉 - 추석에는 무엇을 할까? 〈게임,신체표현〉 - 윷놀이	

		〈조형〉 - 5층석탑 쌓고 꾸미기	〈음률, 새노래〉 - '추석'	〈게임,신체표현〉 - 강강술래	〈요리〉 - 타래과 만들기
실외활동		-물모래로 자신이 좋아하는 문화재 만들어 보기		- 자연물로 추석 음식짓기	-강강술래
점심 및 낮잠	- 질서 있게 화장실에 갔다온다. - 자신의 침구를 스스로 정리할 수 있다. - 잠을 자지 않는 유아는 휴식을 취한다. - 스트레칭을 해준다.				
오후 자유선택활동	-우리동네 문화재 그리기	-나만의 첨성대 만들어 밤하늘 별자리 찾아보기	-종묘 재래악 감상하기	-'추석' 동시 감상	-우리집 추석 신문
기본생활	- 어른들에게 인사를 잘해요. (예절)				
귀가 및 가정과의 연계	- 추석을 맞이하여 지방으로 내려가시면 문화재 견학 혹은 방문하고 오시기 바랍니다. - 추석의 놀이를 친척과 함께 경험할 수 있도록 해주세요. - 추석 음식을 아이가 직접 만들어 볼 수 있는 경험을 제공해주세요. - 즐거운 귀경길 되시길 바랍니다.				

2012학년도 만 5세 9월 28일 일일 보육계획안

학 급 명	키움반	원아수 (연령)	22명 (만 5세)	일 시	2012년 9월 28일 금요일
교 사 명	박혜린 선생님				

생활주제	자랑스러운 대한민국	활동주제	추석에는 무엇을 할까?
목 표	- 추석에 어떤 일들을 하는지 말할 수 있다. - 추석에 하는 놀이에 즐겁게 참여할 수 있다.		
일일 시간표	· 07:40 - 08:30 등원 및 인사 나누기 가방 정리, 출석 확인 · 08:30 - 09:20 일과소개, 실내자유선택활동 및 평가 · 09:20 - 09:30 화장실 다녀오기 · 09:30 - 09:50 대·소집단활동 - 이야기 나누기 〈 추석에는 무엇을 할까? 〉 · 09:50 - 10:00 화장실 다녀오기 및 간식준비 · 10:00 - 10:30 간식 및 화장실 다녀오기 〈 간식 : 감 〉 · 10:30 - 11:00 대·소집단활동 - 게임 〈 윷놀이 〉 · 11:00 - 11:10 화장실 다녀오기 · 11:10 - 12:00 실내자유선택활동 및 평가 · 12:00 - 12:10 화장실 다녀오기 및 점심식사 준비 · 12:10 - 13:10 점심 식사 및 이 닦기, 조용한 놀이 · 13:10 - 14:00 실내자유선택활동 및 평가 · 14:00 - 14:10 화장실 다녀오기 및 휴식 준비 · 14:10 - 15:00 낮잠 및 휴식 · 15:00 - 15:10 화장실 다녀오기 및 휴식 정리 · 15:10 - 15:40 대·소집단활동 - 요리 〈 내가 만든 맛있는 타래과 〉 · 15:40 - 15:50 화장실 다녀오기 및 간식준비 · 15:50 - 16:20 간식 〈 간식 : 타래과 〉 · 16:20 - 16:30 화장실 다녀오기 및 간식정리 · 16:30 - 17:00 실외자유선택활동 및 평가 · 17:00 - 17:10 화장실 다녀오기 · 17:10 - 17:40 대·소집단활동 - 동화 〈 솔이의 추석 이야기 〉 · 17:40 - 18:00 하루 일과 평가 및 귀가 지도		

활동명 (활동시간)	활동목표	활 동 내 용	교육과정 관련요소	준비물 지도상 유의점
등원 (07:40~ 08:30)	선생님과 친구들에게 인사를 한다.	· 선생님과 친구들에게 즐겁게 인사 나눈다. · 출석카드에 오늘의 날짜 밑에 스티커를 붙인다. · 코스별로 등원 후, 신발을 신발장에 정리 후 교실로 들어온다.	• 사회관계 : 나의 일 스스로 하기	
실내 자유선택 활동 (08:30~ 09:20)	· 출석을 확인한다.	· 유아들의 등원여부를 확인한다. · 스스로 자유놀이를 선택하여 활동할 수 있다. · 자유선택 활동을 소개한다.		
	· 할머니댁 가는 길을 회상하여보고 길을 꾸며볼 수 있다.	〈실내자유선택활동〉 【쌓기 영역】 할머니댁 가는 길 꾸미기 ① 할머니댁 가는 길에 대해 이야기 나눈다. - 할머니댁에 가본적이 있나요? - 할머니댁 가는 길을 어땠나요? - 할머니댁은 어떻게 생겼나요? ② 할머니댁 가는 길 꾸미기 소품을 보며 이야기 나눈다. - 이것으로 무엇을 할 수 있을까요? - 할머니 댁 가는 길을 어떻게 만들 수 있을까요?	• 자연탐구 : 탐구하는 능력기르기	

활동명 (활동시간)	활동목표	활 동 내 용	교육과정 관련요소	준비물 지도상 유의점
		③ 함께 할머니댁 가는 길을 만들어 본다. - 이 길의 이름을 무엇이라고 지을까요? ④ 자동차와 사람 모형을 이용하여 역할놀이를 한다.		
	·추석에 하는 놀이에 대해서 이야기 할 수 있다.	【수·조작영역】 추석놀이 그림 기억력 게임 ① 추석에 하는 놀이가 그려진 그림카드를 보며 이야기 나눈다. - 추석에는 어떤 놀이를 하나요? - 그림에 나와 있는 놀이를 한 적이 있나요? - 무엇이 제일 재미있었나요? ② 게임방법에 대하여 알아본다. - 이 카드로 어떤 놀이를 할 수 있을까요? ③ 순서대로 카드를 뒤집어 그림을 관찰한다. ④ 추석놀이 그림 기억력 게임을 한다. - 그림이 보이지 않도록 카드를 뒤집어 둔다. - 한 장의 카드를 뒤집어 그림을 확인한다. - 또다른 한 장을 뒤집어 같은 그림이 나오면 카드를 획득한다. - 다른 그림아 나왔을 경우 다시 뒤집어 두고 기억해 둔다. ⑤ 활동이 끝나면 그림카드의 수를 비교해 본다.	• 자연탐구 : 탐구하는 능력기르기	. 준비물 : 추석놀이 그림 카드
	·자유선택활동을 평가할 수 있다.	【자유선택활동 평가】 - 유아들에게 오늘 어떠한 활동을 하였는지 물어본다. - 유아들에게 놀이규칙을 잘 지켰는지, 교구는 잘 정리했는지 물어본다. - 자유선택활동시 제일 재미있었던 활동과 힘들었던 활동이 무엇이었는지 물어본다.	• 의사소통 : 느낌, 생각, 경험말하기	
정리정돈 및 화장실 다녀오기 (09:20~09:30)	· 스스로 정리정돈을 할 수 있다. · 스스로 화장실에 다녀올 수 있다.	- 유아들이 하고 있는 놀이를 끝내기, 10분전에 정리정돈 노래를 틀어주어 정리정돈 시간이 되었음을 알린다. - 자기 스스로 자기가 놀이한 것은 정리정돈을 한다. - 질서 있게 화장실에 가서 손을 씻거나 .화장실을 다녀온다.	• 신체운동건강생활: 주변 깨끗이 하기	정리 정돈 노래

활동명 (활동시간)	활동 목표	활 동 내 용	교육과정 관련요소	준비물 지도상 유의점
대.소집단 활동-이야기 나누기 〈추석에는 무엇을 할까?〉 (09:30~09:50)	· 추석에 하는 일에 대해서 말할 수 있다. · 추석에 자신이 가장 하고 싶은 일에 대해 말할 수 있다.	【이야기 나누기】 〈추석에는 무엇을 할까?〉 ▶도입 ① PPT에 윷놀이 사진을 4등분하여 한조각씩 보여주며 퀴즈를 낸다. - 이 사진은 무슨 사진인지 맞춰보세요. - 이 사진은 무엇을 하고 있는 사진인가요? - 추석에 하는 놀이와 일들에 대해 알아보아요. ▶전개 ① 윷놀이를 하는 사진을 보여준다. - 윷놀이를 해본 적이 있나요? - 윷놀이를 언제 해보았나요? - 어떤 점이 가장 재미있었나요? ② 강강술래 하는 사진을 보여준다. - 강강술래를 한 경험이 있나요? - 강강술래를 언제 해보았나요? - 강강술래는 어떻게 하는 놀이인가요? - 어떤 점이 가장 재미있었나요? ③ 한복을 입고 그네를 타는 사진을 보여준다. - 한복을 입고 그네를 타 본 적이 있나요? - 우리는 언제 한복을 입고 그네를 탈까요? - 한복을 입고 그네를 타면 어떤 느낌이 들것 같나요? ④ 성묘가는 사진을 보여준다. - 이 사진은 무엇을 하는 사진인 것 같나요? - 여기 사람들은 어디로 간 것일까요? - 왜 이렇게 성묘를 가는 것일까요? - 성묘를 가본 적이 있나요? - 성묘를 가보니 어떤 느낌이 들었나요? ④ 송편 빚는 사진을 보여준다. - 지금 사진 속 사람들은 무엇을 하고 있나요? - 송편은 언제 먹는 음식일까요? - 송편을 빚어 본적이 있나요? - 송편을 먹어본 적이 있나요? - 송편의 맛이 어땠나요? ▶마무리 ① 추석에 하는 일들을 차례로 보여준다. ② 추석에 하는 일들에 대해 이야기 해보게 한다. - 추석에는 어떤 일들을 한다고 하였지요? ③ 자신에 추석에 해보고 싶은 일들을 이야기해 보게 한다. - 추석에 어떤 일을 가장 해보고 싶나요?	• 의사소통 : 느낌, 생각, 경험 말하기	준비물 : 윷놀이 사진.  강강술래 사진  한복입고 그네타는 사진  성묘가는 사진  송편빚는 사진 

활동명 (활동 시간)	활동목표	활 동 내 용	교육과정 관련요소	준비물 지도상 유의점
간식준비 (09:50~ 10:00)	·스스로 간식 준비를 할 수 있다.	- 스스로 간식준비를 한다.	• 신체운동 건강생활: 주변 깨끗이 하기	
간식 및 화장실 다녀오기 (10:00~ 10:30)	·손을 깨끗이 씻고 감사한 마음으로 간식을 먹는다.	- 자신의 자리에 바르게 앉는다. - 감사한 마음을 가지고 간식을 먹는다. - 질서 있게 화장실에 다녀온다.	•신체 운동건강: 몸과 주변을 깨끗이 하기	감 
대소집단 활동- 게임 〈윷놀이〉 (10:30~ 11:00)	• 윷놀이는 언제 하는 놀이인지 말할 수 있다.	【게 임】〈 윷놀이 〉 ▶도입 ① 수수께끼 상자에 윷 하나를 넣어놓고 유아들에게 맞춰보게 한다. - 수수께끼 상자 안에 든 것은 무엇일까요? - 소리를 들려줄 테니 알아맞춰 보세요. 무엇일까요? - 나와서 만져보고 맞춰볼 친구 있나요? ▶전개 ① 윷놀이의 구성에 대해 소개한다. - 윷놀이는 윷 네 개와 팀을 표시하는 말, 윷판이 있어요. - 윷놀이를 해 본적이 있나요? ② 윷놀이의 게임방법에 대해 이야기 나눈다. - 먼저 두 팀으로 나누고, 팀별로 서로 다른 말을 가진다. - 윷의 납작한 부분이 아래로 가면 세지 않고 위로 가면 개수를 세는 것을 이야기한다. (납작한 부분 하나가 위로 가면 '도', 두 개면 '개', 세 개면 '걸'.) - 납작한 부분이 아래로 모두 가면 '모'로 다섯 칸을 가고, 위로 가면 '윷'으로 네 칸을 옮기며 한번 더 던질 수 있음을 알려준다. - 상대편 말이 있는 땅에 우리 말이 들어가면 상대편 땅을 가져왔고 하여 한번 더 던질 수 있음을 알려준다. - 말이 도착점에 모두 들어오면 승리하는 것을 알려준다. ③ 윷놀이 게임을 한다. - 먼저 두 팀으로 나눠야 해요. 짝꿍끼리 손잡아보세요. 자 이제 이 한 줄씩 팀이에요. 팀별로 이름을 정해 보도록 해요. - 먼저 제일 첫 번째에 있는 사람이 가위바위보를 해서 이기는 팀이 먼저 던지기로 한다. - 말을 움직이는 것은 선생님이 도와준다. ④ 어느 팀이 자기 팀의 말 모두를 도착점에 먼저 도착하게 하는지 관찰한다. ▶마무리 ① 윷놀이를 하고 나서 재미있었던 점에 대해 이야기 나눈다. - 윷놀이를 하면서 무엇이 제일 재미있었나요? ② 윷놀이를 하면서 어려운 점이 있었는지 이야기 나눈다. - 윷놀이를 하면서 어려운 점은 없었나요? - 그러한 부분이 어려웠구나. 그럼 다음에는 좀 더 쉽게 해보자.	• 의사소통 - 느낌, 생각, 경험 말하기 • 신체운동.건강 : 자발적으로 신체활동 참여하기	· 준비물: 윷 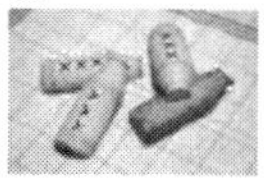 윷판  윷말 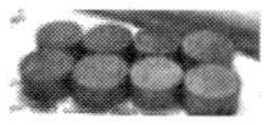
화장실 다녀오기 (11:00~ 11:10)	- 스스로 화장실에 다녀올 수 있다.	- 질서 있게 화장실에 가서 손을 씻는다. - 스스로 화장실에 다녀온다.	•신체운동 건강생활: 주변 깨끗이 하기	

활동명 (활동 시간)	활동목표	활 동 내 용	교육과정 관련요소	준비물 지도상 유의점
실내 자유선택 활동 (11:10~12:00)		【언어 영역】 추석 동시 감상하기 **< 추석 >** **김구연** **낼 모레는 추석** **그네를 매달았지요.** **마을 한복판 놀이터** **동구나무 굵은 가지에.**  **아이들 오구구** **매달렸지요 그네에** **저 먼저 타겠다고** **너도나도 매달렸지요** ① 추석풍경 그림자료를 보며 추석풍경을 소개한다. - 추석에는 어떤 일들을 볼 수 있나요? - 추석에는 어떤 놀이를 하나요? - 그림처럼 추석에 가족들과 그네를 탄 경험이 있나요? ② 동시를 들려준다. - '추석' 동시를 들어 보자.	• 예술경험: 예술적 경험 즐기기 • 의사소통 - 느낌, 생각, 경험 말하기	
	· 자유선택활동을 평가 할 수 있다.	【실내자유선택활동 평가】 - 유아들에게 오늘 어떠한 활동을 하였는지 물어본다. - 유아들에게 놀이규칙을 잘 지켰는지, 교구는 잘 정리했는지 물어본다. - 자유선택활동시 재일 재미있었던 활동과 힘들었던 활동이 무엇이었는지 물어본다.	• 의사소통 : 느낌, 생각, 경험말하기	
정리정돈 및 점심식사 준비 (12:00~12:10)	·스스로 정리정돈을 할수있다. ·스스로 점심식사 준비를 한다.	- 유아들이 하고 있는 놀이를 끝내기, 10분전에 정리정돈 노래를 틀어주어 정리정돈 시간이 되었음을 알린다. - 자기 스스로 자기가 놀이한 것은 정리정돈을 한다. - 질서 있게 화장실에 가서 손을 씻거나 .화장실을 다녀온다. - 자신의 식판을 스스로 가방에서 꺼내 준비하도록 한다. - 유아 중에 배식을 도울 오늘의 꼬마 선생님이 앞으로 나와 배를 준비하도록 지도한다.	• 신체운동건강생활: 주변 깨끗이 하기	정리 정돈 노래 개인 식판
점심식사 및 이 닦기, 조용한 놀이 (12:10~13:10)	· 음식을 골고루 먹는다. · 깨끗이 이를 닦는다.	- 음식을 적당히 골고루 먹게 한다. - 점심식사를 다 하고 난 뒤 식판정리와 책상정리를 한다. - 질서 있게 이를 닦으러 간다. - 질서 있게 화장실에 가서 손을 씻거나, 화장실을 다녀온다. - 깨끗이 이를 닦는다. - 밥을 다 먹은 유아는 자유선택활동에서 쌓기놀이와 역할놀이를 제외한 조용한 놀이를 한다.	•신체운동건강: 바른 식생활하기	· 준비물 : 칫솔, 치약, 양치컵

활동명 (활동 시간)	활동목표	활 동 내 용	교육과정 관련요소	준비물 지도상 유의점
대소집단 활동- 게임 〈윷놀이〉 (17:10~ 17:40)	• 윷놀이는 언제 하는 놀이인지 말할 수 있다.	【동 화】〈 솔이의 추석이야기 〉  ▶도입 ① 책의 표지를 보고 무슨 이야기일 것 같은지 맞춰보게 한다. - 표지를 보니 무슨 이야기 일 것 같나요? - 여기서 솔이는 누구일까요? - 솔이는 어디로 가고 있는 것일까요? ▶전개 ① 동화책을 읽어준다. - 솔이는 이 다음에 어떻게 할 것 같나요? - 우리 친구들이 솔이였다면 어떻게 하였을 것 같나요? ② 동화책을 다 읽고 그림만 보여준다. - 그림만 보고 어떤 일이 있었는지 이야기해보자. ③ 솔이에게 어떤 일이 있었는지 이야기 나눈다. - 솔이에게 어떤 일이 있었나요? - 솔이는 왜 할머니댁에 갔었나요? - 할머니 댁에 간 솔이는 무엇을 하였나요? ▶마무리 ① 솔이의 추석이야기를 보고 재미있었던 점에 대해 이야기 나눈다. - 솔이의 추석이야기를 보면서 무엇이 가장 재미있었나요? ② 솔이처럼 추석에 할머니댁에 가게 되면 무엇이 가장 하고 싶을 것 같은지 이야기 나눈다. - 추석에 할머니댁에 가서 솔이처럼 재미있는 추석을 보내기 위해 어떤 일들을 하면 좋을까요?	• 의사소통 - 느낌, 생각, 경험 말하기	· 준비물: 동화책 

활동명(활동시간)	활동목표	활동내용	교육과정 관련요소	준비물 지도상 유의점
실내 자유선택 활동 (13:10~14:10)	· 추석에 하는 놀이에 대해서 이야기 할 수 있다.	【수·조작영역】 추석놀이 그림 기억력 게임 ① 추석에 하는 놀이가 그려진 그림카드를 보며 이야기 나눈다. - 추석에는 어떤 놀이를 하나요? - 그림에 나와 있는 놀이를 한 적이 있나요? - 무엇이 제일 재미있었나요? ② 게임방법에 대하여 알아본다. - 이 카드로 어떤 놀이를 할 수 있을까요? ③ 순서대로 카드를 뒤집어 그림을 관찰한다. ④ 추석놀이 그림 기억력 게임을 한다. - 그림이 보이지 않도록 카드를 뒤집어 둔다. - 한 장의 카드를 뒤집어 그림을 확인한다. - 또 다른 한 장을 뒤집어 같은 그림이 나오면 카드를 획득한다. - 다른 그림아 나왔을 경우 다시 뒤집어 두고 기억해 둔다. ⑤ 활동이 끝나면 그림카드의 수를 비교해 본다.	• 자연탐구 : 탐구하는 능력기르기	
	·자유선택 활동을 평가 할 수 있다.	【실내자유선택활동 평가】 - 유아들에게 오늘 어떠한 활동을 하였는지 물어본다. - 유아들에게 놀이규칙을 잘 지켰는지, 교구는 잘 정리했는지 물어본다. - 자유선택활동시 제일 재미있었던 활동과 힘들었던 활동이 무엇이었는지 물어본다.	• 의사소통 : 느낌, 생각, 경험말하기	
화장실 다녀오기 및 휴식준비 (14:10~15:00)	- 스스로 화장실에 다녀올 수 있다. -스스로 휴식을 취할 수 있다.	- 질서 있게 화장실에 갔다온다. - 자신의 이불을 스스로 깔고 잠을 잘 수 있다. - 잠을 자지 않는 유아는 휴식을 취한다. - 개별 유아의 요구에 따라 휴식하는 방과 낮잠 방으로 나누어 진행한다.	•신체운동건강: 신체조절과 기본운동하기	
화장실 다녀오기 및 휴식정리 (15:00~15:10)	- 스스로 화장실에 다녀올 수 있다. - 스스로 침구를 정리할수 있다.	- 질서 있게 화장실에 갔다온다. - 자신의 이불을 스스로 정리할 수 있다. - 스트레칭을 해준다.	•신체운동건강: 신체조절과 기본운동하기	

활동명 (활동 시간)	활동목표	활 동 내 용	교육과정 관련요소	준비물 지도상 유의점
대소 집단 활동- 요리 〈내가 만든 맛있는 타래과〉 (15:10 ~ 15:40)	• 타래과는 언제 먹는 음식인지 말할 수 있다.	【요 리】〈 내가 만든 맛있는 타래과 〉 ▶도입 ① 밀가루, 소주, 생강, 소금, 물, 식용유를 보여주며 오늘 할 요리 활동은 무엇일 것 같은지 물어본다. - 이 재료들로 만들 수 있는 요리는 무엇일까요? - 각각의 재료를 소개해준다. ② 타래과에 대해 소개한다. - 타래과는 명절마다 먹는 음식이에요. 매작과라고도 하는데요, 참새가 매화나무 위에 앉아 있는 모습을 닮았다고 해서 매작과라고도 한데요. ▶전개 ① 타래과를 만들기 전에 주의해야 할 점을 알려준다. - 타래과를 만들 때 주의해야 할 점에는 어떤 것들이 있을까요? - 우리 친구들 약속을 잘 지킬 수 있겠죠? ② 타래과 만드는 방법을 설명해준다. - 소금을 조금 넣은 밀가루를 체에 걸러 받친다. - 체에 걸러진 밀가루는 소주, 계란 흰자, 생강 우려낸 물을 넣고 잘 반죽한다. - 반죽을 밀대로 공책만한 두께로 얇게 편다. - 반죽을 명찰만한 크기로 세 개씩 자른다. - 자른 반죽에 밀가루를 묻히고 반 접어 칼집을 세 번 내준다. - 접혀진 반죽을 다시 펴고 칼집 사이로 꽈배기 모양을 만든다. - 기름에 튀기고 꿀이나 조청과 함께 버무린 후 식힌다. ③ 타래과를 만든다. - 선생님이 친구들이 하기에는 조금 어려운 부분인 반죽하기를 미리 해왔어요. 반죽을 조금씩 떼어주면 친구들이 얇게 밀어 보아요. 반죽의 느낌이 어떤가요? - 다 밀면 선생님이 나눠준 나이프로 명찰만한 크기로 세 개씩 잘라보세요. 잘 잘려지지 않으면 선생님이 도와줄게요. - 이제 반죽에 밀가루를 좀 묻히고 반 접어 보세요. 거기서 칼집을 세 번 내는 거예요. 다섯 개를 모두 똑같이 해보세요. - 그다음에는 접혀져 있는 반죽 다섯 개를 모두 펴보세요. 편 다음 선생님처럼 칼집 안으로 반죽을 넣으면서 꽈배기를 만들어 보세요. 타래과가 잘 만들어 지나요? ④ 에어프라이어를 사용하거나 조리실에서 타래과를 튀긴다. ▶마무리 ① 타래과는 언제 먹는 음식인지 물어본다. - 타래과는 언제 먹는 음식인가요? ② 타래과를 만들면서 재미있었거나 힘들었던 점에 대해 이야기 나눈다. - 윷놀이를 하면서 어려운 점이나 재미있었던 점 있었나요?	• 의사소통 - 느낌, 생각, 경험 말하기 • 자연탐구 : 탐구하는 능력기르기 • 신체 운동건강: 바른 식생활하기	· 준비물: 밀가루  소주  생강  소금  물   식용유 에어 프라이어  유아용도마 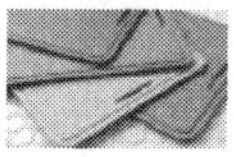 유아나이프 

활동명 (활동시간)	활동목표	활 동 내 용	교육과정 관련요소	준비물 지도상 유의점
화장실 다녀오기 및 간식준비 (15:40~ 15:50)	-손을 깨끗이 씻고 감사한 마음으로 간식을 먹는다.	- 질서 있게 화장실에 가서 손을 씻는다. - 자신의 자리에 바르게 앉는다. - 스스로 간식준비를 한다.	● 신체 운동건강: 몸과 주변을 깨끗이 하기	
간식 (15:50~ 16:20)	-감사한 마음으로 간식을 먹는다.	- 간식을 먹은 유아는 용모를 단정히 한다. - 간식을 다 먹은 유아는 쌓기놀이, 역할놀이 영역을 제외한 조용한 놀이를 하도록 한다.	● 신체 운동건강: 몸과 주변을 깨끗이 하기	타래과 
화장실 다녀오기 및 간식정리 (16:20~ 16:30)	-스스로 간식정리를 하고 화장실에 다녀온다.	- 질서 있게 화장실에 가서 손을 씻는다. - 자신의 자리에 바르게 앉는다. - 스스로 간식정리를 한다.	● 신체 운동건강: 몸과 주변을 깨끗이 하기	
실외 자유선택 활동 (16:30~ 17:00)	· 강강술래 놀이에 즐겁게 참여한다.	〈실외 자유선택활동〉 【강강술래】 ① 강강술래에 대해 이야기 나눈다. - 강강술래를 한 경험이 있나요? - 강강술래는 어떻게 하는 놀이인 것 같나요? ② 강강술래 하는 방법을 소개한다. ③ 함께 노래를 부르며 강강술래 해본다. ④ 어떠한 점이 가장 재미있었는지 이야기해본다.	● 신체 운동건강: 신체활동에 참여하기	
	· 실외자유선택활동을 평가 할 수 있다.	【실외자유선택활동 평가】 - 유아들에게 오늘 어떠한 활동을 하였는지 물어본다. - 유아들에게 놀이규칙을 잘 지켰는지, 교구는 잘 정리했는지 물어본다. - 실외자유선택활동시 제일 재미있었던 활동과 힘들었던 활동이 무엇이었는지 물어본다.	● 의사소통 : 느낌, 생각, 경험 말하기	
화장실 다녀오기 (17:00~ 17:10)	-스스로 화장실에 다녀올 수 있다.	- 질서 있게 화장실에 갔다온다.	● 신체 운동건강: 신체조절과 기본운동하기	

활동명 (활동시간)	활동목표	활 동 내 용	교육과정 관련요소	준비물 지도상 유의점
평가 및 귀가지도 (17:40~18:00)	- 하루 일과를 평가한다. - 귀가를 지도한다.	- 하루 일과를 평가한다. (대·소집단활동 중에 어떤 게 제일 재밌었나요? 가장 기억에 남는 활동은 무엇인가요? 등) - 화장실에 다녀올 수 있도록 지도한다. - 유아들에게 가방을 챙기도록 지도한다. (가정통신문, 출석부) - 유아들과 인사를 나눈다. - 유아들이 질서 있게 차량에 타도록 지도한다.	• 의사소통: 생각, 느낌, 경험 말하기 • 신체운동 건강: 몸과 주변을 깨끗이 하기 • 신체운동건강: 교통안전 규칙 지키기	가정통신문 유아 외투
교사 평가				

7 chapter 수업지도

전 장에서 보육계획안 작성에 대하여 기술하였다. 보육계획안 중 일일 계획안은 실제로 영유아들을 지도하는 내용이다. 여기서 보육실습생은 어떤 수업지도 방법을 구사할 것인가를 모색하게 된다. 수업을 현장에서 실제로 영유아들을 지도하기 위해서는 우선 지도교사의 수업을 관찰하고, 부분수업, 연계수업, 종일수업의 순으로 진행한다. 본 장에서는 이러한 순서와 부분별 학습지도안을 소개하고 영유아 보육에서 많이 활용되는 실제 수업지도 방법을 소개한다.[1)]

1. 수업관찰

보육실습생은 처음에 지도교사의 수업을 관찰한다. 관찰하면서 지도교사의 수업의 장·단점을 파악하고 현장 상황에서 그럴 수밖에 없는 이유와 더 좋은 방법이 없는지를 모색해 보아야 한다. 그리고 실습생 본인이 한다면 어떤 절차와 방법을 사용할 것인지도 생각해 보아야 한다.

다음은 수업에서 관찰할 영역을 제시한 것이다(Roe & Ross, 1998).

·1영역 : 수업이 영유아들의 이전학습과 연결되는가?
영유아들의 흥미를 일으키는가?

1) 본 장은 추정훈, 2012, 제 7장의 내용을 참고로 하여 보육관련 내용을 첨가하였다.

수업의 목표를 달성했는가?

- 2영역 : 수업의 목표가 명확한가?
- 3영역 : 내용을 제시하는 과정은 효과적인가?
- 4영역 : 교수자료는 적절하고 효과적인인가?
- 5영역 : 교사의 교수방법이 효과적인가?
  교수방법이 효과적이지 않다면 어떤 점이 수정되어야 하는가?
- 6영역 : 교사는 교과에 대한 적절한 지식을 가지고 있는가?
  영유아들의 생활과 관련되는가? 어떤 부분이 개선되어야 하는가?
- 7영역 : 영유아와 교사가 함께 의사결정을 하는가?
  개인차가 고려되는가? 어떤 부분이 개선되어야 하는가?
- 8영역 : 교수기술은 효과적이고 적절한가?
  어떤 교수기술이 더 적절하다고 생각하는가?
- 9영역 : 교사의 개인적인 특성이 수업을 효율적으로 향상시켰는가?
  이 영역의 변화가 다음 수업에 도움을 줄 것인가?
- 10영역 : 수업의 마무리는 효과적이었는가?
  향상시키기 위해서는 무엇을 해야 하는가?
- 11영역 : 교사의 평가방법은 효과적이고 적절한가?
  어떤 부분이 개선되어야 하는가?

위에 제시한 영역 요소는 관찰 목록으로 그대로 사용할 수 있을 것으로 본다.

그런데 현실적으로 수업의 효과성에 초점을 맞춘다면 다음과 같은 요소를 고려할 수 있을 것이다.

가. 시선을 학생에게 맞추는가?

나. 목소리는 적절하며 자신감이 있는가?

다. 교사는 표정으로 내용을 잘 말하는가?

라. 교사의 태도는 적절한가?

마. 교사의 동기유발과 제시한 목표는 적절한가?

바. 교사가 사용하는 교수방법은 내용과 상황에 적절한가?

사. 교사는 수업을 원만하게 잘 진행하는가?

아. 교사는 학생들과 충분히 상호작용하며 교감하는가?

이상의 요소는 현실적 효과성을 가지고 있다고 본다. 교사의 수업을 보는 관점을 제시할 수 있다고 본다.

2. 수업지도의 단계

지도교사의 시범수업을 보고 수업관찰을 하고 난 뒤 실습생은 자신이 수업할 내용과 수업지도 방법을 지도교사와 협의한다. 실습생이 어느 정도의 수업을 할 것이냐에 따라 부분수업, 연계수업, 종일수업으로 단계적으로 수업을 진행한다.

부분수업은 한 가지 활동에 대하여 보육실습생이 지도교사와 협의하여 활동계획안 내지 보육계획안을 작성한다. 보육실습생은 다양한 수업자료를 활용하여 수업을 준비한다. 수업을 준비할 때는 앞서 논의한 관찰의 영역이나 효과성에 근거를 두고 준비한다.

연계수업은 두 가지 이상의 활동을 연결하여 수업을 하는 것을 말한다. 지도교사와 협의하여 수업일자를 배정하고 보육계획안을 작성한다. 이때 활동간 자연스러운 전이와 확장, 주의 집중의 방법에 대하여 지도교사의 지도를 받는다. 연계수업이 숙달되면 종일수업으로 나아간다.

종일수업은 실습을 마무리하는 과정으로 이루어지며 실습의 핵심이라고 할 수 있다. 지도교사와 협의하여 하루 일과가 자연스럽게 연결될 수 있도록 일일 보육계획안을 작성한다. 지도교사는 종일수업을 공개하기 위해 원장, 원감, 동료교사와 시간을 맞춘다. 실습생은 시간을 두고 종일수업 준비를 착실히 하여야 한다. 관찰수업의 요소에 입각하여 스스로 보육계획안을 점검하고 혼자서 연습 시연해 보아야 한다. 수업자료를 준비하고 적절한 교구도 제작하여야 한다. 지도교사는 실습생이 지나치게 스트레스 받지 않도록 격려해 주고 특히 첫 수업의 경우 보육실습생이 자신 있어 하는 부분을 수업할 수 있도록 배려해 주는 것이 좋다.

수업 전에 협의회를 통해 수업에 대하여 사전협의하여 계획하고, 수업 후에는 사후협의회를 하여 수업에 대하여 반성하고 시정조치를 한다. 협의회에는 실습생과 지도교사, 원장, 원감, 수업 참관한 동료교사, 지도교수 등이 참가한다.

3. 수업지도의 요체

실제 수업을 진행하다 보면 여러 교수-학습의 방법을 교사는 탄력적으로 활용할 수 있을 것이다. 그런데 지나치게 어떤 방법에 치중하고 몰두하다 보면 수업의 본질적 요소를 놓치기 쉽다. 본 절에서는 실제 수업을 진행하는데 있어서 반드시 염두에 두어야 할 핵심적 요소를 정리한다(추정훈, 2011).

(1) 준비

먼저 준비 단계로 무엇보다 중요한 것은 목표에 대하여 인지하고 통찰하는 것이다. 추상적인 목표를 실질적이고 구체적으로 재구성 내지 해석하여 어느 수준까지 수업해야 할 것인지를 결정한다. 그러므로 목표에 대하여 인지하고 통찰하는 것이 중요하다.

다음 단계가 자료조사연구이다. 목표를 달성하기 위한 내용선정 및 내용의 정리 가감 작업이 필요하다. 자료를 가공하여 조직하고 순서를 정하고 단계를 정한다. 그런 다음 정리된 내용을 이해한다. 가르치고자 하는 교사의 이해정도에 따라 수업의 정도가 결정되는 것이다. 그 다음 단계가 내용에 대한 독자적인 이해와 깨달음이 있어야 한다. 이것을 바탕으로 구조화하고 독자적 구성이 가능한 것이다. 가능하면 모델 빌딩(model-building)이나 이미지화하는 것이 효과적이다.

준비단계의 마지막 요소가 전달 방법의 연구이다. 이때 수업모델을 어떤 것으로 할지 결정하고 몇 가지 모델을 복합적으로 쓸 것인지 단순 강의식에서 어느 부분에서 질문할 것인지, 발문하여 의문을 유도할 것인지 등을 구체적으로 결정한다. 그리고 특히 프리젠테이션(presentation) 방법에 대한 연구도 필요하다. 학습자의 규모나 학습장소(교실)의 형태와 규모에 따라 그 방법과 규모는 달라져야 한다. 이와 관련하여 자료제시의 적절성을 연구하여야 한다.

(2) 전개

다음은 수업을 구체적으로 어떻게 전개하느냐이다. 이 단계는 계획의 단계가 아니라 역동적인 수업상황에서의 실제단계이다.

수업의 내용(자료)과 활동(교수-학습)의 연속적인 연결이다. 교사는 준비된 자료를 가지고 수업상황을 능동적으로 운영하는 것이다.

이 때 중요한 것은 먼저 자신감이다. 교사가 자신의 수업에 자신감을 잃으면 수업은 생명력을 상실하게 된다. 그러므로 교사는 자신감을 가지고 당당한 음성으로 의미상 단락을 주어가며 수업을 진행해야 한다. 그리고 특히 강의식 수업일 경우 시선처리가 매우 중요하다. 교사는 시선으로 학습자들을 끊임없이 관찰해야 한다. 시선으로 학습자들의 상태를 확인하고 역동적으로 대응해야 한다.

그리고 호흡이다. 호흡은 학습자와의 일치도이다. 앞서 시선과 외형적으로 같은 개념이나 보다 내적인 면이다. 학생의 학습태도, 움직임, 이해도 파악과 다양성 있게 수업을 구사해야 한다. 다양성은 수업을 지루하지 않게 하는 요소이며, 심화시키는 요소로서 중요하다. 즉 유머감각, 자료의 제시방법과 제시 순서, 접근법, 문제해결법 등 다양하게 구사하는 연습을 해야 한다.

(3) 정리

정리는 전개된 수업을 요약하고 마무리를 하는 단계이다. 그리고 본시에서 진행된 수업의 형성정도를 평가하는 작업을 해야 한다. 가벼우면서도 효과적으로 할 수 있는 방법을 연구해야 한다. 평가가 지나치게 부담가지 않도록 학습자를 배려하는 것이 중요하다. 그리고 본시의 내용이 정리되면 차시예고를 하고 마친다.

(4) 활동계획안(학습지도안)의 예시

활동계획안(학습지도안)

<table>
<tr><td>단원명</td><td></td><td>본시(주제)</td><td>수업일시</td><td colspan="3">2012. .</td></tr>
<tr><td>대상</td><td colspan="2">영유아의 수준, 발달단계 명기</td><td>담당교사</td><td colspan="3"></td></tr>
<tr><td>목표</td><td colspan="6">1. 학습할 내용(요지) + 행동(관찰 가능한 행동)
2.
* 목표는 전개와 정리 및 평가의 3자가 일치해야 함</td></tr>
<tr><td>단계</td><td>학습문제</td><td>교수 - 학습활동</td><td>시간(분)</td><td>수업매체</td><td>수업방법</td><td>도달점</td></tr>
<tr><td>도입</td><td>동기유발</td><td>동기유발을 위해 어떤 예시나 영상자료를 보여주거나 본시를 대표할 인상적인 장면을 보여 줌으로써 영유아들로 하여금 본시의 목표를 알게 한다.
본시 목표 소개</td><td>5</td><td>비디오</td><td>시연</td><td>목표 이해</td></tr>
<tr><td>전개</td><td>1. 제목(간결하게)
2.
3.
.
.
.</td><td>내용 + 활동(교사, 영유아)
다양하고 효과적인 방법 동원
활동을 구체적으로 기술할 것
presentation 효과 사전 점검(그림, 글씨 크기 조정)</td><td>각 요소 별 시간 표시</td><td>각 요소 별 매체 표시</td><td>각 요소 별 수업(전달) 방법 표시</td><td>각요소별 하위목표 표시</td></tr>
<tr><td>정리 및 평가</td><td></td><td>1. 목표와 관련한 질문 또는 요약
2.
3.</td><td></td><td></td><td></td><td></td></tr>
<tr><td>차시 예고</td><td></td><td>차시의 주제, 준비물, 장소 등 예고</td><td></td><td></td><td></td><td></td></tr>
<tr><td colspan="7">참고자료</td></tr>
</table>

4. 수업지도의 방법

보육실습생이 보육계획안을 작성하여 수업을 하고자 할 때 구체적으로 다음과 같은 방법들을 활용할 있을 것으로 본다. 수업의 방법은 하나의 예시일 뿐 현장에서는 여러 다양한 수업지도 방법들을 창의적으로 탐색하여 내용과 상황에 맞는 수업을 구사하기를 기대한다. 다음은 일반적으로 유아교육에서 많이 활용하는 수업방법을 열거한 것이다(추정훈, 2011).

(1) 기본 생활습관 지도

기본생활습관은 모든 교육활동의 기초가 된다. 기본생활습관이 잘된 유아는 긍정적 자아감을 갖고 남을 신뢰하고 이해하며 다른 사람과 원만한 관계를 유지하며 적응을 잘한다.

기본 생활습관을 잘 지도하기 위하여 유의할 점은 다음과 같다(윤기영 외, 2006).

첫째, 영유아들이 무슨 생각을 하고 있는지, 무엇을 원하는지, 무엇을 하고 있는지 알아야 한다. 영유아들과 충분한 접촉이 필요하다.

둘째, 친절하면서도 엄격하게 지도해야 한다. 어떤 행동은 허용되고 어떤 행동은 허용되지 않은지 확고하고 명확한 기준을 세우고 그 기준을 지키도록 한다.

셋째, 규율은 영유아와 함께 정하여 모든 영유아들이 공평하게 규율을 지키도록 한다.

넷째, 위협하지 않으면서 신뢰관계를 형성하도록 해야 한다. 문제 행동이나 잘못된 점은 개별적으로 해결하여 왜 잘못되었는지 잘못된 행동을 분명하게 이해하고 자연스럽게 받아들이도록 한다.

다섯째, 영유아들을 꾸짖거나 타이른 뒤에는 가능한 빨리 신뢰관계를 회복하도록 한다.

여섯째, 명확하고 일관성 있는 지도가 이루어지도록 한다.

일곱째, 참을성 있고 끈기 있게 지도하도록 한다.

여덟째, 영유아의 흥미를 고려하여 스스로 성취감을 갖고 즐겨 되풀이 하는 동안에 저절로 습관화되도록 하여야 한다.

(2) 자유선택 활동 지도

가. 실내

실내 자유선택 활동 시간은 영유아들이 개별학습과 소집단 활동을 실시 할 수 있으므로 인지적 발달을 도모할 수 있으며, 교사와 또래 영유아, 교구와의 상호작용을 통해 언어발달과 사회 · 정서 발달을 도모하며, 신체적으로 대 · 소근육을 골고루 발달시키므로 영유아 교육 및 보육활동에 있어서 가장 중요한 시간이라 할 수 있다.

실재 자유선택 활동 시 고려할 사항은 다음과 같다(윤기영 외, 2006).

먼저 자유선택 활동 시간에 지켜야 할 규칙과 약속을 미리 정한다. 그리고 영유아가 원하는 것을 무조건 받아 주어서는 아니 되며, 영유아에게 해도 되는 일과 해서는 안 되는 일을 구분할 수 있도록 일관성 있게 분명히 지도하여야 한다. 영유아들의 문제는 가급적 교사가 개입하지 말고 영유아들 스스로 해결할 수 있도록 상황을 관찰하면서 기다려 주어야 한다. 영유아들 스스로 해결이 어려울 때는 교사가 자연스럽게 개입하여 공정하게 들어 주면서 영유아들이 상황을 정확하게 이해하고 잘잘못을 스스로 판단하도록 돕는 역할을 한다.

놀이가 끝난 후에는 정리정돈을 영유아가 스스로 할 수 있도록 지도한다.

나. 실외

실외 자유선택 활동은 영유아들이 신체발달과 긴장해소에 도움을 주므로 균형 있는 하루 일과에 꼭 있어야 하는 중요한 시간이다.

실외 자유선택 활동은 기본 운동기술을 학습하는 단계에 있는 영유아들에게 대근육의 발달을 도와주는 여러 놀이기구를 실외에 제공하여 다양한 놀이를 경험할 수 있도록 하고 동 · 식물의 사육과 재배, 자연물의 관찰, 탐구 등의 활동이 이루어지도록 한다(윤기영 외, 2006).

실외 자유선택 활동에 반드시 고려할 사항은 안전에 관한 것이다. 안전에는 놀이기구와 시설의 사전, 사후 안전점검과 놀이 중 영유아의 안전지도이다. 놀이의 안전규칙과 순서를 엄격히 지킬 수 있도록 지도한다.

(3) 이야기 나누기 지도

이야기 나누기는 매우 다양한 주제를 다룰 수 있다. 친구의 출·결석 알아보기, 날짜와 날씨 알아보기, 하루 일과 계획하기와 평가하기, 집단생활에서의 규칙 토의 정하기, 새 소식 발표하기, 주말 지낸 경험 발표하기, 작품 발표하기, 계절의 변화나 연중행사, 자연과학과 사회과학에 관한 생활주제에 대한 활동들이다(윤기영 외, 2006). 자연스런 대화를 통한 상호작용과 토의하기, 발표하기, 이야기를 통해 탐구하기 등 매우 다양한 기법들을 활용할 수 있는 시간이기도 하다. 특히 유아사회과의 경우 사회개념을 언어적 이해를 통해 전달할 수 있는 시간이기도 하다. 시간은 영유아의 주의 집중과 내용에 따라 5-25분 정도로 계획하고 영유아가 흥미를 잃기 전에 마쳐야 한다.

여기서 교사의 역할은 내가 공부해서 알게 된 새로운 것을 주입식으로 많이 가르쳐 주는 것이 아니라, 영유아가 이미 경험하여 알고 있는 것을 밖으로 꺼낼 수 있도록 해줌으로써 계속 흥미를 갖고 활동 범위를 넓히고 사고를 확장해 나갈 수 있도록 한다.

(4) 동화 지도

동화지도는 영유아가 가장 집중을 잘하는 시간이다. 동화를 들려줄 때는 내용 전개나 등장인물에 따라 자연스럽게 억양과 어조를 달리 표현해야 영유아들이 재미있어 하고 실감나지만 과도한 성대묘사나 제스처는 오히려 영유아들을 혼란스럽게 한다.

동화지도 시 다음과 같은 점에 유의해야 한다(윤기영 외, 2006).

첫째, 동화를 들려 줄 때 교사의 자세는 의자에 등을 깊숙이 대고 앉아 상체를 펴고 두 무릎과 다리를 붙여 직각이 되도록 한다.

둘째, 동화의 순서와 크기가 적절한지 확인해야 한다.

셋째, 시선은 영유아들을 두루 쳐다보도록 한다.

넷째, 동화를 다 들려 준 후 교훈적인 설명은 하지 않도록 한다.

(5) 동극 지도

동극은 교사가 들려준 동화의 내용을 실제로 영유아들이 주인공이 되어 극화하는 활동이다. 계절, 주제, 영유아의 흥미와 발달단계에 맞는 적합한 동화를 선택하는 것이 중요하다(윤기영 외, 2006).

동화선정 시 일반적으로 길이가 짧고 반복되는 대화체로 구성되어 있고 역할을 신체로 표현하기에 쉽고 등장인물이 많아서 여러 명의 영유아가 동시에 참여할 수 있는 것을 선택한다. 동화를 들려 준 뒤 회상의 시간을 가진 후 무대를 설치하고 배역을 정하여 동극을 실시한다.

(6) 게임 지도

유아들은 게임을 좋아 한다. 게임에는 승패가 있어 긴장하게 되고 스릴을 느끼게 한다. 게임에는 이미 약속된 일정한 규칙이 있다. 규칙을 미리 숙지하고 게임을 하게 된다. 게임은 개별적으로 참가하는 게임이 있고, 조를 나누어 집단으로 참가하는 게임이 있다. 어떤 게임이든 규칙이 있고 규칙이 허용하는 범위 내에서 친구와 경쟁하고 조별로 협동하게 된다. 이러한 상호작용을 통해 유아는 규칙을 내재화시키고 사회성을 형성하게 된다. 그러면서 자신에 대한 통제력을 향상시킨다.

게임에는 모든 영유아들이 즐겁게 참여할 수 있도록 하고 성패보다 게임에서 의도하는 목적 행동을 주의해서 보아야 한다.

그리고 최근에 부상되고 있는 영유아가 컴퓨터 게임에 몰입하는 문제는 그 내용의 자극성과 폭력성, 사회적 고립성, 사이버 공간과 현실간의 괴리성 등으로 인해 영유아의 사회성 발달과 두뇌발달에 장애요소가 되고 있다. 그러므로 이에 대처하기 위한 방식으로 게임지도가 더욱 필요하다. 또한 컴퓨터 게임 자체도 그 내용의 선별 및 건전한 게임 개발과 게임 몰입시간 제한 및 자제력 함양을 통해 긍정적 방향으로 유도할 수 있다고 본다.

(7) 신체표현 지도

영유아기는 움직임이 가장 활발한 시기로 영유아는 자신을 둘러싼 주변 환경을 탐색하고 흉내 내기를 좋아한다. 신체표현 활동은 기본 운동과 창의적인 신체표현 활동이 있다. 기본 운동은 신체 인식과 동작, 조작운동으로 구성된다. 창의적인 신체표현 활동은 사물의 상태나 움직임을 모방하거나 상상하여 표현하는 것이다.

신체표현 활동을 할 때는 안전을 위해 충분한 공간을 확보해야 하며, 영유아의 신체발달에 적합한지 먼저 고려하여야 한다. 노랫말대로 움직이는 패턴 율동의 경우 노래와 동작을 먼저 익힌 후 동시에 할 수 있게 한다. 창작 율동을 할 때는 교사가 의견을 제시하고 안내하는 것이 필요하다.

(8) 조형활동 지도

조형활동은 영유아의 자발적인 내적 욕구를 표현할 수 있는 수단을 제공해 준다. 영유아는 주변의 사물, 자연, 사람들과의 상호작용을 통해 느낀 감정을 표현하고자 하는 내적 욕구를 가지고 있다. 이를 표현하기 위하여 영유아가 다양한 재료를 접할 수 있게 해주고 자유로운 분위기와 넉넉한 공간 속에서 맘껏 구상하고 표현할 수 있게 한다. 영유아가 스스로 재료를 선택하고 조형 활동으로 자신의 느낌이나 생각을 표현하게 함으로써 스스로 자존감을 느끼게 한다. 그리고 영유아가 창의성과 긍정적인 자기개념을 가질 수 있게 한다. 교사는 생활주제나 계절에 맞추어 발달단계에 맞는 재료와 활동을 제시하며, 마무리 후에는 정리 정돈을 스스로 하도록 유도한다. 영유아의 작품에 대해서는 평가를 해준다.

(9) 요리활동 지도

요리 활동은 영유아들이 매우 좋아하는 활동으로 소란스러워질 수가 있고 안전사고의 위험도 있으므로 소규모 집단으로 나누어 실시하는 것이 좋다. 영유아의 발달단계에 맞는 요리 과정과 난이도 등을 고려하여 요리의 종류를 결정해야 한다. 그리고 안전사고의 요소를 철저히 배제해야 한다. 칼이 사용되거나 불이 사용될 때 거듭 유의할 점들을 주지시켜야 한다. 그러므로 이러한 점들을 교사는 사전에 치밀하게 계획하고 준비를 갖춘 다음 실시해야 한다.

요리를 할 때는 먼저 청결을 유지해야 한다. 요리를 하기 전 아동에게 손씻기를 시키고, 머리 수건이나 요리사 모자, 앞치마 등을 갖추게 한다. 책상이나 주변을 청결히 하고 종이 등을 깔도록 한다.

요리는 과정이 매우 중요하다. 요리 과정에서 교사는 영유아들과 대화함으로써 끊임없이 교감하여야 한다. 그리고 요리를 하고 난 뒤 맛을 보게 하고 스스로 평가해 보게 한다. 요리활동은 영유아의 건강과 영양을 고려하여 실시하고, 미각과 후각, 시각, 청각, 촉각의 오감을 전부 활용하므로 과정을 잘 통제하면 교육적 효과를 극대화할 수 있을 것으로 보인다. 요리활동이 끝나면 정리 정돈을 하고 손을 씻게 한다.

(10) 견학 지도

견학은 영유아들로 하여금 실제로 현장을 방문하여 어떤 작업현장이나 사무실 등을 직접 관찰하고 경험하게 하는 것이다.

견학을 하기 위해서는 영유아들을 집단적으로 현장까지 이동시켜야 하므로 견학의 목적, 안전지도 등 사전에 치밀한 계획을 세워야 한다.

먼저 지역사회에서 견학이 가능한 장소를 조사하고 견학의 목적에 맞는 장소를 선정한다. 견학의 목적을 달성할 수 있도록 견학의 계획을 짠다. 계절과 날씨 등의 외부적 요소도 고려하여야 한다.

가. 사전활동

먼저 견학 장소를 사전 답사하고 필요한 복장, 안전점검, 화장실, 안내인 등을 알아보아야 한다. 견학에 대한 가정 통신문을 보내고 필요하면 견학승인 용지도 가정에 미리 보내 부모의 동의를 받아야 한다.

교육의 목적을 달성하기 위해 견학 장소에서 무엇을 할 것인지, 알고 싶은 것, 안전규칙 등에 대하여 영유아들과 미리 이야기 시간에 토의를 하여야 하며 사진이나 슬라이드, 동영상 등을 통해 사전경험을 시킨다. 그리고 안전지도 계획을 세우고 대책을 사전에 논의하여야 한다. 보조교사의 배치, 자원봉사자 결정, 비상시 대책, 응급치료 물품 준비 등에 대하여 사전 점검을 하여야 한다.

나. 본 활동

안전에 유의하면서 견학을 지도한다. 영유아의 흥미가 견학의 목적에 집중되도록 한다. 영유아가 스스로 관찰하고 탐색하고 발견할 수 있도록 하며 질문 시간을 주도록 한다.

다. 사후활동

견학 후 견학의 효과를 극대화하기 위해 영유아가 견학을 회상해서 자신의 경험 재구성하도록 하며, 사건과 생각을 연결하여 창의적으로 표현하게 한다. 이를 위해

이야기 나누기, 게임, 놀이 등을 할 수 있으며 창의적 표현을 위해 찰흙, 그림물감, 음률활동, 역할놀이 등을 할 수 있다.

(11) 자원인사의 활용

보육에 현장감을 주고 영유아들의 경험 범위를 넓히기 위해 영유아가 현실 생활에서 관심가지는 사람들을 직접 만날 수 있는 기회를 제공하는 것이 자원인사의 활용이다. 자원인사는 직업별 근로자, 특별한 분야에 종사하는 사람, 특정 분야에 지식이 있거나 역사적 사실을 알고 있거나 경험한 사람 등 다양한 사람들을 자원인사로 보육기관에 초빙하거나 방문할 수 있다. 방문할 경우는 견학과 유사한 형태를 띠게 된다.

자원인사로 활용되는 인사는 영유아에게 깊은 관심을 가지고 보육을 이해할 수 있는 사람이어야 한다. 지역사회 인사나 특정 인물을 대상으로 사전에 계획을 세우고 어린이집의 보육계획과 일치하도로 하여야 한다.

8 chapter

영유아생활지도

영유아 생활지도를 위해서 우선 영유아의 행동 특성을 파악하는 것이 중요하다. 이를 토대로 하여 보육실습생은 일상적인 생활지도와 문제 상황 별 생활지도 방법을 연구하여야 한다.[1)]

1. 영유아의 행동특성 파악

영유아의 생활지도를 하기위해서는 우선 영유아의 행동 특성을 파악하는 것이 필요하다. 영유아들이 어떤 놀이를 좋아하며, 소외되거나, 문제를 일으키는 영유아는 없는지 보육실습생은 파악하여야 한다.

현장에서 영유아의 활동이나 행동특성을 파악하기 위해 주로 사용하는 방법은 관찰법과 면담법, 작품분석법 및 수행평가이며 그리고 사회성 측정법과 내면의 심리를 파악하기 위한 투사법을 들 수 있고 종합적 평가의 형태를 띠는 학습활동 일지 분석, 표준화검사 등이 있다. 이 중에서 관찰법이 가장 많이 사용되며 관찰의 방법도 다양하다. 이러한 방법들을 적용하여 영유아의 행동 특성과 변화를 효과적으로 진단하고 개선할 수 있을 것이다.

1) 본 장은 추정훈, 2012, 제8장의 내용을 참고로 하여 보육에 관한 내용을 첨가하였다.

(1) 관찰법

관찰법은 영유아의 행동, 작품 등을 직접보고 자료를 수집하는 방법으로 영유아의 정의적 영역이나 심리·운동적 영역의 행동특성에 관한 자료를 수집하는데 유리하다. 관찰에 시간과 노력이 많이 소요되며 관찰자의 주관이 개입될 소지가 크다는 단점이 있다. 또한 관찰되고 있는 대상이 관찰되고 있다는 것을 의식하게 되면 반응이 왜곡될 가능성도 있다.

이러한 관찰법에는 '표본기술법(specimen description)', '일화기록법(anecdotal records)', '평정척도법(rating scale method)', '행동목록법(behavior check list)' 등이 있다.

가. 표본기술법

표본기술법은 관찰할 영유아를 표본으로 선정하고, 관찰 장소, 시간 등을 미리 정해서 그 상황에서 일어나는 영유아의 행동과 주변상황을 상세하게 기록하는 것이다. 일화기록법이 관찰대상 영유아의 특별한 행동에 대해서만 기록한다는 점에서 표본기술법과는 구분된다. 표본기술법은 영유아의 행동, 상황을 보지 않은 사람도 당시의 상황을 재현할 수 있을 정도로 자세하게 기록하며, 상황을 있는 그대로 기록한 원 자료를 가능한 한 많이 수집한다. 관찰대상 영유아의 발달을 여러 측면에서 볼 수 있어야 한다.

그러므로 관찰되는 말과 행동도 실제로 사용하는 그대로 기술하며, 사건이 일어난 시간 순서대로 기록한다. 표본기술법은 행동장면이 연결되는 시간대별로 영유아의 행동을 자세하게 기록하므로 영유아에 대한 많은 정보를 얻을 수 있지만 관찰과 분석에 시간이 많이 걸리고, 한 번에 한명의 영유아밖에 관찰을 하지 못하며, 관찰자의 주관적인 해석에 흐를 수 있다는 단점이 있다. 그러나 영유아의 일상행동에 대한 시간대별 자세한 기록은 영유아의 행동을 분석하고 파악하는데 가장 중요한 자료가 될 것이다.

〈표 8-1〉 표본기술법 관찰 예시

<table>
<tr><td>관찰 유아</td><td>공진우</td><td>생년월일</td><td colspan="2">2007 년 5월 1일(남 · 여)</td></tr>
<tr><td>관 찰 자</td><td>김정임</td><td>관 찰 일</td><td colspan="2">2011년 2월 22일</td></tr>
<tr><td>관찰 장면</td><td>자유선택놀이 활동중 조작영역</td><td>관찰 시간</td><td colspan="2">13:00-13:15</td></tr>
<tr><td>시 간</td><td colspan="3">기 록</td><td>영역관련 활동 및 사회개념</td></tr>
<tr><td>13:00-
13:10

13:10-
13:15</td><td colspan="3">진우가 오색끈으로 모자를 만들어 쓰고 오색끈을 길게 연결해 허리에 두르고 앉아 있다. 재역이가 진우의 긴 오색끈 안으로 들어가서 앉자 진우는 "칙칙폭폭" 하며 엉덩이를 들어 3번 앞으로 가더니 뒤를 쳐다보며 "안전벨트매요. 이건 3명밖에 못타요" 하고 일어나자
...... 중략......
자리를 옮겨 앉고는 여러 가지 도형을 맞춘다. 도형을 맞추며 "따따따" 하고 노래를 부른다. ... 중략...
정재는 "안돼, 안돼" 하며 자기가 만든 것을 자기 앞으로 가져온다. 진우가 정재에게 "빌려줘, 친구야!, 친구야!" 하고 말하자 정재는 "나두 없는데" 하고 말한다. 진우는 "나두 없는데" 하고 말하고는 일어나 다른 곳으로 간다.
(전남련, 2006 : 내용 발췌)</td><td>협동, 규칙

소유권
관계의 인식
대화를 통한 해결</td></tr>
<tr><td colspan="5">요약 : 진우는 협동놀이를 할 수 있다. 진우는 다른 사람의 물건을 사용할 때 허락을 구한다.
진우는 높은 단계의 사회적 놀이(집단놀이)와 인지적 놀이(역할 놀이)를 할 수 있다.</td></tr>
</table>

나. 일화기록법

일화기록법은 어떤 짧은 내용의 사건에 대한 행동사례를 구체적으로 기록하는 방법이다. 한 가지 행동이나 사건에 초점을 맞추어 기록하기 때문에 관찰자는 영유아 행동의 변화, 패턴, 특기할 만한 사건 등을 기록하는 것이다. 영유아들의 특정한 행동 영역의 발달에 관심을 갖고 그 영역에 관한 일화만 기록할 수 있다. 예를 들어 관찰자가 영유아의 공격성에 관심을 갖는다면 영유아들의 자유 놀이 시간에 장난감을 갖고 놀이하는 것을 관찰하면서 장난감을 서로 빼앗기지 않기 위해 친구를 때린다거나 언어적 공격을 가한다면 그 상황을 있는 그대로 묘사하여 기록할 수 있다. 그리고 영유아들의 편식이나 식생활 습관을 알고 싶으면 간식시간이나 점심시간을 이용해서 기록할 수 있다. 일화기록법은 이와 같이 직접 관찰의 형태를 띠게 된다.

일화기록의 특징은 어떤 행동이 어떤 조건하에 발생되었는가에 대한 사실적 기술이어야 한다. 이러한 행동에 대한 해석과 처리방안은 분리되어 기록하여야 한다. 그리고 하나의 일화기록은 하나의 사건의 기록이 되어야 하며 여러 시기의 사건을 총괄하여 종합적으로 기록해서는 아니 되며, 그 하나의 기록된 사건은 아동의 발달과 성장을 이해하는 데 의의가 있는 것이어야 한다(전남련, 2006).

일화기록의 작성요령은 일화는 발생 즉시 기록해야 하며, 관찰대상 영유아의 말과 행동을 구분해서 기록해야 한다. 일화가 일어난 순서대로 기록하며, 관찰대상 영유아가 사용한 말을 그대로 사용해 정확한 의미를 파악해야 한다. 영유아의 행동을 기술할 때는 동일한 용어로 일관성 있게 기술하여야 한다. 객관적이고 사실적인 기록이어야 한다.

이러한 일화기록이 반복되게 되면 다른 관찰기록들과 비교될 수 있으며 교사가 영유아의 독특한 발달 패턴, 행동변화, 영유아의 능력, 필요로 하는 것 등을 정확하게 이해할 수 있다. 그러나 일화기록이 객관적이고 정확한 기록이 되지 못하고 관찰자의 주관이나 감정이 포함될 경우 영유아에 대한 편견을 낳을 수 있으며 기록된 일화가 영유아 행동의 일부임에도 불구하고 관찰대상 영유아의 전체를 대표하는 것처럼 판단될 수 있다. 그리고 평정척도나 체크리스트보다는 시간과 노력이 많이 들어 교사가 부담을 가질 수 있다(전남련, 2006).

〈표 8- 2〉 일화기록법 관찰 예시

<table>
<tr><td>관찰 유아</td><td>김예찬</td><td>생년월일</td><td>년 월 일(남 · 여)</td></tr>
<tr><td>관 찰 자</td><td>담임교사</td><td>관 찰 일</td><td>2008년 5월 21일</td></tr>
<tr><td>관찰 장면</td><td>실외 바깥 놀이터의 모래놀이 영역</td><td>관찰 시간</td><td>오후 4시 40분-4시 45분(5분)</td></tr>
<tr><td colspan="4">기록 : 실외노리시간에 예찬이가 모래놀이 영역에서 소꿉놀이를 하고 있는 4명의 여아들에게 다가간다. 예찬이가 그 곳에 쪼그려 앉아 오른손으로 모래를 판다. 양팔을 쭉 펴서 모래를 모으더니 다시 헤쳐 버린다. 오른손으로 모래를 쥐어 바닥에 뿌리고 다시 오른손에 쥔 모래를 뿌린다. 미진이가 "하지 마!"라고 말하고 소영, 선희, 수경이는 예찬이를 3-4초 노려본다. 예찬이는 아이들을 힐끔 보더니 다른 곳으로 떠나간다.

교육 과정 영역: 사회생활 영역-공격성, 사회개념 : 상호작용</td></tr>
<tr><td colspan="4">요약 : 모래를 친구에게 뿌리는 공격적인 행동을 보이므로 친구에게 그런 행동을 하면 안 되며, 그런 행동 후에는 친구들에게 사과해야 한다는 것을 지도할 필요가 있다. 그리고 예찬이가 왜 그런 행동을 하게 되었는지의 원인을 알 필요가 있다. 만약 예찬이가 여자 친구들과 같이 놀이하고 싶은 의도로써 그런 행동을 했다면 그럴 때에는 어떻게 표현해야 되는지도 함께 지도할 필요가 있다.</td></tr>
</table>

출처 : 황해익 외, 2009

다. 평정척도법

평정척도법은 연구 대상의 행동을 관찰한 후 일정한 위치에 평정하여 수량화된 점수를 부여할 수 있도록 한 방식을 말하며 수량화를 위해 고안된 것이다. 관찰대상 영유아의 어떤 특성이나 신체적 특질, 성격 등을 미리 정해진 척도에 의해 평정하므로 관찰자는 관찰하려는 행동영역의 특질을 잘 알고 있어야 한다. 행동목록법(check list)이 행동의 유무만 기록하는데 반해 평정척도법은 행동의 질적 특성을 몇 등급으로 구분하여 기록하거나 행동출연 빈도를 기록하고자 할 때 유용하다(전남련, 2006).

평정척도를 제작할 때 염두에 두어야 할 사항(전남련, 2006 재인용)은

첫째, 가능한 한 명확하고 간결하게, 짧고 분명한 용어를 사용한다.

둘째, 단어나 단서들이 평정하는 특성과 일치하는 것이어야 한다.

셋째, 여러 척도에서 의미가 중복되는 단어를 사용하지 않는다.

넷째, '평균적, 우수, 아주'와 같은 일반적 용어는 사용하지 말아야 한다.

다섯째, 좋은 행동이나 나쁜 행동 등을 의미하는 가치 판단적 용어는 사용하지 말아야 한다.

여섯째, 한 가지 특성에 대하여 모든 피험자를 평정한 후에 다음 특성을 평정한다.

일곱째, 평정할 대상이 모르는 상태에서 평정한다.

이러한 평정법은 만들기 쉽고 사용하기 편리하다는 점과 시간이 걸리지 않고 많은 발달영역을 한꺼번에 평가할 수 있다는 점과 단계를 두어 행동의 질도 평가할 수 있다는 장점이 있는 반면에 단지 행동의 수준만 기록하기 때문에 행동의 원인이나 전후 사정을 설명해 주지는 못한다. 그리고 관찰하고자 하는 행동을 정확하게 나타내는 항목을 개발하는 것이 쉽지 않다.

평정척도법에는 척도로서 기술평정척, 숫자평정척 등이 있다.

(가) 기술 평정척도

행동의 한 차원을 연속성 있는 몇 개의 범주로 나누어 기술하고 행동을 가장 잘 나타내는 진술문을 선택하게 하는 방법이다.

〈예시〉

관찰 대상 영유아의 공격성은 어느 정도입니까?

( ) 매일 다른 영유아를 괴롭힌다.

( ) 가끔씩 다른 영유아를 괴롭히는 행위를 한다.

( ) 다른 영유아들과 잘 어울려 논다.

(나) 숫자 평정척도

각 척도치에 숫자를 부여하여 일종의 점수로써 평정된 자료를 수량화하고 통계적인 분석을 가능하게 하는 방법이다.

〈예시〉

영유아의 친사회적 행동(prosocial behavior)에 대해 평정하시오.

	아주 못함	못함	보통	잘함	아주 잘함
1. 놀이할 때 친구와 장난감을 교환한다.	1	2	3	4	5
2. 교사에게 인사를 잘 한다.	1	2	3	4	5
3. 일을 할 때 친구들과 협동을 잘한다.	1	2	3	4	5
4. 친구들의 일을 잘 도와준다.	1	2	3	4	5
5. 자기물건을 나누어 주기를 좋아 한다.	1	2	3	4	5

라. 행동목록법

관찰할 행동 목록을 만들어 놓고 해당하는 행동이 나타나면 표시하는 방법이다. 관찰하고자 하는 행동 유무를 확인하는데 주로 사용된다. 어느 한 시점에서 행동의 출현여부를 확인하지만, 시간차를 두고 같은 목록을 확인 하면 행동의 변화를 알 수 있다. 목록법은 체크리스트(check list)법이라고도 하는데 관찰시간이 절약되고 학습계획이나 영유아의 행동평가에 쉽게 적용할 수 있다.

(2) 면담법

면담(접)법(interview)은 면담자가 피면담자와의 대화를 통해 자료와 정보를 얻거나 태도를 관찰하는 방법이다. 면담자는 미리 질문을 준비하여야 한다. 구조적 면담과 비구조적 면담이 있다.

면담에는 구조적 면담과 비구조적 면담이 있다. 구조적 면담은 면담의 내용과 순서 등을 일관성 있게 미리 준비한 면담표에 의해 면담을 진행하는 것을 말하며, 면담자에 유통성을 부여하지 않는다. 그러므로 면담의 타당도와 신뢰도가 높다는 장점이 있지만 면담표에서는 예상하지 못한 새로운 사실을 발견하기는 어렵다. 비구조적 면담은 면담목적에 크게 벗어나지 않으면 질문의 내용, 순서, 어법 등은 면담자가 융통성 있게 진행할 수 있는 것을 말한다. 비구조적 면담은 현장 변화에 대한 적응성이 높고 새로운 사실을 발견할 가능성이 높으나 면담자에게 고도로 훈련된 능력이 요구된다. 그렇지 못할 경우 타당도와 신뢰도가 낮을 수 있다.

면담법은 시간과 노력이 많이 소요되며 면담자가 피면담자에게 영향을 주어 결과의 신뢰도가 낮을 수 있다는 공통된 문제를 지니고 있다.

〈표 8-3〉 영유아 면담의 예

유아명	정연욱(남・여)	생년월일	2005년 5월 17일
면담일자	2009년 3월 31일(자유선택활동)		
면담장면	나의 좋은 점		
면담내용	교사 : 연욱이는 무얼 하는 것을 좋아하니? 유아 : 저는 양보하는 것을 좋아해요 교사 : 양보하는 것이 좋으니? 왜 그럴까? 유아 : 양보하고 나눠 주면 기분이 좋아져요. 교사 : 그래, 그럼 그것을 누가 가르쳐 주었니? 유아 : 우리 형이요, 우리 형은 양보를 참 잘 해요. 그래서 저도 형처럼 양보하는 것을 참 좋아해요. 전 양보대장이에요. 교사 : 모든 걸 다 나눠 주고 양보해서 네가 가지는 것이 없어도 괜찮니? 유아 : 그래도 좋아요. 교사 : 컴퓨터는 2명씩 같이 사용하기로 했잖아. 네 차례가 되었는데 뒤에 기다리는 친구들 3명이 자기들이 먼저 하면 안 되겠냐고 한다면 어떻게 할 거야? 유아 : 음...		
비고	친구와 사이좋게 잘 지내는 유아로 친구들에게 양보를 잘 해 양보대장이라 불린다. 상황에 맞게 물건을 나누어 쓰고 기회를 양보하는 것에 대해 이해시킬 필요가 있다.		

출처 : 황해익 외, 2009

(3) 작품분석법

작품분석법은 영유아가 일정기간 동안 학습한 결과를 모아 포트폴리오(portfolio)를 구성하고, 이들 작품을 분석하여 영유아의 행동이나 인지의 발달을 확인하는 것이다. 작품을 분석하기 위해서는 일정기간 동안 한 영역 혹은 영역별로 의도적으로 영유아의 작품을 모아야 하며, 이 자료들에는 영유아의 발달 상황이 내포되어 있어야 한다. 이렇게 영유아의 활동과 상호작용의 결과 형성된 결과물을 모으는 것을 포트폴리오라 한다.

포트폴리오는 영유아교육과정에 입각해 영역별로 조직하는 것이 현실적으로 영역별 발달단계를 분석하는데 유리할 것으로 보인다. 포트폴리오는 영유아의 행동 변화와 발달을 보여줄 뿐만 아니라 영유아를 제작과정에 능동적으로 참여시킨다는 장점이 있으며, 이를 통해 교사, 부모, 영유아자신에게 일정기간 교육활동에 대한 의미 있는 정보를 제공해 준다.

(4) 투사법

어떤 계획된 자극을 제시하여 개인적 욕구, 특수한 지각, 해석을 표출하게 하여 인성을 측정하는 방식을 말한다. 그러므로 투사법(projective method)은 비구조적이며 애매모호한 자극을 제시한 다음, 반응을 분석하여 심층에 내재된 성격특성, 욕구 등을 측정하는 방법을 말한다(권대훈, 2007).

로르샤하가 개발한 잉크반점검사(Rorschach Ink Blot Test)와 머리와 모건(Murry & Morgan)이 개발한 주제통각검사(Thematic Apperception Test-TAT) 등이 있다.

로르샤하의 잉크반점검사는 잉크를 떨어뜨려 접어 펴서 만든 좌우대칭그림 10개 카드를 보여주고 반응을 분석하여 잠재된 욕구를 분석하는 방법이다. 주제통각검사는 피검자에게 애매한 그림을 보여주어 상상적 이야기를 작성하게 한다. 이를 통해 어떤 욕구가 어느 정도 존재하는지를 측정한다.

(5) 사회성 측정법

사회성 측정법은 집단 내 구성원들 간의 상호관계, 즉 상호 수용하거나 배척하는 정도와 집단의 사회구조를 측정하기 위한 방법이다. 현장에서는 교우관계 조사라고도 한다. 사회성 측정법에는 동료평정법, 추인법, 지명법, 사회적 거리척도 등이 있다(권대훈, 2007).

동료평정법은 동료영유아가 다른 영유아의 준법성, 사려성 등을 평가하는 것이다.

추인법은 어떤 특성을 내포한 진술문을 제시하고 가장 일치하는 사람이름을 적도록 한다.

지명법은 특정한 어떤 사람(옆자리에 앉고 싶은 사람, 함께 공부/식사 하고 싶은 사람)을 지명하게 하는 방법이다.

사회적 거리척도는 각 개인별로 일련의 문항에 대하여 모든 학생들에게 반응하도록 하여 특정 개인이 집단을 수용 또는 거부하는 정도를 분석하는 것이다.

(6) 학습일지 분석법

학습일지는 영유아 개개인의 가족관계, 가정환경, 성장기록, 교우관계, 취미와 특기, 적성, 습관, 부모의 기대 등 개인적 배경, 지도하는 동안 발생한 사건, 성장에 대하여 기록한 것이다. 이러한 학습일지는 유아에 대한 종합기록으로 영유아의 성장 발달에 대하여 분석할 수 있는 자료이다.

그리고 학급일지는 집단속에서 영유아가 어떤 역할, 행동, 사회생활을 하였는지 기록한 자료로 영유아의 사회성 발달을 이해하는데 도움이 된다.

(7) 표준화 검사

유아의 특정 심리적 특성 측정하기 위해 일정한 조건하에서 미리정한 과제로서 특정 장면에 부과하여 반응을 하게 하고 영유아의 특성을 분석한다. 분석은 일정한 준거를 가지고 영유아의 행동에 대하여 양적·질적 기술하는 조작적 절차다. 필기 능력이 부족한 영유아들을 상대로 할 때는 그림과 간단한 문자를 이용한 영유아용 검사를 사용해야 한다. 표준화 검사로는 사회 정서 발달 평정척도, 생활지도 진단검사, 행동진단검사, 적응행동검사, 사회성숙도 검사 등이 있다.

2. 일상적 상황에서의 영유아생활지도

영유아의 활동 영역에 지적 영역과 정의적 영역이 있다고 할 때 영유아생활지도는 정의적 영역에 가깝다. 영유아가 또래들과 원만하게 집단생활을 할 것인지의 문제와 안정된 정서를 가지고 교사의 수업과 놀이에 집중할 수 있는지의 문제이다. 영유아의 생활지도는 영유아 개인의 인성발달은 물론, 사회성 발달에 기여하게 될 것이다. 전술한 바와 같이 영유아의 일상을 관찰할 때 영유아는 발달단계가 미숙하여 성인과는 다른 행동특성을 보인다. 생활지도에서 기본은 먼저 문제를 이해하고 원인을 찾고 상호작용을 통해 해결방안을 모색하는 것이다. 영유아 생활지도의 문제는 보육실습생의 입장에서 처음 접하는 경우가 많으므로 매우 신중하게 접근할 필요가 있다. 쉽게 해결될 것 같지 않을 때 성급하게 결론 내리려 하지 말고 반드시 지도교사와 상의하는 것이 좋을 것이다.

일상적 상황에서 영유아의 생활에서 나타나는 행동 양태를 관찰하면서 원만하게 이끌고, 교사가 섣불리 개입하려 하지 말고 지켜보아야 할 것이다. 그러다가 정도가 지나쳐 영유아 자체의 힘으로 해결될 수 없는 지경의 갈등상황이면 실습생이나 교사가 중재하여 해결을 도와주는 것이다. 여기서 중요한 것은 해결의 주체는 영유아이지 실습생이나 교사가 아닌 것이다. 자율적으로 해결할 수 있도록 하고 그 해결을 도와준다는 생각을 가져야 한다.

(1) 일상적 영유아생활지도

일상적인 유아의 생활은 약간 소란스러울 수 있지만 교사나 실습생의 통제를 잘 따르며 무리 없이 수업 활동을 전개할 수 있다. 교사가 기본적으로 알아야 할 것은 영유아의 개별성에 입각하여 인지, 언어, 사회, 정서, 신체 발달 수준을 파악하고 있어야 하며, 가정환경, 영유아의 욕구, 흥미, 특성을 알고 있어야 한다. 교사는 언어적, 비언어적 강화에 의해 영유아의 행동을 통제할 수 있다. 그런데 여기서 통제라는 말은 반드시 영유아를 존중하는 데서 출발해야 한다. 왜냐하면 영유아 생활지도의 근본이 본인에 대한 존중이며, 이를 바탕으로 타인도 가치 있고, 존중받아야 한다는 것을 깨닫게 하는 것이다. 이렇게 본인과 타인을 존중할 때 자율성이 나올 수 있다. 그러므로 생활지도는 자율성이 기초가 되어 대부분의 경우 영유아 스스로 해결하도록 해야 한다. 게임 규칙이든 갈등의 문제든 일단 스스로 해결하도록 지켜보는 것이 교사의 책무다. 그리고 자신의 감정을 스스로 통제 즉 자제할 수 있도록 의도하여야 한다.

(2) 갈등 상황에서의 영유아생활지도

일상적 상황에서 집단생활을 하다 보면 갈등 상황은 항상 발생하기 마련이다. 앞서 논한 바와 같이 갈등 상황이야말로 영유아들의 자체 해결력(문제해결력)을 발전시킬 수 있는 좋은 기회이다. 그러므로 보육실습생은 문제가 발생했다 해서 지나치게 민감할 필요가 없다. 다만 차분히 지켜보면서 갈등(문제)의 원인을 파악해야 한다. 어떤 문제든 해결하기 위해서는 원인부터 탐색해야 한다. 영유아들의 갈등의 특징은 소유갈등과 힘겨루기가 가장 빈번하게 나타나는 것이다(Holden, 1997). 영유아기 공동생활경험의 부족과 자기중심적 특성으로 인해 소유분쟁이 일어나지만 연령이 증가할수록 소유분쟁보다 규칙이나 활동 침해에 의한 힘겨루기가 갈등의 주원인이 된다. 그러므로 주된 원인이 무엇인가를 파악하고 지켜보다가 영유아들 간에 자체적 해결이 되지 않거나 갈등이 격심해지만 교사는 중재에 나서야 한다.

개입하여 중재에 나설 때의 갈등상황과 개입의 방법(이기숙 · 강숙현 역)은 먼저 어떤 상황이 개입할 상황인가이다. 교사의 개입이 필요한 상황은 영유아의 행동에서 신체적 공격(때리고, 물고, 물건을 던지는 등)이 나타날 때, 행동이 통제되지 않을 때, 울거나 비명을 지를 때, 싸움이 계속해서 지속될 때 등이다.

개입을 한다 하더라도 교사가 섣불리 결론 내려 지시를 하려 해서는 아니된다.

가. 갈등의 원인과 상황에 대하여 이야기한다.

  예) "진희와 민수는 왜 싸우고 있니?" "왜 그랬는지 진희가 먼저 이야기해 볼까?"

나. 영유아가 이야기할 때까지 인내심을 갖고 기다린다.

  예) "진희가 말하고 싶을 때까지 기다려 줄게"

다. 갈등에 관련된 모든 영유아들에게 말할 기회를 준다.

라. 꾸짖거나 비난하거나 창피를 주지 말고 영유아가 한 말을 수용한다.

  예) "그런 일이 있었구나."

마. 영유아들이 자신의 감정을 이야기할 때 교사는 영유아의 감정에 대해서 감정이입을 해준다.

  예) "진희는 정말 속상했겠구나." "민수는 아파서 울었구나."

바. 다른 친구의 감정은 어떨지 상대방에 대한 감정이입을 할 수 있게 한다.

  예) "진희가 그렇게 행동하면 민수의 마음은 어떨까?"

사. 갈등 상대와 화해할 수 있는 방법을 모색한다.

  예) "진희와 민수는 친구였지? 그러면 어떻게 하면 좋을까?"

이와 같은 방식으로 중재를 할 수 있다.

3. 부적응 행동 양상에 따른 영유아생활지도

부적응 행동이 일상적 상황을 벗어나 그 정도가 심할 경우 단순한 방식으로 해결하기는 불가능하다. 경우에 따라서는 치유 전문가의 도움을 요청해야 하는 경우도 있다.

(1) 공격성

공격성(aggression, 攻擊性)은 타인에게 고통이나 해를 주기 위한 행동을 말하며, 육체적 정신적 언어적 형태를 띠며(Wikipedia), 타인에 대하여 육체적, 정서적, 정신적, 언어적으로 피해를 주는 행동을 말한다.

공격성은 다른 사람을 발로 차거나 때리거나 머리카락을 잡아당기는 등 신체적으로 다른 사람을 괴롭히거나, 함부로 욕을 하거나 심한 말다툼, 다른 사람을 놀려 주는 등 말로 다른 사람을 괴롭히는 것을 포함한다. 그리고 다른 사람의 놀이를 방해하거나 다른 영유아의 작업을 건드려 망가뜨리거나 남의 물건을 일부러 떨어뜨리는 것, 아무데나 낙서를 하거나 칼로 흠을 내는 것 등도 공격성이다.

공격성의 양상도 처음에는 우발적 내지 도구적 공격성이지만 나이가 들면서 타인에게 해를 끼치려는 의도를 가진 적대적 공격성이 늘어난다. 그리고 영유아 초기에 신체적 공격이 주를 이루다가 언어표현이 점차 능숙해지면서 언어적 공격성이 증가하는 것을 볼 수 있다.

공격성의 원인(윤희경 외, 2011 : 박은혜 · 조운주, 2006)은 공격적으로 의사를 표현하는 것이 습관화되어 자신은 문제를 잘 인지하지 못하는 경우와 관심 끌기, 주변에 공격적 행동 모델이 있어 화가 나는 감정을 공격적으로 표현하는 경우, 감정조절이 어려운 개인적 성향, 갈등 해결의 전략과 기술부족, 친구들로부터 따돌림 당하거나 무시당하는 일이 잦은 경우, 일과 운영이나 교사와 상호작용할 때 스트레스를 경험하고 있는 경우, 그리고 기질적 정신적 손상을 당했을 때 등이다.

이러한 공격성의 지도방법은 공격성을 관찰하여 원인을 파악한 다음 관심과 칭찬을 제공하거나. 올바른 행동모델을 제시, 감정해소의 방법을 제시, 갈등해결의 기술을 발견하게 하거나, 스트레스의 원인 제거한다. 그리고 정신적 손상이라고 판단되는 경우에는 전문가에게 상담을 하는 것이 좋다.

(2) 고립

위축되고 고립된 행동은 영유아의 사회성 발달에 중대하게 부정적인 영향을 미친다. 영유아는 또래와 많은 시간을 함께 보내며 협상과 타협의 기술을 배우게 되며 또래들과 교류를 통해 공감대를 형성하거나 적대감을 형성하기도 한다. 또래와의 교류를 하지 않고 고립된 행동을 하는 영유아의 경우 이러한 기회를 잃게 된다.

고립행동(이소희 외, 2006)은 쉬는 시간에 하는 일 없이 혼자 앉아 있다든가, 아이들이 같이 놀고 있는데 참여하지 않고 구경만 하는 것, 협동작업 시간에 가만히 있는 것, 실외놀이 때도 혼자만 다니는 것, 친구들과 말하지 않고 지내는 것 등의 고립과 다른 사람과 말할 때 마주 쳐다보지 못하는 것, 다른 사람과 이야기할 때 '예, 아니오'로만 응하는 것, 크레파스, 놀잇감 등 용품이 없어도 같이 쓰자는 말을 못하는 것, 친구들에게 자기 감정이나 의사를 나타내지 못하는 것, 낯선 사람 앞에서는 말을 못하는 것, 공연히 얼굴을 붉히거나 수줍음을 타는 것, 어른이 조금만 뭐라고 해도 울기부터 하는 것, 선생님의 질문을 알면서도 더듬거리는 것 등 자신의 의사를 표현하지 못하는 경우가 있다. 그리고 자기의 권리를 지키지 못하는 경우로서 남의 지시에 싫어도 말 못하고 따르는 것, 자기보다 약한 아이에게도 대항하지 못하는 것, 부당하게 매를 맞고도 가만히 있는 것, 속임을 당하는 줄 알면서도 말을 못하는 것, 아이들을 피해 다니는 것, 물건을 빼앗기고도 말을 못하는 것 등이 있다.

이러한 고립과 위축의 원인(박은혜・조운주, 2006)은 유아의 기질이나 성격에 기인할 수도 있고, 성인과의 지나친 밀착, 또래와의 놀이 경험이 부족하여 혼자 노는 것에 더 즐거움을 느끼거나 정적놀이에 열중하는 경우, 체구나 외모가 문제일 수도 있고, 사고 발달이 미숙하여 의사를 표현하지 못할 수도 있다.

지도방법(윤희경 외, 2011 ; 박은혜・조운주, 2006)으로는 친구들과 함께하는 즐거운 놀이 경험을 알게 해주기, 다른 영유아들과 어울릴 기회를 제공 해주어 영유아가 친구들에게 자신의 생각과 느낌을 표현하고 친구들의 반응을 경험함으로써 함께 어울려 노는 것에 대한 관심과 기쁨을 갖도록 도와 줄 수가 있다. 사회적 기술이 부족한 영유아의 경우 다른 영유아가 놀잇감을 빼앗아 갔을 때 느낌과 친구와 물건을 나누어야 하는 이유를 이야기하며 다른 사람의 감정을 소중히 여기는 마음을 느끼도록 한다. 영유아의 장점을 부각해 주어 영유아가 선호하는 것을 존중해 준다. 영유아가 친구들과 함께 놀잇감을 나누고 협동하여 놀 때는 칭찬을 해주어 그 행동을 강화한다.

(3) 과잉행동과 주의산만

영유아의 발달 특성상 주의 집중시간이 길지 않고 새로운 것에 호기심을 갖기 때문에 주의력에 비해 활동이 길거나 흥미가 없을 경우 주의가 산만할 수가 있으며, 기질적 특성으로 부산하게 움직이며 소란스러울 수가 있다. 그러나 그 정도가 지나치다면 지도가 필요하다.

소란스럽게 떠들거나 자리에서 필요이상으로 몸을 들썩이는 것, 교실에서 여기저기를 유난히 돌아다니는 것, 수업 중에 옆과 뒤를 유난히 돌아보거나 자리를 뜨는 것, 주위의 아이들과 유난히 큰소리로 말하는 것, 공연히 비명이나 괴성을 지르는 것, 조용히 해야 할 때 떠드는 것, 의자나 책상 등을 움직여서 삐걱삐걱 소리를 내는 것, 물건을 똑똑 두드려 소리를 내는 것 등으로 소란스러운 행동이 있다.

그리고 눈, 머리, 몸의 방향이 학습 자극이 아닌 다른 곳을 향하고 있는 것, 교사의 질문, 지시, 언급을 무시하는 것, 수업과 관계없이 주위 아이들이 하는 일에 참견하는 것, 자기 신체의 일부를 반복해서 움직이고 자극을 주는 것, 교실 밖에서 나는 소리에 민감하게 반응하는 것, 자주 일어서거나 온몸을 계속 움직이는 것, 마음대로 자리를 뜨고 돌아다니는 것 등의 주의력 결핍 행동이 있다(이소희 외, 2006).

원인으로는 교사의 관심 끌기일 수도 있고, 엄격하고 지배적인 부모의 양육 태도, 성급한 부모의 성격, 가정불화로 인한 정서불안, 유전적 요인 내지 임신 출산 시 문제가 있을 수 있다.

지도방법으로는 원인별로 달라지는데 영유아들이 좋아하는 활동과 놀이를 제공하며 너무 길지 않도록 한다. 규칙적인 생활습관을 지도하기, 주의력을 높일 수 있는 활동을 제공하기, 집중하여 활동에 전념할 수 있도록 안정된 주변 환경을 조성하기 등이 있으며 다른 영유아의 활동에 방해되는 행동을 통제하되 영유아의 자존감이 손상되지 않는 방법을 모색한다(윤희경 외, 2011 ; 박은혜·조운주, 2006).

4. 상과 벌

영유아가 바람직한 행동을 했을 때 칭찬을 하고, 바람직하지 못한 행동을 했을 때 꾸짖어 바로 잡으려 한다. 칭찬과 벌을 잘 활용하면 영유아의 바람직한 행동을 강화할 수 있다. 그러나 칭찬과 벌 모두 한쪽으로 치우쳐 부작용이 있을 수 있다.

벌은 야단맞는 행동이 나쁘다는 것은 알지만 대안적 요소 즉 좋은 행동을 알려주지 못한다. 그리고 벌이 과하거나 반복되면 반항심과 적대감만 커질 뿐이다.

상인 칭찬은 그것을 통해 바람직한 행동을 지속하려 하지만 늘 칭찬해 주면 칭찬을 받지 못하게 될 때 벌을 받은 것과 같은 효과를 낸다. 그리고 칭찬과 상을 받는다는 것은 칭찬하는 사람과 칭찬받는 사람과의 관계는 상하관계가 형성되어 상을 주는 사람에게 의존하게 된다. 그러므로 바른 행동을 하려는 의도보다 칭찬받는 것이 목적이 되어 상주는 사람이 없거나 상을 주지 않으면 좋은 행동을 하지 않게 된다. 이러한 영유아는 자신의 행동기준이 없고 항상 타인의 판단에 의존하게 될 가능성이 높다.

그러므로 칭찬보다는 비록 작은 것이라도 노력하고 향상된 것에 주어지며, 스스로 노력하도록 하는 격려가 효과적이다. 격려는 영유아가 스스로 만족하지 못하거나 실패했을 때도 할 수 있어 스스로 가치를 느끼게 한다. 격려는 있는 그대로를 수용하는 것이며 긍정적인 태도로 영유아를 존중하는 것이며 영유아를 믿고 스스로 자신감을 갖게 하는 것이다. 그리고 영유아가 공헌한 것과 노력과 성취를 인정해 주는 것이다.

그리고 벌의 대안으로 영유아가 한 일이 바람직하지 않을 때, 벌을 주기보다 자연적인 결과를 경험하게 하는 것이다. 즉 식사시간에 먹지 않는 영유아는 자연적 결과로 배고픔을 경험하게 하는 것이다.

그러나 자연적 결과를 적용할 때 위험이 따른다면, 자신의 잘못된 행동에 논리적 결과가 따른다는 것을 깨닫게 하는 것이다. 논리적 결과는 여러 대안에서 선택하게 할 수 있다. 자연적·논리적 결과는 벌과는 달리 잘못된 행동과 인과의 관계가 있으며 스스로 판단하게 하고 경험으로부터 학습하게 한다(이소희 외, 2006).

9 chapter

문서관리

어린이집 등 보육기관을 포함하여 학교에서의 교육활동을 지원하기 위한 행정사무는 문서로 이루어진다. 문서 중 특히 공문서를 많이 사용하는데 "공문서"란 행정기관에서 공무상 작성하거나 시행하는 문서(도면 · 사진 · 디스크 · 테이프 · 필름 · 슬라이드 · 전자문서 등의 특수매체기록을 포함)와 행정기관이 접수한 모든 문서를 말한다. 본장에서는 공문서의 작성 및 처리와 어린집에서 많이 사용하는 문서의 예시를 들고자 한다.

1. 문서의 작성 및 처리[1)]

(1) 문서작성

가. 공문서의 종류

공문서의 종류는 다음의 구분에 따른다.

① 법규문서: 헌법 · 법률 · 대통령령 · 총리령 · 부령 · 조례 · 규칙 등에 관한 문서

② 지시문서: 훈령 · 지시 · 예규 · 일일명령 등 행정기관이 그 하급기관이나 소

1) 행정업무의 효율적 운영에 관한 규정(대통령령 제23383호, 2011.12.21.)과 동 시행규칙(행정안전부령 제264호, 2011.12.21)에 의거 작성하였다.

속 공무원에 대하여 일정한 사항을 지시하는 문서

③ 공고문서: 고시 · 공고 등 행정기관이 일정한 사항을 일반에게 알리는 문서

④ 비치문서: 행정기관이 일정한 사항을 기록하여 행정기관 내부에 비치하면서 업무에 활용하는 대장, 카드 등의 문서

⑤ 민원문서: 민원인이 행정기관에 허가, 인가, 그 밖의 처분 등 특정한 행위를 요구하는 문서와 그에 대한 처리문서

⑥ 일반문서: ①부터 ⑤까지의 문서에 속하지 아니하는 모든 문서

나. 문서 작성의 일반원칙

① 문서는 국어 어문규범에 맞게 한글로 작성하되, 뜻을 정확하게 전달하기 위하여 필요한 경우에는 괄호 안에 한자나 그 밖의 외국어를 함께 적을 수 있으며, 특별한 사유가 없으면 가로로 쓴다.

② 문서의 내용은 간결하고 명확하게 표현하고 일반화되지 않은 약어와 전문용어 등의 사용을 피하여 이해하기 쉽게 작성하여야 한다.

③ 문서에는 음성정보나 영상정보 등이 수록되거나 연계된 바코드 등을 표기할 수 있다.

④ 문서에 쓰는 숫자는 특별한 사유가 없으면 아라비아 숫자를 쓴다.

⑤ 문서에 쓰는 날짜는 숫자로 표기하되, 연 · 월 · 일의 글자는 생략하고 그 자리에 온점을 찍어 표시하며, 시 · 분은 24시각제에 따라 숫자로 표기하되, 시 · 분의 글자는 생략하고 그 사이에 쌍점을 찍어 구분한다. 다만, 특별한 사유가 있으면 다른 방법으로 표시할 수 있다.

⑥ 문서 작성에 사용하는 용지는 특별한 사유가 없으면 가로 210밀리미터, 세로 297밀리미터의 직사각형 용지로 한다.

⑦ 문서의 내용을 둘 이상의 항목으로 구분할 필요가 있으면 그 항목을 순서(항목 구분이 숫자인 경우에는 오름차순, 한글인 경우에는 가나다순을 말한다)대로 표시하되, 상위 항목부터 하위 항목까지 1., 가., 1), 가), (1), (가), ①, ㉮의 형태로 표시한다〈표 9-1〉. 다만, 필요한 경우에는 □, ○, -, · 등과 같은 특수한 기호로 표시할 수 있다.

⑧ 문서에 금액을 표시할 때에는 아라비아 숫자로 쓰되, 숫자 다음에 괄호를 하고 다음과 같이 한글로 적어야 한다.

(예시) 금 113,560원(금 일십일만삼천오백육십원)

〈표 9-1〉 공문서의 항목 구분

구 분	항목 부호
첫째 항목	1. ....
둘째 항목	가. ....
셋째 항목	1) ....
넷째 항목	가) ....
다섯째 항목	(1) ....
여섯째 항목	(가) ....
일곱째 항목	① ....
여덟째 항목	㉮ ....

다. 문서의 전자적 처리

행정기관의 장(법령에 따라 행정권한을 위임받거나 위탁받은 자를 포함)은 문서의 기안 · 검토 · 협조 · 결재 · 등록 · 시행 · 분류 · 편철 · 보관 · 보존 · 이관 · 접수 · 배부 · 공람 · 검색 · 활용 등 처리절차를 전자문서시스템 또는 업무관리시스템 상에서 전자적으로 처리하도록 하여야 한다.

(2) 문서의 기안

가. 문서의 기안

기안문은 두문, 본문 및 결문으로 구성한다.

(가) 두문

두문은 행정기관명과 수신란으로 구성하되, 다음의 구분에 따라 표시한다. 이 경우 두문의 여백에는 행정기관의 로고 · 상징 · 마크 · 홍보문구 또는 바코드 등을 표시할 수 있다.

· 행정기관명에는 그 문서를 기안한 부서가 속하는 행정기관명을 표시하되, 다른 행정기관명과 동일한 경우에는 바로 위 상급기관명을 함께 표시할 수 있다.

· 수신란에는 다음과 같이 표시한다.

- 수신자가 없는 내부결재문서인 경우에는 "내부결재"로 표시한다.
- 수신자가 있는 경우에는 수신자명을 표시하고, 그 다음에 이어서 괄호 안에 업무를 처리할 보조기관이나 보좌기관을 표시하되, 보조기관이나 보좌

기관이 분명하지 아니한 경우에는 ○○업무담당과장 등으로 쓸 수 있다. 다만, 수신자가 여럿인 경우에는 두문의 수신란에 "수신자 참조"라고 표시하고 결문의 발신 명의 다음 줄에 수신자란을 따로 설치하여 수신자명을 표시할 수 있다.

(나) 본문

본문은 제목, 내용 및 붙임(문서에 다른 서식 등이 첨부되는 경우)으로 구성한다.

· 문서에 다른 서식 등이 첨부되는 경우에는 본문의 내용이 끝난 줄 다음에 "붙임" 표시를 하고 첨부물의 명칭과 수량을 적되, 첨부물이 두 가지 이상인 경우에는 항목을 구분하여 표시하여야 한다.
· 본문의 마지막에는 다음과 같이 "끝" 표시 등을 한다.
  - 본문의 내용(본문에 붙임이 있는 경우에는 붙임을 말한다)의 마지막 글자에서 한 글자 띄우고 "끝" 표시를 한다. 다만, 본문의 내용이나 붙임에 적은 사항이 오른쪽 한계선에 닿은 경우에는 다음 줄의 왼쪽 한계선에서 한 글자 띄우고 "끝" 표시를 한다.
  - 제1호에도 불구하고, 본문의 내용이 표 형식으로 끝나는 경우에는 표의 마지막 칸까지 작성되면 표 아래 왼쪽 한계선에서 한 글자를 띄운 후 "끝" 표시를 하고, 표의 중간까지만 작성된 경우에는 "끝" 표시를 하지 않고 마지막으로 작성된 칸의 다음 칸에 "이하 빈칸"으로 표시한다.

(다) 결문

결문은 다음사항으로 구성한다.

· 발신 명의
· 기안자 · 검토자 · 협조자 · 결재권자의 직위나 직급(각급 행정기관이 6급 이하 공무원의 직급을 대신하여 대외적으로 사용할 수 있도록 정한 대외직명을 포함한다) 및 서명(전자이미지서명과 전자문자서명을 포함한다.)
· 생산등록번호 및 접수등록번호, 시행일 및 접수일
· 행정기관의 우편번호 · 주소 · 홈페이지주소 · 전화번호 · 팩스번호, 공무원의 전자우편주소와 공개 구분

나. 일괄기안

- 기안하려는 여러 문서의 내용이 서로 관련성이 있는 경우에는 각 문서의 내용을 하나의 기안문으로 일괄하여 기안할 수 있다. 이 경우 특별한 사유가 없으면 각각 다른 생산등록번호를 사용하여 같은 날짜로 시행하여야 한다.
- 둘 이상의 행정기관의 장의 결재가 필요한 문서는 그 문서 처리를 주관하는 행정기관의 장의 결재를 받은 후 관계 행정기관의 장의 결재를 받아 공동명의로 시행하여야 한다. 이 경우 발신 명의에는 문서 처리를 주관하는 행정기관의 장의 명의를 맨 위에 표시하며, 관계 행정기관의 장의 명의는 바로 밑에 표시하고, 관계 행정기관의 장이 둘 이상인 경우로서 동일 직급인 경우에는 「정부조직법」에 따른 부・처・청의 순위대로 표시하고, 동일 직급이 아닌 경우에는 상위 직급의 행정기관의 장의 명의부터 표시한다.
- 수신한 종이문서를 수정하여 기안하는 경우에는 수신한 문서와 색깔이 다른 글자로 수정하는 방법으로 할 수 있다.

다. 기안자 표시

- 기안문에는 발의자와 보고자의 직위나 직급의 앞 또는 위에 발의자는 ★표시를, 보고자는 ⊙표시를 한다.
- 기안문에 첨부되는 계산서・통계표・도표 등 작성상의 책임을 밝힐 필요가 있다고 인정되는 첨부물에는 작성자를 표시하여야 한다.
- 기안자, 검토자 또는 협조자는 기안문의 해당란에 직위나 직급을 표시하고 서명하되, 검토자나 협조자가 다른 의견을 표시하는 경우에는 직위나 직급 다음에 "(의견 있음)"이라고 표시하여야 한다.
- 총괄책임자(처리과의 업무분장상 여러 개의 단위업무를 총괄하는 책임자를 말한다.)는 총괄책임자가 총괄하는 단위업무를 분담하는 사람이 기안한 경우 그 기안문을 검토하고 검토자란에 서명을 하되, 다른 의견이 있으면 직위나 직급 다음에 "(의견 있음)"이라고 표시하고 기안문 또는 별지에 그 의견을 표시할 수 있다. 다만, 총괄책임자가 출장 등의 사유로 검토할 수 없는 등 부득이한 경우에는 검토를 생략할 수 있으며 서명란에 출장 등 검토할 수 없는 사유를 적어야 한다.

(3) 문서의 처리

가. 문서의 결재

- 결재권자의 서명란에는 서명날짜를 함께 표시한다.
- 위임전결하는 경우에는 전결하는 사람의 서명란에 "전결" 표시를 한 후 서명하여야 한다.
- 대결(代決)하는 경우에는 대결하는 사람의 서명란에 "대결" 표시를 하고 서명하되, 위임전결사항을 대결하는 경우에는 전결하는 사람의 서명란에 "전결" 표시를 한 후 대결하는 사람의 서명란에 "대결" 표시를 하고 서명하여야 한다.

나. 시행문의 작성

행정기관의 장이 소속공무원 또는 소속기관에 발신하는 시행문이나 보조기관 및 보좌기관 상호간에 발신하는 시행문 중에서 다음의 어느 하나에 해당하는 시행문은 업무관리시스템 또는 전자문서시스템의 전자게시판이나 행정기관의 홈페이지 등에 게시된 때에 시행된 것으로 본다.

- 단순한 업무에 관한 지시
- 자료요구, 업무연락, 통보, 공지사항, 일일명령 등

다. 관인 날인 또는 서명

- 관인을 찍는 경우에는 발신 명의 표시의 마지막 글자가 인영의 가운데에 오도록 한다. 다만, 등본·초본 등 민원서류를 발급할 때 사용하는 직인은 발신 명의 표시의 오른쪽에 찍을 수 있다.
- 보조기관이나 보좌기관은 서명하는 경우에는 발신 명의 표시의 마지막 글자 위에 서명하여야 한다.
- 보조기관이나 보좌기관의 직무를 대리하는 사람이 보조기관이나 보좌기관의 발신 명의에 서명을 하는 경우에는 서명 앞에 "직무대리"의 표시를 하여야 한다.
- 일일명령 등 단순 업무처리에 관한 지시문서와 행정기관 간의 단순한 자료요구, 업무연락, 통보 등을 위한 문서에는 발신 명의 표시의 오른쪽에 관인생략이나 서명생략(보조기관 또는 보좌기관 상호간에 발신하는 문서만 해당

한다) 표시를 하고 관인날인 또는 서명을 생략할 수 있다.

라. 문서의 발신

- 문서는 처리과에서 발신하되, 관인을 찍는 문서인 경우로서 전자문서인 경우에는 처리과의 기안자나 문서의 수신·발신업무를 담당하는 사람이 전자이미지관인을 찍고, 종이문서인 경우에는 관인을 관리하는 사람이 관인을 찍는다.
- 수신자의 변경이나 추가를 승인한 처리과의 장은 승인날짜를 업무관리시스템 또는 전자문서시스템으로 관리하여야 한다. 다만, 종이문서인 경우에는 기안문의 결재권자 서명란 오른쪽 여백에 서명을 하고 승인날짜를 적는 방법으로 표시하여야 한다.
- 업무관리시스템 또는 전자문서시스템 등을 이용하여 정보통신망으로 문서를 발신하거나 수신하였을 때에는 그 발신 또는 수신 기록을 전자적으로 관리하여야 한다.
- 우편·팩스 등의 방법으로 문서를 발신한 때에는 그 발신기록을 증명할 수 있는 관계 서류 등을 기안문과 함께 보존하여야 한다.

마. 문서의 접수 처리

- 접수인을 찍는 경우에는 특별한 사유가 없으면 접수한 문서의 오른쪽 위 여백에 찍어야 한다.
- 둘 이상의 보조기관 또는 보좌기관과 관련 있는 문서의 경우에는 관련성이 가장 높은 보조기관 또는 보좌기관이 처리과로서 문서를 접수한다.
- 문서를 접수한 처리과는 문서와 관련이 있는 다른 보조기관 또는 보좌기관에 접수한 문서의 내용을 통보하여야 한다.
- 경유문서를 접수한 기관은 해당 기관장의 명의로 다른 경유기관의 장이나 최종 수신자에게 경유문서를 첨부하여 발신하여야 한다. 이 경우 해당 기관의 의견이 있으면 그 의견을 시행문 본문에 표시하거나 첨부하여 보내야 한다.
- 당직근무자가 문서를 받았으면 다음 근무시간 시작 후 지체 없이 문서과에 인계하여야 한다.
- 감열(感熱)기록방식의 팩스로 보존기간이 3년 이상인 문서를 수신하였을 때에는 그 문서를 복사하여 접수하여야 한다. 이 경우 수신한 문서는 폐기한다.

〈표 9-2〉 기안문 및 시행문 양식(행정안전부령 제264호, 제4조)

■ 행정업무의 효율적 운영에 관한 규정 시행규칙 [별지 제1호서식]

행 정 기 관 명

수신
(경유)
제목

발 신 명 의 [직인]

기안자 직위(직급) 서명 검토자 직위(직급) 서명 결재권자 직위(직급) 서명
협조자
시행 처리과명-연도별 일련번호(시행일) 접수 처리과명-연도별 일련번호(접수일)
우 도로명주소 / 홈페이지 주소
전화번호( ) 팩스번호( ) / 공무원의 전자우편주소 / 공개 구분

210㎜×297㎜(백상지 80g/㎡)

비고(이 난은 서식에 포함하지 아니한다)

- 문서를 작성할 때 "행정기관명", "발신명", "기안자", "검토자", "결재권자", "직위(직급) 서명", "처리과명-연도별 일련번호(시행일)", "도로명주소", "홈페이지 주소", "공무원의 전자우편주소", "공개 구분"의 용어는 표시하지 아니하고 그 내용을 적는다.6

2. 영유아 관련 어린이집 문서의 예시

1. 생활기록부(영아반)

영아	성 명	○ ○ ○	성 별	✓남 · 여		사진
	생년월일	2010년 9월 19일	입·퇴소 일자	2012. 3. 2 입소 2016. 12. 9. 퇴소		
	주소					
	전화번호			혈액형	AB	

가족 상황	관계	성명	연령	학력	직업· 직위	근무지 및 전화번호	동거 여부
	부	○ ○ ○	30	대졸	변호사		유
	모	○ ○ ○	27	대졸	주부		유
	동생	○ ○ ○	2				

근무상황		근무시간		비 고	통원 버스	걸어서, 버스로, ✓자가용으로 기타 ( )
		평일	토요일			
	부	9:00~19:00	9:00~1:00			
	모	X	X			
	기타					

생활정도	상 ✓중 하 영 세	보육료 감면 여부	면제경감 유로

환경	주위환경	상업지, 공업지, ✓아파트단지, 주택지, 교외, 기타	
	주거상태	월세, 전세, 친척집, 자택(단독주택, 아파트)	
		방의개수 (5)	

긴급연락 방법	순위	성명	관계	휴대폰, 전화번호	원까지 소요시간	
	1순위		모		5분	
	2순위		부		30분	
	3순위					

2. 유아의 발달상황

<table>
<tr><td rowspan="14">유아의 발육 상황</td><td>출 산</td><td colspan="3">정상 이상 (O)
조산(개월)</td><td>출생시 체중</td><td>(3.2)kg</td></tr>
<tr><td>부모 근무시 주 양육자</td><td colspan="3">엄마, 할머니</td><td>출산시 부모연령</td><td>부: 27세
모: 24세</td></tr>
<tr><td>수유방법</td><td colspan="4">✓모유, 분유(제품명:), 기타( )</td><td>젖 뗀 시기
(개월)</td></tr>
<tr><td>발육</td><td colspan="5">걷기 시작(생후 1 년 14개월)</td></tr>
<tr><td rowspan="2">언 어</td><td colspan="5">발음: 정확하다, ✓보통이다, 더듬거린다, 기타( )</td></tr>
<tr><td colspan="5">표현: ✓하고 싶은 말을 잘한다, 더듬거리며 말한다, 말을 잘하지 않는다.</td></tr>
<tr><td rowspan="3">식 사</td><td colspan="2">좋아하는 음식(많다, 조금, 없다)</td><td colspan="2">특별히 좋아하는 음식</td><td>특별히 싫어하는 음식</td></tr>
<tr><td colspan="2">속 도(빠름, ✓보통, 느림)
방 법(✓혼자, 도움 받는다)</td><td colspan="2">1. 미역국
2. 카레</td><td>1. 호박
2. 가지</td></tr>
<tr><td colspan="5">유아가 음식을 먹지 않으려고 할 때 어떻게 하고 계십니까?
- 먹이지 않는다( ) 먹도록 권유한다(O) 억지로라도 먹인다( )</td></tr>
<tr><td>간 식</td><td colspan="5">시간(✓규칙적, 불규칙적) 하루(4) 회 좋아하는 간식: 우유</td></tr>
<tr><td rowspan="3">병 력</td><td>심하게 앓는 질병</td><td colspan="4">병명( ) 시기(세 때) 치료기관(병원)
병명( ) 시기(세 때) 치료기관(병원)
병명( ) 시기(세 때) 치료기관(병원)</td></tr>
<tr><td>알레르기 반응</td><td colspan="4">무(O)/유( ): 약품명( ) 물건명( )
음식명(복숭아) 기 타( )</td></tr>
<tr><td>쉽게 걸리는 질병</td><td colspan="4">병명(감기) 치료방법( )</td></tr>
<tr><td colspan="6"></td></tr>
<tr><td rowspan="9">현재의 건강 및 습관</td><td>건강상태</td><td colspan="5">✓양호함 보통 허약함</td></tr>
<tr><td rowspan="3">수 면</td><td>자는 시간
(오후 10시)</td><td colspan="4">혼자서 잔다, ✓부/모와 잔다, 형제와 잔다, 기타( )
✓많이 잔다, 적게 자는 편이다, 기타( )</td></tr>
<tr><td rowspan="2">일어나는 시간
(오후 8시)</td><td rowspan="2">잠투정이 있다,
잠투정이 없다,
✓정한 시간에 일어난다,
깨워야 일어난다.</td><td rowspan="2" colspan="2">낮잠시간
(2시간)</td><td>매일 잔다( )
가끔 잔다(O)</td></tr>
<tr><td>재워 준다(O)
혼자 잔다( )</td></tr>
<tr><td rowspan="2">배 설</td><td>대변</td><td colspan="2">시기: ✓아침, 낮, 밤</td><td colspan="2">습관: ✓혼자서 한다, 도와준다.</td></tr>
<tr><td>소변</td><td colspan="2">시기: 자주, ✓보통, 가끔</td><td colspan="2">습관: ✓혼자서 한다, 도와준다.</td></tr>
<tr><td rowspan="2">청 결</td><td>세수</td><td colspan="2">혼자서 한다, ✓도와준다.</td><td rowspan="2">독특한 습관</td><td rowspan="2"></td></tr>
<tr><td>이 닦기</td><td colspan="2">혼자서 한다, ✓도와준다.</td></tr>
</table>

3. 전염병 예방접종 및 병력

	종류	접종 년 월 일 기재	종류	접종 년 월 일 기재
예방접종	B. C. G	2010.10.19	충 진	
	D. P. T		장티푸스	
	경구용 소아마비	2010.12.27	일본뇌염	2011.7.30
	홍역, 볼거리		콜레라	
	간 염		수 두	2011.4.6
병명	질 병 발 생 월 일 및 질 병 의 정 도			
	입소 전		입소 후	
체질특성	변비( ), 토사( ), 중이염( ), 코피( ), 감기에 잘 걸림(✓고열, 기관지여마, 편도선) 천식( ), 습진( ), 아토피성피부염(O), 식물성 알레르기( ), 경련(연령: 세 회)			

4. 성장에 관한 기록

측정시기 구분	2012.3.30	2012.9.1	2013.3.21	2013.9.5			
신장(cm)	82.6cm	85.5cm	88cm	90cm			
몸무게(kg)	10.9kg	12.0kg	13.2kg	14kg			
비고: 18개월의 미만의 영아는 2월마다 그 이상의 영 · 유아는 6월마다 측정 관리한다.						기록 관리자(인)	

5. 기타 사항

영아의 애칭	예삐	응급시 가고자 하는 병원	• 병원명: 안동병원 • 의사명: 장동건 • 위 치: 홈플러스 옆 • 전화번호: 054-985-5784
버릇	손가락을 자주 빤다.		
특히 흥미를 갖는 물건	딸랑이		
보육상 주의사항과 영아에게 바라는 일			

입 소 승 인 서

입소 아동명	○ ○ ○	보호자	성명	관계
주민등록번호	100919-1789524		○ ○ ○	부
입소 결정일	2012 년 3월 2일			
반편성	새싹반			
등록안내	준비물: 생활기록부, 주민등록등본, 어린이사진 2매			

상기 아동은 부천시 보육위원회 설치운영과 보육시설 설치 및 위탁 운영에 관한 조례시행규칙 제5조 제 2항의 규정에 의거 (경도)어린이집에 입소 승인되었음을 통치합니다.

2012년 2월 28일
어린이집 원장

어린이집 퇴소 처리부

연번	시행 일자	소속 학급	어린이 이름	퇴소 사유	퇴소 일자	결 재	
						담임교사	원장
1	12.03.06	하늘 반	임사랑	다른 지역으로 이사 감	12.3.6	○ ○ ○	○○○
2							
3							

건 강 기 록 부

이름	○ ○ ○	생년월일	1991년 3월 22일	성별	남, ✓여
주소			연락처		

구분		결과		검사자
발육	키	100cm	105cm	
	몸무게	20kg	21kg	
	가슴둘레	15cm	16cm	
	앉은키	50cm	51cm	
	시력	오른쪽	왼쪽	
		1.2	1.2	
신체검사	영양	정상		검사자
	척추	정상		
	가슴	정상		
	눈	정상		
	코, 목	정상		
	피부	정상		
	기타	정상		
구강검사	구분	수량	비고	검사자
	치료할 치아	3		
	빠진 치아	0		
	치주질환 및 부정교합	✓정상, 요교정		
예방접종	일본뇌염	독감	홍역 및 수두	기 타
	V	V	V	•

원아 건강 체크

원아이름	한마음	주민등록번호	100322-212121	혈액형	B형
분만형태	✓자연분만, 제왕절개, 유도분만		출생시 체중	3.5kg	
임신, 출생시의 특기사항					
병력	*과거 원아가 특별히 앓았던 질병이 있었다면 기재해 주세요. (현재 질병도)				
	병 명				
	시 기	12개월			
	알레르기	견과류 알레르기			
	유의사항	경과류를 섭취하지 말 것			

우리 원아의 질병예방과 건강 관찰을 위해 아래의 사항에 되도록 빠짐없이 기록하여 주시기 바랍니다.

예방접종 사항

접종명	접종별 연월일 기재				
	1차	2차	3차	추가	추가
B형간염	10.3.23	11.3.1			
B. C. G(결핵예방접종)	10.4.1	11..4.1	12.4.1		
D. P. T (디프테리아, 파상풍, 백일해)	10.4.12				
수 두					
홍역, 볼거리, 풍진					
소아마비					
일본뇌염					
기 타 (　　)					
응급시 다니는 병원	분당 ○ ○ ○병원		의사명	한그림	
위 치	성남 XXX-XXX		전화번호	031-886-3338	

원아 건강 일지

〈25-36개월용〉 2010년 3월 6일 월요일				
가정에서	선생님께	견과류 알레르기가 있으니 견과류 섭취를 금해주세요		
	아파요	증상 : 심한 기침	투약: 11 시 용량: 5ml 1회	
어린이 집에서	투약보고	시간: 11시 용량 5ml 1회		
	등원 시 기분은?	✓좋아요 보통 나빠요		
	점심식사는?	잘 먹었어요 ✓보통이예요 조금 먹었어요.		
	낮잠시간	2시간		
	용변보기	대변: 1 회 상태: 양호, 설사( )		
	부모님께	견과류 대신 우유를 마셨습니다.		
	다친 곳이 있어요.	✓아니오, 예( )		
아동의 발육사항	성 격	부모가 생각하는 자녀의 성격 : 침착하고 민첩하다		
		바람직한 습관 : 조용하다.		
		고쳐야 할 습관 :자신감을 갖게 해야 한다.		
	언 어	정확하다. ✓보통이다. 더듬거린다.	주로 양육한 사람	모
	식 사	특별히 좋아하는 음식	햄버거	
		특별히 싫어하는 음식	피망	
		속도(빠름. ✓보통. 느림)	방법(✓혼자서 먹는다. 먹여주어야 먹는다.)	
	간 식	시간(✓규칙적, 불규칙적) 하루 (2 회) 좋아하는 간식(바나나)		
건강 및 습관	수 면	자는 시간(오후시)	혼자서 잔다. 부모와 잔다. 형제와 잔다.	
		일어나는 시간(오전시)	낮잠시간(시간) 매일 잔다. 가끔 잔다.	
	배 변	✓혼자서 본다. 혼자서 못 본다.	소 변	✓자주. 가끔. 보통
	청 결	✓혼자서 한다. 도와준다.	독특한 습관	화장실을 자주 간다.
		✓혼자서 한다. 도와준다.		
가정생활	장난감	가장 자주 하는 놀이 종류 :		
		특별히 좋아하는 장난감 : 강아지인형		
	놀 이	가장 자주 하는 놀이 종류 : 소꿉놀이		
		노는 장소(✓집안. 골목. 놀이터. 친구집. 기타 :)		
		주로같이 노는 상대(부. ✓모. 조부. 조모. 친구. 형제. 친척. 혼자)		
	훈 육	주로 훈육을 맡는 사람(부. ✓모. 기타)		
		태도(✓부모 간일치. 불일치) (엄격한 편. 보통. ✓허용적인 편)		
다른 교육기관 이용 경험(있다. 없다) 기관명 :사랑어린이집 기간 : 2012년				

10
chapter

보육실습 평가

보육실습을 하고 실습이 목적이나 계획대로 수행되었는지 평가를 해야 한다. 보육실습평가를 통해 실습의 효과를 알아볼 수 있고 문제점을 발견하여 향후 보완할 수 있다. 평가는 보육실습생에 대하여 평가를 한다. 성적을 산출하여야 하는 현실적 이유와 실습생이 보다 실습에 집중하게 하는 효과, 실습의 개선효과 등이 있을 것이다. 그리고 실습생을 직접 지도한 지도교사에 대한 평가가 있다. 지도교사에 대한 평가는 평정척도를 활용할 수 있다.

1. 보육실습생 평가

보육실습생에 대한 평가는 실습하는 동안 지도교사나 원장에 의해 부분수업, 연계수업, 종일수업 등 교육활동과 평소 일과 운영 등을 종합적으로 평가된다.

평가 영역과 배점 비율은 일반적으로 근무태도(10%), 자질(15%), 교육활동지도(학습지도) 능력(50%), 연구조사 활동(15%), 학급경영 및 사무처리 능력(10%) 등으로 구성된다. 평가의 방법은 관찰(체크리스트, 평정척도), 면담, 보육실습생 일지분석, 포트폴리오 평가 등이 있다. 주요 평가영역과 내용은 다음과 같다.

〈표 10-1〉 교육실습생 평가표

평가영역	평가내용	배점	총 배점비율	비고
근무태도	1. 근무상태(출・결석, 지각, 조퇴, 외출) 2. 근무의 성실성	5 5	10%	결근 1일 2점, 지각, 조퇴, 외출 각 1점 감점
자질	1. 직무에 대한 책임감과 협동 2. 품위(용모, 언행 및 교양) 3. 유아에 대한 태도(놀이, 생활지도)	5 5 5	15%	
교육활동지도 능력	1. 수업지도 준비 및 계획(교육계획안, 교재연구, 교구제작, 적절성) 2. 학습지도 기술(발문, 자료활용능력) 3. 수업과정의 평가	20 20 10	50%	
연구조사활동	1. 연구능력(연구 태도) 2. 관찰(유아 관찰) 3. 실습일지 기재(내용의 적절성, 성실성)	5 5 5	15%	
학급경영 및 사무처리능력	1. 학급환경의 구성과 학급경영 능력 2. 아동의 관리 및 지도력 3. 사무처리(신속성, 정확성)	4 3 3	10%	
계		100	100%	

〈표 10-2〉 평가척도에 의한 자기평가표(예시 1)

보육실습생의 자기평가표

보육실습생:

1-아주 못함. 2-못함. 3-보통. 4-잘함. 5-아주 잘함.

번호	평 가 항 목	척도				
		1	2	3	4	5
1	보육목표를 달성할 수 있는 보육내용을 영유아의 흥미, 수준에 근거하여 적합하게 선정하였는가?					
2	영유아의 흥미와 능력, 사전경험을 잘 관찰하여 영유아 지도계획에 활용하였는가?					
3	보육활동계획안이 적절하게 계획, 준비되어 실행에 무리가 없었는가?					
4	보육활동계획에 따라 자료를 충실히 준비 하였는가?					
5	영유아의 행동을 민감하게 파악하며 상호작용에 최선을 다했는가?					
6	다양한 흥미영역에 고루 참여하여 영유아의 놀이가 지속되고, 확장되도록 놀이를 촉진하였는가?					
7	영유아의 기본생활습관이 형성되도록 동기를 잘 유발하였는가?					
8	집단 보육활동 시 보육교사로서 다양한 교수법을 활용하여 효과적으로 집단을 이끌었는가?					
9	영유아의 부정적 정서나 갈등적 상황을 잘 파악하여 긍정적으로 수용하고 적절하게 해결되도록 지도하였는가?					
10	영유아의 개별적 특성, 개인차를 고려하여 적절한 지도를 하였는가?					
11	영유아를 존중하는 언어를 사용하고, 영유아가 잘 알아들을 수 있도록 발음, 음성의 고저, 빠르기 등에 노력을 기울였는가?					
12	보육실습일지, 활동계획, 관찰, 평가 등을 성실히 기록하였는가?					
13	영유아의 안전, 위생에 각별히 신경을 썼는가?					
14	영유아의 활동참여, 놀이 참여유형, 또래간 관계 등을 관찰하여 그 결과를 지도에 활용하였는가?					
15	보육실의 통풍, 채광, 정리정돈 등 청결한 환경 구성을 하였는가?					
16	보육실습 기관의 지도 방침에 적극 협력하였는가?					
17	보육실습 지도교사와의 관계를 원만히 유지하며 성실히 임했는가?					
18	영유아의 수준과 흥미에 적합한 활동을 계획하고 지도하고자 다양한 관련 문헌이나 자료를 찾아보고 연구하고자 노력하였는가?					
19	보육실습 동료들과 잘 협력하였는가?					
20	영유아들과 친밀해지고 신뢰 받게 되었는가?					
합 계						

〈표 10-3〉 평가척도에 의한 자기평가표(예시 2)

보육실습생의 자기평가표

보육실습생:

평가요령	1-아주 못함. 2-못함. 3-보통. 4-잘함. 5-아주 잘함.					
평가영역	평 가 항 목	척 도				
		1	2	3	4	5
근무태도	근무 시간을 잘 지켰는가?					
	보육실습일지, 보육활동계획안, 과제 등을 기간 내에 제출하였는가?					
보육교사로서의 일반 자질	보육교사에 대한 긍정적인 신념을 지니고 있었는가?					
	영유아에 대해 민감하고 존중하는 태도를 지녔는가?					
	용모, 복장이 단정하고 언행이 바람직했는가?					
보육활동 지도능력	보육활동 지도내용에 대해 이해를 잘하고 있었는가?					
	준비성이 있었고 계획을 잘하였는가?					
	영유아 중심적이고 자율적 분위기에서 활동을 진행하였는가?					
	영유아가 스스로 탐색하고 호기심을 발휘하도록 동기유발을 적절히 하였는가?					
	영유아의 기본생활습관이 향상되도록 적절한 상황에서 영유아의 수준에 맞는 지도를 하였는가?					
	활동자료 제시가 적절하고 융통적이었나?					
	영유아와 상호작용은 질적으로 우수하게 효과적이었는가?					
	보육실에서의 행동이나 활동 진행, 놀이참여가 적극적이고 융통적이었는가?					
	영유아를 지도함에 있어 자신있게 임하였는가?					
	영유아의 활동에 대한 관찰이나 평가가 적절하였는가?					
연구조사 활동	관찰활동과 활동계획에 대한 연구를 충실히 하였는가?					
	보육교사의 역할과 직무에 대한 제반 사항을 스스로 알려고 노력하였는가?					
	알고 있는 이론을 적절히 보육현장에 적용한 후, 이를 다시 이론적으로 검토하고자 애를 썼는가?					
학급경영 및 사무처리 능력	보육실을 합리적으로 운영하고자 하는 노력을 다하였는가?					
	보육실습 지도교사의 제반 지시 및 사무처리 사항을 기간 내에 성실히 수행 하였는가?					
전체평가						

2. 지도교사 평가

지도교사에 대한 평가는 지도교사로서의 역할 수행에 대한 평가를 한다. 지도교사로서 실습생을 지도하기 전 사전 점검 차원과 실습생을 지도하고 난 뒤, 반성적 차원에서 평정척도와 체크리스트, 면담, 비디오 녹화 및 녹음을 통해 평가가 가능하다. 이를 통해 지도교사는 보육실습생 지도에 관한 전문적 능력을 향상시킬 수 있을 것이다.

다음은 지도교사의 역할 평정 척도(박은혜 · 조운주)이다.

다음의 5단계 척에서

"5 : 매우 그렇다, 4 : 다소 그렇다, 3 : 보통이다, 2 : 다소 그렇지 않다,
1 : 전혀 그렇지 않다"이다.

〈표 10-4〉 지도교사 역할 평정척도

문항	내 용	지도교사 역할수행				
		5	4	3	2	1
1	지도교사는 교육실습생을 평가하기보다는 지지와 칭찬을 제공한다.					
2	지도교사는 교육실습생을 성인 협력자로 존중한다.					
3	지도교사는 교육실습생과 함께 문제해결 방법을 찾는다.					
4	지도교사는 교육실습생의 이야기를 항상 들어 준다.					
5	지도교사는 교육실습생의 비밀을 지킨다.					
6	지도교사는 교육실습생이 기관 밖의 활동에 참여할 수 있도록 격려한다.					
7	지도교사는 교육실습생이 스트레스를 해소할 수 있는 건설적인 방법을 제안한다.					
8	지도교사는 교육실습생과 개방적이고 신뢰적인 관계를 형성한다.					
9	지도교사는 교육실습생에게 유아지도, 평가하는 방법을 알려 준다.					
10	지도교사는 교육실습생에게 효과적인 교수방법을 알려 준다.					
11	지도교사는 교육실습생에게 자료제작 및 활용방법에 대해서 알려 준다.					
12	지도교사는 교육실습생에게 학급운영의 방법을 알려 준다.					
13	지도교사는 교육실습생의 교수향상을 위한 협의회(계획 및 평가시간)를 한다.					
14	지도교사는 교육실습생에게 규칙적이고 지속적인 정보와 피드백을 제공한다.					

11
chapter

어린이집의 설치, 운영 및 교직원의 배치 기준

어린이집은 보육시설로서 영유아(0-5세)의 보육 활동의 중심이 된다. 현재는 국가적 사업으로서 무상보육이 법제화되어 보육료 또는 양육수당을 지급할 수 있게 되었다. 앞으로 보육수요는 급격히 늘어나고 어린이집의 설치도 이 부응하여 급증하게 될 것이다. 이에 보육실습생으로서 어린이집의 설치와 운영기준, 그리고 보육교직원의 배치기준을 알아두는 것도 의미 있는 일이라 생각한다.

본 장은 영유아보육법 시행규칙 [별표1] 어린이집 및 그 놀이터의 설치기준과 [별표8] 어린이집 운영기준, [별표2] 보육교직원의 배치기준에 근거하여 기술한다. 그런데 법문이며 시행규칙이어서 해석의 여지가 없고 그 자체로서 자세히 기술되어 있으므로 별다른 해설이나 가공 없이 일부만 편집하여 전재한다(영유아보육법 시행규칙).

1. 어린이집 및 그 놀이터의 설치기준(영유아보육법 시행규칙 제9조 관련)

(1) 어린이집의 입지조건

가. 어린이집은 보육수요 · 보건 · 위생 · 급수 · 안전 · 교통 · 환경 및 교통편의 등을 충분히 고려하여 쾌적한 환경을 갖춘 부지를 선정하여야 한다.

나. 어린이집은 위험시설로부터 50m 이상 떨어진 곳에 위치하여야 한다. 이

경우 위험시설이란 「주택건설기준 등에 관한 규정」 제9조제3항 각 호의 시설을 말한다.

다. 어린이집은 「건축법 시행령」 별표 1에 따라 각 어린이집을 설치할 수 있는 곳에 설치한다. 다만, 영유아 20명 이하를 보육하는 직장어린이집, 부모협동어린이집 및 국공립어린이집(제40조제1항에 따른 지역에 설치된 어린이집으로서 같은 조 제2항에 따라 특별자치도지사·시장·군수·구청장이 지방보육정책위원회의 심의를 거친 국공립어린이집만 해당한다)은 가정어린이집을 설치할 수 있는 곳에도 설치할 수 있다.

(1)의2. 어린이집의 재산요건

가정어린이집 및 민간어린이집은 시설로 사용되는 토지·건물의 소유권·전세권 등에 대한 부채비율이 100분의 50 미만이어야 한다.

(2) 어린이집의 규모

어린이집은 다음의 인원을 보육할 수 있는 시설을 갖추어야 하며, 정원은 총 300명을 초과할 수 없다.

가. 국공립어린이집: 상시 영유아 11명 이상

나. 직장어린이집: 상시 영유아 5명 이상

다. 사회복지법인어린이집, 법인·단체 등 어린이집 및 민간어린이집: 상시 영유아 21명 이상

라. 가정어린이집: 상시 영유아 5명 이상 20명 이하

마. 부모협동어린이집: 보육 영유아를 둔 보호자 15명 이상의 출자 및 상시 영유아 11명 이상

(3) 어린이집의 구조 및 설비기준

가. 일반기준

1) 어린이집의 구조 및 설비는 그 시설을 이용하는 영유아의 특성에 맞도록 하여야 한다.

2) 어린이집에는 다음의 설비를 하여야 한다. 이 경우 보육실을 포함한 시설면적(놀이터 면적은 제외한다)은 영유아 1명당 4.29제곱미터 이상으로 한다.

(가) 보육실

① 보육실은 건축법령상의 층수와 관계없이 해당 층 4면의 100분의 80 이상이

지상에 노출되어 있고, 해당 층 주 출입구의 하단이 지표면으로부터 1미터 이내인 층(이하 "1층"이라 한다)에 설치하여야 한다. 다만, 다음 각 호의 어느 하나에 해당하는 경우는 예외로 한다.

(ⅰ) 해당 층 4면의 100분의 50 이상 100분의 80 미만이 지상에 노출되고, 해당 층 주 출입구의 하단이 지표면으로부터 1미터 이내이며, 지방보육정책위원회의 심의를 거쳐 채광·환기·습도·침수 등 영유아의 건강과 안전에 문제가 없는 것으로 확인된 해당 층에 어린이집을 설치하는 경우

(ⅱ) 건물 전체를 하나의 어린이집으로 사용하면서 1층[(ⅰ)의 경우를 포함한다] 이상 5층 이하에 보육실을 설치하는 경우. 다만 영아를 위한 보육실은 1층[(ⅰ)의 경우를 포함한다]에 우선적으로 배치하여야 한다.

(ⅲ) 사업장이 있는 건물의 1층[(ⅰ)의 경우를 포함한다] 이상 5층 이하에 직장어린이집을 설치하는 경우

(ⅳ) 300세대 이상의 아파트단지 전체가 「건축법 시행령」 제119조제1항제3호다목에 따른 필로티나 그 밖에 이와 비슷한 구조인 경우에 그 위층에 어린이집을 설치하는 경우(필로티나 그 밖에 이와 비슷한 구조인 층에 거주공간이 없을 경우만 해당한다)

(v) 산업단지에 있는 건물의 1층[(i)의 경우를 포함한다] 이상 5층 이하에 제5조의4에 따른 어린이집을 설치하는 경우

(vi) 산업단지에 있는 「산업집적활성화 및 공장설립에 관한 법률」에 따른 지식산업센터 건물의 1층[(i)의 경우를 포함한다] 이상 5층 이하에 어린이집을 설치하는 경우

② 보육실은 거실, 포복실 및 유희실을 포함하여 영유아 1명당 2.64제곱미터 이상으로 한다.

③ 보육실에는 침구, 놀이기구 및 쌓기놀이활동, 소꿉놀이활동, 미술활동, 언어활동, 수학·과학활동, 음률활동 등에 필요한 교재·교구를 갖추어야 한다.

④ 어린이집은 환기·채광·조명·온도 및 습도가 적절히 유지·관리되도록 하여야 한다.

⑤ 보육실은 바닥난방시설을 갖추어야 한다.

⑥ 그 밖에 보육실 설치에 필요한 구체적인 기준은 보건복지부장관이 정한다.

(나) 조리실

① 조리실은 채광이 잘 되도록 하고, 기계 환기시설을 하여 청정한 실내 환경을 유지하도록 하며, 창문에는 방충망을 설치하여야 한다.

② 식기를 소독하고 위생적으로 취사 및 조리할 수 있는 설비를 갖추어야 한다.

③ 공공기관이나 사회복지관 안에 설치된 어린이집의 경우에는 같은 건물에 있는 조리실을 함께 사용할 수 있으며, 유치원과 같은 건물에 설치된 어린이집은 유치원의 조리실을 함께 사용할 수 있다.

(다) 목욕실

① 목욕실은 난방을 하여야 한다.

② 바닥은 미끄럼 방지장치를 하여야 한다.

③ 샤워설비, 세면설비 및 냉온수 공급을 위한 설비를 갖추어야 하며, 수도꼭지는 온수 사용 시 화상을 입지 아니하도록 온도를 조정 및 고정할 수 있어야 한다.

④ 목욕실은 보육실과 인접한 공간에 위치하여야 한다.

(라) 화장실

① 바닥은 미끄럼 방지장치를 하여야 한다.

② 세정장치와 수도꼭지 등은 냉온수의 온도를 조정 및 고정할 수 있어야 한다.

③ 화장실은 수세식 유아용 변기를 설치하고, 보육실과 같은 층의 인접한 공간에 설치하여야 한다. 다만, 가정어린이집의 경우 성인용 변기에 디딤판과 탈부착식 유아용 변기를 설치하고 이동식 유아용 변기를 갖춘 경우에는 유아용 변기를 설치하지 아니할 수 있다.

(마) 놀이터

① 보육 정원 50명 이상인 어린이집(12개월 미만의 영아만을 보육하는 어린이집은 제외한다)은 영유아 1명당 3.5제곱미터 이상의 규모로 옥외놀이터를 설치하는 것을 원칙으로 한다. 다만, 보건복지부장관이 어린이집 규모(정원)에 따라 같은 시간대에 놀이 활동에 참여하는 최대 영유아 수 및 면적의 기준을 정하는 경우에는 그 기준에 따라 놀이터를 설치할 수 있다.

② 옥외놀이터에는 모래밭(천연 및 인공 잔디, 고무매트, 폐타이어 블록 또는

「어린이놀이시설 안전관리법」에서 정하는 기준에 적합한 것을 포함한다)에 6세 미만의 영유아가 이용할 수 있는 대근육활동을 위한 놀이기구 1종 이상을 포함하여 놀이기구 3종 이상이 설치된 옥외놀이터를 설치하여야 한다. 다만, 업무용시설 밀집지역 등 지역적 특수성에 따라 옥외놀이터를 설치하는 것이 불가능한 경우에는 옥내놀이터(지하층에는 설치 불가)를 설치하거나 「어린이놀이시설 안전관리법」에 따라 설치·관리되는 인근놀이터를 활용할 수 있되, 활용하는 것으로 인정되는 경우는 6세 미만의 영유아가 이용할 수 있는 놀이기구가 3종 이상이 설치되고 놀이터의 관리주체가 사용을 승낙한 경우로 한정한다.

③ 옥내놀이터는 다음과 같이 설치한다.

(i) 옥내놀이터는 놀이터로 사용하는 공간 및 그 주변에 소음·분진·폭발·화재의 위험이 없어야 하며, 실내공간을 활용하는 경우 조명·채광·환기·온도·습도가 적정하여야 한다.

(ii) 어린이집에 엘리베이터가 설치되지 아니한 경우 옥내놀이터는 보육실로부터 5층 이내에 설치하며, 층 간 이동을 위하여 아동용 손잡이 레일을 설치하는 등 안전에 필요한 장비를 구비하여야 한다. 이 경우 아동용 손잡이 레일은 영유아가 잡거나 짚고 올라갈 수 없는 구조여야 하며, 영유아의 신체가 빠지거나 끼는 사고가 없도록 설치한다.

(iii) 옥내놀이터를 어린이집으로 사용하는 건물 내의 실외공간에 설치하는 경우에는 울타리나 보호난간을 최소 1.5미터 이상으로 설치하되 놀이기구의 높이 등에 맞춰 안전을 확보할 수 있는 높이로 설치하여야 하고, 그 밖에 안전에 필요한 장비를 구비하여야 한다. 이 경우 울타리나 보호난간의 재질은 부식·파손의 위험이 없어야 하며, 영유아가 잡거나 짚고 올라갈 수 없는 구조로 설치하되, 난간 사이에 간격이 있는 경우 그 안치수는 80밀리미터 이하로 하여야 한다.

(iv) 옥내놀이터를 어린이집의 최상층 바닥면에 설치하는 경우, 울타리나 보호난간은 바닥면 최하단으로부터 1.2미터까지는 콘크리트·조적(벽돌 등) 또는 강화유리 등으로 설치하여야 하고, 고정식 놀이기구는 해당 층 바닥이 설치하고자 하는 놀이시설의 하중을 견딜 수 있도록 건축되어 있고, 「어린이놀이시설 안전관리법」에서 정한 기준에 적합

한 경우에 설치할 수 있다.

(ⅴ) 건물 2층 이상에 옥내놀이터를 설치하는 경우, 영유아보육법령에서 정하는 비상재해 대비시설을 갖추어야 한다.

④ 어린이집의 놀이터, 놀이기구 및 어린이용품은 「품질경영 및 공산품안전관리법」, 「어린이놀이시설 안전관리법」 및 「환경보건법」에서 정한 기준을 준수하여야 한다.

⑤ 그 밖에 놀이터 설치에 필요한 구체적인 기준은 보건복지부장관이 정한다.

(바) 급배수시설

① 상수도 또는 간이상수도에 의하여 먹는 물을 공급하는 경우에는 저수조를 경유하지 아니하고 직접 수도꼭지에 연결하여 공급하여야 한다. 다만, 직접 수도꼭지에 연결하기 곤란한 경우는 제외한다.

② 어린이집에서 지하수를 음용수로 사용할 경우에는 저수조 등의 시설을 경유하여야 한다.

③ 더러운 물, 빗물 등이 잘 처리되도록 배수설비를 하여야 한다.

(사) 비상재해 대비시설

① 소화용 기구를 갖춰 두고 비상구를 설치하는 등 비상재해에 대비한 시설을 갖추어야 한다. 이 경우 비상구는 상단에 비상구 유도등을 달고 잠금장치를 문 안쪽에 설치하여야 한다.

② 어린이집은 비상시 양 방향으로 대피할 수 있어야 하며, 각 층별 출구 및 대피시설 등은 다음의 구분에 따른다.

(ⅰ) 어린이집이 건물 1층인 경우: 주 출입구 외에 도로 등 안전한 외부 지상과 연결이 가능한 1개 이상의 출구[비상구 또는 유사시 사람의 출입이 가능한 창 또는 개구부(開口部)]를 어린이집 주 출입구의 반대방향에 설치하거나 장변길이의 2분의 1 이상을 이격하여 설치할 것. 이 경우 출구의 규격은 유효 폭 0.75미터 이상 유효높이 1.75미터 이상이어야 하고, 출구의 최하단은 안전한 외부 지표면으로부터 1.2미터 이하여야 한다.

(ⅱ) 어린이집이 2층과 3층인 경우: 비상계단 또는 대피용 미끄럼대를 영유아용으로 설치하고 그 밖에 안전사고 및 비상재해에 대비한 대피시설, 장비 등을 구비할 것. 다만, 「건축법 시행령」 제34조제2항에 따라

어린이집 내부에 직통계단을 2개소 이상 설치하거나, 「소방시설 설치유지 및 안전관리에 관한 법률 시행령」에 따른 스프링클러설비(간이 스프링클러설비를 포함한다)를 건물 전체에 걸쳐 유효하게 설치하고 「소방시설 설치유지 및 안전관리에 관한 법률」 제9조제1항에 따라 소방방재청장이 정하여 고시하는 피난기구의 화재안전기준에 따른 피난기구를 「소방시설 설치유지 및 안전관리에 관한 법률 시행령」 별표 4에 따라 설치한 경우에는 비상계단 또는 대피용 미끄럼대를 설치하지 않을 수 있다.

(iii) 어린이집이 4층과 5층인 경우: 「소방시설 설치유지 및 안전관리에 관한 법률 시행령」에 따른 스프링클러설비 및 자동화재탐지설비를 건물 전체에 걸쳐 유효하게 설치하고, 건물 내에 양방향 대피가 가능한 2개소 이상의 직통계단을 설치하며(2개 이상의 직통계단 설치가 곤란한 경우에는 직통계단 1개소는 건물외부에 비상계단을 설치하여 이에 갈음할 수 있다), 보육실의 주출입구는 직통계단 또는 비상계단까지의 보행거리가 30m 이내가 되도록 설치하고, 건물의 천장·바닥과 벽체 등의 내부마감재는 불연재로 설치하며, 벽체 등에는 가연성 장식물을 부착하지 아니하고, 조리실은 내화구조로 된 바닥, 벽 및 「건축법 시행령」 제64조에 따른 방화문으로 외부와 구획하며, 「소방시설 설치유지 및 안전관리에 관한 법률 시행규칙」 제7조에 따른 연소우려가 있는 건축물의 구조가 아니어야 하고, 2급 이상의 방화관리자를 고용(직원 중 방화관리자 자격증을 가진 자가 있을 경우에는 그러하지 아니하다)하여 방화관리를 할 것.

③ 그 밖의 소방시설의 설치는 「소방시설 설치유지 및 안전관리에 관한 법률 시행령」 별표 4에 따르며, ①부터 ③까지에서 정한 소방 및 화재 대피시설에 대하여 특별자치도지사·시장·군수·구청장이 요청하는 경우에는 관할 소방관서는 그 설치 여부를 확인한 후 통보한다.

④ 가스를 사용하는 경우에는 「도시가스사업법」, 「액화석유가스의 안전관리 및 사업법」에서 정한 규정에 따라 설치하고 관리하여야 한다.

⑤ 그 밖에 비상재해대비시설 설치에 필요한 구체적인 기준은 보건복지부장관이 정한다.

(아) 그 밖에 실내설비는 다음의 기준을 갖추어야 한다.

① 영유아가 접근할 수 없는 안전한 장소에 응급조치를 위한 비상약품 및 간이 의료기구 등을 갖춰 두어야 한다.

② 비상구를 제외한 모든 출입문 및 창문은 안쪽에서 잠길 우려가 없어야 하고, 밖에서 쉽게 열 수 있어야 하며, 출입문 및 창문의 가장자리에는 영유아의 손이 끼지 아니하도록 손끼임 방지 고무패킹이나 완충장치를 설치하여야 한다.

③ 돌출형 방열기(라디에이터)는 영유아의 신체가 직접 닿지 아니하도록 울타리를 설치하여야 하며, 이와 유사한 온열기를 사용하는 경우에는 영유아가 직접 온열기에 닿지 아니하도록 적절한 보호장치를 설치하여야 한다.

④ 책상, 의자 등 가구의 모서리는 둥글고 표면이 매끄럽게 처리된 것이나, 고무 등으로 모서리에 보호장치를 설치하여야 한다.

⑤ 보육실에 설치된 교구장, 수납장 등은 안전을 위하여 아래 부분에 무거운 비품을 보관하여야 하고, 선반을 설치하는 경우에는 물건이 떨어지지 아니하도록 지지대를 설치하여야 하며, 무거운 물건은 너무 많이 쌓아 놓아서는 아니 된다.

⑥ 보일러 설비, 퓨즈박스(두꺼비집), 화기, 소독수, 살충제, 조리실의 칼·가위·포크·랩 등은 영유아의 손이 닿지 아니하는 위치에 배치되어야 한다.

⑦ 어린이집 내부(벽, 천장 등)의 마감재료는 「건축법 시행령」 제2조에 따른 불연재료, 준불연재료 또는 난연재료를 사용하여야 하며, 보육실은 「환경보건법 시행령」 제16조에 따른 환경안전관리기준을 준수하여 설치하여야 한다. 실내장식물과 창문에 설치하는 커튼류 및 카펫 등 「소방시설설치유지 및 안전관리에 관한 법률」 제12조에 따른 방염대상물품은 소방시설설치유지 및 안전관리에 관한 법령에 따른 방염성능이 있는 것으로 설치하여야 한다.

나. 장애아 12명 이상을 보육할 수 있는 시설을 갖춘 장애아전문어린이집을 설치하는 경우에는 「장애인·노인·임산부 등의 편의증진보장에 관한 법률」에서 정한 시설 및 설비 외에 다음의 설비를 갖추어야 한다.

① 장애아가 활동하기에 충분하도록 어린이집의 시설(놀이터는 제외한다)은 장애아 1명당 7.83제곱미터 이상, 보육실(교실, 거실, 포복실, 유희실, 치료교실, 집단활동실을 포함한다)은 장애아 1명당 6.6제곱미터 이상의 면적을 확보하여야 한다. 다만, 비장애아를 함께 보육하는 경우에는 어린이집의 시설면적(놀이터 면적은 제외한다)은 비장애아 1명당 4.29제곱미터 이상, 보육실(교실, 거실, 포복실, 유희실, 치료교실, 집단활동실을 포함한다)은 비장애아 1명당 2.64제곱미터 이상의 면적을 확보하여야 한다.

② 집단활동실(강당, 놀이실)은 문턱 없이 접근이 가능한 통로에 연결되어야 하고 휠체어 · 보행기 등의 출입에 장애가 없어야 한다.

③ 출입구는 비상재해 시 대피하기 쉽도록 복도 또는 넓은 공간에 직접 연결되게 설계되어야 하며, 시각장애아를 위한 점자블록이나 유도장치를 갖추어야 한다.

④ 옥외 피난계단의 유효폭은 0.9미터 이상이어야 한다.

⑤ 회전문과 자재문(自在門: 문턱이 없어 양방향으로 열리는 문)은 금하며 자동문 설치 시 문의 개폐 시간은 3초 이상을 확보하여야 한다.

⑥ 휠체어에 앉은 영유아가 문의 손잡이를 잡을 수 있어야 한다.

⑦ 계단 외에 엘리베이터 또는 기울기 1/12 이하의 경사로를 설치하여야 한다.

다. 장애아 3명 이상을 보육하는 장애아 통합 어린이집은 다음과 같은 설비를 갖추도록 노력하여야 한다.

① 2층 이상의 시설에는 엘리베이터를 설치하거나 적어도 한 곳 이상에 기울기 1/12 이하의 경사로를 설치하여야 한다.

② 출입구는 비상재해 시 대피하기 쉽도록 복도 또는 넓은 공간에 직접 연결되도록 하고, 시각장애아를 위한 점자블록이나 유도장치를 설치하여야 한다.

③ 복도, 문, 화장실은 휠체어의 출입에 장애가 없어야 한다.

④ 옥외 피난계단의 유효폭은 0.9미터 이상이어야 한다.

2. 어린이집의 운영기준(영유아보육법 시행규칙 제23조 및 제34조 관련)

(1) 명칭

가. 어린이집의 명칭은 "○○어린이집"으로 한다.

나. 이 명칭은 국공립어린이집이나 특별자치도지사 · 시장 · 군수 · 구청장의 인가를 받아 설치되는 어린이집만 사용할 수 있으며, 동일한 시 · 군 · 구에서는 동일한 명칭을 사용할 수 없다.

다. "○○어린이집"이라는 명칭 외에 다른 기관으로 오인할 수 있는 별도의 명칭을 표기하거나 병기하여서는 아니 된다.

(2) 어린이집의 운영

가. 보육대상

어린이집은 가능한 한 2세 미만 영아반, 2세 영아반과 3세 이상 유아반을 동시에 운영하여야 한다. 다만, 장애아가 있는 경우에는 장애아만으로 구성된 반을 운영할 수 있다.

나. 어린이집 이용신청자 명부의 작성 · 비치

어린이집의 원장은 신청순위에 따라 별지 제17호의2서식의 이용신청자명부를 작성 · 비치하여 이를 열람할 수 있도록 하여야 한다.

다. 어린이집의 운영일 및 운영시간

① 어린이집은 주 6일 이상, 하루에 12시간 이상 운영하여야 한다. 다만, 보호자의 근로시간 등을 고려하여 보호자 및 그 영유아에게 불편을 주지 않는 범위에서 어린이집의 운영일 및 운영시간을 조정하여 운영하는 경우로서 어린이집의 원장이 미리 영유아의 보호자에게 동의를 받은 경우에는 그러하지 아니하다.

② 어린이집은 천재지변이나 감염병의 발생 등 어린이집을 정상적으로 운영할 수 없는 등 정당한 사유 없이 휴원(休園)하여 영유아 및 부모에게 심한 불

편을 주어서는 아니 된다.

라. 운영규정

어린이집의 원장은 조직 · 인사 · 급여 · 회계 · 물품, 그 밖에 시설의 운영관리에 관하여 필요한 규정을 제정 · 시행하여야 한다.

마. 보육료 수납

어린이집의 원장은 보육 영유아의 보호자 등이 보육료를 낼 수 있도록 보육료 납부 통지를 하여야 한다.

바. 비용의 지출

① 어린이집의 지출은 계좌 입금 또는 신용카드를 사용하는 것을 원칙으로 한다.

② 국공립어린이집, 법인어린이집 등 보육교직원의 인건비를 지원받는 어린이집의 원장은 해당 보육교직원의 인건비를 지급할 때에 보건복지부장관이 정하는 보육교직원 봉급표를 기준으로 지급하되, 지방자치단체에서 따로 지급하는 교사 처우개선비, 건강보험료 등을 추가로 지급하여야 한다.

③ 보육교직원 인건비의 지급은 반드시 계좌 입금하여야 하며 보육교직원에게는 봉급명세서를 발급하여야 한다.

사. 보험(공제)가입

① 어린이집의 원장은 법 제31조의2에 따라 어린이집 안전공제회(이하 "공제회"라 한다)에 가입하고 영유아의 생명 · 신체에 대한 피해를 보상하기 위하여 공제회에서 정한 공제료를 납부하여야 한다.

② 어린이집의 원장은 어린이집의 재산상의 피해를 보상하기 위한 공제료를 공제회에 납부할 수 있다.

③ 어린이집의 대표자는 보육교직원을 위하여 「국민연금법」에 따른 국민연금, 「국민건강보험법」에 따른 건강보험, 「고용보험법」에 따른 고용보험 및 「산업재해보상보험법」에 따른 산재보험에 가입하여야 한다.

④ 어린이집의 대표자는 어린이집에서 차량운행을 하는 경우 자동차보험에 가입하여야 한다.

아. 장부 등의 비치

어린이집에는 다음의 장부 및 서류를 갖춰 두어야 한다. 다만, 상시 영유아 20명 이하인 어린이집으로서 어린이집의 원장이 보육교사를 겸임하는 어린이집의 경우에는 ④ · ⑥ · ⑩ · ⑪ 및 ⑬ 외의 장부 및 서류는 갖춰 두지 아니할 수 있다.

① 삭제 〈2012.10.31〉
② 재산목록과 그 소유를 증명하는 서류(부동산을 임차하는 경우에는 임대차 계약서를 포함한다)
③ 어린이집 운영일지
④ 보육교직원의 인사기록카드(채용구비서류, 이력서 및 사진을 포함한다)
⑤ 예산서 및 결산서
⑥ 총계정원장 및 수입 · 지출 보조부
⑦ 금전 및 물품출납부와 그 증명서류
⑧ 삭제 〈2012.10.31〉
⑨ 소속 법인의 정관 및 관계 서류
⑩ 어린이집 이용신청자 명부 및 이용 아동 연명부
⑪ 생활기록부, 영유아보육일지 및 건강진단카드
⑫ 보육교직원의 인사 · 복무 및 어린이집 운영에 관한 규정 등
⑬ 안전점검표
⑭ 그 밖에 어린이집 운영에 필요한 서류

자. 어린이집 입소 우선순위

법 제28조 및 영 제21조의3에 따라 국가나 지방자치단체, 사회복지법인이 설치한 어린이집과 법인 · 단체등어린이집, 가정어린이집 및 민간어린이집은 법 제28조제1항 각 호의 어느 하나 및 이 규칙 제29조제2항 각 호의 어느 하나에 해당하는 영유아가 우선적으로 어린이집을 이용할 수 있도록 하여야 한다.

차. 어린이집 차량의 운행

법 제38조에 따라 어린이집을 이용하는 사람으로부터 비용을 받아 차량을 운행하는 경우에는 정당한 사유 없이 차량 운행을 중단해서는 아니 된다. 다만, 차량의 고장 등 불가피한 사유로 차량 운행이 불가능하여 어린이집의 원장이 보호

자에게 사전통지를 한 경우에는 그러하지 아니하다.

(3) 안전·급식 및 위생관리

가. 안전관리

① 어린이집의 원장은 안전점검표 양식에 따라 일정기간별로 시설의 안전점검을 시행하여 화재·상해 등의 위험발생 요인을 사전에 제거하여야 한다.

② 각 놀이시설물에 대하여 적절한 점검 일정을 세워 점검하여야 한다. 이 경우 놀이시설물의 볼트·너트 등 이음장치, 울타리, 구조물의 부식 여부 등은 매일 점검하고, 움직이는 부분들이 서로 맞물리는 놀이시설물의 경우 영유아의 신체 일부분이 놀이기구에 끼지 아니하도록 맞물림의 형태 등을 점검하여야 한다.

③ 어린이집의 원장은 소방계획을 작성하고 매월 소방훈련을 하여야 한다.

④ 어린이집의 원장은 「아동복지법」 제9조제3항에 따라 매년 안전교육계획을 수립하여 보육 영유아에 대하여 안전교육을 실시한 후, 그 사실을 특별자치도지사·시장·군수·구청장에게 보고하여야 하며 보육교직원에게도 안전교육을 하여야 한다.

⑤ 어린이집의 원장은 보호자와의 비상연락망을 확보하고, 사고에 대비하여 보육 영유아에 대한 응급처치 동의서를 받아 갖춰 두어야 한다.

⑥ 어린이집의 원장은 영유아에 대한 사고가 발생한 경우에는 즉시 영유아의 보호자에게 알리고, 사고가 중대한 경우 특별자치도지사·시장·군수·구청장에게 보고하여야 하며, 사고보고서를 작성하여 갖춰 두어야 한다.

⑦ 보육교직원은 영유아에게서 아동학대의 징후 등을 발견하였을 때에는 「아동복지법」 제26조제2항에 따라 즉시 아동보호전문기관 또는 수사기관에 신고하여야 한다.

나. 급식관리

① 어린이집의 원장 및 어린이집에서 급식을 조리·제공하는 보육교직원(이하 이 목에서 "원장등"이라 한다)은 어린이집에서 식중독 환자가 발생하지 않도록 위생관리를 철저히 하여야 한다.

② 원장등은 영유아가 필요한 영양을 섭취할 수 있도록 영양사가 작성한 식단에 따라 급식을 공급하여야 한다. 이 경우 영양사(5개 이내의 어린이집이

공동으로 두는 영양사를 포함한다)를 두고 있지 아니한 100명 미만의 영유아를 보육하고 있는 어린이집은 보육정보센터, 보건소 및 「어린이 식생활안전관리 특별법」 제21조에 따른 어린이집 급식관리지원센터 등에서 근무하는 영양사의 지도를 받아 식단을 작성하여야 한다.

③ 원장등은 영유아에 대한 급식을 어린이집에서 직접 조리하여 제공하여야 한다. 다만, 공공기관이나 사회복지관 안에 설치된 어린이집의 경우에는 같은 건물에 있는 조리실을 사용하여 급식을 제공할 수 있다.

④ 원장등은 식기, 도마, 칼, 행주, 그 밖에 주방용구를 정기적으로 세척 · 살균 및 소독하는 등 항상 청결하게 유지 · 관리하여야 하며, 어류 · 육류 · 채소류를 취급하는 칼 · 도마는 각각 구분하여 사용하여야 한다.

⑤ 원장등은 유통기한이 지나거나 상한 원료 또는 완제품을 조리할 목적으로 보관하거나 이를 음식물의 조리에 사용하여서는 아니 되며 이미 급식에 제공되었던 음식물을 재사용하여서는 아니 된다.

⑥ 원장등은 식품등의 원료 및 제품 중 부패 · 변질이 되기 쉬운 것은 냉동 · 냉장시설에 보관 · 관리하여야 한다.

⑦ 취사부 등 음식물의 조리에 직접 종사하는 보육교직원은 위생복 · 앞치마 · 위생모를 착용하는 등 개인위생관리를 철저히 하여야 한다.

다. 위생관리

① 조리실, 식품 등의 원료 · 제품 보관실, 화장실 및 침구 등을 정기적으로 소독하고, 항상 청결하게 관리하여야 한다.

② 어린이집의 음용수는 상수도 및 간이상수도를 사용하는 경우에는 물을 끓여 사용하는 것을 원칙으로 하고, 정수장치를 설치하는 경우에는 정기적인 필터 교환 등으로 수질을 관리하여야 하며, 음용수로 지하수를 사용하는 경우에는 「먹는물 수질기준 및 검사 등에 관한 규칙」 제3조에 따라 수질검사를 신청하여야 하며, 수질검사기관으로부터 발급받은 먹는물 수질검사성적서를 갖춰 두어야 한다.

③ 보육교직원은 영유아의 위생에 영향을 미치는 감기, 독감, 홍역 등 유행성 질환 감염 여부, 영유아의 피부, 머리, 손톱 · 발톱, 치아상태, 어린이집의 청소상태, 침구 및 기저귀 등의 위생상태, 욕실 및 화장실의 청결상태, 세면도구 등의 위생상태 등에 대하여 수시로 점검하여야 한다.

④ 동물을 두는 때에는 미리 부모에게 그 사실을 알리고, 동물로부터 영유아가 알레르기 및 질병, 상해를 입지 아니하도록 정기적으로 수의사를 통해 면역 조치 등을 받아야 하며, 동물 · 곤충 또는 배설물 등을 접촉한 경우에는 접촉 부위를 씻어야 한다.

⑤ 어린이집 내부의 쾌적한 공기질을 유지하기 위하여 수시로 환기 및 청소 등을 하여야 한다.

라. 차량안전관리(차량을 운영하는 경우)

① 차량은 9인승 이상 자동차로 한정하며 「도로교통법」 제52조에 따라 미리 어린이통학버스로 관할 경찰서장에게 신고하고 신고필증을 발급받아야 한다.

② 운전기사는 채용 시 건강진단서를 제출하여야 한다.

③ 어린이집에서 운행 중인 모든 차량에는 차량 내에 안전수칙을 부착하고, 차량용 소화기 및 구급상자를 갖추어야 하며, 차량안전점검표에 의한 안전점검을 하여야 한다.

④ 차량 운행 시 보육교사 등 영유아를 보호할 수 있는 사람이 동승하여야 하고, 36개월 미만 영아를 탑승시키는 경우에는 보호자가 동반하거나 보호 장구를 착용하는 것을 원칙으로 한다.

⑤ 교사와 영유아는 차량 운행이 시작되기 전에 안전벨트를 착용하여야 한다.

⑥ 운전자는 음주, 휴대전화 또는 이어폰 사용 등 운전 판단 능력에 영향을 미치는 행위를 하여서는 아니 된다.

⑦ 등원 · 퇴원 차량 운행 시 운전기사와 보육교사 등 차량에 동승하는 사람은 영유아가 안전하게 담당 보육교사나 부모 등 보호자에게 인도될 수 있도록 조치하여야 하고, 영유아 등원 · 퇴원 일지를 작성하여 모든 영유아가 안전하게 인도되었는지 여부를 확인하여야 한다.

3. 보육교직원의 배치기준(영유아보육법 시행규칙 제10조 관련)

(1) 어린이집에 두어야 하는 보육교직원과 그 수

가. 어린이집의 원장 1명. 다만, 영유아 20명 이하를 보육하는 어린이집은 어린

이집의 원장이 보육교사를 겸임할 수 있다.

나. 보육교사

① 만 1세 미만의 영아 3명당 1명을 원칙으로 한다.
② 만 1세 이상 만 2세 미만의 영아 5명당 1명을 원칙으로 한다.
③ 만 2세 이상 만 3세 미만의 영아 7명당 1명을 원칙으로 한다.
④ 만 3세 이상 만 4세 미만의 유아 15명당 1명을 원칙으로 한다.
⑤ 만 4세 이상 미취학 유아 20명당 1명을 원칙으로 하며, 이 경우 유아 40명당 1명은 보육교사 1급 자격을 가진 사람이어야 한다.
⑥ 취학아동 20명당 1명을 원칙으로 한다.
⑦ 장애아 보육은 장애아 3명당 1명을 원칙으로 하되, 장애아 9명당 1명은 특수교사 자격소지자로 한다.

다. 간호사

영유아 100명 이상을 보육하는 어린이집의 경우 간호사(간호조무사를 포함한다. 이하 같다) 1명을 두어야 한다.

라. 영양사

영유아 100명 이상을 보육하는 어린이집의 경우 영양사 1명을 두는 것을 원칙으로 하되, 어린이집 단독으로 영양사를 두는 것이 곤란한 경우에는 동일한 시 · 군 · 구의 5개 이내 어린이집이 공동으로 영양사를 둘 수 있다.

마. 취사부

영유아 40명 이상 80명 이하를 보육하는 어린이집의 경우 취사부 1명을 두며, 영유아가 80명을 초과할 때마다 1명씩 증원한다.

바. 그 밖의 보육교직원

어린이집의 규모와 특성에 따라 의사(또는 촉탁의사), 사회복지사, 사무원, 관리인, 위생원, 운전기사, 치료사 등의 보육교직원을 둘 수 있다.

사. 보육시설의 장이 간호사 또는 영양사 자격이 있는 경우에는 간호사 또는 영양사를 겸직하게 할 수 있다.

(2) 보육교직원의 복무

가. 어린의집의 원장은 전임이어야 하며, 다른 어린이집, 사회복지시설, 유치원 및 종교시설 등의 업무를 겸임할 수 없다.

나. 보육교사의 근무시간은 평일 8시간을 원칙으로 하고, 그 밖에 전후로 연장되는 시간은 어린이집의 원장과 보육교사가 교대 근무하며, 초과근무수당을 지급하여야 한다.

다. 보육교직원의 휴가

보육교직원의 휴가는 보육 공백을 최소화할 수 있도록 순번제로 실시하고, 보수교육, 출산휴가 등으로 어린이집의 원장, 보육교사 또는 그 밖의 보육교직원의 공백이 생기는 경우에는 이를 대체할 수 있는 대체원장, 대체교사 또는 그 밖의 인력을 각각 배치하여야 한다.

12
chapter

보육실습일지 작성의 실제

1. 개관

보육실습생이 현장에 나가서 보육계획안을 작성하고 일일보육실습일지를 매일 기록한다. 실습생들이 실습일지로 인해 스트레스를 많이 받는다고 하소연한다. 그러므로 현장에 나가기 전 보육실습일지의 작성을 연습해 보는 것은 의미 있는 작업이라고 본다. 사실상 4주간의 보육실습을 통해 수행하게 되는 거의 모든 교육활동이 실습일지에 기록되므로, 보육실습일지는 보육실습전체를 반영한다고 해도 과언이 아닐 정도로 중요하다. 보육실습일지의 주된 부분이 보육계획안이고 보육계획안은 이미 제6장에서 학습을 하였으므로 본 장에서는 보육실습일지의 사례를 소개한다.

본 장에서 사용하는 보육실습일지의 양식은 특정 대학에서 사용하는 것으로 부록에 제시하였다. 제시된 양식은 다음의 순서로 되어 있으며, 보육실습일지의 실제는 다음과 같은 내용을 담고 있다.

- 보육실습의 이해
  - 보육실습의 의의 및 목적
  - 보육 실습생의 유의 사항

- 유아교육실습을 위한 준비
  - 실습기관의 현황 및 실습생 신상정보
  - 실습기관의 보육환경
  - 보육과정 운영의 실제

  실습기관 전반/보육계획안(연, 월, 주)/특별활동운영/일과운영
- 보육실습 일지
  - 일일 보육실습일지(일일 활동계획안) : 4주간
  - 수업활동계획안(부분수업, 연계수업, 종일수업)
- 보육실습평가 및 정리
  - 실습 소감 및 지도 조언
  - 출근 현황표
- 실습성적 평가서
- 보육실습확인서

보육실습의 이해를 돕기 위해 보육실습의 의의 및 목적 등을 간단히 기술하고 보육실습을 위한 준비로서 실습기관의 환경, 보육과정 운영 등에 관한 사항과 본 내용으로서 일일보육실습일지와 수업활동 계획안을 작성하고, 보육실습을 평가하는 구조로 되어 있다. 본 사례는 유아교육과 학생들이 실제 보육실습기관에서 실습을 하면서 작성한 것을 지도교수가 평가하고 감수한 것이다.

2. 보육실습일지의 실제

보육실습일지

예비보육교사의 꿈

그림

2012학년도

보 육 실 습 일 지

실습기관	기 관 명	○○○ 어린이집
	시 설 장	○○○원장님
	지도교사	○○○ 선생님
실 습 생		학 번 ○○○
		이 름 ○○○
		○○○ 대학교 유아교육과
실습기간		**2012년 11월 5일 ~ 2012년 11월 30일**

목 차

Ⅰ. 보육실습의 이해

1. 보육실습의 의의 및 목적

보육실습은 보육교사양성 교육과정의 한 요소로서 예비보육교사들이 교사로서 갖추어야 할 지식, 기술, 태도 등을 보육현장에서 직·간접적 경험을 통해서 배우는 모든 과정을 의미한다.

보육교사로서 대학에서 배워온 교육이론 및 교수법 등을 보육현장에 적용함으로써 교사로서의 자질을 갖추게 하는 보육실습의 세부적인 목적은 다음과 같다.

□ gc대학에서 배운 보육이론 및 지식을 현장 수업에 직접 적용해 봄으로써 이론과 실제를 연결시키고 수업 기술을 함양한다.

□ 교직에 대한 종합적인 이해와 교직자로서의 직업적 소양과 능력 및 전문적 기술을 습득한다.

□ 실습기관의 학급실태 등에 대하여 관심을 가지고 관찰함으로서 보육활동에 대한 이해를 높이고 올바른 교직관을 정립한다.

□ 보육현장에서 일어나는 구체적이고 특수한 사례들을 경험함으로써 교직실무에 대한 제반 기능을 습득한다.

□ 보육실습을 통하여 보육실습생 자신의 교육자적 자질을 검증한다.

2. 보육실습생의 유의사항

1) 실습기관 및 지도교사와의 관계

□ 실습기관의 교육방침에 순응하고 보육실습생으로서 자신의 책무를 다하도록 노력한다.

□ 보육실습생은 상호 협조하여 실습기관의 지도교사와 함께 유아에 대한 보육 활동과 관련된 사무 전반에 대하여 숙지한다.

□ 지도 교사의 의견을 존중하고, 보육실습 과정 중 어려움이나 문제 발생시 대화와 토론

으로 갈등상황을 해결하도록 한다.

□ 보육실습 기간 중 교사회의, 협의회 등에 참여하고 그 결과를 기록한다.

2) 영유아 및 부모와의 관계

□ 영유아들에게 직접적인 영향을 미치는 학습, 생활, 급식, 질서, 교통, 안전 지도 등에 최선을 다한다.

□ 단정한 옷차림과 몸가짐을 유지하여 명랑하고 밝은 미소로 생활하도록 한다.

□ 부모와의 상담은 실습생 임의대로 해서는 안 되며 반드시 지도교사가 하도록 안내한다.

3) 복장 및 근무태도

□ 보육활동이 용이하고 교사로서의 품위를 유지할 수 있는 단정한 복장이어야 한다.

□ 명찰은 출근시간부터 퇴근시간까지 왼쪽 가슴에 항상 착용한다.

□ 신체 활동 시간에는 바지 또는 운동복, 운동화 차림으로 활동에 임한다.

□ 실내에서는 덧신을 신고 지정된 사물함과 신발장을 사용하도록 한다.

□ 지나치게 화려한 화장과 액세서리 사용은 피하고 활동에 간편한 머리 모양을 유지한다.

□ 보육실습생은 학생인 동시에 실습기관의 준교원임을 명심하여 복무규정을 준수하도록 한다.

□ 실습기관에 근무하는 모든 분들께는 '선생님'이란 호칭을 쓰며, 실습생 간에도 '선생님'이란 호칭과 함께 존댓말을 사용한다.

□ 학습효과를 높이기 위해 수업에 대한 사전연구와 학습자료 준비를 철저히 한다.

첫째, 각종 기자재의 조작 및 활용 방법을 충분히 숙지한 후에 사용한다.
(컴퓨터, 프로젝션 TV, 실물 제시기, 복사기, 등사기, 코팅기, 디지털 카메라 등)

둘째, 교재·교구 제작에 필요한 소모품은 사전에 구입신청하거나 자료실에 비치 된 곳을 활용한다.

□ 기관 내의 필요한 자료는 지도교사를 통하여 대여 받도록 하며, 빠른 시간 내에 반납한다.

4) 실습일지 작성 요령

□ 보육실습일지는 실습기간 중 항상 소지하고 실습 내용을 상세하게 정리하여 매일 기록한다.

□ 실습시간은 교사로서 많은 것을 배울 수 있는 기회이므로 발생할 수 있는 문제 상황이나 보육활동의 진행사항을 메모하여, 실습일지에 옮겨 적도록 한다.

□ 시간별 활동유형과 활동명, 활동내용을 적고 활동에 필요한 준비물 및 참고 사항 등을 적어 두도록 하며, 필요한 경우 그림이나 사진자료를 보완해서 덧붙인다. 또한 교사와 유아의 상호 작용도 관심을 가지고 지켜보아 실습일지에 기록한다.

□ 실습일지는 가능한 한 상세하게 기록하여 보육 교사가 되었을 때 참고자료가 되도록 한다.

□ 실습일지는 매일 지도교사의 확인을 받아야한다.

□ 교수 · 학습 지도안은 지도교사와 충분한 검토 · 협의 후 수업 하루 전 오전까지 작성 · 제출하며, 제작한 학습 자료는 활용한 후 지도교사에게 제출한다.

□ 실습에 필요한 모든 자료는 데이터베이스화하여 CD 또는 디스켓에 저장 활용한다.

Ⅱ. 보육실습을 위한 준비

1. 실습기관의 현황 및 실습생 신상정보

【실습기관 현황】

· 실습기관명 : ○○○ 어린이집

· 주 소 :	· 전화번호(fax) :
· E - mail :	· 홈페이지:

· 시설장 : 원장님 · 총교사수 : 15명 · 총원아수 : 118명

· 학 급 수 : 만2세반(1) 만3세반(2), 4세반(2), 5세반(1), 혼합연령반(0)

【실습학급 현황】

· 지도교사 : 선생님 · 학급 : (만3)세반 · 학급 원아수 : 17명

· 프로그램 : 반일제( ) 종일제(0) 연장제( )

【실습생 신상 정보】

· 주 소 : · E-mail : phl3031@naver.com

· 전 화 : · 홈페이지 : · 종교 : 무교

사 진
부 착

*실습장면 혹은 개인 인물사진 부착

2. 실습기관의 보육환경(사전기관 승인 후 사진 촬영)

1) 실내 환경

<샘물반 영역배치 및 실·내외시설>

조작영역

미술영역

쌓기·역할영역

음률영역

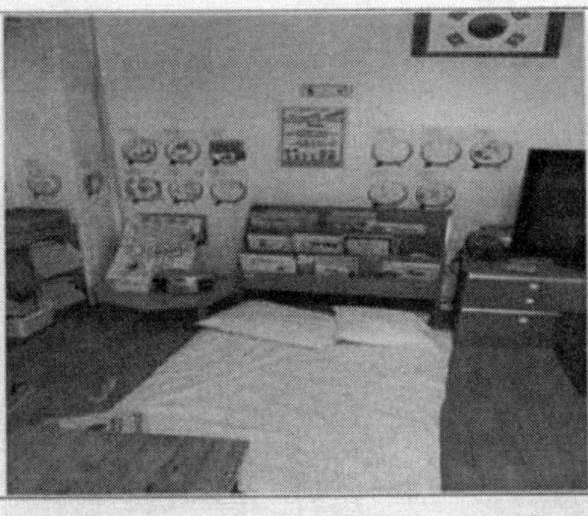

휴식영역

생물반 교실

놀이터

놀이방

*사진촬영이 불가능한 경우 도면 그리고 설명하기

2) 실 외 환 경

(사진첨부)

사진촬영이 불가능한 경우 도면 그리고 설명하기

3. 보육과정 운영의 실제

1) 실습기관 운영 전반

※ 실습기관의 보육철학, 보육목표, 보육내용, 보육방법 등에 대한 전반적인 사항을 기록하세요.(실습기관의 운영계획서 참조)

교육의 목적? 행복

교육의 목표? 생각할 줄 아는 어린이
감사 할줄 아는 어린이
자신감 있는 어린이
책임감 있는 어린이

원훈? 즐겁고 행복한 어린이

교육철학? "행복이 가득한 ooo 어린이집"
아이들이 가장 행복 할 수 있는 어린이집이 되는 것이 우리원의 철학입니다.
아이들이 행복해야 부모님이 행복할 수 있습니다.
아이들과 부모님이 행복하여야 행복한 교사가 될 수 있습니다.
교사가 행복해야 아이들과 부모님이 행복 할 수 있습니다.
아이들이 가장 행복한 어린이집 ! 바로 우리 원이 추구하는 철학입니다.

*용지추가 복사 사용

2012년 실습 일정

날짜	요일	내 용	날짜	요일	내 용
11/ 5	월	· 수업참관	11/19	월	· 수업참관 · 연구 수업 가계획안 및 연계수업 계획안 제출
11/ 6	화	· 수업참관	11/20	화	· 수업참관 · 연계수업(이야기 나누기, 게임) · 연계 수업 계획안 제출
11/ 7	수	· 수업참관	11/21	수	· 수업참관 · 우체국 다녀오기(도우미)
11/ 8	목	· 수업참관 ·인형극 관람(도우미) · 부분 수업 계획안 제출	11/22	목	· 수업참관 · 연계 수업(이야기 나누기, 새노래)
11/ 9	금	· 수업참관 ·일지정리	11/23	금	· 수업참관 · 한복 입는 날(도우미)
11/10	토	· 수업참관	11/24	토	· 정기 휴원
11/12	월	· 수업참관	11/26	월	· 수업참관 · 연구 수업 준비 완료 · 연계 수업 계획안 제출
11/13	화	· 수업참관 · 부분수업(동화) · 부분 수업 계획안 제출	11/27	화	· 수업참관 · 연계 수업(이야기 나주기, 교구소개)
11/14	수	· 수업참관 · 부분수업(이야기 나누기)	11/28	수	· 오전수업 진행
11/15	목	· 수업참관 · 김장 담그기 행사(도우미) · 부분 수업 계획안 제출	11/29	목	· 연구 수업(하루일과 운영) – 이야기 나누기, 새노래, 게임...
11/16	금	· 수업참관 · 부분 수업(동시)	11/30	금	· 실습 마무리 및 일지 정리
11/17	토	· 일지 정리 · 부모 참여 수업 참관 및 도우미	12/ 1	토	· 일지 정리
비고	1. 근무시간 : 오전 8시 30분 – 오후 6시 30분(필요에 의해 조정 가능) 2. 복장 : 단정하고 깨끗한 복장 3. 개인 준비물 : 칫솔, 앞치마, 덧신, 명찰, 기록장, 필기도구(색깔 다양하게) 4. 주의사항 : – 교사의 역할을 배우는 시기이므로 적극적으로 행동 하기 – 작은 부분도 지도교사와 상의하기 – 어린이들과 지나친 친분관계 자제하기 (전화번호, 이메일 알려주지 않기, 사진촬영 금지) – 어린이집에서의 생활을 외부에 이야기하지 않기 – 핸드폰 사용 자제하기				

2) 보육계획안

(1) 연간보육계획안

월	생활주제	소주제	월	생활주제	소주제
3월	우리 반과 친구 · 약속을 지켜요	· 만나서 반가워요 · 친구가 좋아요 · 재미있는 놀잇감 · 즐거운 하루 · 약속과 규칙	9월	탈 것 · 즐거운 추석	· 굴러가는 바퀴 · 여러 가지 탈 것 · 고마운 교통기관 · 추석이에요
4월	봄	· 따뜻한 봄 · 봄의 꽃 · 봄의 곤충	10월	우리나라 · 울긋불긋 가을	· 우리나라를 대표해요 · 우리나라 전통놀이 · 알록달록 가을 · 달라진 가을 · 열매와 곡식
5월	나와 가족	· 나의 몸과 마음 · 나는 좋아하는 것이 많아요 · 내가 할 수 있는 것 · 사랑하는 우리 가족 · 내가 사는 집이에요	11월	우리의 이웃	· 동네 한바퀴 · 편리한 공공기관 1 · 편리한 공공기관 2 · 고마운 분이 있어요
6월	동물	· 다양한 동물들 · 소리와 움직임 · 사라진 동물들 · 동물을 사랑해요	12월	겨울	· 겨울 준비를 해요 · 추워졌어요 · 메리 크리스마스 · 추워도 신나요
7월	즐거운 여름	· 여름철 날씨 · 물놀이가 시원해요 · 캠프 이야기	1월	새해 · 글과 그림의 만남	· 새해가 되었어요 · 내가 좋아하는 책 · 가자! 도서관으로 · 그림 속 이야기 · 함께 감상해요
8월	건강하고 안전한 생활	· 골고루 먹어요 · 즐거운 운동과 휴식 · 위험한 곳을 알아요 · 안전하게 사용해요 · 편리해진 우리 생활	2월	많이 컸어요	· 설날이에요 · 몸과 생각이 자랐어요 · 형이 된다면 언니가 된다면

11월 보육 활동 계획안

(만3세)

담임 ○○○

생활주제	우리의 이웃		활동기간	11월 5일 - 12월 1일
목표	· 우리 동네에 대해 관심을 갖고, 다양한 가게와 기관에 대해 알아본다. · 우리를 도와주시는 분에 대해 감사한 마음을 갖고, 서로 도우며 생활할 수 있다.			
주 / 활동	1주	2주	3주	4주
소주제	동네 한바퀴	우리 동네는 무엇이 있을까?①	우리 동네는 무엇이 있을까?②	서로서로 도와요
기본생활습관	청결-식사 후 자리 정리하기	예절-솔직하게 말하기	질서-사람 많은 곳에서 줄서기	절제-자신의 감정 조절하기
안전교육	<교통안전> 차안에서 장난치지 않아요	<약물오남용> 우리 교실에도 비상약이 있어요	<재난대비> 전기, 가스 폭발 위험과 대처방법	<성폭력 예방> 동화-고추가 간지러워요
소방안전교육	소방 대피 훈련(도로변)			

<언어> 우리 동네에 있어요 빵 이름 알아보기 병원을 찾아주세요 고마운 기관 이름 쓰기	<조작> 우리 동네 퍼즐 가게와 물건 찾기 우표를 붙여요 무엇이 필요할까?	<쌓기> 우리 동네 만들기 시장 꾸미기 병원의자 만들기 경찰서 만들기
<수학> 내가 사는 동네 빵이 어디로 갔을까? 전자계산기를 눌러봐요 모자가 필요해요		<역할> 택배 왔어요 미용실 놀이 병원 놀이 소방관이 되어요
<과학> 내가 사는 동네는? 무게를 달아요 돈을 관찰해요 공공기관 마크	<미술> 마트전단지 만들기 그림 편지 막대인형 만들기 <감상> 고흐의 '오베르성당'	<음률> 내가 사는 동네는 어디서 나는 소리지? 약사발에서 나는 소리 <감상> 헨델의 '즐거운 대장장이'

대·소 집단 활동	이야기 나누기	우리 동네가 궁금해요, 어린이집 주변의 동네, 우리 동네를 소개해요, 살기 좋은 우리 동네, 빵가게, 미용실, 우체국, 병원과 약국, 우리를 도와주시는 분, 이웃과 사이좋게 지내요
	문학	· 동화-로지의 산책, 권터 아저씨께 택배가 왔어요, 출동 장남감 구조대 · 동시-우리동네, 구멍가게, 고무우신분
	새노래	우리 동네, 가게 놀이, 그럼 집 보았니? 우리가 할 일
	신체활동(대·소근육활동)	동네 한바퀴, 쇼핑을 해요 어느 병원에 갈까?, 기관카드 뒤집기, 놀이방 놀이
	성서를 통한 인성교육	마르타 주교님 이야기, 대림 이야기
	그림 놀이	<생각대로 그리기>-가방, 핸드폰, 장화, 사람
	종이 접기	자동차, 비행기, 별, 로켓
지역사회와의 협력 및 일상 생활 활동		마트 다녀오기, 우체국 다녀오기
자연과 놀아요		낙엽 공놀이
실외 활동		어린이집 주변 동네 산책하기, 미니 홉 놀이, 몸으로 말해요, 놀이터 놀이
행사		인형극 관람(11월 8일), 김장담그기(11월 15일), 한복입는 날(11월 23일) 정기휴원일(11월 24일) 생일 축하식-최○○(11월 5일), 김○○(11월 7일)

11월 주간 보육 활동 계획안 1

(만 3세)

보육주제	우리의 이웃			활동기간	11월 1주 (11월 5일 - 11월 10일)		
주간주제	동네 한바퀴						
목 표	· 우리 동네의 이름을 알고, 동네를 탐색한다.						
		5일(월)	6일(화)	7일(수)	8일(목)	9일(금)	10일(토)
실내 자유 선택 활동	언 어		우리 동네에 있어요				통합보육
	수 학			내가 사는 동네			
	과 학				내가 사는 동네는?		
	조 작			우리 동네퍼즐			
	음 률				동네 소리 만들기		
	미 술					<감상> 고흐의 '오베르 성당'	
	쌓 기		우리 동네 만들기				
	역 할					택배 왔어요	
기본 생활 습관		질서-식사 후 자리 정리하기					
안 전 교 육		교통안전-차 안에서 장난치지 않아요					
대·소 집단 활동	이야기 나누기	월요조회	어린이집 주변의 동네	우리 동네가 궁금해요		우리동네를 소개해요	
	문 학		<동화> 로지의 산책	<동시> 우리 동네			
	새노래	우리동네					
	성서를 통한 인성교육			마르타 주교님 이야기			
	그림놀이						
	종이접기					자동차	
신체활동 (대·소근육)				놀이방 놀이		동네 한바퀴	
실 외 활 동		놀이터놀이	어린이집 주변 동네를 산책하기				
행사				권진수생 일축하식	인형극관람		
평가							

11월 주간 보육 활동 계획안 2

(만 3세)

<table>
<tr><td colspan="2">보육주제</td><td colspan="2">우리의 이웃</td><td colspan="2" rowspan="2">활동기간</td><td colspan="2" rowspan="2">11월 2주
(11월 12일 - 11월 17일)</td></tr>
<tr><td colspan="2">주간주제</td><td colspan="2">우리 동네에는 무엇이 있을까?①</td></tr>
<tr><td colspan="2">목 표</td><td colspan="6">· 우리 동네에 있는 여러 가게에 관심을 가지고 놀이로 표현한다.</td></tr>
<tr><td colspan="2"></td><td>12(월)</td><td>13(화)</td><td>14(수)</td><td>15(목)</td><td>16(금)</td><td>17(토)</td></tr>
<tr><td rowspan="8">실내
자유
선택
활동</td><td>언 어</td><td></td><td>빵이름
알아보기</td><td></td><td></td><td></td><td rowspan="19"><만4·5세>
부모참여
수업</td></tr>
<tr><td>수 학</td><td></td><td>빵이 어디로
갔을 까</td><td></td><td></td><td></td></tr>
<tr><td>과 학</td><td></td><td></td><td></td><td>무게를
달아요</td><td></td></tr>
<tr><td>조 작</td><td></td><td></td><td></td><td>가게와 물건
찾기</td><td></td></tr>
<tr><td>음 률</td><td></td><td></td><td>어디서 나는
소리지?</td><td></td><td></td></tr>
<tr><td>미 술</td><td></td><td></td><td>마트전단지
만들기</td><td></td><td></td></tr>
<tr><td>쌓 기</td><td></td><td></td><td></td><td></td><td>미용실
구성하기</td></tr>
<tr><td>역 할</td><td></td><td></td><td></td><td></td><td>미용실 놀이</td></tr>
<tr><td colspan="2">기본 생활 습관</td><td colspan="5">예절-솔직하게 말하기</td></tr>
<tr><td colspan="2">안 전 교 육</td><td colspan="5">약물오남용-우리 교실에도 비상약이 있어요</td></tr>
<tr><td rowspan="6">대·소
집단
활동</td><td>이야기
나누기</td><td>월요조회</td><td><동화>
구름빵</td><td></td><td></td><td>미용실</td></tr>
<tr><td>문 학</td><td></td><td></td><td></td><td></td><td><동시>
구멍가게</td></tr>
<tr><td>새노래</td><td>가게놀이</td><td></td><td></td><td></td><td></td></tr>
<tr><td>성서를 통한
인성교육</td><td></td><td></td><td></td><td></td><td></td></tr>
<tr><td>그림놀이</td><td></td><td></td><td></td><td></td><td></td></tr>
<tr><td>종이접기</td><td></td><td></td><td></td><td></td><td>비행기</td></tr>
<tr><td colspan="2">신체활동
(대·소근육)</td><td></td><td>놀이방 놀이</td><td></td><td></td><td>게임-쇼핑을
해요</td></tr>
<tr><td colspan="2">실 외 활 동</td><td>놀이터놀이</td><td></td><td></td><td></td><td></td></tr>
<tr><td colspan="2">행사</td><td></td><td></td><td>마트다녀
오기</td><td>김장담그기</td><td></td></tr>
<tr><td colspan="2">평가</td><td colspan="6"></td></tr>
</table>

11월 주간 보육 활동 계획안 3

(만 3세)

보육주제	우리의 이웃	활동기간	11월 3주 (11월 19일 - 11월 24일)
주간주제	우리 동네에는 무엇이 있을까?②		
목 표	· 우리 동네에 있는 여러 기관에 관심을 가지고 놀이로 표현한다.		

		19일(월)	20일(화)	21일(수)	22일(목)	23일(금)	24일(토)
실내 자유 선택 활동	언 어					병원을 찾아주세요	정기 휴원일
	수 학		전자계산기를 눌러봐요				
	과 학		돈을 관찰해요				
	조 작			우표를 붙여요			
	음 률					약사발에서 나는 소리	
	미 술			그림 편지			
	쌓 기				병원구성하기		
	역 할				병원놀이		
기본 생활 습관		질서-사람 많은 곳에서 줄서기					
안 전 교 육		재난대비-전기, 가스 폭발의 위험과 대처방법					
대·소 집단 활동	이야기 나누기	월요조회	우체국		병원과 약국		
	문 학	<동화> 권터아저씨께 택배가 왔어요					
	새노래		그런집 보았니?				
	성서를 통한 인성교육						
	그림놀이				장화		
	종이접기					별	
신체활동 (대·소근육)			놀이방 놀이		어느 병원에 갈까?		
실 외 활 동		놀이터놀이		미니 흡			
행사				우체국 다녀오기		한복 입는날	
평가							

11월 주간 보육 활동 계획안 4

(만 3세)

보육주제	우리의 이웃	활동기간	11월 4주 (11월 26일 - 12월 1일)
주간주제	고마운 분이 있어요		
목 표	· 우리를 도와주는 분을 알고 감사한 마음을 갖는다.		

		26일(월)	27일(화)	28일(수)	29일(목)	30일(금)	12/1(토)
실내 자유 선택 활동	언 어		기관에서 나는 소리들어보기				
	수 학			모자가 필요해요			
	과 학					공공기관 마크	
	조 작				무엇이 필요할까?		
	음 률					<감상> 헨델의 즐거운 대장장이	
	미 술				막대인형 만들기		
	쌓 기			경찰서 만들기			
	역 할		소방관 놀이				
기본 생활 습관		절제-자신의 감정 조절하기					통합보육
안 전 교 육		성폭력예방-<동화> 고추가 간지러워요					
대·소 집단 활동	이야기 나누기	월요조회	우리를 도와주시는 분	이웃과 사이좋게 지내요			
	문 학		<동시> 고마우신 분	<동화> 출동 장난감 구조대			
	새노래	우리가 할일					
	성서를 통한 인성교육			대림이야기			
	그림놀이				사람		
	종이접기					로켓	
신체활동 (대·소근육)			놀이방 놀이	게임-기관카드뒤집기			
실 외 활 동		놀이터놀이			몸으로 말해요		
행사						자연과 놀아요	
평가							

*기관승인 후 유인물 복사/첨부

3) 특별활동운영

대·소집단 활동· 색칠놀이-			
월	성서를 통한 인성교육(수)	종이접기(금)	그림놀이(목)
3월	· 기도하기 · 성호경	· 종이접기 이야기 · 색종이와 친해져요-찢기	· 그림 놀이 이야기 · 그림도구 이야기
4월	· 노래 배우기 -다시 살아 나셨죠 · 부활 축하식	·기본 접기-삼각 접기 · 기본접기-사각 접기 · 기본접기-삼각 두 번 접기 · 기본접기-사각 두 번 접기	· 직선 긋기 · 동르라미, 네모 긋기 · 세모, 하트 긋기 · 곡선 긋기
5월	· 성모성월 이야기 · 노래 배우기 -하늘 엄마	· 기본접기-대문 접기 · 기본접기-방석 접기 · 얼굴 · 집 · 액자	· 색깔 이름 1 · 색깔 이름 2 · 칸 채우기 1 · 칸 채우기 2 · 색칠놀이-풍선
6월	· 세상을 만드신 하느님 · 미사 이야기	· 강아지 · 돼지 · 아이스크림 · 파인애플	· 색칠놀이-사과 · 색칠놀이-강아지 · 색칠놀이-토끼 · 색칠놀이-공룡
7월	· 성당 안에 있는 물건 · 세례 이야기	· 빗방울 · 수박 · 고래	· 색칠놀이-우산 · 색칠놀이-물고기 · 색칠놀이-자동차
9월	· 김대건 신부님 이야기 · 추수 이야기	· 배 · 새 · 잠자리 · 버섯	· 보고그리기-손 · 보고그리기-컵 · 보고그리기-시계 · 보고그리기-가위
10월	· 묵주 이야기 · 장미꽃 색칠하기	· 바람개비 · 무 · 밤 · 컵 · 수저집	· 보고그리기-텔레비젼 · 보고그리기-자동차 · 보고그리기-버스 · 보고그리기-태극기 · 보고그리기-양말
11월	· 마르틴 주교님 이야기 · 대림 이야기	· 자동차 · 비행기 · 별 · 로케트	· 생각대로 그리기-가방 · 생각대로 그리기-핸드폰 · 생각대로 그리기-장화 · 생각대로 그리기-사람
12월	· 아기 예수님 이야기 · 성탄 축하식	· 눈사람 · 크리스마스 트리 · 산타할아버지 · 장갑	· 생각대로 그리기-성탄트리 · 생각대로 그리기-산타 할아버지 · 생각대로 그리기-사람 · 생각대로 그리기-장갑
1월	· 지케오 이야기 · 예수님 사랑해요	· 여자한복 · 남자한복 · 복주머니 · 딱지 · 뱀	· 내 얼굴 그리기 · 우리 가족 그리기 · 동화 듣고 그리기 · 재미있는 그림 놀이

※ 주요 행사, 부모교육, 기타(오후에 실시하고 있는 특별활동)
* 종교관련 내용은 어린이집 설립 주체에 따라 상이함

4) 일과 운영

일 과 진 행 과 정		
시 간	활 동 명	활동 내용
08:00 - 10:00	등원 및 오전 자유선택활동 · 오전 간식	· 등원하는 유아들과 인사 나누기 · 가방, 수첩정리하기 · 유아들의 건강, 심리상태 확인하기 · 유아 스스로 놀이 선택하여 활동하기
10:00-12:00	대·소집단 활동	· 활동주제에 맞추어 다양하게 진행 -이야기 나누기, 새 노래, 신체표현 동화/동시감상, 실험/관찰, 창의 활동 등
12:00-13:30	점심식사 및 이 닦기·독서하기	· 화장실 다녀오기 · 식사 준비하기 · 기도 후 식사하기-정리하기
13:30-15:00	대·소집단 활동 및 낮잠	· 낮잠- 매주 월, 목요일 · 요일별로 다양한 활동 실시 · 수-성서를 통한 인성교육 목-그림놀이, 금-종이접기
15:00-15:40	오후간식 및 귀가지도	· 화장실 다녀오기(손 씻기) · 기도 후 간식 먹기 · 정리하기 · 하루 일과 평가 및 내일 활동 알아보기
15: 40-16:30	버스 이용 유아 귀가 및 오후 자유 선택활동	· 오후 자유 선택 놀이 시간을 가지며 버스 이용 유아는 귀가하기
16:30-17:30	실내·외 활동 및 놀이방 놀이	· 날씨와 상황에 맞게 실내·외 활동하기 · 놀이방에서 신체활동을 하며 즐거운 시간 갖기
17:30-18:30	혼합 연령 놀이 및 귀가	· 혼합연령 놀이하며 부모님 오시는 대로 귀가하기 · 인사 나누기
4시 부터 자유롭게 귀가합니다.		

결재	담 임	원 감	원 장

일일 보육 실습 일지

학 급 명	샘물반 (만 3세)	일 시	2012년 11월 5일 월요일		
생활주제	우리 동네	주 제	우리의 이웃	소주제	동네 한바퀴
목 표	* 우리 동네에 관심을 가진다. * 우리 동네의 이웃들에 관심을 가진다.				
일과 시간표	8:30 ~ 9:55 등원 및 자유선택활동 9:55 ~ 10:05 교구 정리정돈 및 손씻기 10:05 ~ 10:15 오전간식 10:15 ~ 10:20 인사 나누기 10:20 ~ 10:55 이야기 나누기(월요조회) 10:55 ~ 11:00 교실 이동 11:00 ~ 11:20 기본생활습관 11:20 ~ 11:50 생일 축하식		11:50 ~ 12:00 손씻기 및 식사준비 12:00 ~ 12:50 점심식사 및 자유선택활동 12:50 ~ 13:00 낮잠 준비 13:00 ~ 14:50 낮잠 14:50 ~ 15:00 이불 정리 15:00 ~ 15:25 오후간식 15:25 ~ 18:30 자유선택활동 및 순차적 귀가준비 지도		

시간/활동명	활동목표	활동내용 및 방법	준비물/유의점	평가
8:30~9:55 등원 및 자유선택활동	•즐거운 마음으로 등원한다. •스스로 계획하여 놀이에 참여한다.	▶등원 ·유아와 개별인사하며 아이들의 건강상태와 기분을 확인한다. ·등원한 유아는 가방에서 수첩을 꺼낸 후 가방 정리를 한다. ▶투약의뢰 ·교사는 유아의 가방을 확인하여 약용기의 이름과 투약방법, 용량, 시간을 확인하여 투약일지에 기록한다. ▶놀이계획 및 자유선택활동 ·유아는 자신이 계획한 놀이 영역에서 자유선택활동을 시작한다. **[언어영역] 우리 동네 이야기 나누기** -이야기 나누기를 통하여 우리 동네에 대해 안다. **[쌓기/역할영역] 쌓기 '우리 동네 건물 쌓기'** -블럭을 이용하여 우리 동네에 있는 건물처럼 쌓는다. **[미술영역] 종이접기 '비행기'** -색종이를 이용하여 비행기를 접는다. **[음률영역] 탐색하기 '어디서 나는 소리지?'** -동네 주변에서 나는 다양한 소리를 표현한다.	수첩, 바구니 투약일지	
9:55~10:05 교구 정리정돈	•교구를 제자리에 정리한다.	▶교구 정리정돈 및 손 씻기 ·정리 시간을 지키며 놀잇감을 제자리에 정리한다.		

및 손 씻기		·화장실을 다녀온 후, 손을 씻는다.		
10:05~10:1 5 오전간식	•바르게 앉아 간식을 먹고 스스로 정리한다.	▶오전간식 - 흰 우유, 쿠키 ·각자 받은 간식을 맛있게 먹는다. ·다 먹은 유아는 자기 책상에 떨어진 내용물을 스스로 정리한다.	흰 우유, 쿠키	
10:15~10: 20인사 나누기	•오늘의 날짜와 날씨를 안다.	▶인사나누기 ·인사 나누기를 위해 유아들을 한자리에 모은다. ·계절에 관한 짧은 동요를 손유희와 함께 부른다. ·요일에 대한 짧은 동요를 손유희와 함께 부른다. ·오늘의 날짜와 날씨에 대해 이야기 나눈다. ▶실습 선생님 소개하기 ·유아들을 대상으로 실습 선생님을 소개하는 시간을 갖는다. ·실습 선생님의 인사말을 듣는다.		
10:20~10: 55 이야기 나누기 (월요조회)	•새로운 마음으로 1주를 시작할 마음을 갖는다. •집중하여 수녀님의 말씀을 듣는다. •율동활동에 적극적으로 참여한다.	▶다목적실로 이동 ·한줄기차하여 다목적실로 이동한다. ·뛰지않고 조용하게 이동한다. ▶이야기 나누기-월요조회 **도입** -월요조회를 진행해주실 정다운 선생님과 다함께 인사를 한다. -일어서서 국기에 대한 경례를 하고 맹세를 다함께 외친다. **전개** **· 수녀님 말씀** -수녀님의 말씀을 듣는다. (수녀님 말씀: 서민들의 행복한 삶을 위해 좋은 사람이 대통령에 당선되도록 기도, 투표권자들이 좋은 사람을 뽑을 수 있도록 기도해주기) -기도노래로 마무리 한다. **· 선생님들과 인사** - 1주일도 잘 지내겠다는 마음으로 모든 선생님과 유아들이 다함께 인사를 한다. **· 율동 배우기** -정다운 선생님이 준비한 율동을 배울 자세를 갖춘다. -이전경험 묻기: 후토스 노래를 들어본 적 있니? -유아들에게 후토스 노래를 한번 들려준다. -후토스 노래를 한번 들어본 후, 율동을 가르쳐준다.		

		-노래에 맞추어 율동을 한번 해본 후, 유아 2명을 지목하여 앞에 나와 다 함께 해보는 시간을 갖는다. **마무리** -작은 노래를 다함께 부르며 주의를 환기시킨다. -월요조회를 마무리하며 각 반 교실로 이동한다.		
10:55~11:00교실 이동	·안전하게 교실로 이동한다.	▶교실이동 ·한줄기차하여 교실로 이동한다. ·뛰지않고 조용하게 이동한다.		
11:00~11:20 기본생활습관	·바른 자세로 기본생활습관 교육을 받는다. ·식사 후 스스로 자리를 정리할 수 있는 마음을 갖고 실천한다.	▶기본생활습관 - 식사 후 자리 정리하기 ·교사는 유아들을 동그랗게 모여 앉힌다. **도입** -교사는 손유희를 준비하여 유아들의 주의를 집중시킨다. **전개** -교사는 유아들에게 가방에서 도시락을 꺼낸 후의 상황, 점심을 먹은 후의 상황 등을 연출하여 유아들이 스스로 해야 할 일에 대해 질문한다. -유아 한명을 지목하여 도시락 통을 어떻게 정리해야 하는지 행동해 보게 한다. -식사 후 책상 위, 바닥정리를 하지 않으면 어떻게 될지 유아들에게 질문한다. -책상 위와 바닥의 음식물을 정리하는 모습을 보여준다. (유아들에게 필요한 휴지의 양을 질문: 휴지 4장) **마무리** -도시락 통과 책상 위, 바닥정리를 스스로 잘 하기로 꼭꼭 약속한다. -선생님과 공수한 후 교실로 돌아간다.	도시락 통, 휴지 등	
11:20~11:50 생일 축하식	·태주의 생일을 진심으로 축하하는 마음을 갖는다.	▶생일 축하식 - 최태주 생일 축하식 **도입** ·교사는 최태주의 생일축하식을 위해 생일상을 마련한다. ·태주의 개인 사진을 찍고 다함께 '태주야 생일축하해'라고 외친다. **전개** ·태주의 생일 케익에는 몇 개의 초가 필요한지 태주에게 묻는다. (C: 5개) ·초를 꽂은 태주를 위해 다함께 생일축하 노래를 불러준다. ·다음 생일자인 찬일이가 태주에게 생일편지 목걸이를 걸어준다. ·교사는 태주에게 고깔모자를 씌워주고 편지를 읽어준다. ·한번 더 태주에게 생일축하한다고 다함께 말한다. ·태주가 지목하는 유아들이 태주에 대한	태주의 생일상	

		궁금한 점을 하나씩 질문한다. (무슨 로봇 좋아해? / 무슨 장난감 좋아해? 등) **마무리** ·한번 더 태주에게 '생일축하해' 라고 말한 후 생일축하식을 마무리 한다.		
11:50~12:00 손씻기 및 식사준비	·손을 깨끗이 씻고 점심먹을 준비를 한다.	▶손씻기 및 식사준비 ·화장실을 다녀온 후. 손을 씻는다. ·도시락 식판을 꺼내어 점심먹을 준비를 한다.	식판	
12:00~12:50 점심식사 및 자유선택활동	•올바른 식생활 습관을 기른다. •스스로 계획하여 놀이에 참여한다. •교구를 제자리에 정리한다.	▶점심식사 ·질서를 지켜 손을 씻은 후 밥 먹을 준비를 한다. ·한명 씩 배식을 받고 '잘 먹겠습니다' 인사를 한 뒤 맛있게 점심을 먹는다. ·다 먹은 유아는 식판과 수저를 정리하고 양치를 한다. ▶놀이계획 및 자유선택활동 ·유아는 자신이 계획한 놀이 영역에서 자유선택활동을 시작한다. **[언어영역] 우리 동네 이야기 나누기** -이야기 나누기를 통하여 우리 동네에 대해 안다. **[쌓기/역할영역] 쌓기 '우리 동네 건물 쌓기'** -블럭을 이용하여 우리 동네에 있는 건물처럼 쌓는다. **[미술영역] 종이접기 '비행기'** -색종이를 이용하여 비행기를 접는다. **[음률영역] 탐색하기 '어디서 나는 소리지?'** -동네 주변에서 나는 다양한 소리를 표현한다. ▶교구 정리정돈 및 손 씻기 ·정리 시간을 지키며 놀잇감을 제자리에 정리한다. ·화장실을 다녀온 후. 손을 씻는다.	식판, 수저, 포크, 칫솔, 치약, 양치 컵	
12:50~13:00 낮잠 준비	•안정된 마음으로 낮잠 잘 준비를 한다.	▶낮잠준비 ·교사는 유아들의 낮잠을 위해 이부자리를 펼친다. ·유아들은 자신의 이부자리 위에서 낮잠을 잘 준비를 한다.		
13:00~14:50 낮잠	•편안한 마음으로 낮잠을 잔다.	▶낮잠 ·유아들은 편안한 마음으로 낮잠을 잔다. ※ 교사는 쉽게 잠들지 못하는 유아들을 재워준다.		
14:50~15:00 이불 정리	•잠이 덜 깬 유아들은 잠을 깨친다.	▶이불 정리 ·낮잠 시간이 끝나면 교사는 유아들을 깨운 후 이불을		

		정리한다.		
15:00~15:25 오후간식	•바르게 앉아 간식을 먹고 스스로 정리한다.	▶간식-흰 우유 ·'잘 먹겠습니다' 인사를 한 뒤 맛있게 간식을 먹는다. ·다 먹은 유아는 스스로 정리정돈을 한다.		
15:25~18:30 자유선택활동 및 순차적 귀가지도	•스스로 계획하여 놀이에 참여한다. •즐거운 마음으로 하원한다.	▶놀이계획 및 자유선택활동 ·유아는 자신이 계획한 놀이 영역에서 자유선택활동을 시작한다. **[언어영역] 우리 동네 이야기 나누기** -이야기 나누기를 통하여 우리 동네에 대해 안다. **[쌓기/역할영역] 쌓기 '우리 동네 건물 쌓기'** -블럭을 이용하여 우리 동네에 있는 건물처럼 쌓는다. **[미술영역] 종이접기 '비행기'** -색종이를 이용하여 비행기를 접는다. **[음률영역] 탐색하기 '어디서 나는 소리지?'** -동네 주변에서 나는 다양한 소리를 표현한다. ▶귀가지도 ·유아들은 수첩과 전달물건을 가방에 넣은 후 겉옷을 입고 가방을 멘다. ·교사는 유아와 개별인사를 한다. ·현관에 나와 신발을 갈아 신고 버스에 안전하게 탑승한다.		
평가	실습생	보육실습 첫날이라 긴장 반 설렘 반으로 오늘 하루를 시작했던 것 같다. 유치원에서도 교육실습을 해보았지만, 떨리기는 마찬가지였다. 하지만 상냥하게 대해주시는 선생님들과 해맑게 웃어주는 유아들 덕분에 긴장이 풀려 하루 종일 밝게 지낼 수 있었던 것 같다. 첫날이라 아직 정신이 없고, 앞으로 하게 될 부분, 연계, 전일 수업에 대한 부담감이 밀려오지만 수업을 하기에 앞서 많은 것을 배우고 흡수하도록 노력해야겠다. 또한 유아들의 이름을 빨리 외워서 유아들의 이름을 한 명, 한 명 불러주며 상호작용을 하고 싶고, 길다면 길고 짧다면 짧은 4주라는 시간동안 많은 경험과 추억을 남기고 갔으면 좋겠다 ♡		
	지도교사			

일일 보육 실습일지

검인	담임	원장

학급명	샘물반 (만 3세)	날짜	2012년 11월 6일 화요일
생활주제	우리 동네	주제	우리의 이웃
주간주제	동네 한바퀴	일일주제	어린이집 주변의 동네
목표	* 어린이집 주변 동네에 관심을 갖고 탐색한다.		
일과 시간표	8:30 ~ 10:05 등원 및 자유선택활동 10:05 ~ 10:10 교구 정리정돈 및 손씻기 10:10 ~ 10:25 오전간식 10:25 ~ 10:30 인사 나누기 10:30 ~ 10:50 새노래 배우기 10:50 ~ 11:15 교구 소개 11:15 ~ 11:45 실외활동 11:45 ~ 12:00 손씻기 및 식사 준비	12:00 ~ 13:10 점심식사 및 양치하기 13:10 ~ 13:15 놀이방 이동 13:15 ~ 14:05 놀이방 놀이 14:05 ~ 14:15 놀잇감 정리 및 교실 이동 14:20 ~ 14:30 동화듣기 14:30 ~ 15:00 휴식 15:00 ~ 15:20 오후간식 15:20 ~ 18:30 혼합연령 자유선택활동 및 순차적 귀가하기	

시간/활동명	활동목표	활동내용 및 방법	준비물/유의점	평가
8:30~10:05 등원 및 자유선택활동	•즐거운 마음으로 등원한다. •스스로 계획하여 놀이에 참여한다.	·유아와 개별인사하며 아이들의 건강상태와 기분을 확인한다. ·등원한 유아는 가방에서 수첩을 꺼낸 후 가방 정리를 한다. ·유아는 자신이 계획한 놀이 영역에서 자유선택활동을 시작한다. **[언어 영역]** ·김찬중, 김윤정: 화이트 보드 위에 글자를 적어본다. **[쌓기/역할 영역]** ·박건용, 최연웅: 자동차를 이용하여 운전놀이를 한다. **[조작 영역]** ·변수윤: 자동차 길을 만들어 미니 자동차를 움직인다. **[미술 영역]** ·김찬일, 최소희: 색종이를 이용하여 비행기를 접는다.	수첩	·등원하는 유아들과 반갑게 인사를 나누었다. ·자유선택활동을 하는 아이들에게 말을 걸며 상호 작용을 시도하였다.
10:05~10:10 교구 정리정돈 및 손씻기	•교구를 제자리에 정리한다.	·정리 시간을 지키며 놀잇감을 제자리에 정리한다. ·화장실을 다녀온 후. 손을 씻는다.		
10:10~10:25 오전간식	•바르게 앉아 간식을 먹고	·간식을 받은 후, 다함께 간식기도를 한다.	간식,	

	스스로 정리한다.	·각자 받은 간식을 맛있게 먹는다. ·다 먹은 유아는 입 주변을 청결히 한 후 자기책상에 떨어진 내용물을 스스로 정리한다.	마른행주	
10:25~10:30 인사 나누기	•오늘의 날짜와 날씨를 안다. •구체적인 하루 일과를 안다.	·인사 나누기를 위해 유아들을 한자리에 모은다. ·오늘의 날짜와 날씨를 알아본다. ·구체적인 하루 일과를 알아본다. (①새 노래, ②교구소개, ③이야기 나누기 ④식사 후 놀이방 놀이)		
10:30~10:50 새노래 배우기	•새로운 노래에 관심을 갖는다. •적극적으로 노래를 따라 부른다.	**도입** ·유아들에게 어린이집에 오면서 본 것들에 대해 질문 한다. **전개** 우리동네 우리동네 이름은 OO 동인데 아주 아주 좋아요 정말좋아요 커다란 네거리엔 뭐든지 다 있어요 ·교사는 준비한 수업자료를 이용하여 '우리동네' 가사판 위에 병원, 꽃집 등의 건물카드를 붙여가며 노래를 한번 들려준다. ·OO동의 이름을 바꾸어 불러본다. (ex. 샘물동) ·유아들과 함께 한 소절씩 함께 불러본다. ·반주에 맞추어 함께 불러본다. **마무리** ·차시예고 다음시간에는 다함께 율동을 만들어 보기로 하고 활동을 마무리 한다.	'우리동네'가사판	
10:50~11:15 교구 소개	•새로운 교구에 관심을 갖는다. •교구 소개 활동에 적극적으로 참여한다.	**도입** ·교사는 우리 동네에 있는 것들에 대해 질문한다. **전개** ·교사는 비밀 바구니를 준비하여 바구니 속 우리 동네 건물 블럭을 하나씩 꺼내가며 그 건물이 어떤 역 할을 하는 곳인지 알아맞히도록 한다. ·블럭을 하나씩 소개한 후 유아들과 함께 우리 동네를 꾸며본다. (건물블럭: 동사무소, 약국, 동물병원, 슈퍼마켓, 목욕탕, 은행, 미용실, 빵집, 우체	'우리동네 만들기' 교구	·교구 소개하는 시간이 굉장히 의미있었다. 교구 소개하는 활동도 소개만이 아니라 유아들이 직접 참여하도록 하여 재미있게 진행할 수 있구나 하는 생각이 들었

		국, 소방서, 꽃집 등) ·건물 블록의 대표적인 특징에 대해 이야기 한다. (목욕탕의 마크, 동사무소가 하는 일 등) **마무리** ·완성된 동네를 유아들과 함께 살펴본다. ·건물의 특징에 대한 내용을 질문하여 유아들이 맞추어 보도록 해본다. (ex. 불이 났을 땐 어디에 전화해야 할까? ⇒ 소방서) ·폐품을 이용하여 사람이나 자동차를 만들어 '우리 동네 만들기' 교구와 함께 놀 수 있도록 활동을 확장시켜준 후 마무리한다.		다.
11:15~11:45 실외활동	•한줄기차하여 실외활동에 참여한다.	·교사는 유아들에게 실외활동 전에 유의사항을 이야기 한다.(따뜻하게 옷입기, 마스크 착용하기 등) ·밖에 나가 어린이집 주변에 있는 건물들을 탐색해보고 이야기 나눈다. ·어린이집 주변 건물들의 사진을 찍는다. ·안전하게 교실로 돌아온 후 각자의 외투와 마스크를 정리한다.	외투, 카메라 등	·유아들과 함께 처음 나가본 실외활동 이었다. 들뜬 유아들의 상태를 어떻게 잠재워야 할지 몰랐는데, 앞으로 이 점에 대해 더욱 연구해보아야겠다.
11:45~12:00 손씻기 및 식사 준비	•손을 깨끗이 씻고 점심 먹을 준비를 한다.	·화장실을 다녀온 후 손을 씻는다. ·도시락 식판을 꺼내어 자리에 앉아 점심먹을 준비를 한다.	도시락 식판	
12:00~13:10 점심식사 및 양치하기	•올바른 식생활 습관을 기른다.	·다함께 점심 식사 기도를 한다. ·배식을 받은 유아는 자리에 앉아 맛있게 점심을 먹는다. ·다 먹은 유아는 식판과 수저를 정리하고 양치를 한다.	식판, 수저, 칫솔, 치약, 양치컵	
13:10~13:15 놀이방 이동	•안전하게 놀이방으로 이동한다.	·한줄기차하여 놀이방으로 이동한다. ·차례를 지켜 바르게 이동한다.		
13:15~14:05 놀이방 놀이	•적극적으로 놀이에 참여한다. •안전에 유의하며 놀이한다.	·놀이 전 유아들과 함께 준비 체조를 한다. ·놀이 전 유의사항에 대해 이야기 한다. (심하게 뛰어다니지 않기, 친구와 사이좋게 놀기 등) ·놀이를 시작한다.	다양한 놀잇감	·유아들에게 기차도 끌어주고 재미있게 놀아 준 것 같아 만족스럽다.
14:05~14:15 놀잇감	•안전하게 교	·약속 시간이 되면 가지고 놀던 놀잇감을 정리한다.	후토스	

정리 및 교실 이동	실로 이동한다.	·후토스 율동으로 놀이 활동을 마무리한다. ·한줄기차하여 교실로 이동한다. ·차례를 지켜 바르게 이동한다.	노래CD	
14:20~14:30 동화듣기	•바른 자세로 동화를 듣는다.	**도입** ·오전에 배운 '우리동네' 동요를 부르며 주의를 환기시킨다. ·교사는 오전에 활동한 '우리동네' 가사판 위에서 두 손가락을 이용하여 동네 산책을 하며 자연스레 '로지의 산책' 동화책과 연결한다. **전개** ·교사는 유아들에게 '로지의 산책' 동화책을 들려준다. ·동화책을 들려준 후 다시 한번 동화책을 살펴본다. (그림위주) **마무리** ·로지의 동네에는 무엇이 있었는지 유아들에게 질문 하며 마무리한다. (마당, 연못, 건초더미, 방앗간 등)	'로지의 산책' 동화책	
14:30~15:00 휴식	•편안한 마음으로 휴식을 취한다.	·카페트 위에 편안한 자세로 누워 휴식을 취한다.	카페트	
15:00~15:20 오후간식	•바르게 앉아 간식을 먹고 스스로 정리한다.	·간식을 받은 후, 다함께 간식기도를 한다. ·각자 받은 간식을 맛있게 먹는다. ·다 먹은 유아는 입 주변을 청결히 한 후 자기책상에 떨어진 내용물을 스스로 정리한다.	간식, 마른행주	
15:20~18:30 혼합연령 자유선택활동 및 순차적 귀가하기	•오전 놀이와 연계·확장하여 놀이를 계획한다. •안전하게 귀가한다.	·오전놀이와 연계·확장하여 놀이를 한다. **[쌓기/역할영역]** ·최연웅, 최태주: 레고를 이용하여 자동차 만들기 ·정소윤: 레고를 이용하여 집 만들기 ·버스를 이용하는 유아는 귀가준비를 한다. -1호 귀가: 3시 30분 -2호 귀가: 4시 30분 ·귀가하지 않은 유아들은 조용한 놀이를 한다. ·바르게 앉아 있다가 자신의 차례가 되면 놀이를 선택하여 시작한다. ·부모님이 오신 유아들은 놀이를 정리하고 인사를 나눈 뒤 귀가한다.		·오후 시간이면 몸이 지쳐 유아들의 놀이에 적극적으로 참여해주지 못하는 점이 아쉽다. 얼른 이 생활패턴에 적응해야 겠다는 생각이 들었다.
평가				

	실습생	오늘 처음 보육 실습일지 검사를 맡았다. 생각지도 않은 부분에서 많은 실수를 해버렸다. 정다운 선생님의 피드백을 받고 새로이 일지를 쓰는데도 이렇게 쓰는 것이 맞나 하는 생각이 든다. 아직은 처음이고 배우는 단계이니 좋은 것들 많이 흡수해서 큰 발전을 이루고 싶다. 그리고 생활 패턴과 컨디션 조절을 잘 해야겠다는 생각이 들었다! 어린이집에서 유아들과 같이 생활하는 시간만큼은 지치지 않고 유아들에게 집중하여 질 높은 상호작용을 하도록 노력해야겠다!
	지도 교사	

일일 보육 실습일지

검인	담 임	원 장

학 급 명	샘물반 (만 3세)	날 짜	2012년 11월 7일 수요일
생활주제	우리 동네	주 제	우리의 이웃
소주제	동네 한바퀴	일일주제	우리 동네가 궁금해요
목 표	* 우리 동네에 관심을 갖는다.		
일과 시간표	8:30 ~ 10:00 등원 및 자유선택활동 10:00 ~ 10:10 교구 정리정돈 및 손씻기 10:10 ~ 10:25 오전간식 10:25 ~ 10:30 인사 나누기 10:30 ~ 10:55 성서교육 10:55 ~ 11:15 안전교육 11:15 ~ 11:50 생일축하식 11:50 ~ 12:00 손씻기 및 식사 준비	12:00 ~ 1:25 점심식사 및 양치하기 1:25 ~ 1:35 동시감상 1:35 ~ 1:45 교구소개 1:45 ~ 2:25 수 · 언어 2:25 ~ 2:50 자유선택활동 2:50 ~ 3:10 교구 정리정돈 및 손씻기 3:10 ~ 3:35 오후간식 3:35 ~ 6:30 혼합연령 자유선택활동 및 귀가하기	

시간/활동명	활동목표	활동내용 및 방법	준비물/유의점	평가
8:30~10:00 등원 및 자유선택활동	•즐거운 마음으로 등원한다. •스스로 계획하여 놀이에 참여한다.	·유아와 개별인사하며 아이들의 기분을 확인한다. ·등원한 유아는 가방에서 수첩을 꺼낸 후 가방 정리를 한다. ·유아는 자신이 계획한 놀이 영역에서 자유선택활동을 시작한다. - 쌓기/역할 영역 ·김찬일, 김준성, 최태주: 어제 소개된 새로운 쌓기영역 교구를 이용하여 높은 아파트, 집 등을 만들어 가며 커다란 동네를 꾸민다. -미술 영역 ·최석준, 변수윤: 재활용 요플레 용기 위에 뽕뽕이, 재활용 숟가락 등을 붙여가며 사람을 만든다. ·임시현, 정소윤: 색종이로 만든 나비 위에 반짝이 스팽글과 뽕뽕이를 붙여가며 예쁜 나비를 완성한다.	수첩 재활용품 (요플레 용기, 숟가락)	·등원한 유아들에게 반갑게 인사를 건넸다. ·다양한 재료를 이용하여 예쁘게 나비를 꾸며준 유아들에게 칭찬을 해 주었다.
10:00~10;10 교구 정리정돈 및	•교구를 제자리에 정리한	·정리 시간을 지키며 놀잇감을 제자리에 정리한다.		

손씻기	다.	·화장실을 다녀온 후. 손을 씻는다.		
10:10~10:25 오전간식	•바르게 앉아 간식을 먹고 스스로 정리한다.	·간식을 받은 후, 다함께 간식기도를 한다. ·각자 받은 간식을 맛있게 먹는다. ·다 먹은 유아는 입 주변을 청결히 한 후 자기책상에 떨어진 내용물을 스스로 정리한다.	간식, 마른 행주, 컵	
10:25~10:30 인사 나누기	•오늘의 날짜와 날씨를 안다. • 하루 일과를 안다.	·카페트에 바르게 앉은 유아들과 반갑게 인사를 나눈다. ·오늘의 날짜와 날씨를 알아본다. ·하루 일과를 알아본다. (①성서교육, ②안전교육, ③생일축하식 ④동시감상 ⑤수·언어)		
10:30~10:55 성서교육 (마르타 주교님 이야기)	•마르타 주교님께 감사한 마음을 갖는다.	·시작 기도로 성서교육을 시작한다. ·마르타 주교님에 대한 이야기를 듣는다. T: 지금부터 마르타 주교님에 대한 이야기를 들려줄 거에요. 집중해서 잘 들어보도록 해요. ·마르타 주교님에 대한 이야기를 다시한번 생각해 본다. T: 마르타 주교님 이야기를 들어보니 어떤가요? ·마르타 주교님께 감사한 마음을 갖고 마무리로 기도를 하며 활동을 마친다. ·인사를 나누고 교실로 이동한다.		
10:55~11:15 안전교육 (교통안전: 차 안에서 장난치지 않아요)	•차 안에서 지켜야 할 안전에 대해 알고 실천한다.	·'큰 솔밭 밑에 작은 솔밭' 손유희를 하며 주의를 집중한다. ·버스를 타고 충렬사에 다녀온 새싹반 이야기를 함과 동시에 버스에서 지켜야 할 약속에 대해 질문하며 안전교육 주제와 연계하여 진행한다. T: 새싹반 친구들, 어제 충렬사에 무엇을 타고 갔다 왔나요? C: 버스요~ T:버스를 타고 다녀왔구나. 그럼 친구들이 버스 안에서 지켜야 할 약속에는 무엇이 있을까요? C: 안전벨트를 매요 / 창문에 손을 내밀지 않아요 등 ·준비한 그림자료를 가지고 안전교육을 시작한다. T: (얼굴을 내민 그림) 이 사진은 무슨 사진 일까요? C: 창문에 얼굴을 내밀고 있어요! T: 맞아요. 창문에 얼굴을 내밀고 있으면 그 다음엔 어떤 일이 일어날까요? C: 다른 차에 부딪혀요!	그림자료 (차 안에서 안전을 지키지 않는	· 뒤쪽에 앉아 집중이 흐트러지는 아이들이 끝까지 집중할 수 있도록 지도하였다.

		T: (다른 차에 부딪힐 것 같은 그림을 보여주며) 맞아요. 창문 밖으로 얼굴을 내밀고 있으면 옆에 지나 가는 차들과 부딪혀 큰 사고가 일어날 수 있어요. T: 그럼 창문에 얼굴을 내민 친구에게 뭐라고 얘기해 주어야 할까요? C: 빨리 문닫고 들어가~ (이런 식으로 안전벨트를 매지 않은 그림, 버스에서 내릴 때 좌우를 살피지 않는 그림, 장난치듯 자동차를 운전하는 그림 등에 대해 이야기 나눈다) ·선생님이 겪은 생생한 이야기를 들려준다. T: 예전에 선생님도 너무 신이 나서 버스에서 내릴 때 좌우를 살피지 않고 폴짝 뛰어내렸다가 큰 사고가 날 뻔 했어요. 늘 조심해야 해요. ·이야기 나눌 때 사용한 그림을 다시 한번 살펴보며 차 안에서 지켜야 할 약속에 대해 한번 더 이야기 나눈다. ·함께 나눈 이야기들을 꼭 지키자고 약속하며 안전교육을 마무리 한다. (안전벨트 매기, 창문에 머리 내밀지 않기, 차에서 조심히 내리기 등)	그림들)	
11:15~11:50 생일축하식 (김찬일 유아)	•찬일이의 생일을 진심으로 축하해준다.	·교사는 김찬일 유아의 생일축하식을 위해 생일상을 마련한다. ·찬일이의 개인 사진을 찍고 다함께 '찬일아 생일축하해'라고 외친다. ·찬일이가 꽂은 5개의 초에 교사는 불을 붙여준다. ·생일인 찬일이를 위해 다함께 생일축하 노래를 불러준다. ·다음 생일자인 연웅이가 찬일이에게 생일편지 목걸이를 걸어준다. ·교사는 찬일이에게 꼬깔모자를 씌워주고 편지를 읽어준다. ·한번 더 찬일이에게 생일을 축하한다고 다함께 말한다. ·찬일이가 지목하는 유아들이 찬일이에게 궁금한 점을 하나씩 질문한다. (무슨 로봇 좋아해? / 무슨 쥬스 좋아해? 등) ·한번 더 찬일이에게 '생일축하해' 라고 말한 후 생일 축하식을 마무리한다.	카메라, 생일왕관, 생일 목걸이	
11:50~12:00 손씻기 및 식사 준비	•손을 깨끗이 씻고 점심 먹을 준비를 한다.	·화장실을 다녀온 후 손을 씻는다. ·도시락 식판을 꺼내어 자리에 앉아 점심먹을 준비를 한다.	도시락 식판	
12:00~1:25 점심식사 및 양치하기	•올바른 식생활 습관을 기	·다함께 점심 식사 기도를 한다. ·배식을 받은 유아는 자리에 앉아 맛있게 점심을 먹는다.	식판, 수저, 칫솔,	·아직도 유아들의 개인적인 식사 양을 정확히 파악하지 못했다.

	른다.	·다 먹은 유아는 식판과 수저를 정리하고 양치를 한다.	치약, 양치컵	빨리 파악하도록 노력해서 배식을 잘 돕도록 노력해야겠다.
1:25~1:35 동시감상	•우리 동네와 관련된 동시를 감상한다.	·교사는 유아들에게 우리 동네 근처에 있는 것들에 대해 질문한다. T: 우리 동네 근처에는 어떤 것들이 있나요? C: 병원, 고기집, 미용실이요~ ·교사는 동시를 한번 들려준다. ·유아들과 함께 한 소절씩 읽어본다. ·작은 목소리로 읽어 본 후, 큰 목소리로 읽어본다. ·감상해 본 '우리 동네' 시 내용을 '어린이집'과 관련하여 바꾸어 본다. T: 우리동네 내용을 '어린이집'으로 바꾸어 보아요! 우리 어린이집에는 무엇이 있나요? C: 가위요! 환경판이요! 색종이요! (요셉 어린이집에는 가위도 있고 환경판도 있고 색종이도 있어요. 어서 놀러오세요-와 같은 내용으로 바꾸어 읽는다.) ·시 '우리동네'에 나오는 동네에 함께 놀러가 보자고 이야기한 후 활동을 마무리 한다.	'우리동네' 동시판	
1:35~1:45 교구소개 (조작영역-자석교구)	•새 교구에 관심을 갖는다. •새 교구의 놀이 방법을 안다.	·교사는 새로운 교구를 비밀 바구니에 담아, 교구에서 나는 소리를 들려주며 호기심을 자극한다. T: 친구들, 지금 들리는 소리는 무슨 소리 같나요? C: 구슬소리요! ·교구를 꺼내어 유아들에게 교구판에 있는 모양들이 무슨 모양과 같은지 질문한다. ·자석 교구에 펜이 2개 달린 이유가 무엇일지 질문한다. T: 친구들! 여기에 펜이 2개나 달린 이유가 뭘까요? C: 친구랑 재미있게 놀라고요. T: 친구들의 생각도 맞지만, 여기에 펜이 2개 달린 이유는, 위쪽 펜과 가까운 곳에는 위쪽 펜으로, 아래쪽 펜과 가까운 곳에는 아래쪽 펜을 사용하라고 펜이 2개나 있는 거예요. ·교구를 가지고 놀기 전 유의사항에 대해 얘기한다. T: 사용 후에는 펜을 꼭 집어넣어요. 놀이는 꼭 한명씩 해요. ·교사는 자석 교구를 이용하여 놀이하	자석교구	

		는 방법에 대한 시범을 보인다. ·새로운 교구를 조작영역에 비치해 두기로 하고 교구 소개를 마무리한다.		
1:45~2:25 수 · 언어	•숫자 7을 써 본다. •'ㄹ' 쓰는 순서를 알고 써 본다.	·교사는 유아들에게 색연필을 나누어준다. ·활동지를 나누어 주면 유아들은 이름을 쓴다. - 수 '7' ·활동지 속의 7개의 딸기를 유아들과 함께 세어본다. ·7을 쓰는 연습을 해본다. ·7개의 아이스크림을 색칠해 본다. - 언어 'ㄹ' ·단어 '병아리' 속의 'ㄹ'을 찾아 색칠해 본다. ·크기가 큰 ㄹ을 색칠해 본다. ·ㄹ을 쓰는 순서를 익힌다. (화살표 모양으로 따라 쓰기, 지시하는 숫자의 순서대로 따라 쓰기) ·ㄹ을 쓰는 연습을 해본다. ·활동지를 마친 유아는 교사에게 확인을 받는다.	'7' 활동지 'ㄹ'활동지, 색연필	·글씨를 잘 쓰지 못하는 유아들 옆에서 함께 색연필을 쥐고 글씨를 쓸 수 있도록 도와주었다.
2:25~2:50 자유선택활동	•스스로 계획하여 놀이에 참여한다.	·유아는 자신이 계획한 놀이 영역에서 자유선택활동을 시작한다. –조작영역 ·김준성, 최태주, 우상욱: 오늘 소개한 새로운 자석교구 속, 펜을 따라오는 구슬을 신기하게 바라보며 다양한 틀안에 넣어본다. –수·과학영역 ·정희찬: 전화번호 카드에 있는 다양한 전화번호들을 입으로 따라 읽어보며 전화기에 대고 직접 눌러본다. (119, 114, 131 등) –언어영역 ·이서준: 색연필을 사용하여 종이위에 구름과 바다와 갈매기 등을 그리며 멋진 바닷가를 그린다.		
2:50~3:10 교구 정리정돈 및 손씻기	•교구를 제자리에 정리한다.	·정리 시간을 지키며 놀잇감을 제자리에 정리한다. ·화장실을 다녀온 후, 손을 씻는다.		
3:10~3:35 오후간식	•바르게 앉아 간식을 먹고 스스로 정리한다.	·간식을 받은 후, 다함께 간식기도를 한다. ·각자 받은 간식을 맛있게 먹는다. ·다 먹은 유아는 입 주변을 청결히 한 후 자기책상에 떨어진 내용물을 스스로 정리한다.	간식, 마른행주 , 컵	

<table>
<tr>
<td colspan="2">3:35~6:30
혼합연령
자유선택활동 및
귀가하기</td>
<td>•오전 놀이와 연계·확장하여 놀이를 계획한다.

•안전하게 귀가한다.</td>
<td>·오전놀이와 연계·확장하여 놀이를 한다.

– 조작영역: 자석교구
자석으로 연결된 펜과 구슬이 있는 교구판을 바닥에 내려놓고 펜을 움직이며, 따라오는 구슬을 다양한 틀 안에 넣는다.

·버스를 이용하는 유아는 귀가준비를 한다.
-1호 귀가: 3시 30분
-2호 귀가: 4시 30분
·귀가하지 않은 유아들은 조용한 놀이를 한다.
·바르게 앉아 있다가 자신의 차례가 되면 놀이를 선택하여 시작한다.
·부모님이 오신 유아들은 놀이를 정리하고 인사를 나눈 뒤 귀가한다.</td>
<td></td>
<td></td>
</tr>
<tr>
<td rowspan="2">평가</td>
<td>실습생</td>
<td colspan="4">유아들이 놀이하는 시간에 함께 상호작용을 하려고 하다보면, 너무나 자신들의 놀이에 심취해 있는 유아들을 보며 어떻게 놀이를 함께 해 주어야 할지 고민스러울 때가 있다. 놀이 속에서 적극적으로 유아들과 상호작용하며 큰 즐거움을 줄 수 있도록 노력해야겠다. 계속 수정되는 일지와 실수하는 부분들에 있어서 나에게 실망하는 일도 있지만, 한 달간의 실습을 통해 분명 나아지고 발전될 것이라는 생각을 가지고 더욱 열심히 배워야겠다는 생각이 든다.</td>
</tr>
<tr>
<td>지도교사</td>
<td colspan="4"></td>
</tr>
</table>

일일 보육 실습일지

검인	담 임	원 장

학 급 명	샘물반 (만 3세)	날 짜	2012년 11월 8일 목요일
생활주제	우리 동네	주 제	우리의 이웃
소주제	동네 한바퀴	일일주제	인형극 관람
목 표	* 재미있게 인형극 관람을 한다. * 공공장소에서 지켜야 할 약속을 지킨다.		
일과 시간표	8:30 ~ 9:20 등원 및 자유선택활동 9:20 ~ 9:30 교구 정리정돈 및 손씻기 9:30 ~ 9:40 오전간식 9:40 ~ 9:50 차량탑승 9:50 ~ 10:00 문화회관 이동 10:00 ~ 11:10 입장 및 인형극 관람 11:10 ~ 11:20 어린이집 이동 11:20 ~ 11:40 실외활동	11:40 ~ 12:00 손씻기 및 식사준비 12:00 ~ 12:50 점심식사 및 양치하기 12:50 ~ 1:00 낮잠준비 1:00 ~ 2:50 낮잠 2:50 ~ 3:00 유아용침구 정리 3:00 ~ 3:25 오후간식 3:25 ~ 6:30 혼합연령 자유선택활동 및 귀가하기	

시간/활동명	활동목표	활동내용 및 방법	준비물/유의점	평가
8:30~9:20 등원 및 자유선택활동	•즐거운 마음으로 등원한다. •스스로 계획하여 놀이에 참여한다.	·유아와 개별인사하며 아이들의 기분을 확인한다. ·등원한 유아는 가방에서 수첩을 꺼낸 후 가방 정리를 한다. ·유아는 자신이 계획한 놀이 영역에서 자유선택활동을 시작한다. -과학: 내가 사는 동네는? -음률: 동네 소리 만들기 -조작 ·임시현: 자석교구를 가지고 자신이 좋아하는 색깔인 빨간색과 초록색의 자석 구슬들을 자석 펜을 이용하여 다양한 틀 안에 넣는다. ·최연웅, 박건용, 최석준: 나무교구를 이용하여 도로를 만든 후 자동차, 비행기, 배 등의 다양한 교통수단 장난감으로 운전놀이를 한다.	수첩	·등원한 유아들에게 반갑게 인사를 건넸다. ·한명 씩 놀이할 수 있는 자석교구에 2명의 유아가 함께 놀이 하는 모습을 보고 차례를 정하여 놀이 하도록 지도하였다.
9:20~9:30 교구	•교구를 제자리에 정리한	·정리 시간을 지키며 놀잇감을 제자리에 정리한다.		

정리정돈 및 손씻기	다.	·화장실을 다녀온 후. 손을 씻는다.		
9:30~9:40 오전간식	•바르게 앉아 간식을 먹고 스스로 정리 한다.	·간식을 받은 후, 다함께 간식기도를 한다. ·각자 받은 간식을 맛있게 먹는다. ·다 먹은 유아는 입 주변을 청결히 한 후 자기책상에 떨어진 내용물을 스스로 정리한다.	간식 마른행주 컵	
9:40~9:50 차량탑승	•안전하고 즐거운 마음으로 차량에 탑승한다.	·유아들은 외투와 신발을 신고 한줄기차 하여 차량에 탑승한다. ·교사는 차에 탑승한 유아들에게 안전벨트를 매도록 지도한다.		·외투입기에 도움이 필요한 유아들에게 도움을 주었다.
9:50~10:00 문화회관 이동	•버스에서 지켜야 할 약속을 지킨다. •안전하게 문화회관으로 이동한다.	·유아들은 문화회관에 도착하기 까지 버스에서 지켜야 할 약속들을 지킨다. ·교사는 유아들에게 문화회관에 도착하여 지켜야 할 약속들에 대해 이야기 한다. T: 친구들 우리가 지금 무엇을 하러 가고 있나요? C: 인형극 보러가요. T: 맞아요. 인형극을 보러 문화회관에 가고 있어요. 그런데 그곳에는 우리 요셉친구들만 가는 것이 아니라 많은 어린이집 친구들이 와요. 그렇기 때문에 우리 친구들은 선생님을 잘 보고 잘 따라와 주어야 해요. C: 네. T: 그리고 혹시 인형극을 보다가 갑자기 불이 꺼져 어두워져서 무섭다고 울면 될까요? C: 울면 안돼요. T: 맞아요. 우리 친구들 모두 이 약속들을 꼭 지키기로 해요.		·유아들이 안전하게 이동할 수 있도록 안전벨트 매는 것을 도와주었다.
10:00~11:10 입장 및 인형극 관람	•한줄기차하여 문화회관에 입장한다. •즐거운 마음으로 인형극을 관람한다.	·문화회관에 도착한 유아들은 한 줄 기차하여 안으로 이동한다. ·입장 전 교사는 지켜야 할 약속에 대해 한번 더 이야기한다. ·공연이 시작되면 유아들은 즐거운 마음으로 인형극에 집중한다. (공연 제목: '꾀동동이 막둥둥이'		·산만해지는 유아들이 끝까지 공연에 집중하도록 지도하였다.
11:10~11:20	•버스에서 지	·유아들은 어린이집에 도착하기까지 버		

어린이집 이동	켜야 할 약속을 지킨다. •안전하게 어린이 집으로 이동한다.	스에서 지켜야 할 약속들을 지킨다. ·교사는 관람한 인형극에 대해 이야기를 한다. T: 친구들 모두들 인형극 재미있게 보았나요? C: 네. T: 어느부분이 재미있었어요? C: 호랑이 나올 때요. T: 모두 어린이집에 가서 인형극에 대해 더 많은 이야기를 나누어 보아요.		
11:20~11:40 실외활동	•안전하고 즐거운 마음으로 실외활동에 참여한다.	·교사는 유아들에게 실외활동 전에 지켜야 할 약속을 이야기한다. T: 친구들 날씨가 많이 추우니까 모두들 옷의 지퍼를 끝까지 올려 따뜻하게 입고 놀이하기로 해요. ·놀이 후 안전하게 교실로 돌아와 각자의 외투를 정리한다.	외투	
11:40~12:00 손씻기 및 식사준비	•손을 깨끗이 씻고 점심 먹을 준비를 한다.	·화장실을 다녀온 후 손을 씻는다. ·도시락 식판을 꺼내어 자리에 앉아 점심먹을 준비를 한다.	도시락 식판	
12:00~12:50 점심식사 및 양치하기	•올바른 식생활 습관을 기른다.	·다함께 점심 식사 기도를 한다. ·배식을 받은 유아는 자리에 앉아 맛있게 점심을 먹는다. ·다 먹은 유아는 식판과 수저를 정리하고 양치를 한다.	식판 수저 칫솔 치약 양치컵	
12:50~1:00 낮잠준비	•안정된 마음으로 낮잠 잘 준비를 한다.	·교사는 유아들의 낮잠을 위해 유아용 침구를 편다. ·유아들은 양말을 벗은 후 자신의 침구 위에서 낮잠 잘 준비를 한다.	유아용 침구	
1:00~2:50 낮잠	•편안한 마음으로 낮잠을 잔다.	·유아들은 편안한 마음으로 낮잠을 잔다. ※ 교사는 쉽게 잠들지 못하는 유아들을 재워준다.	〃	
2:50~3:00 유아용침구 정리	•유아들의 잠을 깨우고 침구를 정리한다.	·낮잠 시간이 끝나면 교사는 유아들을 깨운 후 유아 들의 침구를 정리한다.		·선생님을 따라 유아용 침구를 펴고 개는 것을 도왔다.
3:00~3:25 오후간식	•바르게 앉아 식을 먹고 스스로 정리한다	·간식을 받은 후, 다함께 간식기도를 한다. ·각자 받은 간식을 맛있게 먹는다. ·다 먹은 유아는 입 주변을 청결히 한 후 자기책상에 떨어진 내용물을 스스로 정리한다.	간식 마른행주 컵	
	•오전 놀이와 연계·확장 하	·오전놀이와 연계·확장하여 놀이를 한다.		

<table>
<tr><td colspan="2">3:25~6:30
혼합연령
자유선택활동
및
귀가하기</td><td>여 놀이를 계획한다.

·안전하게 귀가한다.</td><td>-쌓기영역
·최태주, 최연웅, 우상욱: 레고를 이용하여 비행기, 배, 로봇, 집 등 다양하게 만들어보며 놀이를 한다.

·버스를 이용하는 유아는 귀가준비를 한다.
-1호 귀가: 3시 30분
-2호 귀가: 4시 30분
·귀가하지 않은 유아들은 조용한 놀이를 한다.
·바르게 앉아 있다가 자신의 차례가 되면 놀이를 선택하여 시작한다.
·부모님이 오신 유아들은 놀이를 정리하고 인사를 나눈 뒤 귀가한다.</td><td></td><td></td></tr>
<tr><td rowspan="2">평가</td><td>실습생</td><td colspan="4">일지에 선생님께서 피드백 해 주시는 부분들이 점점 줄어드는 것을 보니 기분이 좋다.
말도 더욱 다듬고 좀더 세세한 부분까지 신경을 써야겠다는 생각이 들었다.
또한 더욱 많은 유아들 한명 한명과 깊은 상호작용을 통해 보다 높은 친밀감을 가져야겠다.
다음 주면 부분수업도 시작하게 되는데 수업준비를 열심히 해서 유아들이 동화를 통해 즐거움을 느낄 수 있도록 해야겠다.</td></tr>
<tr><td>지도교사</td><td colspan="4"></td></tr>
</table>

일일 보육 실습일지

검인	담 임	원 장

학 급 명	샘물반 (만 3세)	날 짜	2012년 11월 9일 금요일
생활주제	우리 동네	주 제	우리의 이웃
소주제	동네 한바퀴	일일주제	우리 동네를 소개해요
목 표	* 친구들 앞에서 자신의 동네를 자신 있게 소개한다.		
일과 시간표	8:30 ~ 10:00 등원 및 자유선택활동 10:00 ~ 10:10 교구 정리정돈 및 손씻기 10:10 ~ 10:25 오전간식 10:25 ~ 10:30 인사나누기 10:30 ~ 11:30 이야기 나누기 11:30 ~ 12:00 교구 소개 12:00 ~ 12:05 손씻기 및 식사준비 12:05 ~ 1:20 점심식사 및 양치하기	1:20 ~ 1:30 종이접기 준비 및 이동 1:30 ~ 2:00 종이접기 2:00 ~ 2:10 실외활동 준비 및 실외이동 2:10 ~ 2:50 실외활동 2:50 ~ 3:00 손씻기 및 간식준비 3:00 ~ 3:25 오후간식 3:25 ~ 6:30 혼합연령 자유선택활동 및 귀가하기	

시간/활동명	활동목표	활동내용 및 방법	준비물/유의점	평가
8:30~10:00 등원 및 자유선택활동	•즐거운 마음으로 등원한다. •스스로 계획하여 놀이에 참여한다.	·유아와 개별인사하며 아이들의 기분을 확인한다. ·등원한 유아는 가방에서 수첩을 꺼낸 후 가방 정리를 한다. ·유아는 자신이 계획한 놀이 영역에서 자유선택활동을 시작한다. -미술영역: <감상> 고흐의 '오베르 성당' -역할영역: 택배 왔어요.	수첩	·등원한 유아들에게 반갑게 인사를 건넸다. ·역할영역에서 피자를 만드는 요리사 역할 놀이를 하고 있는 윤정이와 찬중이의 피자가게에서 손님역할을 해주며 맛있게 피자를 먹어주는 등 함께 놀이를 하였

		<미술영역> ·박건용 재활용 요플레 용기와 원 모양의 스티로폼, 반짝이 스팽글, 색종이 등을 이용하여 눈사람을 만든다. <역할영역> ·김윤정, 김찬중 피자, 고기, 치즈 등을 비롯한 다양한 음식 장난감을 가지고 피자집 놀이를 하며 손님으로 오는 유아들 에게 맛있는 피자를 만들어 준다. <쌓기영역> ·김준성, 변수윤 여러 가지 모양과 크기의 레고를 이용하여 3단으로 변신이 가능한 로봇, 비행기, 자동차를 만든다.		다.
10:00~10:10교구 정리정돈 및 손씻기	•교구를 제자리에 정리한다.	·정리 시간을 지키며 놀잇감을 제자리에 정리한다. ·화장실을 다녀온 후. 손을 씻는다.		
10:10~10:25 오전간식	•바르게 앉아 간식을 먹고 스스로 정리한다.	·간식을 받은 후, 다함께 간식기도를 한다. ·각자 받은 간식을 맛있게 먹는다. ·다 먹은 유아는 입 주변을 청결히 한 후 자기책상에 떨어진 내용물을 스스로 정리한다.	간식 마른행주 컵	
10:25~10:30 인사나누기	•오늘의 날짜와 날씨를 안다. •하루 일과를 안다.	·카페트에 바르게 앉은 유아들과 반갑게 인사를 나눈다. ·오늘의 날짜와 날씨를 알아본다. ·하루 일과를 알아본다. (①이야기 나누기 ②교구소개 ③실외활동 ④종이접기)		
10:30~11:30 이야기 나누기		**도입** ·교사는 지난번에 나누어준 활동지에 대한 이야기를 한다. T: 친구들! 지난번에 선생님이 나눠준 우리 동네 활동지 모두 잘 해왔죠? 오늘은 한명씩 나와서 직접 그려 온 자신이 사는 동네에 대해 친구들에게 이야기해주는 시간을 가질거에요. T: 조금 떨리더라도 큰 용기를 가지고 자신이 사는 동네를 친구들에게 자신있게 소개해 줄 수 있는 친구가 있나요? C: 저요 저요!		·자신 있게 자신의 동네를 소개해 준 유아들을 진심으로 칭찬해 주었다.

<table>
<tr>
<td></td>
<td>•친구들 앞에서 우리 동네를 자신 있게 소개한다.

•바른 자세로 이야기를 듣는다.</td>
<td>T: 그럼 OO이가 먼저 나와서 친구들에게 소개해주기로 해요.

<u>전개</u>
·앞에 나온 유아에게 어느 동과 아파트에 사는지 묻는다.
·발표하는 유아들은 자신의 동네에 대해 친구들에게 소개한다.
·교사는 앞에 나와 이야기하는 유아에게 동네에 대한 질문을 한다.
T: OO이의 동네에는 무엇이 있나요?
·교사는 유아들이 자신의 동네에 있는 것들을 바르게 이해하고 있는지 질문을 한다.
T: 세탁소는 무엇을 하는 곳인가요?
·자신의 동네 소개를 마친 유아에게 다른 유아들이 질문을 할 수 있는 시간을 준다.
T: 건용이가 OO이가 사는 동네에대해 궁금한 점이 있으면 질문해 주세요.
C: 놀이터는 어디 있어?
·소개를 마친 유아에게는 박수를 쳐주며 칭찬을 한다.
(이러한 방법으로 17명의 유아들이 모두 자신의 동네를 친구들에게 소개해 보는 시간을 갖는다.)

<u>마무리</u>
·수고해준 유아들에게 칭찬을 해준다.
·교사는 준비해온 충주시의 지도를 유아들에게 보여주며 이야기를 나눈다.
T: 충주시의 지도가 어떤 모양 같나요?
C: 세모모양이요! 집모양이요!
T: 친구들이 살고있는 곳이 다른 것 처럼 동물 이름도 모두 다른 이름으로 나누어져 있답니다.
·다음 주에 함께 해 볼 확장활동을 소개한다.
T: 다음시간에는 선생님이 준비한 친구들의 사진으로 친구들이 자신의 동네를 찾아볼 수 있는 시간을 가질거예요. 우리 친구들이 헷갈리지 않게 다양한 색깔의 스티커를 붙여 줄게요.</td>
<td>충주시 지도</td>
<td></td>
</tr>
<tr>
<td>11:30~12:00 교구 소개 <조작-</td>
<td>•새로운 교구에 관심을 갖는다.</td>
<td>·교사는 우리동네 퍼즐을 유아들에게 소개한다.
T: (동물 병원 퍼즐을 보여주며)친구들</td>
<td>'우리동네 퍼즐' 교구</td>
<td></td>
</tr>
</table>

우리동네 퍼즐>	•교구 소개 활동에 적극적으로 참여한다.	오늘 선생님이 가져온 퍼즐은 어떤 퍼즐인것 같나요? 일까요? C: 동물병원 퍼즐이요 T: 왜 그렇게 생각했나요? C: 건물에 기린 그림이 그려져 있어요. 초록색으로 된 병원 모양이 있어요. T: 맞아요. 친구들이 맞추어 주었어요. 우리 모두 퍼즐을 맞추어 보는 방법을 알고 있지요? C: 네 T: 퍼즐 조각을 하나하나 끼워가며 퍼즐을 완성해 보아요. T: 선생님이 이 퍼즐 교구는 조작 영역에 놓아 줄게요.		
12:00~12:05 손씻기 및 식사준비	•손을 깨끗이 씻고 점심 먹을 준비를 한다.	·화장실을 다녀온 후 손을 씻는다. ·도시락 식판을 꺼내어 자리에 앉아 점심 먹을 준비를 한다.		
12:05~1:20 점심식사 및 양치하기	•올바른 식생활 습관을 기른다.	·다함께 점심 식사 기도를 한다. ·배식을 받은 유아는 자리에 앉아 맛있게 점심을 먹는다. ·다 먹은 유아는 식판과 수저를 정리하고 양치를 한다.	식판 수저 칫솔 치약 양치컵	
1:20~1:30 종이접기 준비 및 이동	•종이접기 시간에 사용할 준비물들을 챙긴다.	·유아들은 한명씩 앞에 있는 개인 준비물들을 챙긴다. ·준비물을 챙긴 후 한줄기차하여 햇살반으로 이동한다.		
1:30~2:00 종이접기	•교사를 따라 자동차를 접는다. •만들어 본 자동차를 멋지게 꾸민다.	**도입** ·동요 '붕붕붕' 을 다함께 부른다. **전개** ·교사는 유아들에게 자동차 접는 방법을 소개하며 함께 접어본다. ·자동차를 완성한 유아들은 풀을 이용하여 종이접기 노트에 붙인다. ·자동차를 붙인 유아들은 색연필을 이용하여 자유롭게 꾸민다. **마무리** ·자동차 접는 방법을 잊지 않기로 하고 활동을 마무리한다.	색종이 색연필 가위 풀 종이접기 노트	·쉽게 잘 따라하지 못하는 유아들에게 다가가 도움을 주었다.
2:00~2:10 실외활동 준비 및 실외이동	•준비를 마친 후 실외로 이동한다.	·유아들은 겉옷을 입고 실외로 나갈 준비를 한다. ·신발을 신고 실외로 이동한다.	겉옷 신발	
2:10~2:50 실외활동	•안전하고 즐거운 마음으로 실외활동	·교사는 유아들에게 실외활동을 시작하기 전 유의사항을 이야기한다. T: 친구들 지금부터 자유롭고 편안하게		

	에 참여한다.	그리고 안전하게 놀이를 시작해요. ·시간이 되면 실외활동을 마무리하고 교실로 이동한다.		
2:50~3:00 손씻기 및 간식준비	•손을 깨끗이 씻고 간식 먹을 준비를 한다.	·안전하게 교실로 돌아온 후 각자의 겉옷을 정리한다. ·화장실을 다녀온 후 손을 씻는다. ·간식을 받기위해 문 앞에 한줄기차 하여 간식을 기다린다.		
3:00~3:25 오후간식	•바르게 앉아 간식을 먹고 스스로 정리한다.	·간식을 받은 후, 다함께 간식기도를 한다. ·각자 받은 간식을 맛있게 먹는다. ·다 먹은 유아는 입 주변을 청결히 한 후 자기책상에 떨어진 내용물을 스스로 정리한다.	간식 마른행주 컵	
3:25~6:30 혼합연령 자유선택 활동 및 귀가하기	•오전 놀이와 연계·확장 하여 놀이를 계획한다. •안전하게 귀가한다.	·오전놀이와 연계·확장하여 놀이를 한다. <조작> 우리동네 퍼즐 ·버스를 이용하는 유아는 귀가준비를 한다. -1호 귀가: 3시 30분 -2호 귀가: 4시 30분 ·귀가하지 않은 유아들은 조용한 놀이를 한다. ·바르게 앉아 있다가 자신의 차례가 되면 놀이를 선택하여 시작한다. ·부모님이 오신 유아들은 놀이를 정리하고 인사를 나눈 뒤 귀가한다.		
평가	실습생	실습을 시작한지 1주일이 지났다. 확실히 작년에 한 달간 요셉 어린이집에서 생활을 해 봐서 그런지 확실히 적응기간이 빨랐던 것 같다. 이제 다음 주 부터는 관찰만이 아닌 부분수업도 함께 진행하게 될 텐데 준비도 미리미리 해서 성공적인 부분수업을 끝내도록 노력해야겠다. 1주일간 어린이집에서 생활해 보니 남은 3주의 시간도 더욱 빨리 흘러갈 것 같다는 생각이 든다. 남은 3주 동안도 더욱이 유아들과 많은 상호작용을 나누고 좋은 것 많이 배워갈 수 있도록 언제나 초심을 유지해야겠다.		
	지도교사			

일일 보육 실습일지

검인	담 임	원 장

학 급 명	샘물반 (만 3세)	날 짜	2012년 11월 12일 월요일
생활주제	우리 동네	주 제	우리의 이웃
소주제	우리 동네는 무엇이 있을까?①	일일주제	월요조회
목 표	* 한 주간 지켜야 할 약속에 대해 안다.		
일과 시간표	8:30 ~ 9:50 등원 및 자유선택활동 9:50 ~ 10:00 교구 정리정돈 및 손씻기 10:00 ~ 10:15 오전간식 10:15 ~ 10:20 인사나누기 10:20 ~ 10:25 놀이방 이동 10:25 ~ 10:35 월요조회 10:35 ~ 10:40 교실 이동 10:40 ~ 11:00 기본생활습관 11:00 ~ 11:30 새노래	11:30 ~ 11:50 언어 11:50 ~ 12:00 손씻기 및 식사준비 12:00 ~ 12:40 점심식사 및 양치하기 12:40 ~ 12:50 낮잠준비 12:50 ~ 2:50 낮잠 2:50 ~ 3:00 유아용 침구 정리 및 손씻기 3:00 ~ 3:35 오후간식 3:35 ~ 6:30 혼합연령 자유선택활동 및 귀가하기	

시간/활동명	활동목표	활동내용 및 방법	준비물/유의점	평가
8:30~9:50 등원 및 자유선택활동	•즐거운 마음으로 등원한다. •스스로 계획하여 놀이에 참여한다.	·유아와 개별인사하며 아이들의 기분을 확인한다. ·등원한 유아는 가방에서 수첩을 꺼낸 후 가방 정리를 한다. ·유아는 자신이 계획한 놀이 영역에서 자유선택활동을 시작한다. <언어영역> ·정희찬, 김윤정, 최태주 한글 도장 교구를 이용하여 자신들의 이름을 찍어도 보고 다양한 글자를 활동지 위에 찍어본다. <쌓기영역> ·변수윤, 최석준 우리동네 만들기 교구를 이용하여 나무 블록에 지붕을 쌓아가며 우리 동네를 꾸민다.	수첩 도장놀이 활동지	·등원한 유아들에게 반갑게 인사를 건넸다. ·언어영역에서 도장교구를 이용하여 유아들이 자유롭게 글자도장을 찍어보는 활동을 할 수 있도록 도움을 주었다.
9:50~10:00 교구	•교구를 제자리에 정리한	·정리 시간을 지키며 놀잇감을 제자리에 정리한다.		

정리정돈 및 손씻기	다.	·화장실을 다녀온 후. 손을 씻는다.		
10:00~10:15 오전간식	•바르게 앉아 간식을 먹고 스스로 정리한다.	·간식을 받은 후, 다함께 간식기도를 한다. ·각자 받은 간식을 맛있게 먹는다. ·다 먹은 유아는 입 주변을 청결히 한 후 자기책상에 떨어진 내용물을 스스로 정리한다.	간식 마른행주 컵	
10:15~10:20 인사 나누기	•오늘의 날짜와 날씨를 안다. •하루 일과를 안다.	·카페트에 바르게 앉은 유아들과 반갑게 인사를 나눈다. ·오늘의 날짜와 날씨를 알아본다. ·하루 일과를 알아본다. (①월요조회 ②기본생활습관 ③새노래/언어 ④낮잠)		
10:20~10:25 놀이방 이동	•안전하게 놀이방으로 이동한다.	·질서를 지키며 놀이방으로 이동한다.		
10:25~10:35 월요조회	•한 주를 시작할 새로운 마음을 갖는다.	**도입** ·'OO반 어디 있어?' 노래를 부르며 모든 유아들의 주의를 집중시킨다. ·요셉어린이집 전 유아들과 오늘의 날짜를 알아본다. T: 오늘은 2012년 11월 12일 월요일입니다. ·유아들과 선생님들은 자리에서 일어나서 다함께 국기에 대한 경례와 맹세를 한 후 애국가를 부른다. **전개** ·지난 주 월요조회 때 수녀님이 말씀해 주신 내용을 다시 한번 생각해 본다. T: 요셉 친구들. 지난 주 월요조회 때 수녀님이 우리에게 들려주신 이야기는 무엇이었나요? C: 기도해주는 천사가 되자고 말해주셨어요. T: 누구를 위해 기도를 하자고 말씀해 주셨었는지 기억나나요? C: 아니요 T: 지난주에 수녀님은 앞으로 우리나라를 위해 일해 주실 대통령님 자리에 좋은 사람이 뽑히도록 기도해주자는 기도천사가 되자고 말씀해 주셨어요. ·이번주에 함께 지킬 약속을 이야기 한다. T: 이번주에는 우리 친구들이 교실에서		·유아들과 함께 아기다람쥐 또미 율동을 즐겁게 따라

		바르게 생활하는 천사가 되기로 해요. ·1주일도 즐겁게 지내자는 마음으로 모든 교사와 유아들이 함께 인사를 나눈다. ·교사는 준비한 율동을 유아들에게 소개한다. T: 친구들 지금부터 듣게될 음악이 어떤 음악인지 맞추어 보도록 해요! T: 이 음악 속에 나오는 친구는 겨울이 되면 볼 수가 없데요. 겨울 동안 먹을 음식을 차곡차곡 쌓아놓는 이 동물은 누구일까요? C: 다람쥐요! T: 맞았어요. 오늘 선생님이 준비한 율동의 음악은 '아기다람쥐 또미' 에요. ·교사는 시범으로 율동을 보여준 후 유아들과 다함께 2~3번 반복한다. **<u>마무리</u>** ·율동을 마친 후 숨쉬기 운동을 한다. ·마지막으로 선생님과 공수하며 월요조회를 마무리한다.	'아기다람쥐 또미' 음악CD	해 보았다.
10:35~10:40 교실 이동	•안전하게 교실로 이동한다.	·질서를 지키며 교실으로 이동한다.		
10:40~11:00 기본생활습관 <예절-솔직하게 말하기>	•바른 자세로 기본생활습관 교육을 듣는다. •거짓말 보다는 솔직하게 말하는 태도를 지닌다.	**<u>도입</u>** ·교사는 유아들과 인사를 나눈다. ·교사는 자신의 경험을 이야기 해 주며 유아들의 대답을 이끌어 낸다. T: 얘들아 선생님이 큰 고민이 하나 있어. 선생님의 이야기를 잘 듣고 지금부터 너희들이 내가 어떻게 해야 할 지 결정해 주었으면 좋겠어. 지금부터 잘 들어줘. T: 얘들아 내가 남동생이 한 명 있는데 아니 글쎄 밥을 먹고 양치를 했냐고 물어보니까 했다고만 대답하고 방문을 쾅 닫고 들어가 버리지 뭐야. 유심히 보니 동생의 칫솔도 촉촉이 젖어있지 않았어. 나는 동생의 말을 믿어줘야 할까? 거짓말이라고 생각해야 할까? C: 거짓말! 믿어주지 말아요! **<u>전개</u>** ·유아들과 거짓말에 대해 이야기 나눈다. T: 그럼 너희들 거짓말이라는 말을 들어본 적이 있니? 무엇을 할 때 거짓말이라고 말하는지 아니? (여러 명의 유아가		

		손을 든다) T: 그럼 OO이가 거짓말이 무엇인지 이야기 해 볼까요? C: 장난감을 사준다고 해놓고 사주지 않는 거예요. T: 그렇게 생각하는구나. 거짓말이란 어떤 약속을 했는데 지키지 않는 것을 이야기해요. ·교사의 경험을 이야기 하며 거짓말을 할 때의 기분에 대해 이야기 나눈다. T: 선생님도 예전에 설거지를 하다가 그릇을 깼는데 혼날까봐 너무 무서워서 말도 못하고 거짓말을 해야 할 지 너무 고민이었어. 이러한 상황에서는 거짓말을 해야 할까? C: 거짓말 하면 안돼요. T: 그럼 거짓말을 할 때는 느낌이 어떨까? C: 속상해요. 기분이 안좋아요. ·거짓말과 관련된 동화 '잉어 뱃속에 들어간 황금' 동화 책과 연계시켜 들려준다. T: 맞아요. 거짓말을 하기보다는 우리 친구들이 솔직하게 이야기하는 습관을 갖는 것이 중요해요. T: 지금부터는 선생님이 거짓말 때문에 큰 일을 당한 두 형제의 이야기를 들려줄게요. ·교사는 준비한 '잉어 뱃속에 들어간 황금' 동화책을 들려준다. **마무리** ·거짓말을 하기보다는 솔직하게 이야기하는 태도를 갖기로 약속한 후 활동을 마무리 한다.	'잉어 뱃속에 들어간 황금' 동화책	
11:00~11:30 새노래	•새로운 노래에 관심을 갖고 따라 부른다.	**도입** ·교사는 비밀바구니 속에 동전을 준비하여 소리를 들려주며 호기심을 자극한다. T: 친구들 선생님이 지금부터 어떤 소리를 들려줄게요. 어떤 소리일지 들어보아요. T: (동전 소리를 들려준 후) 어떤 소리 같나요? C: 동전소리 같아요. 딸랑딸랑 소리에요. ·교사는 지갑을 보여주며 지갑 속의 돈에 대해 이야기 나눈다. T: 짜잔! 이것은 무엇인가요?	지갑 비밀보자기 '가게놀이' 악보 '가게놀이' 가사판	

	•율동 만들기 활동에 적극적으로 참여한다.	C: 지갑이에요. T: 맞았어요. 이것은 지갑이에요. 그렇다면 지갑 안에는 무엇이 들어있을까요? C: 돈이요. 카드요. T: 맞아요. 지갑 안에는 돈도 들어있고 카드도 들어 있어요. T: (지폐를 보여주며) 그럼 이것은 무엇일까요? C: 종이돈이요. T: 얼마짜리가 있는지 살펴볼까요? 만원짜리, 천원짜리기 있지요? 그렇다면 친구들! 돈으로 무엇을 할 수 있을까요? C: 장난감을 사요. 인형을 사요. 과자를 사요. T: 맞아요. 돈으로 물건을 살 수 있지요. 그럼 엄마와 함께 가게에 가본 친구가 있나요? C: 저요! T: 가게에 가본 친구들이 많구나. 오늘은 가게와 관련된 새 노래를 불러 볼 거에요. **<u>전개</u>** ·교사가 준비한 '가게놀이' 가사판을 보며 가사를 한번 읽어본다. ·어떤 음의 노래인지 교사는 피아노 반주를 한번 들려준다. ·오른손으로 멜로디를 쳐주며 한번 불러준다. ·한줄 씩 허밍으로 불러본다. T: 친구들! 지금부터는 허밍으로 노래를 불러볼건데 어떤 음으로 해볼까요? C: "아"요! T: 그럼 다함께 '아'를 이용하여 허밍으로 한번 불러보아요.('이'를 이용해서 한번 더 허밍으로 불러본다.) ·허밍으로 불러본 후 한 소절씩 함께 불러본다. T: 친구들 이제부터는 친구들과 함께 한 소절씩 불러 보는 거에요. 다들 준비되었지요? ·한 소절씩 불러 본 후에 처음부터 함께 불러본다. ·노래를 익힌 다음에는 유아들과 함께 율동을 만들어 본다. T: 친구들! 이번에는 '가게놀이' 노래와 어울리는 율동을 만들어 보기로 해요. ·율동을 지어본 후 몇 명의 유아들이 앞에 나와 율동을 해 본다.		

		마무리 ·오늘 친구들과 함께 불러본 '가게놀이' 노래와 수요일에 있을 마트 다녀오기 활동과 연계시킨다. T: 친구들 오늘 배운 노래 재미 있었나요? 우리 친구들이 가게와 마트에서 물건을 사려면 돈이 필요하지요? 우리 모두 돈을 아끼고 절약해서 사용하도록 해요. T: 수요일에 이마트에 가서도 어떤 물건들이 있는지 가격은 얼마인지 함께 잘 살펴보도록 해요.		
11:30~11:50 언어	• 한글 'ㅁ'을 익힌다.	**도입** ·교사는 유아들에게 색연필과 활동지를 나누어 준다. ·활동지를 받은 유아들에게는 이름을 쓰도록 한다. ·활동지 속 문어에 대해 이야기 한다. T: 친구들 활동지 속에 무엇이 그려져 있나요? C: 문어요! T: 맞아요. 문어는 위험에 닥치면 무엇을 뿜는지 아는 친구가 있나요? C: 먹물을 뱉어요. T: 맞아요. 문어는 위험에 처하게 되면 먹물을 뱉는 답니다. **전개** ·유아들에게 'ㅁ'에 대해 소개한다. T: 친구들! 문어의 이름도 네모처럼 생겼지요. C: 네 T: 이러한 네모 모양의 글자를 '오므라이스 므' 라고 이야기해요. ·교사는 칠판을 이용하여 유아들에게 'ㅁ'을 쓰는 방법을 설명한다. T: 그럼 지금부터 활동지에 숨어있는 '오므라이스 므' 글자를 찾아서 함께 따라 써 볼까요? ·유아들은 숨겨진 ㅁ을 찾아서 써 보는 시간을 갖는다. **마무리** ·교사는 활동지를 완성한 유아들에게 칭찬을 해주며 언어 활동을 마무리한다.	'ㅁ' 활동지 색연필	·활동지에 스스로 이름 쓰는것을 어려워하는 유아들에게 도움을 주었다.
11:50~12:00 손씻기 및 식사준비	•손을 깨끗이 씻고 점심 먹을 준비를 한다.	·화장실을 다녀온 후 손을 씻는다. ·도시락 식판을 꺼내어 자리에 앉아 점심 먹을 준비를 한다.·		
12:00~12:40 점심식사	•올바른 식생활 습관을 기	·다함께 점심 식사 기도를 한다. ·배식을 받은 유아는 자리에 앉아 맛있게	식판 수저	

및 양치하기	른다.	점심을 먹는다. ·다 먹은 유아는 식판과 수저를 정리하고 양치를 한다.	칫솔 치약 양치컵	
12:40~12:50낮잠준비	•안정된 마음으로 낮잠 잘 준비를 한다.	·교사는 유아들의 낮잠을 위해 유아용 침구를 편다. ·유아들은 양말을 벗은 후 자신의 침구 위에서 낮잠 잘 준비를 한다.	유아용 침구	
12:50~2:50 낮잠	•편안한 마음으로 낮잠을 잔다.	·유아들은 편안한 마음으로 낮잠을 잔다. ·교사는 쉽게 잠들지 못하는 유아들을 재워준다.		
2:50~3:00 유아용 침구 정리 및 손씻기	• 유아들의 잠을 깨우고 침구를 정리한다.	·낮잠 시간이 끝나면 교사는 유아들을 깨운 후 유아들의 침구를 정리한다. ·유아들은 손을 깨끗이 씻고 간식 먹을 준비를 한다.		·선생님을 도와 유아용 침구를 펴고 개는 것을 도왔다.
3:00~3:35 오후간식	•바르게 앉아 간식을 먹고 스스로 정리한다.	·간식을 받은 후, 다함께 간식기도를 한다. ·각자 받은 간식을 맛있게 먹는다. ·다 먹은 유아는 입 주변을 청결히 한 후 자기책상에 떨어진 내용물을 스스로 정리한다.	간식 마른행주 컵	
3:35~6:30 혼합연령 자유선택활동 및 귀가하기	•오전 놀이와 연계·확장 하여 놀이를 계획한다. •안전하게 귀가한다.	·오전놀이와 연계·확장하여 놀이를 한다. <쌓기영역> ·최태주, 우상욱; 레고를 이용하여 비행기, 우주선, 자동차 등 다양한 것을 만들어 본다. ·버스를 이용하는 유아는 귀가준비를 한다. -1호 귀가: 3시 30분 -2호 귀가: 4시 30분 ·귀가하지 않은 유아들은 조용한 놀이를 한다. ·바르게 앉아 있다가 자신의 차례가 되면 놀이를 선택하여 시작한다. ·부모님이 오신 유아들은 놀이를 정리하고 인사를 나눈 뒤 귀가한다.		
평가	실습생	본격적으로 2주차에 접어들었다. 이제는 유아들 한명 한명의 개인적인 성향이나 특징을 어느 정도 파악하였다. 지난 1주일은 관찰만 이루어졌지만 이번 주부터는 부분수업이, 그 다음 주에는 연계수업이, 전일 수업이 이루어질 텐데 마음준비 단단히 하고 컨디션 조절에 신경써 가며 풍부한 수업자료와 유아들의 흥미와 학습 수준에 맞는 수업을 제공하도록 노력해야겠다.		

	지도 교사	

일일 보육 실습일지

검인	담임	원장

학급명	샘물반 (만 3세)	날짜	2012년 11월 13일 화요일
생활주제	우리 동네	주제	우리의 이웃
소주제	우리 동네는 무엇이 있을까?①	일일주제	빵가게
목표	* 빵가게의 역할을 알고 빵가게에 대한 놀이해본다.		
일과 시간표	8:30 ~ 9:50 등원 및 자유선택활동 9:50 ~ 10:00 교구 정리정돈 및 손씻기 10:00 ~ 10:30 오전간식 10:30 ~ 10:35 인사나누기 10:35 ~ 10:40 햇살반 이동 10:40 ~ 11:10 안전교육 11:10 ~ 11:25 동화 11:25 ~ 12:00 교구 소개 12:00 ~ 12:10 손씻기 및 식사준비	12:10 ~ 1:10 점심식사 및 양치하기 1:10 ~ 1:15 놀이방 이동 1:15 ~ 1:50 놀이방 놀이 1:50 ~ 1:55 교실 이동 1:55 ~ 2:50 빵가게 놀이 2:50 ~ 3:00 교구 정리정돈 및 손씻기 3:00 ~ 3:25 오후간식 3:25 ~ 6:30 혼합연령 자유선택활동 및 귀가하기		

시간/활동명	활동목표	활동내용 및 방법	준비물/유의점	평가
8:30~9:50 등원 및 자유선택활동	•즐거운 마음으로 등원한다. •스스로 계획하여 놀이에 참여한다.	·유아와 개별인사하며 아이들의 기분을 확인한다. ·등원한 유아는 가방에서 수첩을 꺼낸 후 가방 정리를 한다. ·유아는 자신이 계획한 놀이 영역에서 자유선택활동을 시작한다. -언어영역: 빵 이름 알아보기 -수학영역: 빵이 어디로 갔을까 <언어영역> ·박건용 도장교구를 이용하여 자신의 이름을 도장으로 찍어본다. <미술영역> ·김찬일 임시현 정소윤: 종이를 이용하여 지폐와 동전을 만들고 난 후 투명 시트지를 이용하여 지갑을 만든다.	수첩 허수아비 꾸미기 활동지	·등원한 유아들에게 반갑게 인사를 건넸다. ·미술영역에서 유아들이 허수아비 활동지를 완성할 수 있도록 도움을 주었다.
9:50~10:00	•교구를 제자리에 정리한	·정리 시간을 지키며 놀잇감을 제자리		

교구 정리정돈 및 손씻기	다.	에 정리한다. ·화장실을 다녀온 후, 손을 씻는다.		
10:00~10:30 오전간식	•바르게 앉아 간식을 먹고 스스로 정리한다.	·간식을 받은 후, 다함께 간식기도를 한다. ·각자 받은 간식을 맛있게 먹는다. ·다 먹은 유아는 입 주변을 청결히 한 후 자기책상에 떨어진 내용물을 스스로 정리한다.	간식 마른행주 컵	
10:30~10:35 인사나누기	•오늘의 날짜와 날씨를 안다. •하루 일과를 안다.	·카페트에 바르게 앉은 유아들과 반갑게 인사를 나눈다. ·오늘의 날짜와 날씨를 알아본다. ·하루 일과를 알아본다. (①안전교육 ②이야기나누기 ③동화감상 ④교구소개 ⑤놀이방 놀이)		
10:35~10:40 햇살반 이동	•안전하게 햇살반으로 이동한다.	·질서를 지키며 햇살반으로 이동한다.		
10:40~11:10 안전교육 <약물오남용>우리교실에도 비상약이 있어요.	•비상약의 역할과 종류를 안다.	**도입** ·교사는 감기에 걸린 유아들에게 기침을 할 때 왜 입을 가리고 해야 하는지 이야기 한다. T: 친구들 선생님이 기침할 때 손으로 입을 왜 가리라고 했을까요? C: 친구한테 감기를 옮길까봐요. T: 그래요. 우리 눈에는 보이진 않지만 기침 속에는 입속의 감기세균이 엄청나게 많답니다. ·교사는 유아들에게 아팠을 때 병원에 가서 하는 일에 대해 질문한다. T: 친구들! 친구들이 몸이 아파 병원에 가면 무엇을 하나요? C: 주사를 맞아요. 약을 먹어요. 몸무게를 재요. ·교사는 한가지 상황을 제시하며 비상약에 대한 이야기를 한다. T: 친구들이 엄마 아빠랑 여행을 가고 있는데 갑자기 아프게 되면 그땐 어떡할까요? C: 치료를 해요. T: 맞아요. 병원에 가기 전에 먼저 치료를 해야 하죠? 급할 때 사용하는 약을 "비상약" 이라고 해요.	비상약 그림자료	

		전개 ·교사는 비상약에 대한 그림자료를 보여주며 유아들과 이야기를 나눈다. T: 친구들 선생님이 많은 비상약의 사진들을 가지고 왔어요. 그럼 지금부터 어떤 비상약들이 있는지 선생님과 함께 살펴볼까요? T: (솜 그림자료를 보여주며) 친구들 이것은 무엇인가요? C: 솜이요. T: 맞아요. 이것은 솜이에요. 여기있는 솜에 알코올을 묻혀서 상처 부위에 대어 주면 상처에 있는 세균들이 모두 사라진답니다. (이러한 방법으로 밴드, 체온계, 해열제, 연고, 붕대, 소독약 등의 비상약에 대한 이야기를 나눈다.) ·그림자료를 보고 이야기를 마친 후에는 어린이집에 있는 구급상자 속의 비상약을 실물로 보여주며 이야기 나눈다. T: 친구들 지금부터는 선생님이 우리 요셉어린이집에 있는 실제 비상약을 직접 보여줄 거에요. (실제 솜을 보여주며) 친구들 아까 이것이 무엇이라고 했지요? C: 솜이요! T: 맞아요. 이것은 바로 솜이에요. 그럼 손가락을 다친 OO이가 나와서 솜을 상처에 대어보자. 느낌이 어떠니? C: 차가워요. 축축해요. T: 알코올 솜을 상처에 댔으니 OO이의 상처속의 세균들은 모두 죽을 거에요. 그리고 손에 묻은 소독액도 모두 마를 거에요. **마무리** ·교사는 유아들의 집에도 비상약이 있는지 물어본다. T: 그렇다면 친구들. 친구들의 집에도 이러한 비상약들이 있나요? C: 네 있어요. T: 모두들 집에 비상약이 있구나. 그럼 친구들 모두 병원에 갈 수 없는 상황에서 비상약으로 응급처치를 한 후에 병원으로 신속히 움직이기로 해요 ·비상약을 사용할 시에 주의점을 이야기 한다. T: 그런데 친구들이 비상약을 사용할 때에는 중요한 점이 있어요. 비상약이라	실물 비상약	

		고 함부로 만지지 않기로 해요. 비상약이 우리에게 많은 도움을 주지만 잘못 만지면 큰 위험으로 다가온답니다. T: 많이 아플 때에는 선생님께 이야기해서 도움을 받고 참을 수 있는 것은 우리 친구들이 한번 꼭 참아보기로 해요. ·활동을 마무리한다.		
11:10~11:25 동화	•유아들은 집중하여 동화를 듣는다.	**도입** ·교사는 제빵사가 되어 유아들과 이야기를 나눈다. T: 친구들 오늘은 선생님이 친구들을 위해서 제빵사가 되 보았어요. 제빵사가 무엇을 하는 사람인지 알고 있나요? C: 빵을 만드는 사람이에요. T: 친구들이 모두 잘 알고 있구나. ·빵과 관련지어 오늘의 동화책을 소개한다. T: 그럼 우리 친구들이 제일 좋아하는 빵에는 어떤 빵들이 있나요? C: 피자빵이요 크림빵이요 팥빵이요! T: 친구들이 좋아하는 빵이 참 많구나. 오늘은 선생님이 빵을 아주 잘 만드는 구리와 구라라는 친구를 데리고 왔어요. 다함께 구리와 구라를 불러 볼까요? **전개** ·교사는 '구리와 구라의 빵 만들기' 동화책을 읽어준다. ·한번 들려준 후에는 조용히 그림만 보며 동화책의 내용이 무엇이었는지 함께 생각해보는 시간을 갖는다. **마무리** ·유아들에게 책의 내용에 대해 한번 더 물어본다. T: 구리와 구라가 숲속에서 무엇을 발견 했나요? C: 알이요. T: 그렇다면 구리와 구라는 큰 알을 가지고 무엇을 만들었나요? C: 빵이요! ·유아들은 어떤 빵을 만들어 보고 싶은지 물어본다. T: 그럼 우리 친구들은 구리와 구라가 만든 빵 말고 어떤 빵을 만들어 보고 싶나요? C: 구름빵이요. 팥빵이요. ·교사가 준비한 확장활동에 대해 소개	제빵사 모자 앞치마 구리와 구라의 빵 만들기 동화책	·앞치마나 제빵사 모자를 만들어 도입자료로 활용하여 유아들의 흥미를 끄는 데 까지는 좋았으나 빠른 속도와 긴장된 태도등은 너무 아쉬웠다.

		하고 활동을 마무리 짓는다. T: 그럼 내일은 우리 친구들이 직접 핫케이크를 만들어 보는 시간을 가져보도록 해요.		
11:25~12:00 교구 소개	•새로운 교구에 관심을 갖는다. •교구 소개 활동에 적극적으로 참여한다.	·교사는 빵 그림카드를 유아들에게 소개한다. T: (소보루빵을 보여주며) 친구들 이 빵의 이름은 무엇일까요? C: 인정미 빵이요. 커피빵이요. T: 이 빵의 이름은 소보루 빵이라고 하는 거에요. 땅콩가루와 쿠키가루를 뿌려서 만든 빵이랍니다. 모두들 이 빵의 이름을 소보루 빵이라고 약속해요.(이러한 방법으로 다양한 빵의 종류를 소개한다) T: 이 교구는 선생님이 역할놀이 영역에 놓아둘게요. ·교사는 빵만들기 교구를 유아들에게 소개한다. T: 친구들 이 교구는 친구들이 자유롭게 빵을 만들어 볼 수 있는 교구에요. 식빵 위에 베이컨도 올리고 토마토 양상추 치즈 등 다양한 재료들을 올려서 맛있는 빵을 만들어 주면 되는 거에요. T: 정리할 때에는 막 넣는 것이 아니라 같은 모양끼리 차곡차곡 정리해 주세요. ·교사는 빵 포장 교구를 유아들에게 소개한다. T: 친구들, 빵집에서 빵 주인이 빵을 포장해 주는 것을 본 적이 있나요? C: 네. 계산대에서 봤어요. T: 그렇구나. 이 교구는 우리 친구들이 직접 빵 교구를 여기 있는 봉지나 종이가방, 상자에 넣어서 직접 포장을 해 볼 수 있는 교구에요. T: 정리할때에는 친구들이 포장해본 포장지를 다음 친구들이 재미있게 사용할 수 있도록 잘 정리해 주어야 해요. ·교사는 제빵 기구 교구를 유아들에게 소개한다. T: 친구들 이것은 무엇인가요? C: 빵을 섞는 것이에요. T: 맞아요. 이 기구를 이용하여 우리 친구들이 저어서 빵을 만들어 볼 수 있어요. 이 교구는 역할영역에 놓아 줄게	빵 그림카드 빵 만들기 교구 빵 포장교구 제빵기구 빵 찾기교구 빵 이름쓰기 교구	·다양한 교구를 역할영역에 배치하는데 도움을 주었다.

		요. ·교사는 빵 찾기교구를 유아들에게 소개한다. T: 요플레 용기 아래에 어떤 빵 모양이 있나요? C: 팥빵이요 케이크요 소보루 빵이요 T: 빵의 모양이 많지요? 지금부터 선생님이 빵을 섞을테니 우리 친구들이 팥빵이 어디로 가는지 끝까지 보고 알아 맞춰 주는 거에요.(빵을 섞은 후 유아들이 맞추어 보게 한다) T: 이 교구를 가지고 놀면서 주의할 점이 있어요. 이 교구는 몇 명이 함께 놀이 할 수 있을까요? C: 두명이요. 세명이요. T: 이 교구는 함께하는 친구들이 두명이든 세명이든 상관이 없어요. 하지만 빵을 섞는 사람은 꼭 한명이어야 해요. 선생님이 이 교구는 수학영역에 놓아 줄게요. ·교사는 빵 이름 쓰기 교구를 유아들에게 소개한다. ·교사는 "What color is this?"를 외치며 펜의 색깔에 대해 유아들과 이야기 나눈다. T: 친구들 이 교구를 잘 봐주세요. 여러 가지 빵의 그림들 아래에 글씨가 없어요. 우리 친구들이 여기 있는 매직으로 똑같이 따라 써 주는 거에요. T: 이 교구는 언어영역에서 한명 씩 놀이해 보도록 해요.		
12:00~12:10 손씻기 및 식사준비	•손을 깨끗이 씻고 점심 먹을 준비를 한다.	·화장실을 다녀온 후 손을 씻는다. ·도시락 식판을 꺼내어 자리에 앉아 점심 먹을 준비를 한다.		
12:10~1:10 점심식사 및 양치하기	•올바른 식생활 습관을 기른다.	·다함께 점심 식사 기도를 한다. ·배식을 받은 유아는 자리에 앉아 맛있게 점심을 먹는다. ·다 먹은 유아는 식판과 수저를 정리하고 양치를 한다.	식판 수저 칫솔 치약 양치컵	
1:10~1:15 놀이방 이동	•안전하게 놀이방으로 이동한다.	·질서를 지키며 놀이방으로 이동한다.		
		·놀이방 놀이 전 유아들과 함께 준비체		·유아들과

1:15~1:50 놀이방 놀이	• 적극적으로 놀이에 참여한다. • 안전에 유의하며 놀이한다.	조를 한다. ·놀이방 놀이 전 지켜야할 약속에 대해 이야기 나눈다. T: 친구들! 놀이방에서 놀이를 하며 지켜야 할 약속에는 무엇이 있나요? C: 심하게 뛰어다니지 않아요. 친구와 사이좋게 놀아요. T: 맞아요. 우리 모두 첫째도 안전 둘째도 안전 셋째도 안전! 안전을 지켜가며 놀이하도록 해요. ·놀이방 놀이를 시작한다.		함께 뛰어놀며 즐거운 시간을 보냈다.
1:50~1:55 교실 이동	•안전하게 교실로 이동한다.	·약속 시간이 되면 가지고 놀던 놀잇감을 정리한다. ·질서를 지키며 교실로 이동한다.		
1:55~2:50 빵가게 놀이	•즐거운 마음으로 빵가게 놀이를 한다.	·유아들은 다양한 빵가게 교구를 이용하여 소그룹으로 자유롭게 놀이를 시작한다.	빵가게 교구	
2:50~3:00 교구 정리정돈 및 손씻기	•교구를 제자리에 정리한다.	·정리 시간을 지키며 놀잇감을 제자리에 정리한다. ·화장실을 다녀온 후. 손을 씻는다.		
3:00~3:25 오후간식	•바르게 앉아 간식을 먹고 스스로 정리한다.	·간식을 받은 후, 다함께 간식기도를 한다. ·각자 받은 간식을 맛있게 먹는다. ·다 먹은 유아는 입 주변을 청결히 한 후 자기책상에 떨어진 내용물을 스스로 정리한다.	간식 마른행주 컵	
3:25~6:30 혼합연령 자유선택활동 및 귀가하기	•오전 놀이와 연계·확장 하여 놀이를 계획한다. ·안전하게 귀가한다.	·오전놀이와 연계·확장하여 놀이를 한다. -역할영역: 제빵사 되어보기 부직포로 만들어진 제빵사 모자와 앞치마를 이용하여 제빵사 역할을 경험해 본다. -역할영역: 빵 포장교구 빵집 주인이 되어 빵을 직접 포장해보는 놀이를 해 본다. -수학영역: 빵 찾기 교구 요란하게 섞인 다양한 빵들 중 가운데 지정된 빵을 찾아내어 본다. -언어영역: 빵 이름쓰기 교구 책으로 만들어진 다양한 빵의 이름을 매직을 이용하여 따라 써본다.		

<table>
<tr><td colspan="2"></td><td></td><td>·버스를 이용하는 유아는 귀가준비를 한다.
 -1호 귀가: 3시 30분
 -2호 귀가: 4시 30분
·귀가하지 않은 유아들은 조용한 놀이를 한다.
·바르게 앉아 있다가 자신의 차례가 되면 놀이를 선택 하여 시작한다.
·부모님이 오신 유아들은 놀이를 정리하고 인사를 나눈 뒤 귀가한다.</td><td></td><td></td></tr>
<tr><td rowspan="2">평가</td><td>실습생</td><td colspan="4">처음 부분수업을 진행해 보았다. 수녀님도 들어오시고 더욱 긴장도 되었다. 그 때문에 너무 많이 떨었던 것 같다. 하지만 동화를 들려주며 동화를 듣는 유아들의 초롱초롱한 눈빛들을 보는데 너무나도 예쁘고 귀여워서 긴장이 조금은 풀리는 듯 했다. 처음 수업인 만큼 아쉬운 점도 많았지만, 이번 금요일에 하게 될 두 번째 부분수업에서는 마음도 편안히 갖고 좀더 자연스러운 수업을 진행하도록 노력해야겠다.</td></tr>
<tr><td>지도
교사</td><td colspan="4"></td></tr>
</table>

일일 보육 실습일지

검 인	담 임	원 장

학 급 명	샘물반 (만 3세)	날 짜	2012년 11월 14일 수요일
생활주제	우리 동네	주 제	우리의 이웃
소주제	우리 동네는 무엇이 있을까?①	일일주제	마트 다녀오기
목 표	* 마트에서 지켜야 할 약속을 지킨다. * 즐거운 마음으로 마트에 다녀온다.		
일과 시간표	8:30 ~ 9:50 등원 및 자유선택활동 9:50 ~ 10:00 교구 정리정돈 및 손씻기 10:00 ~ 10:15 오전간식 10:15 ~ 10:25 버스 탑승 10:25 ~ 10:30 이마트 이동 10:30 ~ 11:30 마트 구경하기 11:30 ~ 11:40 버스 탑승 11:40 ~ 11:45 어린이집 이동 11:45 ~ 12:00 손씻기 및 식사준비	12:00 ~ 1:25 점심식사 및 양치하기 1:25 ~ 2:05 전단지 만들기 2:05 ~ 2:15 교실 정리정돈 및 손씻기 2:15 ~ 2:50 요리 활동 2:50 ~ 3:00 화장실 및 손씻기 3:00 ~ 3:25 오후간식 3:25 ~ 6:30 혼합연령 자유선택활동 및 귀가하기		

시간/활동명	활동목표	활동내용 및 방법	준비물/유의점	평가
8:30~9:50 등원 및 자유선택활동	•즐거운 마음으로 등원한다. •스스로 계획하여 놀이에 참여한다.	·유아와 개별인사하며 아이들의 기분을 확인한다. ·등원한 유아는 가방에서 수첩을 꺼낸 후 가방 정리를 한다. ·유아는 자신이 계획한 놀이 영역에서 자유선택활동을 시작한다. -음률영역: 어디서 나는 소리지? -미술영역: 마트 전단지 만들기 <언어영역> ·최소희 여러 가지 매직을 이용하여 빵 이름 따라쓰기 교구 위 다양한 빵의 이름을 따라쓴다. <역할영역> ·김찬중 임시현 빵 만드는 교구를 이용하여 다양한 빵을 만든다. <미술영역> ·박건용 색종이 위에 종이컵과 플라스틱 용기 뚜껑을 붙이고 뽕뽕이로 꾸며가며 배를 만든다.	수첩	·등원한 유아들에게 반갑게 인사를 건넸다. ·창의적으로 배를 만든 건용이에게 진심으로 칭찬을 해 주었다.

9:50~10:00 교구 정리정돈 및 손씻기	•교구를 제자리에 정리한다.	·정리 시간을 지키며 놀잇감을 제자리에 정리한다. ·화장실을 다녀온 후. 손을 씻는다.		
10:00~10:15 오전간식	•바르게 앉아 간식을 먹고 스스로 정리한다.	·간식을 받은 후, 다함께 간식기도를 한다. ·각자 받은 간식을 맛있게 먹는다. ·다 먹은 유아는 입 주변을 청결히 한 후 자기책상에 떨어진 내용물을 스스로 정리한다.	간식 마른행주 컵	
10:15~10:25 버스 탑승	•안전하게 버스에 탑승한다.	·유아들은 겉옷과 신발을 신고 안전하게 버스로 이동한다. ·교사는 버스에 탑승한 유아들에게 안전벨트 매는 것을 도와준다.		·유아들이 안전히 버스를 승차하고 하차 할 수 있도록 도움을 주었다.
10:25~10:30 이마트 이동	•이마트에서 지켜야 할 약속에 대해 안다.	·교사와 유아들은 주님의 기도를 다함께 한다. ·교사는 유아들과 이마트에서 지켜야 할 약속에 대해 이야기 나눈다. T: 친구들 지금 우리가 어디에 가고 있나요? C: 이마트요! T: 이마트에는 무엇이 있을까요? C: 과자요. 로봇이요. 장난감이요. T: 이마트엔 많은 것들이 있지요? 이제 곧 이마트에 도착하게 될 텐데 우리 친구들이 이마트에는 어떤 물건들이 있는지, 일하시는 분들은 어떤 일을 하고 계시는지 잘 보고 오도록 해요. T: 우리 요셉 친구들 신나는 것은 조금만 참고 예의를 지키며 안전하게 다녀오도록 약속해요.		
10:30~11:30 마트 구경하기		·이마트에 도착한 유아들에게 교사는 다시 한번 지켜야 할 약속에 대해 이야기한다. T: 친구들 조금은 신나더라도 이마트에서 장을 보고 계시는 분들과 일하시는 분들께 방해가 되지 않도록 조금만 작은 목소리로 이야기하기로 해요. T: 조금 신나더라도 뛰어 다니지 않고 질서를 지켜요. ·유아들은 2명씩 손을 잡고 질서를 지		·열에서 이탈하거나 산만해지는 유아들이 없도록 도움을 주었다.

	•마트 안에 있는 다양한 물건들을 구경한다. •질서를 지키며 이동한다.	키며 마트를 구경한다. ·각 판매대의 물건들에 대해 이야기 나눈다.(신선물 판매대) T: 친구들 여기에 무엇이 있나요? C: 감자요. T: 감자가 있지요? 우리 친구들이 엄마랑 감자를 사려면 감자를 그냥 들고가면 될까요? C: 아니요. 비닐 봉지에 담아서 가요. T: 맞아요. 여기 감자 앞에 하얀 비닐 봉지가 있지요? 여기 있는 집게를 이용해서 우리가 살 만큼의 감자를 담아서 가격 스티커를 붙이고 계산대로 가야 해요. (이러한 방법으로 다양한 판매대의 물건에 대해 이야기 나눈다) ·1층 2층 3층에 있는 다양한 물건과 물품들에 대해 이야기 나눈다.		
11:30~11:40 버스 탑승	•안전하게 버스에 탑승한다.	·유아들은 질서를 지키며 한명씩 버스에 탑승한다. ·교사는 버스에 탑승한 유아들에게 안전벨트 매는 것을 도와준다.		
11:40~11:45 어린이집 이동	•버스에서 지켜야 할 약속을 지키며 안전하게 이동한다.	·유아들은 버스에서 지켜야 할 약속을 지킨다. T: 친구들 버스에서 지켜야 할 약속들을 잘 알고있죠? C: 네. 친구와 심하게 장난치지 않아요. 안전벨트를 푸르지 않아요. T: 그래요. 친구들 모두 마트 구경 잘 했나요? C: 네. 과일도 보고 과자도 보고 인형도 봤어요. ·교사와 유아들은 주님의 기도를 다함께 한 후 어린이집 까지 안전하게 이동한다.		
11:45~12:00 손씻기 및 식사준비	•손을 깨끗이 씻고 점심 먹을 준비를 한다.	·화장실을 다녀온 후 손을 씻는다. ·도시락 식판을 꺼내어 자리에 앉아 점심 먹을 준비 를 한다.		
12:00~1:25 점심식사 및 양치하기	•올바른 식생활 습관을 기른다.	·다함께 점심 식사 기도를 한다. ·배식을 받은 유아는 자리에 앉아 맛있게 점심을 먹는다. ·다 먹은 유아는 식판과 수저를 정리하고 양치를 한다.	식판 수저 칫솔 치약 양치컵	
1:25~2:05 전단지		**<도입>** ·교사는 유아들에게 전단지에 대해 소	전단지 활동지 가위	

만들기	•즐거운 마음으로 나만의 전단지를 만든다.	개한다. T: (전단지를 보여주며) 친구들 이것이 무엇인지 아는 친구가 있나요? C: 신문같아요. 광고종이 같아요. T: 이것은 마트에 어떤 물건들이 있고 어떤 물건들을 싸게 파는지 손님들에게 알려주는 전단지라고 하는 거에요. ·전단지 속에 무엇이 있는지 함께 이야기 나눈다. T: 친구들 여기 전단지 속에는 무엇이 있나요? C: 귤이 있어요. 옷이 있어요. T: 귤도 있고 옷도 있고 다양한 사진들이 있지요? ·교사가 준비한 활동지를 소개한다. T: 오늘은 선생님이 준비한 활동지를 해 볼거에요. 1층에는 과일과 야채를 2층에는 고기와 생선을 3층에는 옷과 신발 사진을 찾아서 잘라다가 우리 친구들이 자유롭게 마트를 꾸며주는 거에요. 할 수 있겠죠? C: 네 빨리 하고싶어요. **<전개>** ·유아들과 함께 전단지 만들기 활동을 시작한다. T: 이제부터 시작해 볼텐데요. 하는 중에 어려움을 느끼는 친구들은 선생님께 도와달라고 이야기하도록 해요. **<마무리>** ·사진을 모두 붙인 유아들과 활동을 마무리 한다. T: 친구들 모두 멋진 전단지를 만들어 보았나요? C: 네 멋지게 만들었어요. T: 사진을 모두 붙여준 유아들은 전단지를 대문접기한 후에 자유롭게 꾸며주도록 해요.	풀 색연필	·사진 찾기에 어려움을 느끼는 유아들에게 사진을 쉽게 찾아 붙일 수 있도록 도움을 주었다.
2:05~2:15 교실 정리정돈 및 손씻기	•교실을 깨끗하게 정리한다.	·활동한 후 지저분해진 교실을 깨끗하게 정리한다. ·질서를 지키며 화장실을 다녀온 후 손을 씻고 자리에 앉는다.		
2:15~2:50 요리 활동		**<도입>** ·어제 알아본 제빵사에 대해 이야기 나눈다. T: 친구들 어제 우리 빵을 만드는 사람을 뭐라고 부른다고 이야기 했지요?		·유아들이 뜨거운 책상에 손대지 않도록 하는 등 안전을

	•즐거운 마음으로 요리활동에 참여한다. •안전을 지키며 요리활동에 참여한다.	C: 제빵사요. T: 우리 친구들이 잘 기억하고 있구나. 맞아요. 빵 만드는 사람을 제빵사라고 하지요? 그럼 빵을 만드는 일은 어려울까요? C: 어려울것 같아요. T: 그렇게 생각하는구나. 하지만 빵을 만드는 것은 친구들이 생각하는 만큼 그렇게 어렵지 않아요. 그래서 선생님이 알고 있는 핫케이크를 만드는 방법을 친구들에게 가르쳐 주도록 할게요. ·사진자료를 보며 유아들과 이야기 나눈다. T: (핫케이크 사진을 보여주며) 우리 친구들과 핫케이크를 만들어 볼 완성된 핫케이크 모양은 이런 모양이랍니다. C: 와! ·핫케이크를 만들기 위한 도구와 재료, 만드는 순서에 대해 이야기 나눈다. T: 핫케이크를 만들기 위한 도구에는 거품기와 후라이팬 등이 있고 재료에는 핫케이크 가루, 우유, 달걀, 식용유가 있어요. **<전개>** ·교사는 유아들에게 핫케이크 만드는 과정을 보여준다. T: 친구들 요리순서의 첫 번째 내용은 무엇이었나요? C: 우유와 달걀을 섞어요. T: 친구들이 잘 기억하고 있네요. 그럼 지금부터 선생님이 우유와 달걀을 섞어서 우리 친구들에게 보여줄게요.(섞은 우유와 달걀에 핫케이크 가루까지 섞은 모양을 보여준다) ·유아들이 달걀물과 핫케이크 가루를 저어보는 경험을 가져보는 시간을 갖는다. T: 친구들 그런데 선생님이 혼자 이 가루들을 젓고 있자니 팔이 너무 아파요. 우리 친구들이 도와줄 수 있겠나요? C: 네! T: 그럼 우리 친구들이 한명씩 나와서 10번씩 휙휙 돌려서 저어주고 들어가는 거에요. ·교사는 완성된 반죽을 후라이팬에 굽는다. T: 친구들 반죽이 완성되었어요. 그럼 이제부터 선생님이 우리 친구들과 함께 만들어본 핫케이크 반죽을 후라이팬으	핫케이크 가루 우유 달걀 후라이팬 접시 거품기 뒤집개	위해서 신경을 써 주었다.

		로 구워볼게요. 다 함께 보면 위험하니까 선생님이 부르는 친구들이 와서 함께 보기로 해요. T:(4명의 유아들을 지목한 후) 친구들이 반죽은 어때요? C: 흐물흐물해요. 빈대떡 같아요. T: 그럼 이 흐물흐물 빈대떡 같은 반죽이 시간이 지나면 어떻게 변화하는지 함께 잘 살펴보아요. **<마무리>** ·교사는 완성된 핫케이크를 유아들에게 보여준다. ·핫케이크를 유아들이 먹기 쉬운 크기로 잘라 다함께 먹어보며 활동을 마무리 한다.		
2:50~3:00 화장실 및 손씻기	•질서를 지켜가며 깨끗이 손을 씻는다.	·화장실을 다녀온 후, 손을 씻는다.		
3:00~3:25 오후간식	•바르게 앉아 간식을 먹고 스스로 정리한다.	·간식을 받은 후, 다함께 간식기도를 한다. ·각자 받은 간식을 맛있게 먹는다. ·다 먹은 유아는 입 주변을 청결히 한 후 자기책상에 떨어진 내용물을 스스로 정리한다.	간식, 마른 행주, 컵	
3:25~6:30 혼합연령 자유선택활동 및 귀가하기	•오전 놀이와 연계·확장 하여 놀이를 계획한다. ·안전하게 귀가한다.	·오전놀이와 연계·확장하여 놀이를 한다. <쌓기영역> ·우상욱 최연웅 최태주 레고를 이용하여 팽이를 만들어 누가 더 오래 돌리는지 팽이 돌리기 시합을 해본다. ·김준성 변수윤 레고를 이용하여 로봇과 자동차를 만든다. ·버스를 이용하는 유아는 귀가준비를 한다. -1호 귀가: 3시 30분 -2호 귀가: 4시 30분 ·귀가하지 않은 유아들은 조용한 놀이를 한다. ·바르게 앉아 있다가 자신의 차례가 되면 놀이를 선택하여 시작한다. ·부모님이 오신 유아들은 놀이를 정리하고 인사를 나눈 뒤 귀가한다.		
평가				

	실습생	실습을 시작한지 얼마 되지 않은 것 같은데 벌써 3주차를 맞이하고 있다니.. 시간이 너무 빨리 지나가는 것 같다. 수업 참관 위주의 1주차에는 일지쓰기와 유아 행동 관찰에 전념했으나 이제는 부분수업과 연계수업을 함께 병행하려고 하니 솔직히 막막하고 큰 부담이 되는 것은 사실이다. 하지만 나에게 주어진 실습 과정이고 그 과정 속에서 많은 것을 배울 수 있다는 긍정적인 마음가짐으로 주어진 일에 최선을 다해 알찬 하루하루를 보내도록 해야겠다.
	지도 교사	

검인	담 임	원 장

일일 보육 실습일지

학 급 명	샘물반 (만 3세)	날 짜	2012년 11월 15일 목요일
생활주제	우리 동네	주 제	우리의 이웃
소주제	우리 동네는 무엇이 있을까?①	일일주제	김장 담그기
목 표	* 김장 담그기 활동에 적극적으로 참여한다.		
일과 시간표	8:30 ~ 9:50 등원 및 자유선택활동 9:50 ~ 10:00 교구 정리정돈 및 손씻기 10:00 ~ 10:25 오전간식 10:25 ~ 11:15 김장 담그기 11:15 ~ 11:35 휴식 11:35 ~ 11:50 수 11:50 ~ 12:00 손씻기 및 식사준비		12:00 ~ 12:50 점심식사 및 양치하기 12:50 ~ 1:00 낮잠 준비 1:00 ~ 2:50 낮잠 2:50 ~ 3:00 침구 정리 및 손씻기 3:00 ~ 3:25 오후간식 3:25 ~ 6:30 혼합연령 자유선택활동 및 귀가하기

시간/활동명	활동목표	활동내용 및 방법	준비물/ 유의점	평가
8:30~9:50 등원 및 자유선택활동	•즐거운 마음으로 등원한다. •스스로 계획하여 놀이에 참여한다.	·유아와 개별인사하며 아이들의 기분을 확인한다. ·등원한 유아는 가방에서 수첩을 꺼낸 후 가방 정리를 한다. ·유아는 자신이 계획한 놀이 영역에서 자유선택활동을 시작한다. -과학영역: 무게를 달아요 -조작영역: 가게와 물건 찾기 <언어영역> ·김찬중 검정색 보드마카를 이용하여 화이트 보드 위에 자신의 이름을 써본다. <미술영역> ·김윤정 김찬일 색종이를 가위로 동그랗고 기다랗게 잘라가며 뱀을 만들어 본다. <조작영역> ·변수윤 교구를 이용하여 비행기와 자동차를 조립한 후 놀이를 한다.	수첩	·등원한 유아들에게 반갑게 인사를 건넸다. ·조작영역에서 혼자 놀이를 하고 있는 수윤이에게 다가가 함께 교구를 조립하며 놀이하였다.
9:50~10:00 교구	•교구를 제자리에 정리한다.	·정리 시간을 지키며 놀잇감을 제자리에 정리한다. ·화장실을 다녀온 후, 손을 씻는다.		

정리정돈 및 손씻기				
10:00~10:25 오전간식	•바르게 앉아 간식을 먹고 스스로 정리한다.	·간식을 받은 후, 다함께 간식기도를 한다. ·각자 받은 간식을 맛있게 먹는다. ·다 먹은 유아는 입 주변을 청결히 한 후 자기책상에 떨어진 내용물을 스스로 정리한다.	간식 마른행주 컵	
10:25~11:15 김장 담그기	•즐거운 마음으로 김장담그기 활동에 참여한다.	**<도입>** ·교사는 손인형극을 통해 유아들의 주의를 집중시킨다. T: 친구들! 오늘은 무엇 때문에 모두 한자리에 모였나요? C: 김장하는 날이에요. T: 그래요! 오늘은 바로 요셉어린이집이 김장하는 날이지요? 그런데 친구들 김장이 무엇인지 아는 친구가 있나요? C: 정확히 모르겠어요. T: 선생님도 잘 모르겠어요. 그래서 오늘은 우리 친구들에게 김장이 무엇인지 소개시켜줄 손님이 왔어요. 우리 모두 머진 음악으로 손님을 맞이해 볼까요? C: 네 (배추도사 무도사 인형극을 들려준 후) T: 친구들 배추도사 무도사 이야기 잘 들었나요? C: 네. 그럼 지금부터 배추도사 무도사님이 이야기해 주신 김장에 대한 재료를 알아보기로 해요. **<전개>** ·김장을 위한 재료에 대해 이야기 나눈다. T: 친구들 선생님이 김장을 하기 위해서 필요한 재료들을 여기 바구니 속에 담아 왔어요. 지금부터 함께 잘 살펴보기로 해요. T: (배추를 보여주며) 친구들! 이것은 무엇인가요? C: 배추요 T: 맞아요. 우리 친구들이 잘 알고 있구나. 김장을 할 때는 배추를 그냥 쓰는 것이 아니라 먹기 좋게 자른 후에 소금을 이용해서 버무려준 절임배추를 이용해서 김장을 한답니다. T: 그럼 OO이가 나와서 배추 글자를 찾아서 배추 위에 꽂아주세요.(이러한 방법으로 배추, 무, 갓, 쪽파, 고춧가루, 다진마늘, 생강, 새우젓, 찹쌀풀에 대해 이야기를 나눈다)	앞치마 위생모자 배추도사 무도사 손인형 김장을 담그기 위한 재료(배추, 무, 갓, 쪽파, 고춧가루, 양념 등)	

		·재료설명을 마친 교사는 병풍처럼 생긴 김장 순서도를 유아들에게 보여주며 직접 김장 시범을 보인다. T: 친구들 지금부터 김장 담그는 순서를 하나하나 알아보아요. 선생님이 소개해주면 앞에서 유은영 선생님이 직접 보여주실 거에요. T: 첫째 씻은 배추를 소금에 절인다. 뭐라고요? C: 씻은 배추를 소금에 절인다. T: 그래요. 소금에 절인 배추를 절인배추라고 하는데 이 절인 배추를 가지고 김장을 담궈요.(이러한 방법으로 교사의 소개-시범 순서로 김장 담그기 활동을 진행한다. ① 씻은 배추를 소금에 절인다. ② 무, 파, 갓을 썬다. ③ 썬 재료를 고춧가루에 버무린다. ④ 준비한 양념을 넣는다. (마늘, 생강, 다진마늘) ⑤ 배추속에 양념을 넣는다. ⑥ 완성된 김치는 냉장고에 넣는다. **<마무리>** ·김치의 효능에 대해 이야기 나눈다. T: 친구들! 드디어 김치가 완성이 됐어요! C: 와아! T: 친구들 직접 담궈본 김치 맛있겠죠? 오늘 해본 김장 활동 어땠나요? C: 재미있었어요! T: 그럼 우리 친구들 김치가 우리 몸에 좋은 이유는 무엇이라고 했었죠? C: 감기에 걸리지 않게 해줘요. 몸을 튼튼하게 해줘요. T: 그래요. 우리 친구들이 알고있는 것처럼 김치는 우리 몸을 튼튼하게 해주고, 감기에도 걸리지 않게 해주고, 대변 활동이 활발하게도 해준답니다. 선생님은 우리 친구들이 김치를 많이 먹어서 튼튼한 친구들이 되었으면 좋겠어요. ·다함께 담궈본 김치를 한조각씩 먹어보며 활동을 마무리한다.	김장 순서도 병풍	
11:15~11:35 휴식	•편안한 마음으로 휴식을 취한다.	·교실에 돌아온 유아들은 카펫 위에 앉아서 편안하게 휴식을 취한다.		
11:35~11:50 수	•숫자 8을 써본다.	**<도입>** · 교사는 유아들에게 색연필을 나누어 준다. ·활동지를 나누어 주면 유아들은 이름을 쓴다. ·지금까지 배운 1부터 7까지의 숫자를	'8' 활동지	·이름을 잘 쓰지 못하는 유아들 옆에서 함께 색연필을 쥐고

		함께 쓰고 읽어본다. ·오늘의 활동지를 함께 살펴본다. T: 오늘의 글자 그림은 어떤 그림 인가요? C: 메론 같아요. T: 그럼 메론이 몇 개인지 함께 세어볼까요? **<전개>** · 오늘의 숫자 8에 대해 이야기 나눈다. T: 친구들 숫자 8은 뭐와 같이 생겼나요? C: 리본이요 하트요 눈사람이요 오뚜기요 T: 맞아요. 오늘은 리본과 하트와 눈사람과 오뚜기와 같이 생긴 숫자 8을 써볼거에요. · 교사는 숫자 8을 쓰는 방법을 설명한다. T: 친구들! 숫자 8을 쓰는 방법은 쉬운 것 같으면서도 어렵답니다. 숫자 8은 오른쪽 위쪽에서 시작해서 쓸 수 있어요. 하지만 쓰기 어려운 친구들은 눈사람 모양으로 따라 써주어도 된답니다. ·유아들과 숫자 8을 쓰는 활동을 진행한다. **<마무리>** ·잘 따라 써준 유아들을 칭찬하며 활동을 마무리한다.	색연필	글씨를 쓸 수 있도록 도와주었다.
11:50~12:00 손씻기 및 식사준비	• 손을 깨끗이 씻고 점심 먹을 준비를 한다.	·화장실을 다녀온 후 손을 씻는다. ·도시락 식판을 꺼내어 자리에 앉아 점심 먹을 준비를 한다.		
12:00~12:50 점심식사 및 양치하기	• 올바른 식생활 습관을 기른다.	·다함께 점심 식사 기도를 한다. ·배식을 받은 유아는 자리에 앉아 맛있게 점심을 먹는다. ·다 먹은 유아는 식판과 수저를 정리하고 양치를 한다.	식판 수저 칫솔 치약 양치컵	
12:50~1:00 낮잠 준비	• 안정된 마음으로 낮잠 잘 준비를 한다.	·교사는 유아들의 낮잠을 위해 유아용 침구를 편다. ·유아들은 양말을 벗은 후 자신의 침구 위에서 낮잠 잘 준비를 한다.	유아용 침구	
1:00~2:50 낮잠	• 편안한 마음으로 낮잠을 잔	·유아들은 편안한 마음으로 낮잠을 잔다. ·교사는 쉽게 잠들지 못하는 유아들을		

	다.	재워준다.		
2:50~3:00 침구 정리 및 손씻기	•유아들의 잠을 깨우고 침구를 정리한다.	·낮잠 시간이 끝나면 교사는 유아들을 깨운 후 유아들의 침구를 정리한다. ·유아들은 손을 깨끗이 씻고 간식 먹을 준비를 한다.		·선생님을 도와 유아용 침구를 펴고 개는 것을 도왔다.
3:00~3:25 오후간식	•바르게 앉아 간식을 먹고 스스로 정리한다.	·간식을 받은 후, 다함께 간식기도를 한다. ·각자 받은 간식을 맛있게 먹는다. ·다 먹은 유아는 입 주변을 청결히 한 후 자기책상에 떨어진 내용물을 스스로 정리한다.	간식 마른행주 컵	
3:25~6:30 혼합연령 자유선택활동 및 귀가하기	•오전 놀이와 연계·확장 하여 놀이를 계획한다. ·안전하게 귀가한다.	·오전놀이와 연계·확장하여 놀이를 한다. <언어영역> ·최태주 언어영역에서 동물의 이름과 관련된 동화책을 읽으며 동물의 이름을 따라 읽는다. ·우상욱 변수윤 레고를 이용하여 팽이를 만들어 바닥에서 팽이를 돌리며 놀이한다. ·버스를 이용하는 유아는 귀가준비를 한다. -1호 귀가: 3시 30분 -2호 귀가: 4시 30분 ·귀가하지 않은 유아들은 조용한 놀이를 한다. ·바르게 앉아 있다가 자신의 차례가 되면 놀이를 선택하여 시작한다. ·부모님이 오신 유아들은 놀이를 정리하고 인사를 나눈 뒤 귀가한다.		
평가	실습생	오늘은 특별활동으로 김장 담구는 활동을 참관하였다. 어제 해 본 핫케이크 활동에 이어 김장활동까지 처음 접하고 새로운 것들을 많이 경험해 볼 수 있는 기회인 것 같아서 너무 의미 있고 감사하다. 어린이집에 와서 놀이를 하는 유아들을 보고 있으면 빈번히 갈등상황이 생기는데, 갈등이 생길 때마다 내가 개입을 해주어야 하는지 잘 모르겠다.		
	지도 교사			

일일 보육 실습일지

검 인	담 임	원 장

학 급 명	샘물반 (만 3세)	날 짜	2012년 11월 16일 금요일
생활주제	우리 동네	주 제	우리의 이웃
소주제	우리 동네는 무엇이 있을까?①	일일주제	미용실
목 표	* 미용실의 역할을 알고 미용실 놀이를 자유롭게 경험해 본다.		
일과 시간표	8:30 ~ 9:55 등원 및 자유선택활동 9:55 ~ 10:05 교구 정리정돈 및 손씻기 10:05 ~ 10:25 오전간식 10:25 ~ 10:30 인사나누기 10:30 ~ 11:00 교구소개 11:00 ~ 11:15 동시 11:15 ~ 11:50 수 11:50 ~ 12:00 손씻기 및 식사준비		12:00 ~ 1:20 점심식사 및 양치하기 1:20 ~ 1:30 종이접기 준비 및 이동 1:30 ~ 2:00 종이접기 2:00 ~ 2:40 자유선택활동 2:40 ~ 3:00 교구정리 및 간식 준비 3:00 ~ 3:25 오후간식 3:25 ~ 6:30 혼합연령 자유선택활동 및 귀가하기

시간/활동명	활동목표	활동내용 및 방법	준비물/유의점	평가
8:30~9:55 등원 및 자유선택활동	•즐거운 마음으로 등원한다. •스스로 계획하여 놀이에 참여한다.	·유아와 개별인사하며 아이들의 기분을 확인한다. ·등원한 유아는 가방에서 수첩을 꺼낸 후 가방 정리를 한다. ·유아는 자신이 계획한 놀이 영역에서 자유선택활동을 시작한다. –쌓기영역: 미용실 구성하기 –역할영역: 미용실 놀이 <언어영역> ·김찬중 검정색 보드마카를 이용하여 화이트보드 위에 자신의 이름을 써본다. <미술영역> ·이서준 여러 가지 색깔의 색종이를 연결하여 시트지로 붙여 가며 칼을 만든다. <조작영역> ·변수윤 교구를 이용하여 비행기와 자동차를 조립한 후 놀이를 한다.	수첩	·등원한 유아들에게 반갑게 인사를 건넸다.

9:55~10:05 교구 정리정돈 및 손씻기	•교구를 제자리에 정리한다.	·정리 시간을 지키며 놀잇감을 제자리에 정리한다. ·화장실을 다녀온 후, 손을 씻는다.		
10:05~10:25 오전간식	•바르게 앉아 간식을 먹고 스스로 정리한다.	·간식을 받은 후, 다함께 간식기도를 한다. ·각자 받은 간식을 맛있게 먹는다. ·다 먹은 유아는 입 주변을 청결히 한 후 자기책상에 떨어진 내용물을 스스로 정리한다.	간식 마른행주 컵	
10:25~10:30 인사나누기	•오늘의 날짜와 날씨를 안다.	·카페트에 바르게 앉은 유아들과 반갑게 인사를 나눈다. ·오늘의 날짜와 날씨를 알아본다.		
10:30~11:00교구소개 <역할> 미용실놀이 <언어> 우리동네 책	•새로운 교구에 관심을 갖는다. •교구 소개 활동에 적극적으로 참여한다.	<도입> *역할영역: 미용실놀이 -가위, 고데기, 파마 롤, 드라이기 등의 다양한 미용실 교구를 이용하여 미용실 놀이를 해 본다. T: (가위 소리를 들려주며) 친구들! 이 소리는 무슨 소리인가요? C: 가위소리요! T: 그렇다면 친구들! 가위로 할 수 있는 일에는 어떤 일들이 있나요? C: 과일 열매를 잘라요. 색종이를 잘라요. 머리를 잘라요. T: 그럼 머리를 자를때 가위를 사용하는 곳은 어디일까요? C: 미용실이요! T: 미용실에서 할 수 있는 일에는 어떤 일들이 있나요? C: 머리를 잘라요. 파마를 해요. 머리를 감겨줘요. T: 맞아요. 미용실에서는 머리도 자르고 파마도 하고 머리도 감겨준 후에 말려주기도 하지요? 오늘의 교구는 미용실 교구랍니다. ·교사는 시범유아를 세명 정하여 교구 소개 활동을 해본다. T: 친구들중 머리를 잘라보고 싶은 유아가 있나요? C: 저요 저요! T: 그럼 머리가 많이 자란 찬중이가 나와서 손님이 되어 주세요. (교사는 미용실교구 중 가위를 이용하여 유아의 머리를 자르는 척 하며 미용실 놀이를 한다.)	미용실 교구 우리동네 책 교구	

<table>
<tr><td></td><td></td><td>T: 친구들! 찬중이의 머리가 짧아졌어요. 어때요
멋있나요?
C: 네 멋있어요!
T: 그럼 다함께 박수쳐주세요!
(이러한 방법으로 파마, 고데 등의 놀이를 진행한다.)
T: 친구들 그러면 이 미용실 교구를 역할영역에 놓아 줄게요. 자유롭게 놀이해 보아요.

*언어영역: 우리 동네 책
-우리동네의 사진이 담긴 글자책 속 건물의 글자와 같은 글자카드를 맞추어 본다.
T: 친구들 이것은 우리 동네에 있는 건물들의 사진이 들어있는 글자 책이에요. 선생님이 어떻게 활동을 하는 것인지 보여줄테니 잘 보아요.(시범으로 건물 그림과 같은 글자카드를 맞추는 것을 보여준다.)
T: 선생님이 이 교구는 언어영역에 놓아줄게요.</td><td></td><td></td></tr>
<tr><td>11:00~11:15
동시</td><td></td><td>·부분수업 세부계획안 참고
-실습교사 진행</td><td></td><td></td></tr>
<tr><td>11:15~11:50 수</td><td>•숫자 9와 10을 써본다.</td><td><도입>
· 교사는 유아들에게 색연필을 나누어 준다.
·활동지를 나누어 주면 유아들은 이름을 쓴다.
·지금까지 배운 1부터 7까지의 숫자를 함께 쓰고 읽어본다.
·오늘의 활동지를 함께 살펴본다.
T: 오늘의 글자 그림은 어떤 그림 인가요? 그림이 몇 개인지 함께 세어볼까요?
<전개>
· 오늘의 숫자에 대해 이야기 나눈다.
T: 친구들 오늘의 숫자는 무엇과 같이 생겼나요?
C: 9는 콩나물 머리 같아요.
· 교사는 숫자를 쓰는 방법을 설명한다.
T: 친구들! 숫자 9를 쓰는 방법은 콩나물 머리를 하나 그려주고 그 후에 밑으로 선을 그어 주어요.
·유아들과 숫자 9를 쓰는 활동을 진행한다.</td><td>'9' 활동지
'10' 활동지
색연필</td><td>·교사의 도움없이 스스로 이름을 잘 쓴 유아들을 진심으로 칭찬해주었다.</td></tr>
</table>

		<마무리> ·잘 따라 써준 유아들을 칭찬하며 활동을 마무리한다. (숫자 10도 이와 같은 방법으로 진행한다.)		
11:50~12:00 손씻기 및 식사준비	•손을 깨끗이 씻고 점심 먹을 준비를 한다.	·화장실을 다녀온 후 손을 씻는다. ·도시락 식판을 꺼내어 자리에 앉아 점심 먹을 준비 를 한다.		
12:00~1:20 점심식사 및 양치하기	•올바른 식생활 습관을 기른다.	·다함께 점심 식사 기도를 한다. ·배식을 받은 유아는 자리에 앉아 맛있게 점심을 먹는다. ·다 먹은 유아는 식판과 수저를 정리하고 양치를 한다.	식판 수저 칫솔 치약 양치컵	
1:20~1:30 종이접기 준비 및 이동	•종이접기 시간에 사용할 준비물들을 챙긴다.	·유아들은 한명씩 앞에 있는 개인 준비물들을 챙긴다. ·준비물을 챙긴 후 질서를 지키며 햇살반으로 이동한다.	색여필 풀 종이접기 노트	
1:30~2:00 종이접기	•교사를 따라 비행기를 접는다. •만들어본 비행기를 멋지게 꾸민다.	**<도입>** ·교사는 '비행기' 노래를 불러주며 유아들과 활동을 시작한다. T: ('떴다 떴다 비행기' 노래를 부르며) 친구들 혹시 지금 선생님이 부르는 노래 들어봤어요? C: 네 저 알아요. T: 그럼 선생님과 함께 한번 불러보기로 해요. **<전개>** ·교사는 유아들에게 비행기 접는 방법을 소개하며 함께 접어본다. ·비행기를 완성한 유아들은 종이접기 노트 위에 색연필을 이용하여 비행기를 그려본다. ·유아들은 색연필을 이용하여 자유롭게 자신의 비행기를 꾸민다. ·지켜야 할 약속을 이야기 한다. T: 친구들 모두 비행기를 완성했지요? 그런데 오늘은 어린이집에서 지금 만든 비행기를 날려보면 안돼요. 왜 안되는지 이유를 아는 친구가 있나요? C: 던졌다가 친구가 맞으면 아파요. T: 맞아요. 아프기도 하고요 우리 친구들이 다같이 교실에서 비행기를 날리다보면 친구 것과 내 것이 섞여 버릴 수가 있어요. 우리 친구들 비행기는 꼭 집에 가져가서 날려보기로 해요. **<마무리>**	색종이	

		·비행기 접는 방법을 잊지 않기로 하고 활동을 마무리한다.		
2:00~2:40 자유선택활동	•스스로 계획하여 놀이에 참여한다.	·유아는 자신이 계획한 놀이 영역에서 자유선택활동 을 시작한다. <조작영역> ·김찬중 최소희 우리동네 기관과 관련된 퍼즐을 혼자 맞추어 본다. (김찬중-소방서, 최소희-동물병원) <언어영역> ·최연웅 김윤정 매직을 이용하여 여러 가지 빵의 사진이 들어있는 책에 있는 빵 이름을 따라 써본다.		
2:40~3:00 교구정리 및 간식 준비	•교실을 깨끗하게 정리한다.	·놀이를 마친 후 교구를 깨끗하게 정리한다. ·질서를 지키며 화장실을 다녀온 후 손을 씻고 자리에 앉는다.		
3:00~3:25 오후간식	•바르게 앉아 간식을 먹고 스스로 정리한다.	·간식을 받은 후, 다함께 간식기도를 한다. ·각자 받은 간식을 맛있게 먹는다. ·다 먹은 유아는 입 주변을 청결히 한 후 자기책상에 떨어진 내용물을 스스로 정리한다.	간식 마른행주 컵	
3:25~6:30 혼합연령 자유선택활동 및 귀가하기	•오전 놀이와 연계·확장 하여 놀이를 계획한다. ·안전하게 귀가한다.	·오전놀이와 연계·확장하여 놀이를 한다. ·유아는 자신이 계획한 놀이 영역에서 자유선택활동을 시작한다. <역할영역> 미용실놀이 가위, 고데기, 파마 롤, 드라이기 등의 다양한 미용실 교구를 이용하여 미용실 놀이를 해 본다. <언어영역> 우리 동네 책 우리동네의 사진이 담긴 글자책 속 건물의 글자와 같은 글자카드를 맞추어 본다. ·버스를 이용하는 유아는 귀가준비를 한다. -1호 귀가: 3시 30분 -2호 귀가: 4시 30분 ·귀가하지 않은 유아들은 조용한 놀이를 한다. ·바르게 앉아 있다가 자신의 차례가 되면 놀이를 선택하여 시작한다.		

<table>
<tr><td></td><td></td><td>·부모님이 오신 유아들은 놀이를 정리하고 인사를 나눈 뒤 귀가한다.</td><td></td><td></td></tr>
<tr><td rowspan="2">평가</td><td>실습생</td><td colspan="3">이로써 2주일이라는 시간이 지났다. 참관수업과 부분수업 만으로도 이렇게 피곤하고 힘이 들었는데 앞으로 하게 될 연계수업과 종일수업만을 남겨두니 겁부터 난다. 퇴근 한 후 일지를 쓰는 것 에서부터 시작해서 관찰일지, 수업 계획안, 자료찾기, 수업자료 등등.. 해야 할 일들이 계속 늘어나고는 있지만 천천히 계획적으로 시간관리를 하여 하나하나 모두 다 성취해 내어 보람과 뿌듯함을 느끼고 싶다.</td></tr>
<tr><td>지도교사</td><td colspan="3"></td></tr>
</table>

검인	담임	원장

일일 보육 실습일지

학급명	샘물반 (만 3세)	날짜	2012년 11월 19일 월요일
생활주제	우리 동네	주제	우리의 이웃
소주제	우리 동네는 무엇이 있을까?②	일일주제	월요조회
목표	⋆ 한 주간 지켜야 할 약속에 대해 안다.		
일과 시간표	8:30 ~ 9:50 등원 및 자유선택활동 9:50 ~ 10:05 교구 정리정돈 및 손씻기 10:05 ~ 10:15 오전간식 10:15 ~ 10:20 인사나누기 10:20 ~ 10:25 놀이방 이동 10:25 ~ 10:50 월요조회 10:50 ~ 10:55 교실 이동 10:55 ~ 11:15 기본생활습관	11:15 ~ 11:50 교구소개 11:50 ~ 12:00 손씻기 및 식사준비 12:00 ~ 12:40 점심식사 및 양치하기 12:40 ~ 12:50 낮잠 준비 12:50 ~ 2:50 낮잠 2:50 ~ 3:00 유아용 침구 정리 및 손씻기 3:00 ~ 3:35 오후간식 3:35 ~ 6:30 혼합연령 자유선택활동 및 귀가하기	

시간/활동명	활동목표	활동내용 및 방법	준비물/유의점	평가
8:30~9:50 등원 및 자유선택활동	•즐거운 마음으로 등원한다. •스스로 계획하여 놀이에 참여한다.	·유아와 개별인사하며 아이들의 기분을 확인한다. ·등원한 유아는 가방에서 수첩을 꺼낸 후 가방 정리를 한다. ·유아는 자신이 계획한 놀이 영역에서 자유선택활동을 시작한다. <역할영역> ·임시현, 김찬중, 최석준, 최태주 다양한 미용실 교구를 이용하여 한 명 씩 돌아가며 손님을 해보고 머리도 잘라보고 파마롤도 말아보며 미용실 놀이를 한다. <미술영역> ·김하은 정소윤 색종이 위에 색연필을 이용하여 사람을 그린다. <조작영역> ·박건용 김준성 김찬일 나무로 된 길모양의 교구로 찻길을 구성하여 자동차 경주 놀이를 한다.	수첩	·등원한 유아들에게 반갑게 인사를 건넸다. ·미용실 교구로 놀이하고 있는 유아들에게 가서 손님 역할을 해주며 함께 놀이하였다.

9:50~10:05 교구 정리정돈 및 손씻기	•교구를 제자리에 정리한다.	·정리 시간을 지키며 놀잇감을 제자리에 정리한다. ·화장실을 다녀온 후. 손을 씻는다.		
10:05~10:15 오전간식	•바르게 앉아 간식을 먹고 스스로 정리한다.	·간식을 받은 후, 다함께 간식기도를 한다. ·각자 받은 간식을 맛있게 먹는다. ·다 먹은 유아는 입 주변을 청결히 한 후 자기책상에 떨어진 내용물을 스스로 정리한다.	간식 마른행주 컵	
10:15~10:20 인사나누기	•오늘의 날짜와 날씨를 안다.	·카페트에 바르게 앉은 유아들과 반갑게 인사를 나눈다. ·오늘의 날짜와 날씨를 알아본다. ·하루 일과를 알아본다. (①월요조회 ②기본생활습관 ③교구소개 ④낮잠)		
10:20~10:25 놀이방 이동	•안전하게 놀이방으로 이동한다.	·질서를 지키며 놀이방으로 이동한다.		
10:25~10:50 월요조회	•한 주를 시작할 새로운 마음을 갖는다.	**도입** ·유아들과 주말동안 지낸 이야기를 나눈다. T: 친구들! 토요일에 어린이집에서 무엇을 했나요? C: 부모참여수업이요. T: 부모참여수업 재미있었나요? C: 네. ·오늘의 날짜와 날씨를 알아본다. T: 오늘은 2012년 11월 19일 월요일입니다. ·유아들과 선생님들은 자리에서 일어나서 다함께 국기에 대한 경례와 맹세를 한 후 애국가를 부른다. **전개** ·좋은 말씀 해 주실 수녀님과 인사를 나눈다. ·이번주에 함께 지킬 약속을 이야기 한다. 수녀님: 친구들! 추워지면 생각나는 것은 무엇인가요? C: 눈이요. 산타할아버지요. 수녀님: 그렇다면 친구들! 산타할아버지는 왜 오실까? C: 착한아이들한테 선물주려구요. 수녀님: 아니에요. 산타할아버지는 아기		

		예수님의 탄생을 잘 기다리는 친구들에게 선물을 주러 오셔요. 그런데 친구들, 우리 주변에는 집이 없어서 힘들어 하는 사람들이 많이 있답니다. 그사람들의 마음은 얼마나 슬플까요? C: 많이 슬플것 같아요. 수녀님: 그럼 이번주에는 우리 친구들이 가난하고 불쌍한 친구들을 위해 기도해주기로해요. ·다함께 기도를 하고 말씀을 마무리 한다. ·1주일도 즐겁게 지내자는 마음으로 모든 교사와 유아들이 함께 인사를 나눈다. ·교사는 대림절 노래와 율동을 유아들에게 소개한다. T: 친구들 대림절 노래를 알고 있나요? 오늘은 대림절 노래를 불러보고 율동을 해볼거에요. 대림절 노래의 내용은 나의 소망과 나의 꿈, 나의 생활을 반성하고, 예수님을 기다리는 거에요. ·교사와 유아들은 다함께 대림절 율동을 한다.. **마무리** ·마지막으로 선생님과 공수하며 월요조회를 마무리한다.		
10:50~10:55 교실 이동	•안전하게 교실로 이동한다.	·질서를 지키며 교실으로 이동한다.		
10:55~11:15 기본생활습관 <질서-사람 많은 곳에서 줄서기>	•바른 자세로 기본생활습관 교육을 듣는다.	**도입** ·교사는 유아들과 인사를 나눈다. ·교사는 유아들에게 주제와 관련된 질문을 한다. T: 친구들은 사람이 많은 곳에 가본적이 있나요? C: 동물원이요. 워터파크요. T: 친구들은 그런곳에 가보았구나. 그렇다면 충주에 서는 사람들이 많은 곳은 어디일까요? C: 이마트요. 롯데마트요. T: 이마트와 롯데마트에는 사람들이 참 많지요. ·교사의 경험을 이야기 하며 유아들의 대답을 이끈다. T: 선생님이 버스를 타려고 줄을 서 있는데 다른 사람들이 달려오더니 “내가 먼저 탈거야!” 하고 먼저 버스에 타버려서 사람이 꽉차 선생님은 다음 버스를 탔던 적이 있어요. 선생님의 마음은	블록교구	

		어땠을까? C: 속상했을 것 같아요. T: 선생님의 마음은 너무 속상했어요. **전개** ·교사는 블록교구와 사람교구를 이용하여 무질서한 상황을 연출하여 유아들과 이야기 나눈다. T: 친구들! 선생님이 블록을 가지고 문을 만들었어요. 그런데 앞을 잘 보자. 사람들이 너무 어지럽게 질서를 지키지 않고 서 있어요. 이렇게 사람들이 질서를 지키지 않으면 바르고 안전하게 안으로 들어갈 수 있을까요? 없을까요? C: 들어가지 못해요. ·유아 한명을 지목하여 무질서한 사람교구를 바르게 세워보도록 한다. T: 그럼 바르게 앉아있는 OO이가 나와서 여기있는 사람들을 한줄로 세워보자.(유아가 나와 한줄로 세운 후) T: 친구들 어때요? 여기 많은 사람들을 한줄로 줄을 세워보았어요. 이제는 모든 사람들이 안전하고 바르게 안으로 들어갈 수 있겠지요? C: 네. ·사람이 많은 곳에서 질서를 잘 지키는 친구들이 되자고 약속한다. T: 우리 친구들도 모두 사람들이 많은 곳에서는 한줄로 차례차례 질서를 지켜주어야 해요. 우리 모두 차례차례 질서를 지키는 착한 친구들이 되기로 약속해요! **마무리** ·오늘 나눈 이야기에 대해 다시 한 번 질문하여 이야기 나누고 공수한 후 교실로 돌아간다.	사람교구	
11:15~11:50 교구소개		<조작영역-크리스마스 우표 만들기> ·압정핀을 이용하여 작은 구멍을 뚫어가며 쉽게 찢어 사용할 수 있는 우표를 만든다. **도입** ·교사는 우체국과 관련지어 우표를 소개한다. T: 친구들 우체국에서는 무엇을 할 수 있나요? C: 편지를 보낼 수 있어요. T: 그래요. 그런데 편지를 보내려면 우표라는 돈이 붙어져 있어야 편지를 원하는 곳에 보낼 수 있어요. 오늘은 친구들	우표 만들기 교구	

	•새로운 교구에 관심을 갖는다. •교구 소개 활동에 적극적으로 참여한다.	이 크리스마스와 관련된 그림의 우표를 만들어 볼 수 있는 교구를 소개해 줄게요. **전개** ·우표의 그림에 대해 이야기 나눈다. T: (준비된 우표그림을 보여주며) 친구들 이것은 무슨 그림인가요? C: 눈사람이요. T: 이 그림은 눈사람 그림이에요. 우리 친구들도 눈이오면 눈사람을 만들어 볼 수 있겠지요? (이러한 방법을 3종류의 우표 그림을 이야기 나눈다.) ·우표를 만드는 방법을 소개한다. T: 친구들 그럼 지금부터 선생님이 우리 친구들이 이 우표를 어떻게 만들 수 있는지 직접 보여주도록 할게요. 이 작업은 위험한 압정핀을 사용하기 때문에 집중을 해야해요. 우리 작업 중에는 떠들지 않기로 약속해요.(교사는 시범을 보인다.) T: (완성된 우표를 보여주며) 친구들! 아까 그 종이가 어떻게 되었나요? C: 우표가 되었어요. T: 만들어본 우표는 어디에 붙힐 수 있을까요? C: 편지봉투요. ·교구에 대한 유의사항을 이야기 한다. T: 친구들! 여기에는 위험한 압정핀이 있지요. 우리 친구들이 사용하고 나서 아무자리에나 놓으면 될까요? C: 아니요. 위험해요. T: 그래요. 이 압정핀은 너무 뾰족해서 위험하기 때문에 우리 친구들이 사용하고 난 후에는 끝부분에 꼭 꽂아 두기로 해요. **마무리** ·오늘의 교구는 조작영역에 배치해 줄 것이라고 이야기하며 교구소개를 마무리 한다.		
11:50~12:00 손씻기 및 식사준비	•손을 깨끗이 씻고 점심 먹을 준비를 한다.	·화장실을 다녀온 후 손을 씻는다. ·도시락 식판을 꺼내어 자리에 앉아 점심 먹을 준비를 한다.		
12:00~12:40 점심식사 및 양치하기	•올바른 식생활 습관을 기	·다함께 점심 식사 기도를 한다. ·배식을 받은 유아는 자리에 앉아 맛있게 점심을 먹는다.	식판 수저 칫솔	·유아들이 편식하지 않도록 식사지도를 하였다.

	른다.	·다 먹은 유아는 식판과 수저를 정리하고 양치를 한다.	치약 양치컵	
12:40~12:50 낮잠 준비	•안정된 마음으로 낮잠 잘 준비를 한다.	·교사는 유아들의 낮잠을 위해 유아용 침구를 편다. ·유아들은 양말을 벗은 후 자신의 침구 위에서 낮잠 잘 준비를 한다.	유아용 침구	
12:50~2:50 낮잠	•편안한 마음으로 낮잠을 잔다.	·유아들은 편안한 마음으로 낮잠을 잔다. ·교사는 쉽게 잠들지 못하는 유아들을 재워준다.		·쉽게 잠들지 못하는 유아들의 잠을 재워주었다.
2:50~3:00 유아용 침구정리 및 간식 준비	•유아들의 잠을 깨우고 침구를 정리한다.	·놀이를 마친 후 교구를 깨끗하게 정리한다. ·질서를 지키며 화장실을 다녀온 후 손을 씻고 자리에 앉는다.		
3:00~3:25 오후간식	•바르게 앉아 간식을 먹고 스스로 정리한다.	·간식을 받은 후, 다함께 간식기도를 한다. ·각자 받은 간식을 맛있게 먹는다. ·다 먹은 유아는 입 주변을 청결히 한 후 자기책상에 떨어진 내용물을 스스로 정리한다.	간식 마른행주 컵	
3:25~6:30 혼합연령 자유선택활동 및 귀가하기	•오전 놀이와 연계·확장 하여 놀이를 계획한다. ·안전하게 귀가한다.	·오전놀이와 연계·확장하여 놀이를 한다. -조작영역: 크리스마스 우표만들기 ·버스를 이용하는 유아는 귀가준비를 한다. -1호 귀가: 3시 30분 -2호 귀가: 4시 30분 ·귀가하지 않은 유아들은 조용한 놀이를 한다. ·바르게 앉아 있다가 자신의 차례가 되면 놀이를 선택하여 시작한다. ·부모님이 오신 유아들은 놀이를 정리하고 인사를 나눈 뒤 귀가한다.		
평가	실습생	3주차의 첫날이었다. 하루가 어떻게 흘러가는지 모르게 또 하루가 금방 지나가버렸다. 첫 출근이 까마득 할 정도로 시간이 많이 흘렀다. 이제는 실습 과정 중 반이라는 시간을 보냈는데, 남은 2주는 더욱 힘든 시간들이 다가오겠지만 열심히 준비하고 연습해서 좋은 수업을 할 수 있도록 최선을 다해야겠다.		
	지도교사			

검인	담 임	원 장

일일 보육 실습일지

학 급 명	샘물반 (만 3세)	날 짜	2012년 11월 20일 화요일
생활주제	우리 동네	주 제	우리의 이웃
소주제	우리 동네는 무엇이 있을까?②	일일주제	우체국
목 표	· 우체국의 역할을 알고 고마운 마음을 갖는다.		
일과 시간표	8:30 ~ 9:55 등원 및 자유선택활동 9:55 ~ 10:15 교구 정리정돈 및 손씻기 10:15 ~ 10:30 오전간식 10:30 ~ 10:35 인사나누기 10:35 ~ 10:40 햇살반 이동 10:40 ~ 11:10 안전교육 11:10 ~ 11:15 교실 이동 11:15 ~ 11:30 이야기 나누기 11:30 ~ 12:00 게임 12:00 ~ 12:10 손씻기 및 식사준비	12:10 ~ 1:30 점심식사 및 양치하기 1:30 ~ 1:45 동화 1:45 ~ 1:50 놀이방 이동 1:50 ~ 2:20 놀이방 놀이 2:20 ~ 2:35 놀이방 정리 및 교실 이동 2:35 ~ 3:00 휴식 및 간식준비 3:00 ~ 3:35 오후간식 3:35 ~ 6:30 혼합연령 자유선택활동 및 귀가하기	

시간/활동명	활동목표	활동내용 및 방법	준비물/유의점	평가
8:30~9:55 등원 및 자유선택활동	·즐거운 마음으로 등원한다. ·스스로 계획하여 놀이에 참여한다.	·유아와 개별인사하며 아이들의 기분을 확인한다. ·등원한 유아는 가방에서 수첩을 꺼낸 후 가방 정리를 한다. ·유아는 자신이 계획한 놀이 영역에서 자유선택활동을 시작한다. -수학영역: 전자계산기를 눌러봐요 -과학영역: 돈을 관찰해요	수첩	·미용실 교구로 놀이하고 있는 유아들과 즐겁게 놀이하였다.

		<조작영역> ·김윤정 최소희 크리스마스 우표 만들기 교구에 집중하여 우표를 만든다. <역할영역> ·임시현 정소윤 김찬일 다양한 미용실 도구를 이용하여 돌아가며 손님 역학을 하며 머리도 잘라보고 파마도 해본다. <언어영역> ·최석준 한글 퍼즐 상자 교구를 이용하여 퍼즐을 맞추어 가며 글자를 끼워본다.		
9:55~10:15 교구 정리정돈 및 손씻기	·교구를 제자리에 정리한다.	·정리 시간을 지키며 놀잇감을 제자리에 정리한다. ·화장실을 다녀온 후. 손을 씻는다.		·유아들의 화장실 지도를 도왔다.
10:15~10:30 오전간식	·바르게 앉아 간식을 먹고 스스로 정리한다.	·간식을 받은 후, 다함께 간식기도를 한다. ·각자 받은 간식을 맛있게 먹는다. ·다 먹은 유아는 입 주변을 청결히 한 후 자기책상에 떨어진 내용물을 스스로 정리한다.	간식 마른행주 컵	
10:30~10:35 인사나누기	·오늘의 날짜와 날씨를 안다.	·카페트에 바르게 앉은 유아들과 반갑게 인사를 나눈다. ·오늘의 날짜와 날씨를 알아본다. ·하루 일과를 알아본다. (①안전교육 ②이야기나누기 ③게임 ④교구소개/동화감상 ⑤놀이방놀이 ⑥그림편지)		
10:35~10:40 햇살반 이동	·안전하게 햇살반으로 이동한다.	·질서를 지키며 햇살반으로 이동한다.		
10:40~11:10 안전교육 <재난대비 -전기, 가스, 폭발의 위험과 대처방법>	•집중하여 안전교육을 듣는다. •응급 상황시 대처방법을 알고 실천한	**도입** ·지난 안전교육 시간에 나눈 이야기들을 다시 한 번 생각해 본다. **전개** ·교사는 그림자료를 준비하여 전기, 가스, 폭발의 위험과 대처방법에 대해 이야기 나눈다. ①창문 열기 ②119에 신고하기 ③벨브 잠그기 ④가스 불 켜지 않기 ⑤개끗한 공기	대처방법에 관한 그림자	

	다.	마시기 ·교사는 상황을 연출하여 대처방법 중 해야 할 행동에 대해 이야기 나눈다. T: 친구들! 불이 났어요. 그럼 나는 창문을 연다음에 어떤 일을 해야 할까요? C: 119에 신고해요! T: 우리 친구들이 잘 기억하고 있구나. **마무리** ·유아들과 함께 이야기 나눈 내용들을 다시 한번 살펴본다.	료	
11:10~11:15 교실 이동	•안전하게 교실로 이동한다.	·질서를 지키며 교실로 이동한다.		
11:15~11:30 이야기 나누기		·연계수업 세부계획안 참고 -실습교사 진행		
11:30~12:00 게임		·연계수업 세부계획안 참고 -실습교사 진행		
12:00~12:10 손씻기 및 식사준비	•손을 깨끗이 씻고 점심 먹을 준비를 한다.	·화장실을 다녀온 후 손을 씻는다. ·도시락 식판을 꺼내어 자리에 앉아 점심 먹을 준비를 한다.		
12:10~1:30 점심식사 및 양치하기	•올바른 식생활 습관을 기른다.	·배식을 받은 유아들은 자리에 앉아 개인기도를 하고 맛있게 점심을 먹는다. ·다 먹은 유아는 식판과 수저를 정리하고 양치를 한다	식판 수저 칫솔 치약 양치컵	
1:30~1:45 동화	•바른 자세로 동화를 듣는다.	**도입** ·유아들과 택배에 대해 이야기 나눈다. T: 친구들 택배는 누가 가져다 주는 것일까요? C: 우체부 아저씨요. T: 친구들 그렇게 생각하는구나. ·권터 아저씨 이야기를 꺼내며 동화를 소개한다. T: 친구들! 권터 아저씨 앞으로 택배가 왔데요. 그 택배가 어디서 온 택배인지 함께 동화를 들어 보아요. **전개** ·'권터 아저씨께 택배가 왔어요' 동화를 듣는다. **마무리** ·동화의 내용에 대해 이야기 나눈다. T: 친구들! 책속에 친구들이 권터아저씨에게 화가난 이유는 무엇인가요? C: 권터 아저씨가 담배꽁초를 잘 버려서요. 길을 막아서요. T: 그렇다면 친구들이 권터 아저씨께 보낸 택배 속에는 무엇이 들어있었나요?	'권터아저씨께 택배가 왔어요' 플래시 동화	

		C: 담배요. T: 그렇다면 권터아저씨의 담배를 어떻게 하면 좋을까? C: 담배를 다 피고나서 쓰레기통에 버려요. T: 우리 친구들이 바른 생각을 가지고 있구나. 그래요. 우리 모두 권터아저씨께 뭐라고 이야기해 줄 수 있겠나요? C: 담배 피지 마세요! T: 친구들 잘 이야기 해 주었어요. · 인사 후 교실로 이동한다.		
1:45~1:50 놀이방 이동	•안전하게 놀이방으로 이동한다.	·질서를 지키며 놀이방으로 이동한다.		
1:50~2:20 놀이방 놀이	•적극적으로 놀이에 참여한다. •안전에 유의하며 놀이한다.	·놀이방 놀이 전 유아들과 함께 준비체조를 한다. T: 친구들! 건강하게 놀이를 하려면 준비체조를 꼭 해아해요. 오늘도 모두들 안전하게 놀이해요. ·놀이방 놀이를 시작한다.		·놀이방 놀이에 신난 유아들과 함께 달리기 게임을 하였다.
2:20~2:35 놀이방 정리 및 교실이동	•안전하게 교실로 이동한다.	·약속시간이 되면 놀이방 정리를 한다. ·정리 후 질서를 지키며 교실로 이동한다.		
2:35~3:00 휴식 및 간식준비	•편안한 마음으로 휴식을 갖는다.	·카페트 위에 편안한 자세로 누워 휴식을 취한다. ·휴식 후 손을 씻고 간식먹을 준비를 한다.	카페트	
3:00~3:25 오후간식	•바르게 앉아 간식을 먹고 스스로 정리한다.	·간식을 받은 후, 다함께 간식기도를 한다. ·각자 받은 간식을 맛있게 먹는다. ·다 먹은 유아는 입 주변을 청결히 한 후 자기책상에 떨어진 내용물을 스스로 정리한다.	간식 마른행주 컵	
3:25~6:30 혼합연령 자유선택활동 및 귀가하기	•오전 놀이와 연계·확장 하여 놀이를 계획한다. ·안전하게 귀가한다.	·오전놀이와 연계·확장하여 놀이를 한다. <쌓기영역> ·정희찬 변수윤 우상욱 레고와 레고 사람인형을 이용하여 사람이 살 수 있는 집과 자동차를 만들며 놀이한다. ·버스를 이용하는 유아는 귀가준비를 한다. -1호 귀가: 3시 30분 -2호 귀가: 4시 30분 ·귀가하지 않은 유아들은 조용한 놀이		

<table>
<tr><td></td><td></td><td>를 한다.
·바르게 앉아 있다가 자신의 차례가 되면 놀이를 선택하여 시작한다.
·부모님이 오신 유아들은 놀이를 정리하고 인사를 나눈 뒤 귀가한다.</td><td></td><td></td></tr>
<tr><td rowspan="2">평가</td><td>실습생</td><td colspan="3">연계수업 준비에 아침부터 정신이 없었다. 수업 준비에 대한 생각 때문에 함께 놀이하자고 이야기하는 유아들에게 좀더 재미있는 상호작용을 해주지 못한 것이 너무 미안하다. 이제는 연계수업과 올데이가 한 번씩 남아 있는데 남은 시간들은 오늘과 같은 행동을 반복하지 않도록 더욱 신경 써야겠다. 또한 수업시간 만큼은 조금 더 마음을 열고 유아들과 즐거운 시간 갖도록 힘써야겠다.</td></tr>
<tr><td>지도
교사</td><td colspan="3"></td></tr>
</table>

일일 보육 실습일지

검인	담 임	원 장

학 급 명	샘물반 (만 3세)	날 짜	2012년 11월 21일 수요일
생활주제	우리 동네	주 제	우리의 이웃
소주제	우리 동네는 무엇이 있을까?②	일일주제	우체국 다녀오기
목 표	· 우체국 견학을 통해 우체국에서 하는 일을 보고 듣는다.		
일과 시간표	8:30 ~ 9:50 등원 및 자유선택활동 9:50 ~ 10:00 교구 정리정돈 및 손씻기 10:00 ~ 10:10 오전간식 10:10 ~ 10:20 이야기 나누기 10:20 ~ 10:35 외출준비 및 우체국 이동 10:35 ~ 11:20 우체국 다녀오기 11:20 ~ 11:30 화장실 및 손씻기 11:30 ~ 11:50 그림그리기 11:50 ~ 12:00 손씻기 및 식사준비	12:00 ~ 1:25 점심식사 및 양치하기 1:25 ~ 1:35 화장실 및 손씻기 1:35 ~ 1:50 교구소개 1:50 ~ 2:10 언어 2:10 ~ 2:50 교실놀이 2:50 ~ 3:00 교구 정리정돈 및 손씻기 3:00 ~ 3:25 오후간식 3:35 ~ 6:30 혼합연령 자유선택활동 및 귀가하기	

시간/활동명	활동목표	활동내용 및 방법	준비물/유의점	평가
8:30~9:50 등원 및 자유선택활동	·즐거운 마음으로 등원한다. ·스스로 계획하여 놀이에 참여한다.	·유아와 개별인사하며 아이들의 기분을 확인한다. ·등원한 유아는 가방에서 수첩을 꺼낸 후 가방 정리를 한다. ·유아는 자신이 계획한 놀이 영역에서 자유선택활동을 시작한다. –조작영역: 우표를 붙여요 –미술영역: 그림편지 <미술영역> ·박건용 요플레 용기와 색종이 등을 붙여가며 풍력발전기를 만든다. <조작영역> ·이서준 김준성 자동차를 이용하여 우리동네 지도위에서 놀이를 한다.	수첩	· 등원하는 유아들에게 반갑게 인사를 건냈다.
9:50~10:00 교구	·교구를 제자리에 정리한다.	·정리 시간을 지키며 놀잇감을 제자리에 정리한다. ·화장실을 다녀온 후. 손을 씻는다.		· 유아들의 화장실 지도를 도왔다.

정리정돈 및 손씻기				
10:00~10:10 오전간식	·바르게 앉아 간식을 먹고 스스로 정리한다.	·간식을 받은 후, 다함께 간식기도를 한다. ·각자 받은 간식을 맛있게 먹는다. ·다 먹은 유아는 입 주변을 청결히 한 후 자기책상에 떨어진 내용물을 스스로 정리한다.	간식 마른행주 컵	
10:10~10:20이야기 나누기	·오늘의 날짜와 날씨를 안다 .·하루 일과를 안다.	·카페트에 바르게 앉은 유아들과 반갑게 인사를 나눈다. ·오늘의 날짜와 날씨를 알아본다. ·하루 일과를 알아본다. (①우체국 다녀오기 ②그림그리기 활동 ③교구소개/한글 ④교실놀이) ·우체국 다녀오기에 대해 이야기 나눈다. T:친구!들 오늘은 우리가 다함께 어디에 가보기로 했지요? C: 우체국이요! T: 우리 친구들이 잘 기억하고 있구나. 오늘은 우리 친구들과 다같이 우체국에 가볼거에요. 그럼 우리 친구들이 우체국에 가서 지켜줘야 할 예절에는 어떤 것들이 있을까요? C: 진구와 크게 떠들지 않아요. 장난치지 않아요. T::우리 친구들이 잘 알고 있구나. 그런데 친구들! 우체국으로 가는 길에 신호등이 아닌 횡단보도가 있어요. 모두들 차 조심하고 다함께 움직이도록 해요.		
10:20~10:35 외출준비 및 우체국 이동	•안전하게 우체국으로 이동한다.	·유아들은 외투를 입으며 나갈 준비를 한다. ·교사는 유아들의 안전에 유의하여 질서를 지키며 우체국으로 이동한다.		스스로 겉옷 지퍼를 잠그지 못하는 유아들에게 도움을 주었다.
10:35~11:20 우체국 다녀오기	•우체국에서 하는 일을 보고 듣는다.	<도입> ·유아들은 교사의 이야기를 잘 듣고 질서를 지켜가며 우체국에 도착한다. ·우체국에 들어가기 전 지켜야 할 예절에 대해 다시 한번 이야기 나눈다. <전개> ·우체국에 도착하여 우체국 국장님께 우체국에 대한 이야기를 듣는다. (예금, 우편 등) <마무리> ·우체국에 있는 사람들에게 인사를 하고 돌아갈 준비를 한다.	부모님께 쓴 편지	

		·밖에 있는 우체통에 편지를 넣어보는 기회를 갖는다.		
11:20~11:30화장실 및 손씻기	•손을 깨끗이 씻는다.	·겉옷을 제자리에 정리한다. ·화장실을 다녀온 후 손을 씻는다.		
11:30~11:50 그림그리기	•자유롭게 우체통을 그린다.	<도입> ·교사는 우체통을 본 경험에 대해 이야기 한다. T: 친구들 조금 전에 우리는 우체국 앞에서 무엇을 보았나요? C: 우체통이요 T: 우체통은 무슨색 이었나요? C: 빨간색이요. T: 어떤 모양 이었나요? C: 조금 동그랗고 네모난 모양이요 T: 지금부터는 우리 친구들이 크레파스를 이용해서 우체통 그려보고 색칠해주면 되요. <전개> ·유아들은 크레파스를 이용하여 스케치북 위에 우체통을 그린다. <마무리> ·완성한 우체통을 친구들 앞에서 소개해보는 시간을 갖는다. ·수고해 준 유아들에게 칭찬을 해주며 활동을 마무리 한다.	우체통 크레파스 스케치북 음악CD	우체통을 예쁘게 그려준 유아들에게 칭찬을 해주었다.
11:50~12:00 손씻기 및 식사준비	•손을 깨끗이 씻고 점심 먹을 준비를 한다.	·화장실을 다녀온 후 손을 씻는다. ·도시락 식판을 꺼내어 자리에 앉아 점심 먹을 준비를 한다.		
12:00~1:25 점심식사 및 양치하기	•올바른 식생활 습관을 기른다.	·배식을 받은 유아들은 자리에 앉아 개인기도를 하고 맛있게 점심을 먹는다. ·다 먹은 유아는 식판과 수저를 정리하고 양치를 한다.	식판 수저 칫솔 치약 양치컵	
1:25~1:35 화장실 및 손씻기	•질서를 지켜가며 화장실을 사용한다.	·차례차례 줄을 서서 손을 깨끗이 씻는다.		
1:35~1:50 교구소개 <수과학영역-돈 관찰하기>	•새로운 교구에 관심을 갖는다. •교구 소개 활동에 적극적으로 참여한다.	<수 과학영역-돈 관찰하기> <도입> · 교사는 눈을 감고 오늘의 교구를 만져본 후 이야기한다. · 다른 유아가 직접 만져볼 수 있는 기회를 준다. T: 느낌이 어떻니? C: 부드러워요. T: 그럼 이 부드러운 것은 무엇일까? C: 풍선이요. T: 우리 친구들은 그렇게 생각하는구나.	새로운 교구	

		<전개> ·유아들에게 교구 제시 후 교구에대한 이야기를 나눈다. T: 친구들! 여기 있는것은 돈이에요. T: 돈마다 색깔과 크기, 모양, 이름이 모두 다르답니다. T: 돈 속에는 우리나라를 위해 열심히 사시다가 돌아가 신 분들의 사진이 있어요. 다함께 살펴볼까요? <마무리> ·돈을 소중히 여기자고 약속한 후에 활동을 마무리한다.		
1:50~2:10 언어 'ㅂ'	• 'ㅂ'을 쓰는 순서를 알고 써본다.	·교사는 유아들에게 색연필을 나누어준다. ·활동지를 나누어 주면 유아들은 이름을 쓴다. <도입> ·여태까지 배웠던 자음을 한번 써보고 함께 읽어본다. ·교사는 칠판에 'ㅂ' 을 쓰는 방법을 보여준다. <전개> ·그림속의 'ㅂ'을 찾아 색칠해 본다. ·크기가 큰 'ㅂ칠해 본다. ·'ㅂ'을 쓰는 연습을 해본다. <마무리> ·활동지를 마친 유아는 교사에게 확인을 받는다.	ㅂ 활동지 색연필	
2:10~2:50 교실놀이	·스스로 계획하여 놀이에 참여한다.	·교실에 있는 다양한 교구들을 이용하여 놀이를 시작한다. <조작영역> ·김하은 김찬일 조작영역의 크리스마스 씰 만들기 교구를 이용하여 예쁜 씰을 만든다. <수 과학 영역> ·이서준 돈 관찰하기 교구에 돋보기를 이용하여 돈의 모양과 색깔 그림을 관찰한다. <언어영역> ·김윤정 최소희 화이트보드 위에 자신의 이름과 1부터 4까지의 숫자를 적어본다.		
2:50~3:00 교구정리정돈 및 손씻기	•깨끗하게 교실을 정리한다.	·가지고 놀던 놀잇감을 제자리에 정리한다. ·휴식 후 손을 씻고 간식먹을 준비를 한다.	카페트	

3:00~3:25 오후간식	•바르게 앉아 간식을 먹고 스스로 정리한다.	·간식을 받은 후, 다함께 간식기도를 한다. ·각자 받은 간식을 맛있게 먹는다. ·다 먹은 유아는 입 주변을 청결히 한 후 자기책상에 떨어진 내용물을 스스로 정리한다.	간식 마른행주 컵	
3:25~6:30 혼합연령 자유선택활동 및 귀가하기	•오전 놀이와 연계·확장 하여 놀이를 계획한다. ·안전하게 귀가한다.	·오전놀이와 연계·확장하여 놀이를 한다. -수 과학영역: 돈 관찰하기 ·버스를 이용하는 유아는 귀가준비를 한다. -1호 귀가: 3시 30분 -2호 귀가: 4시 30분 ·귀가하지 않은 유아들은 조용한 놀이를 한다. ·바르게 앉아 있다가 자신의 차례가 되면 놀이를 선택하여 시작한다. ·부모님이 오신 유아들은 놀이를 정리하고 인사를 나눈 뒤 귀가한다.		
평가	실습생	오늘은 실외활동으로 우체국에 견학을 다녀왔다. 이마트에 갔을 때와는 또 다른 느낌이었다. 횡단보도 건너기에서 시작해서 신경 쓸 부분들이 많은 것 같아보였다. 사소한 것 하나 하나까지도 궁금한 점들이 많은 유아들을 보면서 너무 귀여웠다. 우체국 견학 다음 활동으로 우체통 그림을 그리는 활동의 연계 또한 너무 좋았던 것 같다.		
	지도교사			

검인	담 임	원 장

일일 보육 실습일지

학 급 명	샘물반 (만 3세)	날 짜	2012년 11월 22일 목요일
생활주제	우리 동네	주 제	우리의 이웃
소주제	우리 동네에는 무엇이 있을까?②	일일주제	병원과 약국
목 표	· 우리 동네에 있는 병원과 약국에서 하는 일에 대해 안다.		
일과 시간표	8:30 ~ 9:55 등원 및 자유선택활동 9:55 ~ 10:05 교구 정리정돈 및 손씻기 10:05 ~ 10:20 오전간식 10:20 ~ 10:25 인사 나누기 10:25 ~ 10:30 햇살반 이동 10:30 ~ 11:00 그림 놀이 11:00 ~ 11:05 교실 이동 11:05 ~ 11:25 이야기 나누기		11:25 ~ 11:55 게임 11:55 ~ 12:05 손씻기 및 식사준비 12:05 ~ 12:45 점심식사 및 양치하기 12:45 ~ 1:00 화장실 및 낮잠준비 1:00 ~ 2:45 낮잠 2:45 ~ 3:00 침구정리 및 간식준비 3:00 ~ 3:25 오후간식 3:35 ~ 6:30 혼합연령 자유선택활동 및 귀가하기

시간/활동명	활동목표	활동내용 및 방법	준비물/유의점	평가
8:30~9:55 등원 및 자유선택활동	·즐거운 마음으로 등원한다. ·스스로 계획하여 놀이에 참여한다.	·유아와 개별인사하며 아이들의 기분을 확인한다. ·등원한 유아는 가방에서 수첩을 꺼낸 후 가방 정리를 한다. ·유아는 자신이 계획한 놀이 영역에서 자유선택활동을 시작한다. -쌓기영역: 병원 구성하기 -역할영역: 병원놀이 <언어영역> ·김찬중 화이트보드 위에 파란색 보드마카를 이용하여 치타, 거미, 바닷가 등을 그린다. <미술영역> ·우상욱 이서준 색종이를 이용하여 기다란 칼을 만든다. <역할영역> ·임시현 변수윤 앞치마를 두른 시현이와 음식교구로 음식을 만드는 수윤이가 음식점 놀이를 한다.	수첩	·등원한 유아들에게 반갑게 인사를 건냈다.

9:55~10:05 교구 정리정돈 및 손씻기	·교구를 제자리에 정리한다.	·정리 시간을 지키며 놀잇감을 제자리에 정리한다. ·화장실을 다녀온 후. 손을 씻는다.		·유아들의 화장실 지도를 도왔다.
10:05~10:20 오전간식	·바르게 앉아 간식을 먹고 스스로 정리 한다.	·간식을 받은 후, 다함께 간식기도를 한다. ·각자 받은 간식을 맛있게 먹는다. ·다 먹은 유아는 입 주변을 청결히 한 후 자기책상에 떨어진 내용물을 스스로 정리한다.	간식 마른행주 컵	·유아들이 간식을 먹고 난 요플레 용기를 정리했다.
10:20~10:25 인사 나누기	·오늘의 날짜와 날씨를 안다 ·하루 일과를 안다.	·카페트에 바르게 앉은 유아들과 반갑게 인사를 나눈다. ·오늘의 날짜와 날씨를 알아본다. ·하루 일과를 알아본다. (①이야기 나누기 ②새 노래 ③게임 ④낮잠)		
10:25~10:30 햇살반 이동	·안전하게 햇살반으로 이동한다.	·질서를 지키며 교실로 이동한다.		
10:30~11:00 그림놀이	·즐거운 마음으로 그림놀이에 참여한다.	<도입> ·대림절 노래로 유아들을 주의집중 시킨다. ·오늘의 주제에 대해 이야기 나눈다. T: 오늘은 무엇을 그릴 것 같나요? 오늘의 주제는 너희들이 비올 때 신는 신발이에요. C: 장화요! T: 오늘의 주제는 장화에요. 장화를 신어 본 적 있나요? 언제 신어 보았나요? C: 비올 때요. T: 그럼 장화 말고 우리가 알고있는 다른 신발들에는 어떤 신발들이 있을까요? C: 운동화 구두 슬리퍼 T: 지금부터 나만의 장화를 맘속으로 잘 기억하고 있다가 모두 그림놀이 활동 시작해 보아요. ·교사는 유의사항에 대해 이야기한다. T: 이 활동을 하며 지켜야 하는 약속은 무엇인가요? C: 시간을 지켜 그려요. 다했다고 이야기하지 않아요. ·교사는 그림놀이 활동을 진행한다. <마무리> ·자신만의 장화를 그린 유아들을 칭찬한다.	대림절 노래CD 그림놀이 활동지	·자유롭게 장화를 표현한 유아들에게 칭찬을 해주었다.

11:00~11:05교실 이동	·안전하게 교실로 이동한다.	·질서를 지키며 교실로 이동한다.		
11:05~11:25 이야기 나누기		·연계수업 세부계획안 참고 -실습교사 진행		
11:25~11:55 새 노래		·연계수업 세부계획안 참고 -실습교사 진행		
11:50~12:00 손씻기 및 식사준비	·손을 깨끗이 씻고 점심 먹을 준비를 한다.	·화장실을 다녀온 후 손을 씻는다. ·도시락 식판을 꺼내어 자리에 앉아 점심 먹을 준비를 한다.		
12:00~12:45 점심식사 및 양치하기	·올바른 식생활 습관을 기른다.	·다함께 점심 식사 기도를 한다. ·배식을 받은 유아는 자리에 앉아 맛있게 점심을 먹는다. ·다 먹은 유아는 식판과 수저를 정리하고 양치를 한다.	식판 수저 칫솔 치약 양치컵	
12:45~1:00 낮잠 준비	·안정된 마음으로 낮잠 잘 준비를 한다.	·교사는 유아들의 낮잠을 위해 유아용 침구를 편다. ·유아들은 양말을 벗은 후 자신의 침구 위에서 낮잠 잘 준비를 한다.	유아용 침구	·선생님을 도와 유아용 침구를 펴고 개는 것을 도왔다
1:00~2:45 낮잠	·편안한 마음으로 낮잠을 잔다.	·유아들은 편안한 마음으로 낮잠을 잔다. ·교사는 쉽게 잠들지 못하는 유아들을 재워준다.		
2:45~3:00 침구정리 및 간식준비	·교사는 침구를 정리하고 유아들은 간식 준비를 한다.	·낮잠 시간이 끝나면 교사는 유아들을 깨운 후 유아들의 침구를 정리한다. ·유아들은 손을 깨끗이 씻고 간식 먹을 준비를 한다.		
3:00~3:25 오후간식	•바르게 앉아 간식을 먹고 스스로 정리한다.	·간식을 받은 후, 다함께 간식기도를 한다. ·각자 받은 간식을 맛있게 먹는다. ·다 먹은 유아는 입 주변을 청결히 한 후 자기책상에 떨어진 내용물을 스스로 정리한다.	간식 마른행주 컵	
3:25~6:30 혼합연령 자유선택활동 및 귀가하기	•오전 놀이와 연계·확장 하여 놀이를 계획한다.	·오전놀이와 연계·확장하여 놀이를 한다. <쌓기영역> ·변수윤 김준성 레고를 이용하여 팽이를 만들어 팽이 싸움을 한다.		

	• 안전하게 귀가한다.	·버스를 이용하는 유아는 귀가준비를 한다. -1호 귀가: 3시 30분 -2호 귀가: 4시 30분 ·귀가하지 않은 유아들은 조용한 놀이를 한다. ·바르게 앉아 있다가 자신의 차례가 되면 놀이를 선택하여 시작한다. ·부모님이 오신 유아들은 놀이를 정리하고 인사를 나눈 뒤 귀가한다.		
평가	실습생	금요일만 지나면 이렇게 3주차를 마무리 하게 된다. 언제 시간이 모두 흘러갔는지도 모르게 이젠 실습을 겨우 1주일만 남겨두고 있다. 이번에 맞는 주말은 4주차를 준비하기 위한 주말이다. 지난 주말과는 달리 시간을 효율적으로 관리해서 내가 해야 할 일들을 하고 자료들도 제대로 준비해서 마지막까지 힘내서 남은 1주도 잘 마무리 하고 싶은 마음이다.		
	지도교사			

일일 보육 실습일지

검인	담 임	원 장

학 급 명	샘물반 (만 3세)	날 짜	2012년 11월 23일 금요일
생활주제	우리 동네	주 제	우리의 이웃
소주제	우리 동네에는 무엇이 있을까?②	일일주제	한복 입는 날
목 표	· 한복을 입고 옛날 사람들이 했던 게임을 경험한다.		
일과 시간표	8:30 ~ 10:05 등원 및 자유선택활동 10:05 ~ 10:15 교구 정리정돈 및 손씻기 10:15 ~ 10:25 오전간식 10:25 ~ 10:30 인사 나누기 10:30 ~ 10:35 햇살반 이동 10:35 ~ 11:05 한복 입는 날 11:05 ~ 11:10 교실 이동 11:10 ~ 11:30 원복 갈아입기 11:30 ~ 11:50 교구소개 11:50 ~ 12:00 손씻기 및 식사준비	12:00 ~ 1:00 점심식사 및 양치하기 1:00 ~ 1:20 소방대피훈련 1:20 ~ 1:30 종이접기 준비 및 이동 1:30 ~ 2:00 종이접기 2:00 ~ 2:30 언어 활동지 2:30 ~ 2:50 한글놀이 2:50 ~ 3:00 손씻기 및 간식준비 3:00 ~ 3:25 오후간식 3:25 ~ 6:30 혼합연령 자유선택활동 및 귀가하기	

시간/활동명	활동목표	활동내용 및 방법	준비물/유의점	평가
8:30~10:05 등원 및 자유선택활동	·즐거운 마음으로 등원한다. ·스스로 계획하여 놀이에 참여한다.	·유아와 개별인사하며 아이들의 기분을 확인한다. ·등원한 유아는 가방에서 수첩을 꺼낸 후 가방 정리를 한다. ·유아는 자신이 계획한 놀이 영역에서 자유선택활동을 시작한다. -언어영역: 병원을 찾아주세요 -음률영역: 약사발에서 나는 소리	수첩	등원한 유아들에게 반갑게 인사를 건냈다.

		<역할영역> ·최석준 최연웅 김찬중 미용실 교구를 사용하여 돌아가며 손님역할을 해보며 머리도 잘라보고 파마도 해본다. <수 과학영역> ·박건용 박서연 동네 지도와 많은 자동차들을 이용하여 우리 마을을 구성해본다. <조작영역> ·정소윤 우표 만들기 교구를 이용하여 우표를 하나 만들어 종이 위에 붙인다.		
10:05~10:15 교구 정리정돈 및 손씻기	·교구를 제자리에 정리한다.	·정리 시간을 지키며 놀잇감을 제자리에 정리한다. ·화장실을 다녀온 후. 손을 씻는다.		유아들의 화장실 지도를 도왔다.
10:15~10:25 오전간식	·바르게 앉아 간식을 먹고 스스로 정리한다.	·간식을 받은 후, 다함께 간식기도를 한다. ·각자 받은 간식을 맛있게 먹는다. ·다 먹은 유아는 입 주변을 청결히 한 후 자기책상에 떨어진 내용물을 스스로 정리한다.	간식 마른행주 컵	
10:25~10:30 인사 나누기	·오늘의 날짜와 날씨를 안다 ·하루 일과를 안다.	·카페트에 바르게 앉은 유아들과 반갑게 인사를 나눈다. ·오늘의 날짜와 날씨를 알아본다. ·하루 일과를 알아본다. (①한복 입는 날 ②종이접기 ③언어 활동지·게임)		
10:30~10:35 햇살반 이동	·안전하게 햇살반으로 이동한다.	·질서를 지키며 교실로 이동한다.		
10:35~11:05 한복 입는 날		·교사는 유아들과 인사를 나눈다. <도입> ·게임 활동에 대해 이야기 나눈다. T: 너희들은 어린이집이 끝나고 집에 가서 어떤 게임을 하고 놀이 하나요? C: 컴퓨터 게임이요. 장난감 가지고 놀아요. T: 너희들은 그런 게임을 하지만 옛날 아이들은 어떤 게임을 했을까? C: 투호놀이요! T: 투호라고 생각했구나. 오늘은 옛날 사람들이 했던 놀이를 한번 해볼거에요. ·팥주머니를 보여주며 이야기 나눈다.		

	·옛날 사람들이 즐겨하던 게임을 경험해본다.	T: 이것이 무엇인지 아나요? 무엇과 같나요? 이것은 팥과 다양한 열매들의 씨를 넣어서 만든 팥주머니라고 이야기 해요. 팥주머니를 가지고 할 수 있는놀이는 어떤 놀이가 있을까요? C: 던지고 놀아요. T: 그래요. 오늘은 팥주머니를 가지고 바구니 안에 던져보는 놀이를 해 볼거에요. <전개> ·교사는 게임 방법과 유의사항에 대해 이야기 한다. T: 오늘의 게임은 친구들이 앞에 한명씩 나와서 여기 앞에 있는 바구니 속에 이 팥주머니를 쏙 하고 집어 넣으면 되는 게임이에요. T: 우리 친구들이 게임을 하면서 지켜야 할 약속에는 무엇이 있을까요? C: 친구한테 던지지 않아요. 멀리 던지지 않아요. T: 그래요. 우리 친구들은 눈과 생각과 손에 집중해서 바구니 안에 쏙 넣어주면 되는거에요. ·교사는 보조교사와 함께 시범을 보여준다. ·시범 후 게임을 시작한다. ·유아들의 게임이 끝나면 어느 팀이 이겼는지 함께 팥주머니를 세어본다. <마무리> ·함께 해본 게임을 평가한다. T: 친구들 오늘 게임 중에 어려운 점은 없었나요? C: 바구니 속에 넣을 때 어려웠어요. T: 그랬구나. 옛날 친구들은 이렇게 팥주머니 던지기와 같은 다양한 게임을 하며 놀았데요. 오늘은 간식으로 옛날 사람들이 즐겨먹던 한과를 함께 먹어 보아요.	한복 팥주머니 바구니	
11:05~11:10교실 이동	· 안전하게 교실로 이동한다.	·질서를 지키며 교실로 이동한다.		
11:10~11:30 원복 갈아입기	·원복으로 옷을 갈아입는다.	·한복을 벗고 원복을 입는다. ·한복을 벗은 후 한복가방에 바르게 정리한다.	원복 한복가방	유아들의 옷갈아입기와 한복정리를 도왔다.
11:30~11:50 교구소개 -병원놀이 교구	·새로운 교구에 관심을 갖는다. ·교구 소개 활	·대림절 율동을 한 후 교구대형으로 앉는다. <도입> ·어제 이야기 나눈 내용을 떠올리며 이야기 나눈다.	병원놀이 교구	

	동에 적극적으로 참여한다.	T: 어제 이야기 나눈 우리동네에 있는 병원에는 어떤 물건들이 있었나요? C: 청진기요. 주사기요. 체온계요. T: 친구들이 잘 기억하고 있구나. 오늘은 선생님이 병원놀이 세트 교구를 소개해 줄게요. <전개> ·교사는 구성된 세트 중 하나 하나씩 소개하며 유아들과 이야기 나눈다. T: (청진기를 보여주며) 친구들 이것은 뭔가요? C: 청진기요! T: 청진기가 맞지요? 청진기는 기침이 나는지 안나는지, 감기가 있는지 없는지, 배가 아픈지 안아픈지 진료해주는 도구에요. ·교사는 유아 한명을 지목하여 청진기로 놀이하는 모습을 시범 보인다. ·이러한 방법으로 주사기, 체온계 등의 구성된 교구를 소개한다. ·놀이 후 정리하는 순서에 대해 소개한다. T: 친구들이 놀이를 끝낸 후에는 이 교구를 밟고 다니지 않고 하나씩 차곡차곡 넣어서 가방을 꼭 닫아주세요. <마무리> ·쌓기 역할 영역에 배치해 준다고 이야기하고 마무리한다.		
11:50~12:00 손씻기 및 식사준비	·손을 깨끗이 씻고 점심 먹을 준비를 한다.	·화장실을 다녀온 후 손을 씻는다. ·도시락 식판을 꺼내어 자리에 앉아 점심 먹을 준비를 한다.		
12:00~1:00 점심식사 및 양치하기	·올바른 식생활 습관을 기른다.	·다함께 점심 식사 기도를 한다. ·배식을 받은 유아는 자리에 앉아 맛있게 점심을 먹는다. ·다 먹은 유아는 식판과 수저를 정리하고 양치를 한다.	식판 수저 칫솔 치약 양치컵	유아들이 식사 후 이를 바로 닦을 수 있도록 칫솔과 치약을 준비했다.
1:00~1:20 소방대피훈련	·소방대피를 훈련한다.	·비상벨이 울리면 유아들은 코와 입을 막은 채 한쪽 계단으로 내려간다. ·한명씩 천천히 지지대를 잡고 내려간다.	비상벨	
1:20~1:30 종이접기 준비 및 이동	·종이접기 시간에 사용할 준비물들을 챙긴다.	·유아들은 한명씩 앞에 있는 개인 준비물들을 챙긴다. ·준비물을 챙긴 후 질서를 지키며 햇살반으로 이동한다.	색연필 풀 종이접기 노트	

1:30~2:00 종이접기	·교사를 따라 별을 접는다. ·만들어 본 별을 멋지게 꾸민다.	<도입> ·교사는 '반짝반짝 작은별' 노래를 불러주며 유아들과 활동을 시작한다. T: ('반짝 반짝 작은별' 노래를 부르며) 친구들 혹시 지금 선생님이 부르는 노래 들어봤어요? C: 네 저 알아요. T: 그럼 선생님과 함께 한번 불러보기로 해요. <전개> ·교사는 유아들에게 별 접는 방법을 소개하며 함께 접어본다. ·별을 완성한 유아들은 종이접기 노트 위에 붙인다. ·유아들은 색연필을 이용하여 자유롭게 자신의 별을 꾸민다. <마무리> ·별 접는 방법을 잊지 않기로 하고 활동을 마무리한다.	빨간색 색종이 2장 색연필 풀	별 접기를 어려워하는 유아들에게 다가가 도움을 주었다.
2:00~2:30 언어 활동지	·우리를 도와주시는 분들을 바르게 연결한다. ·'ㅅ' 쓰는 순서를 알고 써본다.	'우리를 도와주시는 분들' <도입> ·교사는 유아들에게 색연필을 나누어준다. ·활동지를 나누어 주면 유아들은 이름을 쓴다. <전개> ·우리를 도와주시는 분들에 대해 이야기 나눈다. ·도와주시는 분들이 하는일을 이야기 나눈다. ·직업과 그에 맞는 그림을 바르게 연결한다. (의사-환자를 돌보는 그림/소방관-불을 끄는 그림) <마무리> ·활동지를 바르게 해 준 유아들을 칭찬한다. 'ㅅ 활동지' <도입> ·ㄱ~ㅂ 까지의 자음을 함께 읽어본다. ·활동지 속의 ㅅ이 무엇과 같이 생겼는지 이야기 나눈다. T: 친구들! ㅅ은 무엇과 같이 생겼나요? C: 산이요! T: 오늘은 산과같이 생긴 스케이트 스를(ㅅ) 바르게 써 보아요. <전개> ·유아들은 ㅅ쓰기를 몇 번 반복한다.	우리를 도와주시는 분들 활동지 'ㅅ' 활동지 색연필	활동지를 마친 유아들의 이름을 확인하고 사인을 해주었다.

		<마무리> ·활동지를 마친 유아는 교사에게 확인을 받는다.		
2:30~2:50 한글놀이	·게임을 통해 재미있게 자음을 복습한다.	<도입> ·교사는 준비한 한글게임의 방법을 유아들에게 소개한다. T: 오늘 해볼 게임은 두명의 친구가 나와서 빼빼로를 빨리 먹고 선생님이 부르는 글자를 찾아 맞추는 게임이에요. 재미있겠죠? C: 네! <전개> ·교사가 두명의 유아를 지목하여 문제를 내면 유아들은 빼빼로를 빨리 먹은 후 정답을 맞춘다. T: OO이와 OO이는 '그네 그'를 찾아주세요. ·정답을 고른 유아에게는 스티커로 보상한다. ·이러한 방법으로 모든 유아들이 한번씩 게임에 참여해 보도록 활동을 진행한다. <마무리> ·활동에 잘 참여해 준 유아들을 칭찬해주며 마무리한다.	빼빼로 과자 스티커 화이트 보드	
2:50~3:00 손씻기 및 간식준비	·손을 깨끗이 씻은 후 간식 먹을 준비를 한다.	·질서를 지키며 화장실을 다녀온 후 손을 씻는다. ·화장실에 다녀온 유아는 문 앞에 한줄 기차하여 간식받을 준비를 한다.		
3:00~3:25 오후간식	· 바르게 앉아 간식을 먹고 스스로 정리한다.	·간식을 받은 후, 다함께 간식기도를 한다. ·각자 받은 간식을 맛있게 먹는다. ·다 먹은 유아는 입 주변을 청결히 한 후 자기책상에 떨어진 내용물을 스스로 정리한다.	간식 마른행주 컵	
3:25~6:30 혼합연령 자유선택활동 및 귀가하기	·오전 놀이와 연계·확장하여 놀이를 계획한다. · 안전하게 귀가한다.	·오전놀이와 연계·확장하여 놀이를 한다. <쌓기영역> ·변수윤 김준성 우상욱 레고를 이용하여 팽이를 만들어 팽이싸움을 한다. ·버스를 이용하는 유아는 귀가준비를 한다. -1호 귀가: 3시 30분		

<table>
<tr><td colspan="2"></td><td></td><td>-2호 귀가: 4시 30분
·귀가하지 않은 유아들은 조용한 놀이를 한다.
·바르게 앉아 있다가 자신의 차례가 되면 놀이를 선택하여 시작한다.
·부모님이 오신 유아들은 놀이를 정리하고 인사를 나눈 뒤 귀가한다.</td><td></td><td></td></tr>
<tr><td rowspan="2">평가</td><td>실습생</td><td colspan="4">이로써 3주차가 마무리가 되었다. 이제 실습에서 제일 중요한 올데이 수업이 있는 마지막 주가 기다리고 있다. 실습을 시작하기 전에는 4주동안 얼마나 힘들고 고될까 하고 생각 했었는데, 막상 실습에 임해 보니 4주라는 시간이 결코 긴 시간이 아니구나 하고 느꼈다. 이제는 정말 올데이 수업만이 남았다고 생각이 드니 후련한 감정보다는 아쉬운 감정이 더 크다. 남은 1주일은, 여태까지 보낸 3주 보다 더욱 알차고 사랑넘치는 학생 선생님이 되주어야겠다 ^^</td></tr>
<tr><td>지도
교사</td><td colspan="4"></td></tr>
</table>

일일 보육 실습일지

검인	담임	원장

학급명	샘물반 (만 3세)	날짜	2012년 11월 26일 월요일
생활주제	우리 동네	주제	우리의 이웃
소주제	고마운 분이 있어요	일일주제	월요조회
목표	* 한 주간 지켜야 할 약속에 대해 안다.		
일과 시간표	8:30 ~ 09:50 등원 및 자유선택활동 09:50 ~ 10:05 오전간식 10:05 ~ 10:15 교구 정리정돈 및 손씻기 10:15 ~ 10:20 동화 및 놀이방 이동 10:20 ~ 10:50 월요조회 10:50 ~ 10:55 교실 이동 10:55 ~ 11:35 교실 놀이	11:50 ~ 12:00 손씻기 및 식사준비 12:00 ~ 12:50 점심식사 및 양치하기 12:50 ~ 1:00 화장실 및 낮잠준비 1:00 ~ 2:50 낮잠 2:50 ~ 3:00 유아용 침구 정리 및 손씻기 3:00 ~ 3:25 오후간식 3:25 ~ 6:30 혼합연령 자유선택활동 및 귀가하기	

시간/활동명	활동목표	활동내용 및 방법	준비물/유의점	평가
8:30~9:50 등원 및 자유선택활동	·즐거운 마음으로 등원한다. ·스스로 계획하여 놀이에 참여한다.	·유아와 개별인사하며 아이들의 기분을 확인한다. ·등원한 유아는 가방에서 수첩을 꺼낸 후 가방 정리를 한다. ·유아는 자신이 계획한 놀이 영역에서 자유선택활동을 시작한다. -언어영역: 병원을 찾아주세요 -음률영역: 약사발에서 나는 소리 <조작영역> ·김준성 변수윤 나무 교구를 사용하여 찻길을 만들어 자동차 경주 놀이를 한다. <언어영역> ·최태주 퍼즐모양의 언어교구를 이용하여 언어퍼즐을 마들어 본다. <미술영역> ·최소희 정희찬 정소윤 김하은 색종이를 이용하여 비행기, 집 등 다양한 것을 만든다.	수첩	등원한 유아들에게 반갑게 인사를 건냈다. 오전자유선택활동 시간에 미술영역에 가서 유아들에게 햄스터 접는 것을 보여주었다.

9:50~10:05 오전간식	·바르게 앉아 간식을 먹고 스스로 정리한다.	·간식을 받은 후, 다함께 간식기도를 한다. ·각자 받은 간식을 맛있게 먹는다. ·다 먹은 유아는 입 주변을 청결히 한 후 자기책상에 떨어진 내용물을 스스로 정리한다.	간식 마른행주 컵	
10:05~10:15 교구 정리정돈 및 손씻기	·교구를 제자리에 정리한다.	·정리 시간을 지키며 놀잇감을 제자리에 정리한다. ·화장실을 다녀온 후. 손을 씻는다.		유아들의 화장실 지도를 도왔다.
10:15~10:20 동화책 및 놀이방 이동	·안전하게 놀이방으로 이동한다.	·교사는 놀이방 이동 전 유아들에게 동화책 한권을 소개한다, · 동화책을 들려준 후 놀이방으로 이동한다.		
10:20~10:50 월요 조회	·한 주를 시작할 새로운 마음을 갖는다.	**<u>도입</u>** ·유아들과 주말동안 지낸 이야기를 나눈다. ·오늘의 날짜와 날씨를 알아본다. T: 오늘은 2012년 11월 26일 월요일 입니다. ·유아들과 선생님들은 자리에서 일어나서 다함께 국기에 대한 경례와 맹세를 한 후 애국가를 부른다. **<u>전개</u>** ·좋은 말씀 해 주실 수녀님과 인사를 나눈다. ·이번주에 함께 지킬 약속을 이야기 한다. 수녀님: 친구들! 곧 있으면 무엇이 다가 오지요? C: 크리스마스요! 수녀님: 그래요. 아기예수님은 어디서 오셨나요? C: 마구간이요. 수녀님: 마구간에서 오셨지요. 이와 같이 아기예수님은 가난한 사람들의 마음에 오셔요. 가난한 사람에는 있을까? C: 아프리카 사람이요. 수녀님: 그렇게 생각하는구나. 우리 주변엔 가난한 사람들이 많이 있어요. 우리 모두 내가 가진 것을 이웃에게 나누어		

		주는 친구들이 될 수 있나요? C: 네 수녀님: 친구들이 약속을 지켜준다면 우리 친구들 마음 속에도 아기예수님이 찾아오실 것 같아요. 수녀님: 다음주 월요일이면 우리가 초 4개를 꽂고 대림절 노래를 부르며 예수님을 기다려 보아요. ·다함께 기도를 하고 말씀을 마무리 한다. ·1주일도 즐겁게 지내자는 마음으로 모든 교사와 유아들이 함께 인사를 나눈다. ·교사와 유아들은 다함께 깡깡총 체조율동을 한다. **<u>마무리</u>** ·마지막으로 선생님과 공수하며 월요조회를 마무리한다.		
10:50~10:55 교실 이동	·안전하게 교실로 이동한다.	·질서를 지키며 교실로 이동한다.		
10:55~11:35교실놀이	·스스로 계획하여 놀이에 참여한다.	·유아는 자신이 계획한 놀이 영역에서 자유선택활동을 시작한다.	원복 한복가방	유아들의 옷갈아입기와 한복정리를 도왔다.
11:50~12:00 손씻기 및 식사준비	·손을 꿋이 씻고 점심 먹을 준비를 한다.	·화장실을 다녀온 후 손을 씻는다. ·도시락 식판을 꺼내어 자리에 앉아 점심 먹을 준비를 한다.		
12:00~12:50 점심식사 및 양치하기	·올바른 식생활 습관을 기른다.	·다함께 점심 식사 기도를 한다. ·배식을 받은 유아는 자리에 앉아 맛있게 점심을 먹는다. ·다 먹은 유아는 식판과 수저를 정리하고 양치를 한다.	식판 수저 칫솔 치약 양치컵	유아들이 식사 후 이를 바로 닦을 수 있도록 칫솔과 치약을 준비했다.
12:50~1:00 낮잠 준비	·안정된 마음으로 낮잠 잘 준비를 한다.	·교사는 유아들의 낮잠을 위해 유아용 침구를 편다. ·유아들은 양말을 벗은 후 자신의 침구 위에서 낮잠 잘 준비를 한다.	유아용 침구	
1:00~2:50 낮잠	·편안한 마음으로 낮잠을 잔다.	·유아들은 편안한 마음으로 낮잠을 잔다. ·교사는 쉽게 잠들지 못하는 유아들을 재워준다.		
2:50~3:00 유아용 침구 정리 및 손씻기	·유아들의 잠을 깨우고 침구를 정리한다.	·놀이를 마친 후 교구를 깨끗하게 정리한다. ·질서를 지키며 화장실을 다녀온 후 손을 씻고 자리에 앉는다.		

<table>
<tr><td colspan="2">3:00~3:25
오후간식</td><td>·바르게 앉아 간식을 먹고 스스로 정리한다.</td><td>·간식을 받은 후, 다함께 간식기도를 한다.
·각자 받은 간식을 맛있게 먹는다.
·다 먹은 유아는 입 주변을 청결히 한 후 자기책상에 떨어진 내용물을 스스로 정리한다.</td><td>간식
마른행주
컵</td><td></td></tr>
<tr><td colspan="2">3:25~6:30
혼합연령
자유선택활동 및
귀가하기</td><td>·오전 놀이와 연계·확장하여 놀이를 계획한다.

· 안전하게 귀가한다.</td><td>·유아들은 오전놀이와 연계·확장하여 놀이를 한다.
<쌓기영역>
·변수윤 김준성 우상욱
레고를 이용하여 팽이를 만들어 팽이 싸움을 한다.

·버스를 이용하는 유아는 귀가준비를 한다.
-1호 귀가: 3시 30분
-2호 귀가: 4시 30분
·귀가하지 않은 유아들은 조용한 놀이를 한다.
·바르게 앉아 있다가 자신의 차례가 되면 놀이를 선택하여 시작한다.
·부모님이 오신 유아들은 놀이를 정리하고 인사를 나눈 뒤 귀가한다.</td><td></td><td></td></tr>
<tr><td rowspan="2">평가</td><td>실습생</td><td colspan="4">4주차가 시작되었다. 이제 두 번의 연계수업과 올데이가 남았는데, 두 번의 연계수업을 통해 올데이를 위한 준비와 마음자세를 갖추고 올데이에 임해야겠다. 아이들이 말을 듣지 않아 속상할 때가 있지만 올데이 때 만큼은 유아들을 잘 이끌도록 힘써야겠다.</td></tr>
<tr><td>지도
교사</td><td colspan="4"></td></tr>
</table>

일일 보육 실습일지

검인	담 임	원 장

학 급 명	샘물반 (만 3세)	날 짜	2012년 11월 27일 화요일
생활주제	우리 동네	주 제	우리의 이웃
소주제	고마운 분이 있어요	일일주제	우리를 도와주시는 분
목 표	* 우리를 도와주시는 분들을 안다.		
일과 시간표	8:30 ~ 10:00 등원 및 자유선택활동 10:00 ~ 10:15 교구 정리정돈 및 손씻기 10:15 ~ 10:30 오전간식 10:30 ~ 10:40 인사 나누기 10:40 ~ 10:45 햇살반 이동 10:45 ~ 11:10 안전 교육 11:10 ~ 11:15 교실 이동 11:15 ~ 11:30 이야기 나누기 11:30 ~ 11:50 동시 감상	11:50 ~ 12:00 손씻기 및 식사준비 12:00 ~ 1:30 점심식사 및 양치하기 1:30 ~ 1:35 놀이방 이동 1:35 ~ 2:20 놀이방 놀이 2:20 ~ 2:35 놀이방 정리 및 교실 이동 2:35 ~ 3:00 휴식 및 간식준비 3:00 ~ 3:25 오후간식 3:25 ~ 6:30 혼합연령 자유선택활동 및 귀가하기	

시간/활동명	활동목표	활동내용 및 방법	준비물/유의점	평가
8:30~10:00 등원 및 자유선택활동	·즐거운 마음으로 등원한다. ·스스로 계획하여 놀이에 참여한다.	·유아와 개별인사하며 아이들의 기분을 확인한다. ·등원한 유아는 가방에서 수첩을 꺼낸 후 가방 정리를 한다. ·유아는 자신이 계획한 놀이 영역에서 자유선택활동을 시작한다. -언어영역: 기관에서 나는 소리 들어보기 -역할영역: 소방관 놀이	수첩	등원한 유아들에게 반갑게 인사를 건냈다.

		<역할영역> ·박건용 김찬일 김찬중 종이블럭으로 병원을 만들고 병원놀이 교구를 이용하여 의사역할과 환자 역할을 하며 놀이를 한다. <쌓기영역> ·우상욱 최연웅 변수윤 레고를 이용하여 팽이, 비행기, 자동차를 만들며 놀이한다. <미술영역> ·최소희 김윤정 색종이를 이용하여 다양한 것을 만들고 그 위에 싸인펜으로 예쁘게 꾸민다,		
10:00~10:15 교구 정리정돈 및 손씻기	·교구를 제자리에 정리한다.	·정리 시간을 지키며 놀잇감을 제자리에 정리한다. ·화장실을 다녀온 후. 손을 씻는다.		유아들의 화장실 지도를 도왔다.
10:15~10:30 오전간식	·바르게 앉아 간식을 먹고 스스로 정리한다.	·간식을 받은 후, 다함께 간식기도를 한다. ·각자 받은 간식을 맛있게 먹는다. ·다 먹은 유아는 입 주변을 청결히 한 후 자기책상에 떨어진 내용물을 스스로 정리한다.	간식 마른행주 컵	
10:30~10:40 인사나누기	·오늘의 날짜와 날씨를 안다.	·카페트에 바르게 앉은 유아들과 반갑게 인사를 나눈다. ·오늘의 날짜와 날씨를 알아본다. ·하루 일과를 알아본다. (①안전교육 ②이야기나누기 ③동시감상 ④놀이방놀이)		
10:40~10:45 햇살반 이동	·안전하게 햇살반으로 이동한다.	·질서를 지키며 교실로 이동한다.		
10:45~11:10 안전교육 <성폭력예방 동화-고추가 간지러워요>	·집중하여 안전교육을 듣는다.	·교사와 유아들은 함께 인사를 나눈다. **도입** ·냠냠 손유희로 주의를 집중한다. ·고추가 간지러워요 동화책을 소개한다. T: 오늘은 동화책을 가지고 안전교육을 할 거에요. 동화책의 제목은 '고추가 간지러워요' 에요. 표지를 보니 어떤 내용일 것 같나요? C: 고추가 매울 것 같아요. T: 그렇게 생각했구나. 그럼 지금부터 어떤 내용의 동화책인지 모두 들을 준비 됬나요?	고추가 간지러워요 동화책	

		C: 네. **전개** ·교사는 동화책을 한 번 들려준다. · 듣고 난 후에 그림을 보며 어떤 내용이 있었는지 한 번 더 살펴본다. · 동화책의 내용은 어떤 내용이었는지 질문한다. T: 전학온 친구의 이름은 무엇이었니? 다른 친구와 어떤 놀이를 하였니? · 동화책 내용을 성폭력과 연결하여 이야기 한다. T: 친구들은 다른 친구의 소중한 부위를 만지지 않아요. 아빠 엄마 놀이를 할 때도 뽀뽀 하는 것을 흉내내는 것이지 직접 하지 않아요. **마무리** ·유아들과 함께 이야기 나눈 것을 한 번 더 생각해 보고 인사 후 마무리한다..		
11:10~11:15 교실이동	·안전하게 교실로 이동한다.	·질서를 지키며 교실로 이동한다.		
11:15~11:30 이야기나누기	·우리를 도와 주시는 분들에는 어떤 분들이 있는지 안다.	·연계수업 세부계획안 참고 -실습교사 진행		
11:30~11:50 동시감상	·동시를 통해 고마우신 분들이 하는 일을 안다.	·연계수업 세부계획안 참고 -실습교사 진행		
11:50~12:00 손씻기 및 식사준비	·손을 깨끗이 씻고 점심 먹을 준비를 한다.	·화장실을 다녀온 후 손을 씻는다. ·도시락 식판을 꺼내어 자리에 앉아 점심 먹을 준비를 한다.		
12:00~1:30 점심식사 및 양치하기	·올바른 식생활 습관을 기른다.	·다함께 점심 식사 기도를 한다. ·배식을 받은 유아는 자리에 앉아 맛있게 점심을 먹는다. ·다 먹은 유아는 식판과 수저를 정리하고 양치를 한다.	식판 수저 칫솔 치약 양치컵	유아들이 식사 후 이를 바로 닦을 수 있도록 칫솔과 치약을 준비했다.
1:30~1:35 놀이방 이동	· 안전하게 놀이방으로 이동한다.	·질서를 지키며 놀이방으로 이동한다.		
1:35~2:20 놀이방 놀이	.적극적으로 놀이에 참여한다.	·놀이방 놀이 전 유아들과 함께 준비체조를 한다. T: 친구들! 건강하게 놀이를 하려면 준		

	·안전에 유의하며 놀이한다.	비체조를 꼭 해아해요. 오늘도 모두들 안전하게 놀이해요. ·놀이방 놀이를 시작한다.		
2:20~2:35 놀이방 정리 및 교실 이동	·안전하게 교실로 이동한다.	·약속시간이 되면 놀이방 정리를 한다. ·정리 후 질서를 지키며 교실로 이동한다.		
2:35~3:00 휴식 및 간식준비	··편안한 마음으로 휴식을 갖는다.	·카페트 위에 편안한 자세로 누워 휴식을 취한다. ·휴식 후 손을 씻고 간식먹을 준비를 한다.	카페트	
3:00~3:25 오후간식	· 바르게 앉아 간식을 먹고 스스로 정리한다.	·간식을 받은 후, 다함께 간식기도를 한다. ·각자 받은 간식을 맛있게 먹는다. ·다 먹은 유아는 입 주변을 청결히 한 후 자기책상에 떨어진 내용물을 스스로 정리한다.	간식 마른행주 컵	
3:25~6:30 혼합연령 자유선택활동 및 귀가하기	·오전 놀이와 연계·확장하여 놀이를 계획한다. · 안전하게 귀가한다.	·유아들은 오전놀이와 연계·확장하여 놀이를 한다. <쌓기영역> ·최태주 우상욱 레고를 이용하여 팽이, 집, 칼을 만들며 놀이한다. ·버스를 이용하는 유아는 귀가준비를 한다. -1호 귀가: 3시 30분 -2호 귀가: 4시 30분 ·귀가하지 않은 유아들은 조용한 놀이를 한다. ·바르게 앉아 있다가 자신의 차례가 되면 놀이를 선택하여 시작한다. ·부모님이 오신 유아들은 놀이를 정리하고 인사를 나눈 뒤 귀가한다.		

평가		
	실습생	이제 정말 올데이가 코앞으로 다가왔다. 올데이를 위해 연계수업도 여러 번 해보고 하였지만 아직도 유아들을 대하는 기술이 너무 많이 부족하다. 마지막까지 긴장을 놓지 않고 유아들과 많은 상호작용을 나누고 어떻게 하면 유아들에게 좀 더 흥미로운 수업을 제공할 수 있을지 생각하고 행동으로 옮겨야겠다.
	지도교사	

일일 보육 실습일지

검 인	담 임	원 장

학 급 명	샘물반 (만 3세)	날 짜	2012년 11월 28일 수요일
생활주제	우리 동네	주 제	우리의 이웃
소주제	고마운 분이 있어요	일일주제	이웃과 사이좋게 지내요
목 표	* 이웃과 사이좋게 지내는 방법을 안다.		
일과 시간표	8:30 ~ 10:00 등원 및 자유선택활동 10:00 ~ 10:15 교구 정리정돈 및 손씻기 10:15 ~ 10:25 오전간식 10:25 ~ 10:30 인사 나누기 10:30 ~ 10:35 햇살반 이동 10:35 ~ 10:50 성서 활동 10:50 ~ 10:55 교실 이동 10:55 ~ 11:15 이야기 나누기	11:15 ~ 11:30 동화 감상 11:30 ~ 11:50 언어 11:50 ~ 12:00 손씻기 및 식사준비 12:00 ~ 1:30 점심식사 및 양치하기 1:30 ~ 2:30 교실놀이 2:30 ~ 3:00 휴식 및 간식준비 3:00 ~ 3:25 오후간식 3:25 ~ 6:30 혼합연령 자유선택활동 및 귀가하기		

시간/활동명	활동목표	활동내용 및 방법	준비물/유의점	평가
8:30~10:00 등원 및 자유선택활동	·즐거운 마음으로 등원한다. ·스스로 계획하여 놀이에 참여한다.	·유아와 개별인사하며 아이들의 기분을 확인한다. ·등원한 유아는 가방에서 수첩을 꺼낸 후 가방 정리를 한다. ·유아는 자신이 계획한 놀이 영역에서 자유선택활동을 시작한다. -수학영역: 모자가 필요해요 -쌓기영역: 경찰서 만들기	수첩	등원한 유아들에게 반갑게 인사를 건냈다.

		<역할영역> ·임시현 김찬중 박건용 종이블럭으로 빵가게를 만들고 음식 교구를 이용하여 빵가게 놀이를 한다. <쌓기영역> ·최태주 변수윤 이서준 레고를 이용하여 비행기를 만들며 놀이한다. <미술영역> ·최소희 김윤정 색종이를 이용하여 다양한 것을 만든다.		
10:00~10:15 교구 정리정돈 및 손씻기	·교구를 제자리에 정리한다.	·정리 시간을 지키며 놀잇감을 제자리에 정리한다. ·화장실을 다녀온 후, 손을 씻는다.		유아들의 화장실 지도를 도왔다.
10:15~10:25 오전간식	·바르게 앉아 간식을 먹고 스스로 정리한다.	·간식을 받은 후, 다함께 간식기도를 한다. ·각자 받은 간식을 맛있게 먹는다. ·다 먹은 유아는 입 주변을 청결히 한 후 자기책상에 떨어진 내용물을 스스로 정리한다.	간식 마른행주 컵	
10:25~10:30 인사나누기	·오늘의 날짜와 날씨를 안다.	·카페트에 바르게 앉은 유아들과 반갑게 인사를 나눈다. ·오늘의 날짜와 날씨를 알아본다. ·하루 일과를 알아본다. (①성서활동 ②이야기나누기 ③동화감상) ·오늘 하루를 위해 기도를 한다.		
10:30~10:35 햇살반 이동	·안전하게 햇살반으로 이동한다.	·질서를 지키며 교실로 이동한다.		
10:35~10:50 성서활동- 대림 이야기		·동그랗게 둘러앉은 유아들과 성서활동을 시작한다. T: 친구들은 성서시간은 무슨시간인가요? C: 예수님 만나는 시간이요. T: 다함께 주님의 기도로 성서활동 시작해 보아요. <전개> ·대림절에 대해 이야기 나눈다. T: 너희들은 집에 손님이 오면 기분이 어떻나요? C: 좋아요. 기다려져요. T: 어떤 마음을 가지고 기다리나요? C: 좋은 마음이요.		

	·대림절의 의미를 알고 아기예수님을 기다린다.	T: 우리가 아기 예수님이 오시는것도 한 마음으로 기다려야 해요. 아기 예수님이 오시는 것을 소원빌고 기다리는 기간을 대림절이라고 해요.(촛불을 보여주며) 이게 무엇인가요? C: 촛불이요. T: 대림절에는 기도할 때 켜는 촛불이랍니다. ·대림절 촛불에 대해 이야기 나눈다. T: 대림절에는 우리가 기도 할 때 켜는 촛불들이 있어요. 초① 보라색-나의 소망 준비 초② 연보라색-나의 꿈 담기 초③ 분홍색-반성하기 초④ 흰색-예수님 기다리기 ·유아들과 함께 대림절 노래를 들으며 율동을 한다. <마무리> ·교사는 좋은 마음으로 아기예수님을 기다리자고 이야기한 후 마무리한다.	촛불 4개	
10:50~10:55 교실이동	·안전하게 교실로 이동한다.	·질서를 지키며 교실로 이동한다.		
10:55~11:15 이야기나누기	·이웃과 사이좋게 지내는 방법에 대해 안다.	·연계수업 세부계획안 참고 -실습교사 진행		
11:15~11:30 동화 감상	·집중하여 동화를 듣는다.	·연계수업 세부계획안 참고 -실습교사 진행		
11:30~11:50 언어	·'ㅇ'을 써본다.	<도입> ·ㄱ~ㅂ 까지의 자음을 함께 읽어본다. ·활동지 속의 ㅇ이 무엇과 같이 생겼는지 이야기 나눈다. T: 친구들! ㅇ은 무엇과 같이 생겼나요? C: 동그라미요! T: 오늘은 동그라미와 같이 생긴 으르렁 으를(ㅇ) 바르게 써 보아요. <전개> ·유아들은 'ㅇ' 쓰기를 몇 번 반복한다. <마무리> ·활동지를 마친 유아는 교사에게 확인을 받는다.	'ㅇ' 활동지 색연필	활동지를 마친 유아들의 이름을 확인하고 사인을 해주었다
11:50~12:00 손씻기 및 식사준비	·손을 깨끗이 씻고 점심 먹을 준비를 한다.	·화장실을 다녀온 후 손을 씻는다. ·도시락 식판을 꺼내어 자리에 앉아 점심 먹을 준비를 한다.		

12:00~1:30 점심식사 및 양치하기	·올바른 식생활 습관을 기른다.	·다함께 점심 식사 기도를 한다. ·배식을 받은 유아는 자리에 앉아 맛있게 점심을 먹는다. ·다 먹은 유아는 식판과 수저를 정리하고 양치를 한다.	식판 수저 칫솔 치약 양치컵	유아들이 식사 후 이를 바로 닦을 수 있도록 칫솔과 치약을 준비했다.
1:30~2:30 교실 놀이	·스스로 계획하여 놀이에 참여한다.	·유아는 자신이 계획한 놀이 영역에서 자유선택활동 을 시작한다.		
2:35~3:00 휴식 및 간식준비	··편안한 마음으로 휴식을 갖는다.	·카페트 위에 편안한 자세로 누워 휴식을 취한다. ·휴식 후 손을 씻고 간식먹을 준비를 한다.	카페트	
3:00~3:25 오후간식	· 바르게 앉아 간식을 먹고 스스로 정리한다.	·간식을 받은 후, 다함께 간식기도를 한다. ·각자 받은 간식을 맛있게 먹는다. ·다 먹은 유아는 입 주변을 청결히 한 후 자기책상에 떨어진 내용물을 스스로 정리한다.	간식 마른행주 컵	
3:25~6:30 혼합연령 자유선택활동 및 귀가하기	·오전 놀이와 연계·확장하여 놀이를 계획한다. · 안전하게 귀가한다.	·유아들은 오전놀이와 연계·확장하여 놀이를 한다. <쌓기영역> ·최태주 우상욱 정희찬 레고를 이용하여 팽이를 만들어 놀이한다. ·버스를 이용하는 유아는 귀가준비를 한다. -1호 귀가: 3시 30분 -2호 귀가: 4시 30분 ·귀가하지 않은 유아들은 조용한 놀이를 한다. ·바르게 앉아 있다가 자신의 차례가 되면 놀이를 선택하여 시작한다. ·부모님이 오신 유아들은 놀이를 정리하고 인사를 나눈 뒤 귀가한다.		
평가	실습생	이제 내일이면 드디어 올데이 이다. 실습 중 가장 긴장되기도 하고 걱정되기도 했던 날이다. 4주라는 시간이 훌쩍 흐르고 벌써 올데이라고 생각하니 막상 불안하기도 하고 잘 할 수 있을까 하는 생각이 들기도 하지만 그동안 보고 배운 것 잘 활용해서 아이들과 내일 하루도 준비한 활동 잘 하고 유아들을 잘 이끌어가는 실습 교사가 되어야겠다!		

	지도 교사	

검인	담 임	원 장

연구수업 계획안

학 급 명	샘물반 (만 3세)	날 짜	2012년 11월 29일 목요일
생활주제	우리 동네	주 제	우리의 이웃
소주제	고마운 분이 있어요.	일일주제	서로 도와요
목 표	· 고마운 분들을 도와 드릴 수 있는 방법에 대해 안다. · 고마운 분들과 서로 도우며 살아야 함을 안다.		
일과 시간표	8:30 ~ 09:45 등원 및 자유선택활동 9:45 ~ 10:00 교구 정리정돈 및 손씻기 10:00 ~ 10:20 오전간식 10:20 ~ 10:30 인사 나누기 10:30 ~ 10:45 이야기 나누기 10:45 ~ 11:00 새 노래 11:00 ~ 11:20 화장실 및 손씻기 11:20 ~ 11:50 게임	11:50 ~ 12:00 손씻기 및 식사준비 12:00 ~ 12:45 점심식사 및 양치하기 12:45 ~ 1:00 화장실 및 낮잠준비 1:00 ~ 2:45 낮잠 2:45 ~ 3:00 침구정리 및 간식준비 3:00 ~ 3:25 오후간식 3:35 ~ 6:30 혼합연령 자유선택활동 및 귀가하기		

시간/활동명	활동목표	활동내용 및 방법	준비물/유의점	평가
8:30~9:45 등원 및 자유선택활동	·즐거운 마음으로 등원한다. ·스스로 계획하여 놀이에 참여한다.	·유아와 개별인사하며 아이들의 기분을 확인한다. ·등원한 유아는 가방에서 수첩을 꺼낸 후 가방 정리를 한다. ·유아는 자신이 계획한 놀이 영역에서 자유선택활동을 시작한다. -조작영역: 무엇이 필요할까? -미술영역: 막대인형 만들기 <교구소개> -조작영역: 무엇이 필요할까? 직업별로 필요한 도구를 알고 바르게 연결한다.	수첩	
9:45~10:00 교구 정리정돈 및 손씻기	·교구를 제자리에 정리한다.	·정리 시간을 지키며 놀잇감을 제자리에 정리한다. ·화장실을 다녀온 후. 손을 씻는다.		
10:00~10:20오전간식	·바르게 앉아 간식을	·간식을 받은 후, 다함께 간식기도를 한다.	간식	

	먹고 스스로 정리 한다.	·각자 받은 간식을 맛있게 먹는다. ·다 먹은 유아는 입 주변을 청결히 한 후 자기책상에 떨어진 내용물을 스스로 정리한다.	마른행주 컵	
10:20~10:30 인사 나누기	·오늘의 날짜와 날씨를 안다 ·하루 일과를 안다.	·카페트에 바르게 앉은 유아들과 반갑게 인사를 나눈다. ·오늘의 날짜와 날씨를 알아본다. ·하루 일과를 알아본다. (①이야기 나누기 ②새 노래 ③게임 ④낮잠) · 유아들과 함께 아침 기도를 한다.		
10:30~10:45 이야기 나누기	·이웃간에 서로 도와야 함을 안다.	·올데이 수업 세부계획안 참고 -실습교사 진행		
10:45~11:00 새 노래	·노래를 통해 이웃을 위해 할 수 있는 일을 안다.	·올데이 수업 세부계획안 참고 -실습교사 진행		
11:00~11:20화장실 및 손씻기	·화장실을 다녀온 후 휴식을 갖는다.	·화장실을 다녀온 후 손을 깨끗이 씻는다. ·다녀온 유아들은 매트에 앉아 잠깐의 휴식을 갖는다.		
11:20~11:50 게임	·게임을 통해 이웃 돕기를 경험한다.	·올데이 수업 세부계획안 참고 -실습교사 진행		
11:50~12:00 손씻기 및 식사준비	·손을 깨끗이 씻고 점심 먹을 준비를 한다.	·화장실을 다녀온 후 손을 씻는다. ·도시락 식판을 꺼내어 자리에 앉아 점심 먹을 준비를 한다.		
12:00~12:45 점심식사 및 양치하기	·올바른 식생활 습관을 기른다.	·다함께 점심 식사 기도를 한다. ·배식을 받은 유아는 자리에 앉아 맛있게 점심을 먹는다. ·다 먹은 유아는 식판과 수저를 정리하고 양치를 한다.	식판 수저 칫솔 치약 양치컵	
12:45~1:00 낮잠 준비	·안정된 마음으로 낮잠 잘 준비를 한다.	·교사는 유아들의 낮잠을 위해 유아용 침구를 편다. ·유아들은 양말을 벗은 후 자신의 침구 위에서 낮잠 잘 준비를 한다.	유아용 침구	
1:00~2:45 낮잠	·편안한 마음으로 낮잠을 잔다.	·유아들은 편안한 마음으로 낮잠을 잔다. ·교사는 쉽게 잠들지 못하는 유아들을 재워준다.		
2:45~3:00 침구정리	·교사는 침구를 정리하고	·낮잠 시간이 끝나면 교사는 유아들을		

<table>
<tr><td colspan="2">및 간식준비</td><td>유아들은 간식 준비를 한다.</td><td>깨운 후 유아들의 침구를 정리한다.
·유아들은 손을 깨끗이 씻고 간식 먹을 준비를 한다.</td><td></td><td></td></tr>
<tr><td colspan="2">3:00~3:25
오후간식</td><td>·바르게 앉아 간식을 먹고 스스로 정리한다.</td><td>·간식을 받은 후, 다함께 간식기도를 한다.
·각자 받은 간식을 맛있게 먹는다.
·다 먹은 유아는 입 주변을 청결히 한 후 자기책상에 떨어진 내용물을 스스로 정리한다.</td><td>간식
마른행주
컵</td><td></td></tr>
<tr><td colspan="2">3:25~6:30
혼합연령
자유선택활동 및
귀가하기</td><td>·오전 놀이와 연계·확장하여 놀이를 계획한다.
· 안전하게 귀가한다.</td><td>·오전놀이와 연계·확장하여 놀이를 한다.
·버스를 이용하는 유아는 귀가준비를 한다.
-1호 귀가: 3시 30분
-2호 귀가: 4시 30분
·귀가하지 않은 유아들은 조용한 놀이를 한다.
·바르게 앉아 있다가 자신의 차례가 되면 놀이를 선택하여 시작한다.
·부모님이 오신 유아들은 놀이를 정리하고 인사를 나눈 뒤 귀가한다.</td><td></td><td></td></tr>
<tr><td rowspan="2">평가</td><td>실습생</td><td colspan="4"></td></tr>
<tr><td>지도
교사</td><td colspan="4"></td></tr>
</table>

연구수업 계획안

검 인	담 임	원 장

학 급 명	샘물반 (만 3세)	날 짜	2012년 11월 30일 금요일
생활주제	우리 동네	주 제	우리의 이웃
소주제	고마운 분이 있어요.	일일주제	자연과 놀아요
목 표	· 낙엽 공을 차며 자연 속에서 즐겁게 놀이한다.		
일과 시간표	8:30 ~ 09:45 등원 및 자유선택활동 9:45 ~ 10:00 교구 정리정돈 및 손씻기 10:00 ~ 10:20 오전간식 10:20 ~ 10:25 인사 나누기 10:25 ~ 10:30 햇살반 이동 10:30 ~ 11:00 그림놀이 11:00 ~ 11:05 교실이동 11:05 ~ 11:20 외출준비 및 실외이동 11:20 ~ 12:00 자연놀이	12:00 ~ 12:10 손씻기 및 식사준비 12:10 ~ 1:20 점심식사 및 양치하기 1:20 ~ 1:30 종이접기 준비 및 이동 1:30 ~ 2:00 종이접기 2:00 ~ 2:30 교실놀이 2:30 ~ 2:50 교구 정리정돈 및 휴식 2:50 ~ 3:00 손씻기 및 간식준비 3:00 ~ 3:25 오후간식 3:25 ~ 6:30 혼합연령 자유선택활동 및 귀가하기	

시간/활동명	활동목표	활동내용 및 방법	준비물/유의점	평가
8:30~9:45 등원 및 자유선택활동	·즐거운 마음으로 등원한다. ·스스로 계획하여 놀이에 참여한다.	·유아와 개별인사하며 아이들의 기분을 확인한다. ·등원한 유아는 가방에서 수첩을 꺼낸 후 가방 정리를 한다. ·유아는 자신이 계획한 놀이 영역에서 자유선택활동을 시작한다. -과학영역: 공공기관 마크 -음률영역: <감상> 헨델의 '즐거운 대장장이' <쌓기영역> ·박건용 김찬중 김찬일 종이블럭을 이용하여 자동차를 만든 후 그 안에 음식 교구를 넣고 소풍가는 놀이를 한다. <미술영역> ·임시현 이서준 검은색 색종이를 이용하여 박쥐를 만든다.	수첩	·등원하는 유아들에게 반갑게 인사를 건냈다. ·쌓기영역에서 놀이하는 유아들이 만든 자동차를 타고 소풍놀이를 했다.

9:45~10:00 교구 정리정돈 및 손씻기	·교구를 제자리에 정리한다.	·정리 시간을 지키며 놀잇감을 제자리에 정리한다. ·화장실을 다녀온 후. 손을 씻는다.		
10:00~10:20오전간식	·바르게 앉아 간식을 먹고 스스로 정리 한다.	·간식을 받은 후, 다함께 간식기도를 한다. ·각자 받은 간식을 맛있게 먹는다. ·다 먹은 유아는 입 주변을 청결히 한 후 자기책상에 떨어진 내용물을 스스로 정리한다.	간식 마른행주 컵	
10:20~10:25 인사 나누기	·오늘의 날짜와 날씨를 안다 · 하루 일과를 안다.	·카페트에 바르게 앉은 유아들과 반갑게 인사를 나눈다. ·오늘의 날짜와 날씨를 알아본다. ·하루 일과를 알아본다. (①그림놀이 ②자연놀이 ③종이접기 ④게시판 꾸미기) · 유아들과 함께 아침 기도를 한다.		
10:25~10:30 햇살반 이동	·안전하게 햇살반으로 이동한다.	· 질서를 지키며 햇살반으로 이동한다.		
10:30~11:00 그림놀이 '사람'그리기	·즐거운 마음으로 그림을 그린다.	<도입> ·교사는 유아들과 함께 인사를 나눈다. ·지난시간에 그려 본 것에 대해 이야기 나눈다. ·오늘 그릴 사람을 소개한다. T: 친구들 지금부터 선생님이 내는 문제를 맞춰보아요. 오늘 그려볼 친구는요 눈 코 입이 있데요. C: 사람이요! 동물이요! T: 너희들은 사람을 본 적 있니? C: 네. 우리 다 사람이에요. T: 그래요. 많은 사람들이 있지요. 그럼 사람을 그리려면 어떤 것들을 그려야 할까? C: 눈이요. 얼굴이요. 신발이요. 발이요. T: 많은것을 그려볼 수 있겠지요? 그럼 지금부터 친구들이 사람을 그려주는 거에요. <전개> ·유아들은 다양한 색연필을 이용하여 사람을 그린다. <마무리> ·유아들이 그린 사람을 평가하는 시간을 갖는다. ·잘 그려준 유아들을 칭찬해주고 활동을 마무리 한다.	그림놀이 활동지 색연필	

11:00~11:05 교실 이동	·안전하게 교실로 이동한다.	· 질서를 지키며 교실로 이동한다.		
11:05~11:20외출준비 및 실외이동	·유아들은 겉옷과 신발을 신고 실외로 이동한다.	·유아들은 교실에서 겉옷을 입고 외출 준비를 한다. ·신발을 신은 후 실외로 이동한다.		
11:20~12:00 자연놀이	·낙엽공으로 즐겁게 축구게임을 한다.	<도입> ·교사는 오늘 함께 할 '낙엽공으로 축구하기' 활동을 소개한다. T: 너희들 동그란 것에는 무엇이 있는지 아나요? C: 안경이요! 빵이요! 사과요! T: 그렇게 생각하는구나. 오늘은 너희들이 동그란 공을 이용해서 축구게임을 해볼거에요. T: 그런데 오늘의 축구공은 특이한 공이에요. 바로 낙엽을 넣어서 만든 낙엽공이에요. T: 너희 혹시 축구가 어떤 게임인지 알고 있나요? C: TV에서 봤어요. 아빠랑 해 봤어요. T: 그렇구나. 공을 가지고 게임을 하는 것을 축구라고 해요. 오늘은 친구들이 낙엽공을 가지고 축구를 해볼거에요. ·교사는 두팀으로 나뉜 햇살반과 샘물반에게 게임 도구와 방법을 소개한다. T: 오늘 해볼 게임에는 축구 골대와 낙엽축구공, 출발선을 알려주는 지지대가 있어요. 게임은 친구들이 한명씩 나와서 공을 힘껏 차서 골대에 공을 넣어주는 거에요. <전개> ·유아들은 게임활동을 시작한다. ·개인전과 팀전으로 게임을 진행한다. <마무리> ·오늘 활동에 대한 평가를 한다. T: 오늘의 게임은 공을 골대 안으로 한번 넣어준 샘물반의 승리에요. 샘물반에게 박수! T: 오늘 해본 낙엽공 축구 게임 어땠나요? C: 재미있었어요! T: 그럼 게임에 재미있게 참여해준 샘물반과 햇살반에게 모두 박수 쳐주고 교실로 들어가요.	호루라기 낙엽공 축구골대	
12:00~12:10 손씻기 및 식사준비	·손을 깨끗이 씻고 점심 먹을 준비를 한다.	·화장실을 다녀온 후 손을 씻는다. ·도시락 식판을 꺼내어 자리에 앉아 점심 먹을 준비를 한다.		

12:10~1:20 점심식사 및 양치하기	·올바른 식생활 습관을 기른다.	·다함께 점심 식사 기도를 한다. ·배식을 받은 유아는 자리에 앉아 맛있게 점심을 먹는다. ·다 먹은 유아는 식판과 수저를 정리하고 양치를 한다.	식판 수저 칫솔 치약 양치컵	
1:20~1:30 종이접기 준비 및 이동	·종이접기 시간에 사용할 준비물을 챙긴다.	·유아들은 한명씩 앞에 있는 개인 준비물들을 챙긴다. ·준비물을 챙긴 후 질서를 지키며 햇살반으로 이동한다.	종이접기 스케치북 색연필 풀	
1:30~2:00 종이접기	·교사를 따라 로케트를 접는다. ·만들어본 로케트를 멋지게 꾸민다.	<도입> ·교사는 지난시간에 접어 본 별에 대해 이야기한다. ·별과 관련하여 우주 이야기를 꺼내며 로케트를 접어 볼 것이라고 소개한다. T: 얘들아! 지난시간에 보니까 너희들이 별을 접고 난 후에 그림 그리는 것을 보니까 행성도 그려주고 로케트도 그려주는 모습을 봤어요. 그래서 오늘은 로케트를 접어볼거에요! <전개> ·교사는 유아들에게 로케트 접는 방법을 소개하며 함께 접어본다. ·로케트를 완성한 유아들은 풀을 이용하여 종이접기 스케치북에 붙인다. ·로케트를 붙인 유아들은 색연필을 이용하여 자유롭게 꾸민다. <마무리> ·로케트 접는 방법을 잊지 않기로 하고 활동을 마무리한다.	색종이	
2:00~2:30 교실놀이	·스스로 계획하여 놀이에 참여한다.	·유아는 자신이 계획한 놀이 영역에서 자유선택활동을 시작한다.		
2:30~2:50 교구 정리정돈 및 휴식	·교구를 제자리에 정리한다.	·정리 시간을 지키며 놀잇감을 제자리에 정리한다. ·교구 정리를 마친 후 카페트에 누워 휴식을 취한다.		
2:50~3:00 손씻기 및 간식준비	·손을 깨끗이 씻은 후 간식먹을 준비를 한다.	·질서를 지키며 화장실을 다녀온 후 손을 씻는다. ·화장실에 다녀온 유아는 문 앞에 한줄 기차하여 간식 받을 준비를 한다.		
3:00~3:25 오후간식	·바르게 앉아 간식을 먹고 스스로 정리한다.	·간식을 받은 후, 다함께 간식기도를 한다. ·각자 받은 간식을 맛있게 먹는다. ·다 먹은 유아는 입 주변을 청결히 한	간식 마른행주 컵	

<table>
<tr><td colspan="2"></td><td></td><td>후 자기책상에 떨어진 내용물을 스스로 정리한다.</td><td></td><td></td></tr>
<tr><td colspan="2">3:25~6:30
혼합연령
자유선택활동 및
귀가하기</td><td>· 오전 놀이와 연계·확장하여 놀이를 계획한다.

· 안전하게 귀가한다.</td><td>·오전놀이와 연계·확장하여 놀이를 한다.

<언어영역>
· 최태주 변수윤
언어영역에서 자신이 읽고 싶은 동화책을 선정하여 책을 읽는다.

·버스를 이용하는 유아는 귀가준비를 한다.
-1호 귀가: 3시 30분
-2호 귀가: 4시 30분
·귀가하지 않은 유아들은 조용한 놀이를 한다.
·바르게 앉아 있다가 자신의 차례가 되면 놀이를 선택하여 시작한다.
·부모님이 오신 유아들은 놀이를 정리하고 인사를 나눈 뒤 귀가한다.</td><td></td><td></td></tr>
<tr><td rowspan="2">평가</td><td>실습생</td><td colspan="4">드디어 마지막 날을 마무리 했다. 4주라는 시간을 돌아보니 힘든 시간도 있었지만 샘물반 친구들과 함께 했던 시간들이 즐겁고 행복했던 시간들이라는 생각이 든다. 수업 참관에서부터 시작해서 부분 수업, 연계수업, 그리고 올데이.. 많은 시간들 속에서 선생님께 실습지도를 받으며 좀 더 유아교사로서 갖추어야 할 많고 세세한 부분들에 대해 많이 배우고 가는 것 같아서 행복하다. 조금 더 유아들과의 깊은 상호작용과 즐겁고 재미있는 수업을 진행했더라면 더 많이 만족스러운 실습이었겠지만, 한 달동안 좋은 것 듣고 많이 배우고 돌아가는 것 같아서 너무 감사하다. 다시 학교로 돌아가더라도 이번 실습을 통해 배운 것 잊지 않고 새기면서 좀더 성숙하고 자신감 넘치는 교사가 되기 위해 노력해야겠다.</td></tr>
<tr><td>지도
교사</td><td colspan="4"></td></tr>
</table>

검인	담 임	원 장

부분수업계획안

학급명	샘물반 (만 3세)	일 시	2012년 11월 13일 화요일
주제	우리의 이웃	소주제	우리 동네는 무엇이 있을까?①

활동유형	동화 감상	활동명	구리와 구라의 빵 만들기	소요시간	15분

목표	· 즐거운 마음으로 동화를 듣는다. · 우리 동네의 빵집에서 하는 일에 대해 알아본다. · 다양한 빵의 종류가 있음을 안다.

활동명	활 동 내 용	준비물 및 유의점
도입 5분 -요리사 모자와 앞치마로 주의집중하기	·교사는 활동을 시작한다. T: 오늘은 선생님이 친구들을 위해서 특별한 사람으로 변신을 해 볼 거에요. 지금부터 우리 친구들이 하나 둘 셋 나와주세요! 라고 외쳐주면 선생님이 여기 있는 칠판 뒤에서 준비를 하고 있다가 친구들 앞에 나타날게요. 다들 준비 되었나요? C: 하나 둘 셋! 나와주세요! ·교사는 칠판 뒤에서 요리사 모자와 앞치마를 두른 후 유아들 앞에 등장한다. T: 짜잔! 오늘은 선생님이 무엇이 되었나요? C: 요리사요! T: 맞았어요. 오늘은 우리 친구들을 위해서 선생님이 빵을 굽는 사람이 되었어요. 빵을 만드는 사람을 제빵사라고 한답니다. 친구들 중에 제빵사를 본 적이 있나요? C: 빵집에서 보았어요. TV에서 보았어요. T: 맞아요. TV에서도 볼 수 있고 우리 동네에 있는 빵집에서 맛있는 빵을 구워주시는 제빵사님을 만날 수 있죠? 지금부터는 선생님이 제빵사가 되어서 우리 친구들과 함께 이야기 나눠 볼 거에요. T: 친구들, 친구들이 좋아하는 빵들에는 어떤 빵이 있나요? C: 피자빵이요. 단팥빵이요. 크림빵이요. T: 우리 친구들이 좋아하는 빵이 참 많구나. 여기 있는 선생님은 빵 중에서도 단팥빵을 제일 좋아한답니다. T: 오늘은 선생님이 우리 친구들에게 우리 동네의 제빵사 아저씨만큼 빵을 아주 잘 만드는 친구들을 소개해 주려고 해요. 그 친구들의 이름은 구리와 구라에요. 우리 친구들이 큰 목소리로 "구리야! 구라야!" 하고 불러주면 구리와 구라가 짠! 하고 나타난대요. 그럼 지금부	준비물 -요리사 모자 -앞치마 -단팥빵 피자빵 케이크 단팥빵 소보루 그림카드

	터 다함께 구리와 구라를 불러 볼까요? C: 구리야! 구라야!	
전개 8분 -동화 감상하기	· 교사는 유아들에게 '구리와 구라의 빵 만들기' 책을 소개한다. T: 이 책의 제목은 "구리와 구라의 빵 만들기" 에요. 친구들 여기에 구리와 구라가 보이나요?  C: 네 보여요. T: 여기있는 구리와 구라가 빨리 샘물반 친구들을 만나보고 싶데요. 그럼 지금부터 선생님이 구리와 구라의 이야기를 들려줄게요. · 책 소개를 마친 교사는 유아들에게 동화를 한번 들려준다. · 동화를 들려준 후 유아들에게 조용히 그림을 보여주며 다시한번 동화책을 살펴본다. T: 친구들! 구리와 구라의 이야기를 잘 들어보았나요? 그럼 지금부터 천천히 이 동화책의 내용이 무엇이었는지, 그림을 보면서 살펴보도록 해요. C: 네	준비물 -구리와 구라의 빵만들기 동화책 유의점 -생동감 있는 목소리톤 사용
마무리 2분 -책 내용 다시 한번 기억하기	·'구리와 구라의 빵만들기' 동화책의 내용을 다시 한번 기억해 보는 시간을 가져본다. T: 친구들! 구리와 구라를 잘 만나보았지요? 구리와 구라는 숲속에서 밤을 줍다가 무엇을 발견 했었나요? C: 큰 알이요!! T: 그럼 구리와 구라는 그 큰 알을 가지고 무엇을 만들었나요? C: 빵을 만들었어요. T: 맞아요. 구리와 구라는 커다란 알을 가지고 빵을 만들어서 코끼리 친구, 다람쥐친구 많은 동물친구들과 나누어 먹었지요? T: 그럼 친구들은 구리와 구라가 만든 큰 카스테라 빵 말고 어떤 빵을 만들어 보고 싶나요? C: 피자빵이요! 뽀로로빵이요! T: 친구들은 그런 빵들을 만들어보고 싶구나. 우리 친구들이 만드는 빵들은 너무 멋 있을 것 같아요. 우리 친구들의 말을 들어보니 친구들이 빵을 너무 만들어보고 싶어 하는 것 같아서 직접 빵을 만들어 볼 수 있는 활동을 준비 해 봤어요. 다음시간에는 우리 친구들이 직접 빵을 만들어 보기로 해요.	
	· 확장활동 - 핫케이크 만들기 핫케이크 만들기 활동을 경험해 볼 수 있다. · 핫케이크 만드는 방법	핫케이크 가루, 우유,

<table>
<tr><td colspan="2">확장활동</td><td>① 기구를 이용하여 달걀과 우유를 저어주며 풀어준다.
② 풀어준 ①번에 핫케이크 가루를 함께 넣어 섞어준다.
③ 잘 섞은 핫케이크 반죽을 식용유를 살짝 두른 후라이팬 위에 올려 구워 준다.
④ 핫케이크의 한쪽 면 위에 기포가 생길 즈음에 뒤로 뒤집어 준 후, 1~2분 가량 기다린다.</td><td>달걀, 식용유, 후라이팬, 큰그릇</td></tr>
<tr><td rowspan="2">평가</td><td>실습생</td><td colspan="2"></td></tr>
<tr><td>지도
교사</td><td colspan="2"></td></tr>
</table>

검인	담 임	원 장

부분수업계획안

학급명	샘물반 (만 3세)	일 시	2012년 11월 20일 화요일		
주제	우리의 이웃	소주제	우리 동네는 무엇이 있을까?②		
활동유형	· 이야기나누기 · 게임	활동명	우체국 편지배달하기 게임	소요시간	35분
목표	· 우리 동네에 있는 우체국에서 하는 일에 대해 안다. · 게임에 적극적으로 참여한다.				

본 활동	활 동 내 용	준비물 및 유의점
이야기 나누기 (15분) <도입> 3분 -수수께끼로 흥미 자극하기	<도입> · 교사는 우체통에 대한 수수께끼를 내며 활동을 시작한다. T: 친구들 오늘은 활동을 시작하기 전에 선생님이 우리 친구들에게 퀴즈를 하나 내 보려고 해요. 다함께 맞추어 볼까요? C: 네 T: 나의 몸은 빨간색 이에요. 사람들은 편지를 써서 나에게 쏙 넣어요. 나는 우체부 아저씨를 만나기 전까지 편지를 아주 잘 가지고 있어요. 친구들 무엇인지 알겠나요? C: 우체통이요! T: 맞아요. 선생님이 낸 퀴즈의 정답은 빨간 우체통 이었어요. 우체통을 본 적이 있는 친구가 있나요? C: 저요! T: 그러면 빨간 우체통을 어디에서 보았나요? C: 우체국 앞이요. 우리 집 앞이요. T: 우체통을 많이 보았구나! 그럼 우체통에 있는 편지는 어디로 가져가야 우리가 받을 수 있을까요? C: 우체국이요. T: 우리 샘물반 친구들이 아주 잘 알고 있구나. 지금부터는 편지를 보내고 받을 수 있도록 도와주는 '우체국'에 대해 이야기를 나누어 보는 시간을 가져볼거에요.	
	<전개> ·교사는 택배, 통장이 들어있는 우체통을 준비하여 이야기나누기를 진	

<전개> 10분 -실물자료를 이용한 이야기나누기	행한다. T: 친구들 오늘은 선생님이 이야기 나누기 활동을 도와줄 친구를 데리고 왔어요. 다들 나와라 얍! 하고 외쳐볼까요? T: (우체통을 보여주며) 짜잔! 이것이 무엇이라고 방금 이야기 나누었죠? C: 우체통이요. T: 친구들이 잘 알고 있구나. 오늘은 우체통 친구와 함께 "우체국이 하는일"에 대해 이야기 나누어 볼거에요. 바르게 앉아있는 친구가 나와서 우체통 안에 들어 있는 물건을 하나씩 뽑아서 나오는 것에 대해 이야기 나누어 보아요. T: 친구들은 우체국이 하는 일을 알고 있나요? C: 사람들이 편지 보내는 것을 도와줘요. T: 그렇게 알고 있구나. 그럼 지금부터 우체국이 무슨 일을 하는지 우체통에서 물건을 뽑아보도록 할게요. 바르게 앉아있는 OO가 나와서 한번 뽑아보도록 할까요? C: (유아는 택배상자를 뽑는다.) T: 짜잔! 친구들 무엇이 나왔나요? C: 상자가 나왔어요. 택배요. T: 이것은 택배라고 해요. 우리 친구들 택배가 무엇인지 알고 있나요? C: 네. 우리 집으로 배달 오는 거에요. T: 친구들은 그렇게 알고 있구나. 택배란 받는 사람의 주소를 쓰면 내가 원하는 곳까지 안전하게 배달해주는 것을 택배라고 이야기해요. 친구들 중에 택배를 받아본 친구가 있나요? C: 엄마가 인터넷으로 장난감을 사주었어요. 못 받아 봤어요. T: 받아본 친구도 있고 그렇지 않은 친구도 있구나. 그렇다면 친구들! 그럼 어떤 물건들을 택배로 보낼 수 있을까요? C: 장난감이요. 옷이요. T: 우리 친구들은 그런 생각을 가지고 있구나. 친구들 말처럼 장난감도 보낼 수 있고 옷도 보낼 수 있고 다양한 물건들을 택배로 보낼 수 있어요. 선생님은 얼마 전에 학교에서 쓰던 책과 옷과 이불들을 선생님 집으로 택배를 보내봤답니다. T: 이렇게 우체국은 편지뿐만 아니라 택배까지도 보내주는 고마운 곳이에요. T: 그럼 이번에는 OO이가 나와서 우체통에서 다른 물건을 한번 뽑아보자! C: (유아는 통장을 뽑는다.) T: 친구들! OO가 뽑아준 것이 무엇인지 아는 친구가 있나요? C: 통장이에요! T: 그렇게 생각하는구나. 그래요 이것은 바로 "통장"이라고 하는 거	택배, 통장이 들어있는 우체통

	에요. 우리 친구들 통장을 본적이 있나요? C: 엄마가 가지고 다녀요. T: 엄마가 가지고 계시는 것을 본 적이 있구나. 그러면 이 통장은 무엇을 하는데 사용하는 것인지 아는 친구가 있나요? C: 돈을 뽑아요. 돈을 간직해줘요. T: 그래요. 통장은 사람들이 돈이 필요할 때마다 쓸 수 있도록 돈을 간직해주지요? 그럼 통장은 어디에서 사용할 수 있나요? C: 은행이요! 은행에서 봤어요. T: 은행에서 보았구나. 그런데 친구들! 은행에서도 통장을 이용해서 우리의 돈을 찾고 맡기지만 우체국에서도 은행과 같은 일을 한답니다. 이렇게 우체국은 우리들을 위해서 하는 일이 아주 많이 있어요. 이제는 우체국이 어떤 일을 도와주는지 잘 알겠나요? C: 네	
<마무리> 2분 -우체국 내용다시한번 기억하기	<마무리> T: 친구들, 오늘은 무엇에 대해 이야기 나누어 보았나요? C: 우체국이 하는 일이요. T: 맞아요. 우리를 도와주는 우체국에 대해 이야기 나누어 보았죠? 그렇다면 우리 친구들이 우체통에서 뽑아본 것은 무엇이 있었지요? C: 택배요, 통장이요. T: 그렇다면 우체국에서는 사람들을 위해 무엇을 도와준다고 했나요? C: 편지를 우리 집으로 안전하게 보내줘요. 택배를 배달해줘요. 돈을 맡겨주어요. T: 우리 친구들이 아주 잘 기억하고 있구나. 우체국에서는 사람들에게 편지와 택배도 보내주고 통장에 돈도 맡겨주고 돈을 찾을 수 있게 잘 간직해 준다고 했지요. T: 우리 샘물반 친구들은 이런 도움을 주는 우체국에게 어떤 마음을 가질 수 있을까요? C: 감사한 마음이요. T: 좋아요. 우리를 도와주는 우체국에게 고마운 마음을 갖는 친구들이 되도록 하고 오늘은 집에 돌아가는 길에 어디 어디에 우체통이 있는지 잘 살펴보도록 하고요. 다음시간에는 우체국과 관련된 게임을 하나 해 보아요.	
	· 우체국의 마크를 유아들이 직접 색칠해 볼 수 있도록 미술영역에 넣어준다.	우체국

확장활동	<우체국 마크>	마크 색칠하기 활동지
게임 **(20분)** <도입> 3분 -교사의 경험 들려주기	<도입> · 교사는 활동을 위해 이야기를 시작한다. T: 친구들 선생님은 오늘 속상한 일이 있었어요. 선생님이 아침부터 무슨 일이 있었는지 이야기를 들어보래요? C: 네. T: 선생님이 아침에 요셉어린이집에 오려고 집을 나오다가 우편함을 봤는데 편지 한통이 와 있는 거에요. 그래서 “누가 보냈지?‘ 하면서 편지를 뜯었는데! 아니 글쎄 그 편지가 잘못 온 편지였던 거에요. 편지 봉투를 살펴보니 받는 사람도 차유미가 아닌 모르는 사람의 이름이었고요. 편지를 보내는 주소도 선생님이 살고 있는 집 주소가 아닌 선생님이 모르는 동네의 주소였어요. 그래서 선생님은 이미 뜯어버린 이 편지를 어떻게 하면 좋을지 생각하면서 너무나 속상했어요. 우체부 아저씨는 왜 이런 실수를 하셨을까요? C: 늦잠을 자서요. 추워서 실수 하셨나봐요. T: 편지를 잘못 전달한 우체부 아저씨의 마음은 어떠셨을까요? C: 속상했을 것 같아요. T: 많이 속상하셨겠죠? 그럼 우리 친구들이 우체부가 된다면 편지를 잘 전달할 수 있겠나요? C: 네. 잘할 수 있어요! T: 그래서 오늘은 선생님이 우리 친구들이 우체부가 되어서 편지를 잘 배달해 볼 수 있는 “편지 배달하기 게임”을 준비해 봤어요. C: 와!	-유니바 -숫자가 써있는 주사위 -편지를 배달 할 수 있는 집 모양 -편지가방 -게임판을 준비하여 설명한다.
<전개> 15분 -편지배달 게임하기	<전개> · 교사는 게임방법에 대해 이야기 한다. T: 그럼 지금부터 게임 방법에 대해 이야기 해 줄게요. 이 게임은 두팀으로 나누어서 할 수 있는 게임이에요. 팀에서 두 명의 친구가 나와서 한명은 여기있는 편지가방을 메고 한명은 편지가방을 멘 친구의 손을 잡고 주사위를 돌려주는 거에요. 두 친구가 힘을 합쳐 앞에 있는 집 모양의 건물 앞까지 가서 편지를 배달해 주면 되는 게임이에요. T: 하지만 앞에 있는 길을 무조건 지나가는 것이 아니라 편지를 배달하러 갈때는 여기 숫자가 써 있는 주사위를 던져서 숫자 1이 나오면 한 칸, 2가 나오면 두 칸, 3이 나오면 세칸, 4는 네칸, 5는 다섯	

<table>
<tr>
<td></td>
<td>칸 이동해 주면 되고요, 꽝이 나오면 앞으로 갈 수가 없어요. 돌아올 때는 주사위를 던지지 않고 다시 돌아오면 되는 게임이에요. 이 게임을 우리 친구들이 역할을 바꾸어서 2번씩 해 볼거에요. 모두들 어떻게 하는 게임인지 알겠나요?
C: 네. 선생님.
· 교사는 유아들의 팀을 나눈 후 팀 이름을 정한다.
· 게임 전 지켜야 할 약속에 대해 이야기 나눈다.
T: 친구들! 함께 멋진 팀 이름을 지어 보았나요?
C: 네 멋지게 지었어요.
T: 그런데 친구들! 게임을 하면서 지켜줘야 할 약속이 있어요. 무엇이 있을까요?
C: 뛰지 않아요. 친구를 밀지 않아요.
T: 그래요. 우리 친구들이 잘 알고 있는 것처럼 뛰지 않고, 친구를 밀지 않기로 해요. 또 유니바 위에서 넘어지면 위험한 일이 일어나기 때문에 천천히 게임에 참여하도록 하고 유니바 위에서 장난치지 않아요. 우리 친구들 약속 잘 지켜줄 수 있지요?
C: 네. 선생님.
T: 그럼 지금부터 편지 배달하기 게임을 시작해 보아요.
C: 와아!
·유아들은 게임을 시작한다.</td>
<td></td>
</tr>
<tr>
<td><마무리>
2분
-게임에 대한 평가하기</td>
<td><마무리>
· 게임이 끝나면 편지를 잘 배달해준 유아들을 칭찬해 준다.
T: 친구들! 모두 편지를 잘 배달해 주었나요?
C: 네!
T: 어느 팀이 편지를 잘 배달하고 먼저 들어왔나요?
C: 우리팀이요!
T: OO 팀이 먼저 들어왔구나. OO팀 잘했어요 OO팀에게 박수! 하지만 선생님이 우리 친구들이 게임을 하고 있는 모습을 보았더니 친구들 모두가 안전을 생각하면서 멋지게 게임에 참여하는 모습을 볼 수 있었어요. 우리 친구들 모두 수고했어요. 다함께 박수!
T: 친구들 오늘 게임을 하면서 힘들었던 점은 없었나요?
C: 유니바를 건널 때 힘들었어요.
T: 우리 친구들은 그런 부분이 힘들었구나. 그럼 좋았던 점은 없었나요?
C: 편지 붙이고 돌아올 때가 재미있었어요.
T: 우리 친구들이 그런 점이 힘들고 재미있었구나. 하지만 오늘 친구들이 게임을 너무 멋지게 해줘서 선생님은 너무 기뻐요. 편지를 배달해보는 경험을 해보니 어땠나요?
C: 재미있었어요.</td>
<td></td>
</tr>
</table>

<table>
<tr><td colspan="2"></td><td>T: 그럼 다음번에는 선생님이 더욱 재미있는 게임을 준비해 오도록 할게요. 수고했어요.</td><td></td></tr>
<tr><td colspan="2">확장활동</td><td>· 유아들이 직접 쓴 편지를 우체국에 가져가서 부쳐본다.</td><td></td></tr>
<tr><td rowspan="2">평가</td><td>실습생</td><td colspan="2"></td></tr>
<tr><td>지도
교사</td><td colspan="2"></td></tr>
</table>

검 인	담 임	원 장

부분수업계획안

학급명	샘물반 (만 3세)		일 시	2012년 11월 29일 목요일	
주제	우리의 이웃		소주제	고마운 분이 있어요.	
활동유형	이야기 나누기	활동명	서로 도와요	소요시간	15분
	새 노래		우리가 할 일		15분
	게임		도와주세요		30분
목표	· 이웃간에 서로 도와야 함을 안다. · 이웃을 위해 할 수 있는 일을 안다. · 게임을 통해 이웃돕기를 경험한다.				

활동명	활 동 내 용	준비물 및 유의점
이야기 나누기 도입 3분 -우리동네 만들기 활동으로 주의집중하기	·교사는 우리동네 만들기 자료를 준비하여 수업을 시작한다. T: 친구들! 오늘은 선생님과 친구들이 이야기나누기 활동을 시작하기 전에 함께 해볼 것이 있어요. 무엇인지 궁금하죠? C: 네 T: (우리 동네 만들기 자료를 꺼내며) 짠! 오늘은 친구들과 함께 우리 동네를 만들어 보려고 해요. 우리 동네에는 무엇이 있을까요? C: 소방서, 우체국, 경찰서요. T: 그럼 우리 동네에 있는 건물들을 어떻게 꾸며주면 좋을까요? C: 찻길 옆에 경찰서를 놓아요. T: 그럼 지금부터 샘물 마을을 만들어 보아요. 선생님은 소방서를 찻길 옆인 이곳에 붙이면 좋겠어요. 어디가 좋을까요? 바르게 앉아있는 OO이가 나와서 소방서를 한번 놓아 주세요. C: (유아는 놓고 싶은 곳에 소방서를 놓는다.) 이러한 방법으로 우체국, 경찰서, 병원, 공원도 꾸며준다 T: 친구들! 샘물마을이 완성이 되었어요!	우리동네 만들기 자료
전개 10분 -고마운 분들을 도와드릴 수 있는 방법 이야기 나누기	<소방관> T: 친구들! 우리 지난시간에 소방관 아저씨가 우리를 위해 어떤 도움을 주신다고 이야기 나누었지요? C: 불을 꺼줘요. 소방교육을 해줘요. T: 친구들이 잘 기억하고 있구나. 그럼 소방관 아저씨가 계시는 곳을 바르게 붙여보자. T: 그렇다면 친구들! 이렇게 우리에게 고마운 도움을 주시는 소방관 아저씨를 위해 우리가 도와줄 수 있는 일에는 어떤 일들이 있을까요? C: 아저씨께 인사를 잘해요. 장난전화를 하지 않아요. T: 우리 친구들이 아주 좋은 생각을 가지고 있구나. 그렇다면 장난전화를 왜 하면 안 될까요?	우리동네 만들기 자료 소방관 의사 경찰 환경미화원 집배원

<table>
<tr><td></td><td>C: 장난전화하면 소방관 아저씨 바쁘신데 방해 되요.
T: 친구들은 그렇게 생각하는구나. 그래요 우리가 장난전화를 하게 되면 다른 곳에서 불이 났을 때 빨리 갈 수가 없어요. 샘물반 친구들은 장난전화도 걸지 않고 인사도 잘 드릴 수 있는 멋진 친구들이 될 수 있나요?
C: 네.
T: 좋아요. 우리 샘물동네 소방관아저씨들은 너무나 행복할 것 같아요.

<의사>
T: 친구들! 그렇다면 우리 지난시간에 의사선생님은 우리를 위해 어떤 일을 도와주신다고 했나요?
C: 아픈 사람을 돌봐주어요.
T: 그래요. 아픈 사람을 돌봐주고 수술도 해주신다고 이야기 했어요.
T: 그럼 의사선생님이 계시는 곳을 바르게 붙여보자. 이렇게 고마운 도움을 주시는 의사 선생님을 우리가 도와줄 수 있는 일에는 어떤 일들이 있을까요?
C: 병원에 가서 장난치지 않아요. 주사가 아파도 울지 않아요.
T: 우리 친구들이 아주 좋은 생각을 가지고 있구나. 우리 샘물반 친구들은 병원에 가서 장난도 치지 않고 예절바르게 행동하는 그런 친구들이 될 수 있나요?
C: 네!
T: 좋아요. 우리 샘물동네 의사 선생님들도 너무나 기쁠 것 같아요.

<집배원>
T: 친구들! 지난번에 우리 우체국에 갔을 때 무슨 일을 하고 왔나요?
C: 우체통에 편지를 넣고 왔어요.
T: 그래요! 우체통에 편지를 쏙 하고 집어넣고 왔지요? 그럼 그때 보낸 편지들이 모두 잘 도착했나요?
C: 네!
T: 편지를 본 엄마 아빠는 친구들에게 무슨 이야기를 해주셨나요?
C: 고맙다고 했어요. 잘 그렸다고 했어요.
T: 친구들 모두 칭찬을 들었구나. 그렇다면 그 편지는 누가 우리 집까지 배달해 주셨을까요?
C: 우체부 아저씨요.
T: 그럼 집배원 아저씨가 계시는 곳을 바르게 붙여보자.
T: 그렇다면 친구들! 이렇게 우리에게 편지를 배달해 주시는 고마운 도움을 주시는 집배원 아저씨를 위해 우리가 도와줄 수 있는 일에는 어떤 일들이 있을까요?
C: 아저씨를 만나면 감사하다고 인사를 드려요.
T: 우리 친구들이 아주 좋은 생각을 가지고 있구나. 그런데 친구들이 이야기 하지 않은 것 중에 한 가지 이야기 해 줄게 있어요. 친구들! 우체통에는 무엇만 넣는 건가요?</td><td>사람카드</td></tr>
</table>

C: 편지요!

T: 그런데 얼마 전에 선생님이 집 앞에서 집배원 아저씨를 만났는데 아니 글쎄 자꾸 어떤 아이들이 몰래몰래 쓰레기를 우체통에 넣는다는 거예요. 쓰레기를 우체통에 넣으면 어떻게 될까요?

C: 우체부 아저씨가 편지 꺼낼 때 힘들어요.

T: 그래요. 그러면서 집배원 아저씨는 우체통이 너무 지저분해서 속상하다고 선생님한테 이야기 해주셨어요. 우리 친구들은 집배원 아저씨가 힘내서 일을 하실 수 있도록 우체통을 깨끗하게 사용할 수 있나요?

C: 네!

T: 그래요. 우리 샘물반 친구들 덕분에 집배원 아저씨는 힘이 나서 편지를 잘 배달해 주실 것 같아요.

<환경미화원>

T: 어머 친구들! 여기 좀 보세요. 우리 동네에 어떤 사람들이 먹고 간 바나나 껍질도 있고 사과껍질이 바닥에 버려져 있어요! 이런 것들은 어떤 분이 치워주시는 걸까요?

C: 미화원 아저씨요!

T: 친구들이 잘 알고 있구나. 그럼 환경미화원 아저씨가 계실 곳을 바르게 붙여보자. 우리가 이렇게 쓰레기를 함부로 버리면 환경 미화원 아저씨의 마음은 어떨까요?

C: 힘들어요. 할 일이 많아져요.

T: 그래요. 너무나 속상해서 환경미화원 아저씨가 우리 동네를 떠나버리면 우리 동네는 어떻게 될까요?

C: 쓰레기가 넘쳐요. 더러워요.

T: 그래요. 그럼 우리 샘물반 친구들이 환경미화원 아저씨를 도와드릴 수 있는 일에는 무엇이 있을까요?

C: 쓰레기를 버리지 않아요. 우리가 쓰레기를 버려요.

T: 우리 친구들이 아주 좋은 생각을 가지고 있구나. 우리 친구들이 환경미화원 아저씨를 도와드리면 아저씨도 덜 힘드시고 우리 샘물반 친구들에게 고마워하실 것 같아요. 샘물반 친구들은 쓰레기도 버리지 않고 쓰레기를 주울 수 있는 그런 멋진 친구들이 될 수 있나요?

C: 네!

T: 좋아요. 우리 샘물동네 환경미화원 아저씨들이 너무나 행복할 것 같아요.

<경찰>

T: 친구들! 그렇다면 우리 지난시간에 경찰아저씨는 우리를 위해 어떤 일을 도와주신다고 했나요?

C: 도둑을 잡아줘요. 교통정리를 해주세요.

T: 우리 친구들이 잘 기억하고 있구나. 그렇다면 친구들! 이렇게 우리에게 고마운 도움을 주시는 경찰아저씨를 위해 어떤 도움을 드릴 수 있을까요?

C: 경찰서에 장난전화 하지 않아요. 신호등을 잘 지켜요.

	T: 우리 친구들이 아주 좋은 생각을 가지고 있구나. 우리가 경찰아저씨를 도와줄 수 있는 일에는 그런 일들을 할 수 있겠구나. 우리 샘물반 친구들은 장난전화도 하지 않고 신호등도 잘 지켜서 건너는 그런 친구들이 될 수 있나요? C: 네! T: 좋아요. 우리 샘물동네 경찰 아저씨들도 너무나 행복할 것 같아요.	
마무리 2분 -활동평가하기	· 이야기 나눈 것을 정리한다. T: 친구들 우리가 고마우신 분들께 지금까지 이야기 나누어 본 많은 도움들을 드린다면 그분들의 마음은 어떨까요? C: 행복해요. 덜 힘들어요. T: 그래요. 오늘은 우리가 도움을 드리는 방법에 대해 이야기 나누어 보았지요. 우리들이 매일 도움만 받다가 이렇게 도움을 드리면 우리의 마음은 어떨까요? C: 행복해요. T: 그래요. 서로 도움을 주면서 산다면 행복한 우리 동네가 될 수 있어요. 그럼 선생님이 오늘 친구들과 함께 해 본 우리 동네 꾸미기 자료는 수 · 과학영역에 준비해 주도록 할게요.	
확장활동	수업 자료로 쓴 우리동네 꾸미기 자료를 유아들이 직접 꾸며볼 수 있도록 수과학 영역에 배치해 준다.	
새노래 도입 3분 -노래 소개하기	· 교사는 이야기나누기와 연계하여 노래를 소개한다. T: 친구들 우리가 고마우신 분들에게 도움을 드릴 수 있는 방법을 알아보았지요? 선생님은 샘물반 친구들이 우리 동네를 지키는 지킴이들이 되었으면 좋겠어요. 그럼 어떤 일들을 하면 우리 동네를 지켜주는 멋진 지킴이가 될 수 있을까요? C: 쓰레기를 버리지 않아요. 우리 동네를 사랑해요. T: 선생님은 우리 친구들이 어른들께 인사도 잘하고 쓰레기도 잘 줍는 멋진 지킴이 들이되어 주었으면 좋겠어요. 그럼 어떤 일들을 통해서 멋진 지킴이가 될 수 있는지 노래를 통해서 알아보아요.	
전개 10분 -노래 불러보기	·교사가 준비한 '우리가 할일' 가사판을 보며 가사를 한번 읽어본다. T: 친구들이 지킴이가 되기 위해 배워볼 노래는 '우리가 할 일'이라는 노래에요. 여기 있는 친구들은 무엇을 하고 있는 것 같나요? C: 할아버지께 인사를 해요. T: 그럼 어떤 내용인지 선생님이 한번 읽어줄게요. T: 친구들! 여기를 보아요. 여기 있는 친구들은 바르게 줄을 서 있어요! 우리 친구들도 버스를 탈 때 차례차례 줄을 서서 타나요? C: 네. T: 친구들도 바른 행동을 하는구나. 그럼 이 부분은 어떤 내용인지 선생님이 한번 읽어줄게요. T: 친구들! 친구들은 휴지를 어디에 버리나요? C: 휴지통에요! T: 그럼 여기 있는 친구들도 샘물반 친구들처럼 휴지통에 바르게 휴지를 넣는지 한번 잘 들어보아요. T: 친구들이 길거리에 침을 뱉으면 다른 사람들이 봤을 때 어떨까요? C: 더러워요. 보기 싫어요.	우리가 할 일 가사판

	T: 그래요. 길거리에 침을 뱉는 행동을 하면 멋진 지킴이가 될 수 없을 것 같아요. 그럼 이 부분은 어떤 내용인지 한번 읽어줄게요. <우리가 할 일> 우리가 할 일이 뭔지 알아요 동네 어른 만나면은 인사를 하고 버스 탈 때 차례차례 줄을 서고요 한길에서 공을 차면 안되는 거죠 우리가 할 일이 뭔지 알아요 휴-지는 휴지통에 버려야 하고 껌씹은 건 종이에다 싸서 버려요 한길에서 침 뱉으면 안 되는 거죠 ·어떤 음의 노래인지 노래를 한번 들려준다. T: 그럼 선생님이 이 노래는 어떤 노래인지 한번 들려줄게요. ·교사를 따라 허밍으로 한번 불러본다. T: 친구들! 지금부터는 허밍으로 노래를 불러 볼 건데 어떤 음으로 해볼까요? C: "오"요! T: 그럼 다함께 '오'를 이용하여 허밍으로 한번 불러 보아요. T: 친구들 이제부터는 친구들과 함께 한 소절씩 불러 볼 거예요. 다들 준비 되었나요? C: 네. ·한 소절씩 불러 본 후에 처음부터 함께 불러본다. T: 친구들 모두 노래를 처음부터 끝까지 불러볼 수 있겠나요? C: 네. 부를 수 있어요. T: 그럼 지금부터는 '우리가 할 일' 노래를 처음부터 끝까지 한번 불러보도록 해요. ·노래를 익힌 다음에는 유아들과 함께 창의적으로 율동을 만들어 본다. T: 친구들! 이번에는 '우리가 할 일' 동요와 어울리는 율동을 만들어 보기로 해요. T: 친구들! 율동 잘 기억할 수 있나요? 그럼 지금부터는 용기 있게 친구들 앞에서 율동을 보여줄 수 있는 친구들이 앞에 나와서 율동을 한번 해보는 거예요. (2번 정도 반복한 후) T: 우리 친구들 모두 용기 있게 잘 해주었어요.	우리가 할 일 노래파일
마무리 2분 -활동 평가하기	·오늘 배운 새노래 활동을 평가해 보는 시간을 갖는다. T: 친구들 오늘 배운 새 노래 어땠나요? C: 재미있었어요. T: 오늘은 지킴이가 되어서 할 일에 대해 노래 불러보았지요? 어떤 일을 하면 지킴이가 될 수 있다고 했나요? C: 어른을 만나면 인사를 해요. 휴지는 휴지통에 버려요. 길에서 공을 차지 않아요. T: 친구들이 잘 기억하고 있구나. 그럼 친구들이 멋진 지킴이가 되	

	어주면 우리 동네는 어떻게 변할까요? C: 행복해져요. T: 오늘 배운 노래 중에 재미있었던 부분이 있나요? C: 율동할 때가 제일 재미있었어요. T: 그랬구나. 우리 친구들 모두 오늘 배운 노래를 잊지 않고 모두 멋진 우리 동네 지킴이가 되어 보아요.	
확장활동	유아들과 함께 '우리가 할 일' 노래 의 가사를 바꾸어 불러본다.	
게임 도입 3분 -교사의 이야기 들려주며 주의집중하 기	·교사는 활동을 위해 이야기를 시작한다. T: (교사는 흐느끼는 소리를 낸다) 친구들! 어디서 무슨 소리가 들리는 것 같아요! 다들 귀를 쫑긋 세우고 무슨 소리가 들리는지 들어보아요. T: 어! 저기 아기인형이 쓰러져서 울고 있어요. 선생님이 무슨 일인지 가서 데려올게요. (아기인형을 데려온 후) 아기인형아 넌 왜 울고 있니? 아기인형: 있잖아 내가 오늘 아침에 어린이집에 뛰어 가다가 넘어지면서 무릎을 다쳤어. 무릎이 너무 아파서 잘 걷지도 못하고 누군가의 도움이 필요한데 날 도와주는 사람이 아무도 없었어. 그래서 마음이 너무 속상해서 눈물이 났지 뭐야. T: 친구들! 아기인형은 누군가의 도움이 필요할 것 같아요. 아기인형을 치료해 줄 사람은 누가 있지요? C: 의사선생님이요. T: 그럼 아기인형을 의사선생님에게 데려다주기 전에 우리가 소방구급대원이 되어서 아기인형을 도와주는 거에요! 어때요? C: 좋아요!	아기인형
전개 25분 -게임 활동하기	· 교사는 게임에 필요한 도구를 보여주며 활동방법을 소개한다. T: 그럼 지금부터 아기인형을 도와주는 게임에 대해 이야기 해 줄게요. 이 게임은 두 팀으로 나누어서 할 수 있는 게임이에요. 팀에서 두 명의 친구가 나와서 구급대원이 되는 거예요. 여기 앞에는 아기인형이 앉아있는 매트 두 개가 있고요. 우리 친구들이 구급대원 옷과 모자를 쓴 다음에 들것을 들고 앞으로 가서 아기 인형을 들것에 눕힌 다음 저기 앞에 있는 밴드를 아기인형이 아픈 곳에 붙여주고 다시 인형을 데리고 안전하게 돌아오는 게임이에요. T: 선생님의 이야기를 듣고 모르거나 궁금한 게 있는 친구들이 있나요? C: 아니요. T: 그럼 선생님은 먼저 돌아온 팀에게 점수를 붙여 주도록 할게요. 그런데 오늘 선생님이 준비한 점수판은요, 누군가에게 도움을 주고나면 사랑하는 마음이 커지는 것처럼 친구들도 사랑의 마음을 함께 느껴보자는 뜻으로 하트모양의 점수판을 준비해봤어요. · 교사는 유아들의 팀 이름을 소개한다. T: 오늘 두 팀의 이름은 함께 사랑을 나누자는 뜻으로 분홍사랑팀과 파랑사랑팀으로 정해보려고 하는데 괜찮을까요? C: 네. · 게임 전 지켜야 할 약속에 대해 이야기 나눈다. T: 그런데 친구들! 게임을 하면서 지켜줘야 할 약속이 있어요. 무엇이	들것 아기인형 밴드 구급대원 모자와 옷

<table>
<tr><td></td><td colspan="2">있을까요?
C: 급하게 뛰지 않아요. 친구와 힘을 합쳐요.
T: 그래요. 그런데 친구들이 이야기 하지 않은 것 중에 지킬 약속이 또 있어요. 게임을 하다가 인형이 바닥에 떨어지면 다시 돌아가서 주워야 하고, 밴드를 붙이지 않고 급하게 돌아오는 친구들은 다시 돌아가서 밴드를 붙여주어야 해요. 친구들 약속을 잘 지켜줄 수 있지요?
C: 네. 선생님.
· 유아들은 안전과 질서를 지키면서 게임을 시작한다.</td><td></td></tr>
<tr><td>마무리
2분
-활동
평가하기</td><td colspan="2">· 게임을 마무리하면서 평가해 보는 시간을 갖는다.
T: 그럼 어느 팀이 점수가 많은지 함께 세어 보아요.
(유아들과 각 팀의 점수를 세어본 후)
T: 친구들! 모두 아기를 안전하게 데리고 왔나요?
C: 네!
T: 우리 친구들은 아기인형에게 무슨 도움을 주었나요?
C: 아픈 아기인형에게 밴드를 붙여주고 왔어요.
T: 누군가에게 도움을 주니까 우리 친구들의 기분은 어땠나요?
C: 사랑의 마음이 커졌어요,
T: 선생님이 볼 때도 친구들이 가지고 있는 사랑의 마음이 이만큼 커진 것 같아요. 친구들! 어느 팀이 점수가 더 많나요?
C: OO팀이요!
T: 오늘의 게임은 OO팀의 승리에요. 다함께 OO팀에게 잘했다고 박수쳐 주어요. 비록 이기지는 못했지만 끝까지 열심히 해 준 OO팀에게도 박수쳐 주세요. (다함께 박수를 친다)
T: 선생님이 우리 친구들이 게임을 하고 있는 모습을 보았더니 모두가 안전을 생각하면서 게임에 참여하는 모습을 볼 수 있었어요.
T: 혹시 오늘 게임을 하면서 힘들었던 점은 없었나요?
C: 구급대원 옷을 입고 벗을 때가 힘들었어요.
T: 우리 친구들은 그런 부분이 힘들었구나. 그럼 좋았던 점은 없었나요?
C: 밴드를 붙이고 돌아올 때가 재미있었어요.
T: 우리 친구들이 그런 점이 힘들고 재미있었구나. 하지만 오늘 친구들이 약속을 잘 지키면서 활동 해줘서 선생님은 너무 기뻐요. 그럼 이제 주변을 정리하고 질서를 지키며 화장실에 다녀오도록 해요.</td><td></td></tr>
<tr><td>확장활동</td><td colspan="3">구급대원 역할놀이를 해 볼 수 있도록 구급대원의 모자와 옷 등을 역할영역에 배치한다.</td></tr>
<tr><td rowspan="2">평가</td><td>실습생</td><td colspan="2"></td></tr>
<tr><td>지도
교사</td><td colspan="2"></td></tr>
</table>

찾아보기

[저자 약력]

경북대학교 사범대학 일반사회교육과 졸업
한국교원대학교 대학원 일반사회교육과 석사
한국교원대학교 대학원 일반사회교육과 사회과교육학 박사
한국교원대학교 대학원 강사
대구교육대학교 대학원 강사
부산대학교 사범대학 일반사회교육과 강사
경북교육연수원 교육 연구사
현 경북도립대학 유아교육과 교수

▷주요논문◁
공동체형성논리에서 본 사회통합교육
Durkheim의 교육론적 시각에서 본 사회과 교육
문제해결학습을 통한 시민성 함양
시민성교육의 본질로서의 사회통합교육
가치교육의 단계적 접근
전통윤리의 본질과 현대사회의 통합
공동체형성의 논리
공동체참여와 시민성교육
교육의 본질과 두뇌발달단계에 따른 교육
사회과교육의 목표로서의 민주시민성
민주시민성교육의 단계적 전략
민주시민성 교육과정 속에서의 민주주의 교육
가치화의 과정과 가치교육의 문제
사회과 지적영역 목표별 발문법
한국 유아사회과교육의 변천과 과제
외 논문 다수

▷주요저서◁
『윤리의 본질과 직업윤리』(형설출판사, 2003)
『교육학의 이해』(형설출판사, 2005)
『실기교육방법론』(도서출판 협신사, 2007)
『교과교육론』(청목출판사, 2010)
『유아사회과교육』(청목출판사, 2011)
『유아교육실습』(청목출판사, 2012)

보육실습

2013년 3월 10일 초판인쇄
2013년 3월 15일 초판발행

저 자 추 정 훈
발행인 유 성 열
발행처 청목출판사
서울특별시 영등포구 신길로 40길 20
전화 (02) 849-6157(代) · 2820 / 833-6090~1
FAX (02) 849-0817
등록 제318-1994-000090호

파본은 바꾸어 드립니다. 값 19,000원

http : //www.chongmok.co.kr

ISBN 978-89-5565-529-2